ARKANA

Buch

Jede menschliche Seele hat ihr eigenes, unverwechselbares Muster. Es setzt sich zusammen aus gelebten und ungelebten Träumen, bewussten und unbewussten Wünschen, Erfolgen und Fehlschlägen. Dieses Muster bedingt unsere Einzigartigkeit. Damit unser Leben auf Erden erfüllt und glücklich wird, müssen wir dem Ruf unserer Seele folgen, ihr Muster erkennen und ihm gemäß leben. Aufbauend auf den alten Weisheitstraditionen und modernen philosophischen Konzepten inspiriert uns Marc Gafni, unser individuelles Seelenmuster zu erforschen und jenen Auftrag in der Welt zu finden, der nur von uns und niemandem sonst erfüllt werden kann. Sein Buch ist eine spirituelle Reise zu unserem wahren Selbst, dem Zentrum unserer Seele, und weit darüber hinaus. In dem Augenblick, da wir die Tür zu unserer Seele aufstoßen, öffnet das Universum alle seine Tore für uns. Auf einer viel tiefer gehenden Ebene sind wir fortan mit der Welt und unseren Mitmenschen verbunden. Die Einsamkeit hat ein Ende.

Autor

Marc Gafni zog vor zwölf Jahren mit seiner Familie aus den Vereinigten Staaten nach Jerusalem. Er ist orthodoxer Rabbi und Dekan des Studienzentrums für Volkskultur von Melitz, der ältesten und renommiertesten Bildungseinrichtung im heutigen Israel. Seine zahlreichen Schüler verehren ihn als charismatischen Meister. Zusammen mit Kollegen und Studenten entwickelte er ein Konzept, das er Schule des persönlichen Mythos nennt. Er ist Herausgeber der Zeitschrift »Tikkun« und hält Vorträge in Israel, Europa und den Vereinigten Staaten.

MARC GAFNI

SEELENMUSTER

Der Schlüssel zur
individuellen Lebensaufgabe
und Erfüllung

Aus dem Amerikanischen
von Ulla Rahn-Huber

ARKANA
GOLDMANN

Die amerikanische Originalausgabe erschien 2001
unter dem Titel »Soul Prints« bei Pocket Books, New York.

Deutsche Erstausgabe Juni 2002
© 2002 der deutschsprachigen Ausgabe
Wilhelm Goldmann Verlag, München
in der Verlagsgruppe Random House GmbH
© 2001 Marc Gafni
Umschlaggestaltung: Design Team München
Umschlagabbildung: IFA Bilderteam/Index Stock
Satz/DTP: Martin Strohkendl, München
Druck: Elsnerdruck, Berlin
Verlagsnummer: 21606
Redaktion: Annette Gillich
WL · Herstellung: WM
Made in Germany
ISBN 3-442-21606-0

1. Auflage

Für meine Frau und Partnerin Cary

Dieses Buch könnte ohne dich nicht »sein«.
Deine Liebe, deine Weisheit und klare Vision waren
der Schoß, in dem es gezeugt wurde. Mit deinem Engagement
für organisatorische Aufgaben, die deinem Wesen
so fremd sind, hast du den Raum geschaffen, in dem es wachsen
konnte. Mit deiner poetischen Ader und deinem
intuitiven Augenmaß hast du bei der Formulierung vieler Sätze
geholfen – und dem Buch all das Melodische gegeben,
das es brauchte, um geboren zu werden.

Meditation des Autors

Möge jede Seite ein Lichtpunkt sein
Um den Geist zu erhellen
Oder wenn kein Lichtpunkt
Dann der Docht
Der das Feuer führt
Und wenn nicht der Docht
Dann das Öl zum Salben der Augen
Und wenn nicht das Öl
Dann zumindest der Zweig
Der die Olive hervorbringt
Und wenn nicht der Zweig
Dann ein einziges Samenkorn
Um den Lichtpunkt zu säen.
Ja, möge auf jeder Seite
Die ich hier schreibe
Ein einziges Samenkorn sein.

Einleitung
Die spirituelle Signatur

Es war einmal ein überaus dummer Mann. Morgens nach dem Aufstehen geriet er jedes Mal in solchen Stress darüber, seine Kleidung wiederzufinden, dass er abends allein beim Gedanken an das, was da am nächsten Tag auf ihn zukommen würde, kaum noch zu Bett gehen wollte. Eines Abends schließlich raffte er sich auf, nahm Papier und Bleistift zur Hand und schrieb beim Ausziehen eines jeden Kleidungsstücks ganz genau auf, wo er es hinlegte. Am nächsten Morgen nahm er höchst zufrieden mit sich den Zettel zur Hand und las »Kappe« – und da war sie auch schon, er zog sie gleich auf. »Hose« stand da als Nächstes, und auch sie fand er gleich und zog sie an. Und so ging es weiter, bis er fertig angezogen war.

»Gut und schön«, dachte er stirnrunzelnd. »Aber wo bin ich selbst? Wo um Himmels willen bin ich?« Er suchte und suchte, aber wohin er auch schaute, es war vergebens. Er konnte sich nicht finden.

So kann es uns mit unserer Seele gehen, für wie clever wir uns auch immer halten mögen. Manchmal können wir beim besten Willen den Namen und die Natur unseres spirituellen Selbst nicht finden. Wenn nun ein jeder von uns den Namen seiner Seele auf einen Zettel schreiben und sich so jeden Morgen die Identität seiner innersten, ureigenen Essenz in Erinnerung rufen könnte, dann könnten wir der Welt wach und voller Freude begegnen.

Jede Seele hat eine einzigartige Identität, die ich hier als »Seelenmuster« bezeichne.

Ein Seelenmuster – das ist die spirituelle Signatur eines Menschen. Es ist die Form und der Inhalt seiner Seele – ihr Charakter. Es ist typischer für ihn als die Unterschrift, die er auf einen Scheck oder unter einen Brief setzt. Ja, es ist einzigartiger als seine Gene und Chromosomen.

So wie in der physischen Welt unsere Fingerabdrücke unverwechselbar sind, so haben wir in der geistigen Welt ein Seelenmuster, das nur uns allein gehört. Dieses Muster ist – wie ein Fingerabdruck – ein perfektes Identifikationsmerkmal, mit all seinen unverkennbaren Linien und Kurven, die nur uns und keinem sonst gehören.

Das Seelenmuster existiert nicht nur in unserem Inneren, sondern drückt sich auch nach außen hin aus – in der Art, wie unsere Seele der Welt begegnet. Wenn wir nach einem Stift greifen, unsere Hand über ein Geländer gleiten lassen, einen Türgriff drücken, eine Hand schütteln, jemandem über die Wange streichen, dann hinterlassen wir eine Spur – unseren Fingerabdruck. Selbst wenn wir die Berührung wieder lösen, bleibt ein Teil von uns zurück. Das Gleiche geschieht mit dem Seelenmuster. Die Menschen und Orte, die wir mit unserer Seele berühren, werden von uns geprägt, wir lassen etwas von unserer Essenz dort zurück. Wohin auch immer wir gehen, wir hinterlassen einen Abdruck der herrlichen, wertvollen, unvergleichlichen Signatur unserer Seele.

Wie nun können wir die Prägungen unseres Seelenmusters erkennen und wissen, welche Spuren sie in der Welt hinterlassen? Mit diesem Buch möchte ich Sie mit auf eine Reise ins Innere Ihrer Seele nehmen. Ich will Ihnen helfen, Zugang zur Essenz Ihres Geistes in seiner ganzen Klarheit und Herrlichkeit zu erlangen. Ich möchte mit Ihnen gemeinsam erfahren, wie das Leben im Einklang mit unserem Seelenmuster uns zu Glück und Zufriedenheit führen kann, wie es uns mit uns selbst, mit anderen und mit Gott in Kontakt bringen kann – was auch immer man unter Gott versteht.

Um das Muster unserer Seele zu erkennen, bedarf es einiger Detektivarbeit. So wie wir nur mit bestimmten Instrumenten die einzigartigen, zarten Maserungen unserer Fingerabdrücke sichtbar machen können, brauchen wir geeignete spirituelle Instrumente, um die Spuren unserer Seele zu erfassen. Mit diesem Buch will ich Ihnen ein solches Instrument an die Hand geben. Es birgt eine Art Landkarte, auf der die Pfade unserer Seele verzeichnet sind. Je länger wir diese Pfade beschreiten, desto vertrauter werden sie uns. Mit jedem Schritt treten sowohl der Weg als auch das Seelenmuster deutlicher zutage und werden dabei immer interessanter – für uns selbst wie für andere. Je klarer sich das Muster unserer Seelenpfade abzeichnet, desto mehr Menschen werden uns auf unserem Weg begleiten. Nur wer diesen Weg findet, kann die Einsamkeit und Entfremdung von sich selbst, von anderen und von Gott überwinden.

Die Reise, die wir miteinander unternehmen werden, gliedert sich in vier Abschnitte: Im ersten wird das Seelenmuster vorgestellt. Im zweiten Teil wird die Natur des Seelenmuster-Bewusstseins erläutert. Im dritten Teil befassen wir uns mit dem Auftrag unserer Seele und wie wir ihn verwirklichen können. Dem einzigartigen Ruf unseres Seelenmusters zu folgen ist die Grundvoraussetzung, um in diesem Erdendasein Freude und Erfüllung zu finden. Moses Luzatto, ein Mystiker aus der Zeit der italienischen Renaissance, lehrte, dass Gott uns erschuf, um uns das zu gewähren, was in der Bibel als *Tov* bezeichnet wird – das Gute. Gelingt es uns, unser Seelenmuster voll und ganz zu verwirklichen, können wir dieses Gute erlangen. Im vierten Teil geht es um unser Lebensskript – jene wundersamen Fügungen, die sich ergeben, wenn wir unsere ureigene, einzigartige, ja heilige Autobiographie Wirklichkeit werden lassen. Erwecken wir unsere eigene Geschichte zum Leben, brauchen wir uns nicht mehr verzweifelt zu mühen, der eines anderen gerecht zu werden – denn darin liegt die Quelle von all dem Neid und all der Eifersucht, die so viel Unheil in die Welt bringen. Indem wir unsere ganz persönliche Seelenmuster-Geschichte erzählen, für uns beanspruchen und mit neuem Leben erfüllen, erschließen wir uns die notwendigen Ressourcen, um sie in unserem Alltag wahr werden zu lassen.

Beim Lesen dieses Buches werden Sie auf kleine Übungen stoßen – ich habe sie »Seelenmuster-Praxis« genannt –, mit deren Hilfe Sie das Seelenmuster-Bewusstsein in Ihrem Leben verankern können. Diese Übungen sind nicht unbedingt notwendig, aber sie bringen mehr Klarheit und tragen zur Vertiefung des Gelesenen bei.

Eine tiefe Verbindung zur eigenen individuellen Prägung einzugehen, mag manchem bedrohlich oder gar unmöglich erscheinen. Doch vertrauen Sie mir – Ihr Seelenmuster ist zäh, clever und stark und es wartet nur darauf, noch enger mit Ihnen in Kontakt zu kommen.

Erscheint Ihnen das Konzept des Seelenmusters zu wenig greifbar und sagen Sie sich womöglich: »Ich verstehe das Bild, aber wie kann ich in der Praxis meine Seele besser kennen lernen?«, dann gibt es eine Methode, um sich der Natur Ihrer Seele konkreter zu nähern. Sie steckt im Begriff »spirituelle Signatur«: Signieren, das heißt mit einem Zeichen versehen oder (unter)schreiben. Erkunden Sie also Ihr Seelenmuster, indem Sie schreiben! Ich lade Sie ein, jede Seite dieses Buches mit der Signatur Ihrer Seele zu versehen. Machen Sie sich Notizen im Text, Markierungen am Rand, hinterlassen Sie Seelenspuren wie Fußabdrücke im Sand. Viele Bücher sind mit den Aussprüchen berühmter Menschen geziert. Da erfährt man, was Nietzsche, Aristoteles oder Emerson zu diesem und jenem gesagt haben. Auch ich werde bisweilen ein solches Zitat anführen, aber ich bitte Sie, auch Ihre eigenen Gedanken an den Rand zu schreiben. Wenn Sie es möchten, können Sie der große Gelehrte sein, der in diesem Buch die Weisheiten – Ihre ganz persönlichen Weisheiten – zu Papier bringt.

Kulturelle Prägungen

Ausgehend von der Idee des Seelenmusters werden in diesem Buch einige provokante Thesen über unsere Art zu leben und den Sinn der menschlichen Existenz aufgestellt. Es handelt sich hier um »Weisheitsthesen«, nicht um wissenschaftliche Behauptungen. Dies soll nicht heißen, dass das Ganze unwissenschaftlich wäre – ich persönlich bin ein glühender Verehrer der Wissenschaften und ganz speziell der Physik. Wie die Gelehrten jedoch von jeher wussten, entzieht sich das Reich des menschlichen Geistes den empirischen Testmethoden des Laboratoriums.

Die »Weisheitsthesen«, die ich in »Seelenmuster« vertrete, speisen sich aus zwei unterschiedlichen Quellen. Das sind zum einen meine Lehrer und Studiengefährten – die Männer und Frauen, die in den Gleichnissen der Bibel Erwähnung finden ebenso wie die Gelehrten der biblischen, talmudischen und kabbalistischen Überlieferung. Ich habe mein Leben dem Studium gewidmet und dabei Tausende von Stunden damit zugebracht, die alten Weisheitslehren zu ergründen und anderen nahe zu bringen. Oft habe ich das Gefühl, dass mir die alten Meister dabei über die Schulter schauen. Wir streiten, ereifern uns und studieren gemeinsam. Wenn mir etwas unklar ist oder ich den Faden verloren habe, warten sie auf mich. Wenn sich eine Idee herauskristallisiert und ich die dahinter stehende Absicht begreife, dann freuen sie sich. Ich hoffe, dass auch für Sie die Gegenwart dieser Gelehrten spürbar wird. Von ihren Geschichten und ihrer Weisheit können wir so viel lernen.

Darum ziehe ich zur Untermauerung, Verdeutlichung und Vertiefung der Weisheitsthesen immer wieder Mythen – biblische, talmudische und mystische – heran. Ich selbst bin mit solchen Geschichten groß geworden, und ich glaube, dass sie mit uns derart in Resonanz treten können, dass unser Seelemuster durch die Berührung mit ihrer Sinnhaftigkeit in Schwingung gerät. Bei der Definition des Begriffs »Seelenmuster« verdanke ich solchen Mythen einen Großteil meiner intuitiven und sprachlichen Eingebungen.

Ob in philosophischer oder lebenspraktischer Hinsicht – ich bin leidenschaftlicher Kabbalist. Und zwar von der Richtung der Kabbalah, die sich mit der psychologisch-mythischen Interpretation der biblischen Schriften beschäftigt, wie sie über viele Generationen hinweg weitergegeben wurde und sich dabei zunehmend entfaltet hat. Dem kabbalistischen Verständnis nach geht es bei der Betrachtung der biblischen Geschichte nicht um die Frage, ob Mose nun tatsächlich gelebt hat oder nicht, sondern darum, dass er im Leben größer als das Leben war. Biblische Gleichnisse handeln von Weisheit und nicht von Historie. Mose ist zwar eine historische Figur, aber er ist zugleich weit mehr als das. Wie wir sehen werden, dient seine Geschichte als Metapher für sehr viel tiefere Wahrheiten und Erkenntnisse über das Selbst und die Welt. Es scheint, als sei das Gleichnis wie ein Gewand, das die Konturen einer tieferen, inneren Wahrheit erst richtig zur Geltung bringt.

Eines der allgegenwärtigen Probleme unserer modernen Gesellschaft liegt darin, dass wir die Verbindung zu den großen Gleichnissen der biblischen Überlieferung – zu unserer Schlüsselmythologie – verloren haben. Dadurch ist im Herzen der westlichen Kultur ein mythisches Vakuum entstanden. Und das ist gefährlich, denn wie schon Friedrich Nietzsche vor über hundert Jahren sagte: »Eine Gesellschaft, die ihrer Sagen und Mythen beraubt ist, hat auch ihre natürliche, gesunde schöpferische Kraft eingebüßt. Nur ein von Mythen umkränzter Horizont kann eine Gesellschaft einen.« Es waren die modernen Dogmen von Säkularismus und Fundamentalismus, die die Welt entmythologisiert und uns nicht nur der griechischen Sagen von Hermes und Cupido, Adonis und Aphrodite beraubt haben, sondern auch der von Abraham, Mose, Sara und Rachel – jener Schlüsselgeschichten aus dem Buch der Bücher, die die Grundlage des weltlichen Humanismus und der biblischen Religionen bilden. Eben diese Überlieferungen stehen im Mittelpunkt des ursprünglichen Kanons mit den Büchern der Propheten und Lehrweisheiten sowie den fünf Büchern Mose, einschließlich der psychologischen und mystischen Kommentare. Sie sind, wenn man so sagen will, das Seelenmuster unserer Kultur. Um dieses und damit uns selbst zu heilen, müssen wir das Netz unserer Mythen neu knüpfen.

In »Seelenmuster« werden biblische Überlieferungen auf ähnliche Weise eingesetzt, wie es der Schweizer Psychiater Carl Gustav Jung mit den unterschiedlichsten Mythen der Welt getan hat – und in seinem Gefolge der Mythologe Joseph Campbell, um nur einen unter vielen Namen zu nennen. Besonders die griechische Sagenwelt hatte es Jung angetan. Er begriff etwas Offensichtliches, das lange Zeit in Vergessenheit geraten war: dass Mythen keine historischen oder wissenschaftlichen Abhandlungen der Realität darstellen und auch nie als solche gedacht waren. Darum stellen sie weder für die Geschichte noch für die Wissenschaft irgendeine Bedrohung dar. Mythen bieten tiefe psychologische Einblicke in die Natur der Reise, die wir Menschen durch diese Welt machen. Wie Jung es einmal formulierte: »Wir glauben nicht an die Realität des Olymps, und so leben die alten griechischen Götter als Symptome in uns fort. Wir haben die Donnerschläge von Zeus nicht mehr, und darum plagen uns Kopfschmerzen. Wir haben die Pfeile von Eros nicht mehr, und darum bekommen wir Herzbeschwerden. Wir haben die Ekstase von Dionysos nicht mehr, und darum verfallen wir den Süchten. Obwohl wir die Götter nicht mehr anerkennen, bekommen wir ihre immensen Kräfte zu spüren.«

Mythen sind Sinnbilder für die tieferen Muster unseres Lebens. Sie schenken uns Einblicke in die Welt, die uns sonst verborgen blieben. Auch wenn Mythen streng genommen die Unwahrheit sagen – zum Beispiel, wenn sie behaupten, dass eine hinterlistige Schlange den Niedergang der Menschheit herbeigeführt habe –, sind sie doch in psychologischer und spiritueller Hinsicht authentisch. Sie sind ein komplexes Geflecht aus Geschichten, Gebräuchen und Ritualen, die nicht nur lehrreich sind, sondern einem Menschen, einer Familie, einer Gemeinschaft oder Kultur auch ein fundamentales Gefühl der Sinnhaftigkeit und Orientierung geben.

Der wesentliche Unterschied zwischen griechischen und biblischen Mythen besteht darin, dass es in der Bibel nicht um Götter, sondern um Menschen geht: Genauer gesagt: Sie enthält Geschichten von Menschen wie du und ich, die ihrem Leben einen Sinn geben und spüren wollen, dass ihre Existenz hier auf Erden bedeutsam ist. Im Laufe ihres Daseins machten die Figuren der biblischen Mythen immer wieder Fehler – von König David, der von seiner Lust nach Bathseba verzehrt wurde, bis hin zu Mose, der seinem eigenen Zorn zum Opfer fiel. Und doch waren sie heldenhaft, denn im Innersten verloren sie nie die Verbindung zur erdenden Kraft des Lebens – zu dem, was wir heute unter anderem »Erdenergie«, »persönlicher Gott« oder »die Kraft« nennen. Bezeichnungen wie diese erfassen einen Teil des biblischen Verständnisses von Gott. Die Bibel kündet von der heroischen Suche des Menschen nach einem sinnvollen Leben, einem Leben, in dem die Menschen ihr Lebensskript verwirklichen und dem Ruf ihres Seelenmusters folgen.

Ein zentraler Punkt der Bibel ist: Der Mensch wurde als *Bezelem Elohim* – als göttliches Ebenbild – geschaffen. Das bedeutet, dass jeder Mensch seinem Wesen nach absolut einzigartig, würdig und wertvoll ist. Es geht nun darum, diese Einzigartigkeit zu erkennen und zu entfalten, diese Würde auszustrahlen und diesen Wert in der Welt zu vertreten und zum Ausdruck zu bringen.

Da biblische Gleichnisse in der modernen spirituellen Literatur, wenn überhaupt, dann nur am Rande vorkommen, stützen sich die Suchenden bei der Erkundung ihrer Seele heute weitgehend auf Überlieferungen des Buddhismus und Polytheismus. Die darin vorkommenden Geschichten haben zweifellos ihre Bedeutung und Schönheit, auch das vorliegende Buch gewinnt daraus so manch erhellende Einsicht. Und doch ist die natürliche Ausformung unserer westlichen Seele sehr viel intensiver mit dem biblischen Gedankengut verknüpft. Unsere Grundvorstellungen von Demokratie, Kapitalismus, Menschenrechten und Würde, Wissenschaft, Individualität und Gemeinschaft sind von der gelebten Wahrheit biblischer Gleichnisse inspiriert. Wäre Kultur ein großer Strom, der durch die Geschichte fließt, dann wäre die Bibel die Quelle, die unsere Kultur und Psyche speist.

Weisheit ist wie ein Symphonieorchester. Ein jedes der vielen Instrumente bringt seinen eigenen, herrlichen Klang hervor, und ein jedes ist unverzichtbar für das symphonische Erlebnis. Der Buddhismus, die griechischen Mythen und die biblische Religion – sie alle bergen Instrumente in der Symphonie der Weisheit. Aber um Mitglied des Orchesters zu werden, müssen wir uns auf ein Instrument spezialisieren – unser persönliches Seelenmuster-Instrument. Und dies ist für uns Menschen im westlichen Kulturkreis nun einmal die biblische Überlieferung. Viele von uns haben sich dem Polytheismus oder den östlichen Weisheitslehren zugewandt, weil sie glauben, die Mythen der Bibel seien irrelevant für sie geworden. Und so greifen sie nicht nach der Bibel, um jene Geschichten nachzulesen, die unsere Herzen zum Klingen bringen und unseren Geist auf einen tieferen Rhythmus einschwingen. Wir haben einen Mauer zwischen der Bibel und der Urkraft der Mythologie errichtet.

Und dies geschah aus gutem, verständlichem Grund, assoziieren wir die Bibel doch mit einer Art Fundamentalismus, in der die Wissenschaft, die Aufklärung und alles, was uns zivilisierten Menschen lieb und teuer ist, keinen Platz haben. Religiöse Fundamentalisten nutzen die Bibel, um Dogmen aufzustellen oder zu untermauern, oder als Ausgangspunkt für ihre rituellen Bedürfnisse. Natürlich behauptet jede fundamentalistische Gruppierung, im Besitz der alleinigen Wahrheit zu sein und verspricht jedem, der ihren Glauben teilt, einen Fensterplatz im Himmel. Überlassen wir die Bibel aber den Fundamentalisten, dann erlauben wir einer Hand voll Menschen, uns das größte je von einer Zivilisation hervorgebrachte Buch zu rauben. Doch wenn wir uns von der Bibel entfremden, verlieren wir eine der wichtigsten Quellen der Führung und Weisheit, die die Welt zu bieten hat.

Wir müssen das Buch der Bücher dem Griff der Räuber entreißen, damit auf seinen Seiten wieder Vitalität, Weitblick und Weisheit pulsiert. Die Bibel ist mehr als ein Gesetzeskodex oder eine ethische Landkarte. Sie ist eine spirituell-psychologische Weltenschau. Sie birgt ein einzigartiges Verständnis vom irdischen Geschehen und verrät uns, was es bedeutet, in diesem Universum zu sein und darin aufzugehen. Möge das prächtige, weise und zutiefst mitfühlende Bewusstsein daraus die Seiten von »Seelenmuster« durchdringen.

Die zweite Instanz, auf die sich dieses Buch beruft, lässt sich am besten mit den Worten der arg geplagten Figur des Hiob umschreiben, der sagte: »Ich werde Gott durch mein Fleisch schauen.« (Oder, wie es der Dichter John Keats im neunzehnten Jahrhundert formulierte: »Ich bin mir nichts anderem gewiss als der Heiligkeit der von Herzen empfundenen Zuneigung und der Wahrheit der Fantasie.«) Für den mystischen Leser der biblischen Gleichnisse liegt im »Schauen Gottes« das Verständnis des menschlichen Seins, denn Gott und unser Sein sind eins.

Liest der Kabbalist Hiobs Worte, so liegt seine Betonung auf dem Wort *mein*. »Mein Fleisch«, das ist nicht nur meine physische Form, sondern auch der Leib meiner Lebenserfahrung, meiner von Herzen empfundenen Zuneigung und meiner Fantasie. Dieser Auslegung zufolge führt also der Weg zum Sein über die Psyche. Zugang haben wir aber einzig und allein zu unserer individuellen Psyche – das heißt über unsere einzigartige Lebensgeschichte.

In unserer modernen Zeit lässt sich authentische Philosophie nicht von der Person des Philosophen trennen. Vorbei sind die Tage, an denen wir uns vor dem Idol der Objektivität verneigten – jenem unparteiischen, unvoreingenommenen Denker, der für sich in Anspruch nahm, die göttliche Wahrheit kraft seiner Logik zu enthüllen. Radikale Wahrheit lässt sich, mag dies auch paradox erscheinen, nur in radikaler Subjektivität finden – in der Heiligkeit der von Herzen empfundenen Zuneigung und der Wahrheit der Fantasie.

Über unsere Führer

Lassen Sie mich ein wenig von mir selbst erzählen, da wir doch auf diesen Seiten ein gutes Stück des Weges miteinander zurücklegen werden.

Ich bin schon immer ein Außenseiter gewesen. Wenngleich als orthodoxer Rabbiner zweifach ordiniert, betrachte ich mich selbst eher als »post-konfessionell«, denn ich habe erfahren, dass man, wenn man Welten miteinander verbinden will, sie nie nur in einer einzigen zusammenschweißen kann. Anders als viele andere orthodoxe Juden trage ich keinen Bart, ich halte meinen Kopf aber aus Respekt vor Gott ständig mit einem *Kippah* bedeckt. Ich fahre Auto, leihe mir oft und gerne Videos aus und benutze ein Handy – aber nichts von alledem am Sabbath. Mit dreizehn verließ ich mein Elternhaus. Ich heiratete extrem früh und machte zweimal die schmerzliche Erfahrung einer absolut falschen Partnerwahl, bis mich das Universum schließlich mit meiner Frau Cary zusammenbrachte. Ich bin Schüler und Lehrer der spirituellen Tradition, bin Vater, Ehemann und Mensch mit unzähligen Fehlern und doch voller Freude, Hoffnungen und Ziele. Ich habe das Privileg, vor Tausenden von Menschen lehren zu dürfen, denen ich allesamt sehr verbunden bin. Ich habe wunderbare Schüler, die mich respektvoll *Rebbe*, Lehrer, nennen. Sie halten mich für weise, brillant und einfühlsam. In der Regel erscheinen sie mir verrückt, wenn sie das sagen, doch gelegentlich erheische ich ein Fünkchen dessen, was sie auf diesen Irrweg geführt haben könnte. Ich danke ihnen für die Ehre, die sie mir zuteil werden lassen.

Als ich vor zwölf Jahren nach Jerusalem zog, übersetzte ich meinen Namen Winiarz – polnisch für Winzer – ins Hebräische und nenne mich seither Gafni. Seither bin ich mit Herz und Seele Israeli geworden; gleichzeitig aber bleibe ich stolzer Amerikaner und feiere in meinem Haus in Jerusalem alljährlich das Erntedankfest. Manche sind der Ansicht, dass mich meine persönliche Geschichte für die Rolle eines orthodoxen Rabbiners disqualifiziere, andere hingegen meinen, dass gerade meine Erfahrungen und Fähigkeiten die beste Qualifikation dafür darstellen. Vielleicht haben beide Recht. Aus meiner Sicht hat mein Kampf mit den Fehlern der Vergangenheit mein Wissen um und Vertrauen in Gott und mich selbst nur vertieft.

Nur eines weiß ich mit Sicherheit: Ich kann ohne meinen Gott und meine religiösen Praktiken nicht leben, und ohne zu lehren, kann ich mir selbst nicht treu sein. Mein Seelenmuster hat mich zum *Rebbe* berufen, nicht weil ich diesen Beruf gewählt hätte, sondern weil er mich ausersehen hat. Ich habe versucht, ihm den Rücken zu kehren. Drei Jahre lang habe ich mich im Hightech-Marketing vergnügt und das Loblied von Software-Interfaces und dem allgegenwärtigen Internet gesungen. Aber diese Arbeit war nichts im Vergleich zu der intellektuellen und spirituellen Anregung oder dem ekstatischen Gefühl und der tiefen Nähe zu Gott, die mich ergriff, wann immer ich ans Lehrerpult trat. Ja, ich glaube berufen zu sein. Gleichzeitig fühle ich mich oftmals so außerordentlich fehlbar, dass ich mich schäme, mich selbst im Spiegel anzuschauen. Und so stehe ich nun vor Ihnen: ein postkonfessioneller, überqualifizierter und zugleich unzulänglicher orthodoxer Rabbiner, der versucht, die Welt zu begreifen, indem er ihre und seine eigene Paradoxie und Unausgewogenheit akzeptiert.

Mit diesem schweren Gepäck beladen, begebe ich mich auf die Suche nach dem Sinn. Ich brauche dazu kein Motorrad, ich suche mein Zen in Büchern. Für mich ist das Lesen und Studieren nichts Trockenes. Es ist Zeitreise und geistiger Dialog – ein Flug zu den Sternen. Immer wieder durchkreuzt Rashi meine Gedanken, jener französischsprachige Gelehrte des Mittelalters, der in seinen brillanten Versen beinahe die komplette Welt der Bibel und des Talmud ergründete. Ishbitzer, der revolutionäre Mystiker aus dem Polen des neunzehnten Jahrhunderts, packt mich an der Schulter und raunt mir ins Ohr. Nachman aus Breslau – gepeinigter, freudvoller und umstrittener Lehrer – heißt mich innehalten, um mir eine Geschichte zu erzählen. Und Isaac Luria, der »Löwe« des Mystizismus der Renaissance, fixiert mich mit seinem flammenden Blick und durchbohrt mich bis in die Seele. Mose und Jacob sind ins Gespräch mit Buddha und den Bhodisattvas vertieft. Auf staubigem Kopfsteinpflaster begegnen sich Jung und der große spirituelle Führer Baal Shem Tov.

Manchmal habe ich den Eindruck, dass mir die biblische Überlieferung nicht in Form von Buchstaben gegenübertritt, sondern als Film vor mir abläuft. Oder besser noch, ich selbst bin mitten im Film und schlüpfe in jede einzelne Rolle. Für mich ist das Bibelstudium kein Ritual; es ist eine persönliche Abenteuerreise in eine komplexe Welt voll Liebe, Leid und Verrat, die von überdimensionalen, archetypischen Figuren bevölkert ist. Diese Menschen sind nicht Gegenstand von Betrachtungen, sondern lebendige Führer, die uns zu leidenschaftlichem Dialog einladen.

Der Kabbalah zufolge liegt eine Möglichkeit, mit der inneren Stimme in Kontakt zu kommen, im Gespräch mit geistigen Führern. Die Männer und Frauen der biblischen Geschichte sind solche Führer. Es sind Menschen wie du und ich, die lebten und liebten, gleichzeitig aber auch überdimensionale Symbole für das Allerbeste – und gelegentlich auch das Allerschlimmste – in uns. Die Auseinandersetzung mit der biblischen Überlieferung bietet die einzigartige Möglichkeit, alte Weisheiten durch das

Prisma unserer Seele zu betrachten. Die Wahrheit, die in den alten Gleichnissen steckt, wird die Geschichten unseres eigenen Lebens weder verschütten, noch uns daran hindern, unser individuelles Seelenmuster voll und ganz zum Ausdruck zu bringen. Wir sind vielmehr eingeladen, die Weisheit der Alten in den Text unseres ganz persönlichen Liedes mit einzuflechten.

Während Sie den Auftrag Ihres Seelenmusters ergründen, werden Sie – so hoffe ich – durch die in diesem Buch dargebotenen Geschichten aus dem reichen Fundus der biblischen/mystischen Schatztruhe unterstützt, inspiriert und motiviert. Mögen sie Ihnen helfen, Ihr Seelenmuster ganzheitlicher zum Ausdruck zu bringen, und Ihnen Ansporn sein, Ihre eigenen Geschichten zu erzählen.

Der Bahnwärter

Erinnern Sie sich noch an die Standardtests in der Schule, bei denen Sie auf einem Multiple-Choice-Bogen mit einem Bleistift die richtigen Felder ankreuzen mussten, um Ihr Wissen unter Beweis zu stellen? (Ich kannte kein einziges Kind einschließlich meiner selbst, das nicht davon überzeugt war, dass sein Wert als Mensch davon abhinge, wie viele richtige Kreuzchen es machte.) Mag sein, dass Sie all diese formalen Tests vom Kindergarten bis zum Universitätsabschluss mühelos bestanden haben. Und womöglich sind Sie heute, nach vielen Jahren, außerordentlich erfolgreich in dem von Ihnen gewählten Beruf.

Dennoch vermute ich, dass auch Sie sich ebenso wie viele andere Menschen gelegentlich fragen, warum Ihnen der erfolgreiche Umgang mit dem Bleistift nicht zu mehr Glück und Erfüllung im Leben verholfen hat. Und sollten Sie zu jenen Leuten gehören, die bei Prüfungen weniger gut abgeschnitten haben und denen der weltliche Erfolg versagt geblieben ist, dann haben Sie vielleicht erkannt, dass Ihr Leben mehr wert ist, als es die Gesellschaft ermessen kann. Wo auch immer Sie sich nach den gesellschaftlichen Kriterien des Erfolgs einreihen mögen, ich rate Ihnen dringend, anzuerkennen, wovon Sie tief in Ihrem Inneren bestimmt ohnehin überzeugt sind: Dass solche Tests nichts darüber aussagen, wer Sie wirklich sind. Sie haben nichts mit Ihrem Seelenmuster zu tun. Keine Prüfung dieser Welt – weder der Einstiegstest für die Vorschule noch die Personalbewertung, von der Ihre nächste Gehaltserhöhung abhängt – kann Ihre Einzigartigkeit und Großartigkeit ermessen oder die ganz besondere Spur erfassen, die Ihr Seelenmuster in der Welt hinterlässt.

»Das Licht Gottes ist die Seele des Menschen«, schrieb Salomon, hoher Lehrer der Weisheit und König von Jerusalem vor Tausenden von Jahren. Er spricht dabei vom einzigartigen Ausdruck der Göttlichkeit, der in uns und keinem anderen auf der Welt manifest ist, von jenem Ausdruck also, den ich Seelenmuster nenne. Dieses Seelenmuster lebendig werden zu lassen, ist der Zweck unserer unersetzlichen Existenz. Wir sind geboren worden, um das Licht unseres ganz persönlichen Seelenmusters – und nur dieses eine – in der Welt zum Leuchten zu bringen.

Wenn ich bisweilen die Versuchung spüre, mich dem Streben nach Leistung und Ansehen hinzugeben, und fürchte, mein einzigartiges Licht könnte verblasst sein, dann fällt mir die Geschichte der Bahnstation an der Spuyten Duyvil Bridge wieder ein.

Der eine oder andere kennt die kleine Brücke vielleicht. Sie spannt sich zwischen der Bronx und Manhattan über den Hudson und wird von den Zügen genutzt, die aus Westchester kommend am Hudson River entlang nach Lower Manhattan fahren. Das Besondere an ihr ist, dass sie als Zugbrücke ausgelegt ist und permanent geöffnet und wieder geschlossen wird, um es größeren und kleineren Schiffen zu ermöglichen, Manhattan zu umfahren. Während meiner Highschool-Zeit hat mich die Gegend zwischen dem Ufer des Hudson und der nahe gelegenen Bahnstation mit ihrem hohen Gras und den stillgelegten Eisenbahnwaggons geradezu magisch angezogen.

Eines Tages im Jahr 1904 näherte sich wieder einmal ein Zug aus Richtung Westchester, um die Brücke zu passieren. Zu jener Zeit gab es noch einen Bahnwärter, der dem Lokführer signalisierte, ob die Überfahrt möglich war. War die Zugbrücke hochgezogen, schwenkte er warnend seine Signallaterne, sobald er das Pfeifen des herannahenden Zuges vernahm. War kein Signal zu sehen, wusste der Lokführer, dass die Brücke für den Schiffsverkehr geschlossen und damit sicher zu passieren war.

An jenem Freitag raste gegen drei Uhr morgens ein Zug ins Wasser. Es war ein folgenschwerer Unfall, der viele Tote und Verletzte forderte. Nach der Katastrophe blieb die Strecke achtzehn Monate lang geschlossen. Natürlich stellte jeder die Frage nach dem Schuldigen.

Der Verdacht fiel zunächst auf den Bahnwärter. Schließlich hätte er dem Zugführer signalisieren müssen, dass die Brücke hochgezogen und unpassierbar war. Der Mann beteuerte seine Unschuld aber mit solcher Vehemenz, dass das Gericht zu keiner Entscheidung kommen konnte. Nachdem sich die Pattsituation unter den Geschworenen über ein halbes Jahr lang hingezogen hatte, entschloss sich der Verteidiger zu einem für die damalige Gerichtspraxis völlig ungewöhnlichen Schritt. Er rief den Mann in den Zeugenstand.

»Was sind Sie von Beruf?«, fragte er.

»Ich bin Bahnwärter«, kam es mit fester Stimme zurück.

»Und wo waren Sie in den frühen Morgenstunden des fraglichen Freitags?«

»Auf meinem Posten«, lautete die Antwort.

»Haben Sie den Zug kommen sehen?«

»Ja, das habe ich.«

»Waren Sie betrunken?«

»Nein, ich trinke nie.«

»Dann sagen Sie dem Gericht, was geschehen ist, nachdem Sie den herannahenden Zug gesehen hatten. Haben Sie die Signallaterne geschwenkt?«

Es wurde still im Saal. Alle hielten den Atem an, und nur das Geräusch der von Reporterhand eifrig übers Papier geführten Bleistifte war zu hören.

Doch merkwürdig, höchst merkwürdig: Der Bahnwärter, der die ganze Zeit über so beherrscht und ruhig gewirkt hatte, fing auf einmal an zu stottern: »J-j-j-j .... ja, i-i-i-i … ich habe die Laterne geschwenkt«, brachte er schließlich hervor.

Die Geschworenen wussten nicht, wie sein Gestotter zu deuten war – hieß es etwa, dass er log? Lange diskutierten sie über diese Frage, doch schließlich beschlossen sie, ihm zu glauben. Er wurde freigesprochen. Nachdem auch der Letzte der Anwesenden den Gerichtssaal verlassen hatte und der Verteidiger mit seinem Klienten alleine war, platzte ihm der Kragen. »Sechs Monate lang habe ich Sie verteidigt!«, brüllte er. »Rund um die Uhr habe ich gearbeitet! Meine Frau und meine Kinder habe ich kaum noch zu Gesicht bekommen. Sie haben mir gesagt, Sie seien unschuldig. Und warum haben Sie dann wie ein Schuldiger herumgestottert? Wir hätten den Fall beinahe verloren! Haben Sie mich etwa die ganze Zeit über angelogen?«

Der Bahnwärter sah seinen Anwalt traurig an. »Ich habe Sie nie angelogen. Nur … Sie haben mir immer die falsche Frage gestellt«, seufzte er. »Sie haben mich gefragt, ob ich die Laterne geschwenkt hätte. Aber Sie wollten nicht wissen, ob sie auch angezündet war.«

Wir leben in einer Zeit, in der Kompetenz und Können großgeschrieben werden. Wir haben unzählige Ratgeber über Kindererziehung und Partnerschaft gelesen. Was auch immer wir tun, wir sind dafür hervorragend ausgebildet. Ob Klempner, Neurologe, Mutter, Vater, Elektriker, Handelsvertreter, Marketing-Guru oder Computerprogrammierer – wir sind ausgezeichnete Manager unserer eigenen Person. Wir managen unsere Zeit – ja, man hat uns sogar beigebracht, unsere Beziehungen zu managen. Wir sind Experten darin, die Signallaterne zu schwenken. Wir wissen genau, wie und in welchem Winkel wir sie zu halten haben und aus welchem Material sie zu bestehen hat.

Aber wir vergessen, dass die Laterne angezündet werden muss, wenn sie den Weg ausleuchten soll.

Nur das Feuer unseres einzigartigen Seelenmusters kann unser Leben erhellen und uns von der routinemäßigen Pflichterfüllung zur Verwirklichung unseres ganz persönlichen Lebensdrehbuchs führen.

Ja, wir sind nur allzu gut mit der Choreographie des Lebens und sogar des Liebens vertraut. Wir haben Spaß, verdienen Geld, frönen dem Sex, versorgen unsere Familie, besuchen die Kirche, gehen zum Therapeuten, buchen Seminare und lesen Bücher zur Persönlichkeitsentfaltung. Aber wenn alles gesagt und getan ist, bleibt eine einzige, alles entscheidende Frage: Leuchtet die Laterne auch?

In diesem Buch geht es darum, die Seelen-Laterne anzuzünden.

Das Ziehen spüren

Das Seelenmuster-Bewusstsein gibt eine ganz besondere Antwort auf eine überaus wichtige Frage: Was ist der Sinn des Lebens? Ich möchte zunächst die klassischen Versuche einer Antwort darlegen. Später können wir einen Schritt weitergehen und nach der individuellen Seelenmuster-Antwort suchen, die meines Erachtens so bedeutsam für uns ist.

Was also ist der Sinn des Lebens? Seit Menschengedenken haben sich Philosophen und Theologen bemüht, eine umfassende Antwort auf die Frage aller Fragen zu finden. Jeder wartet mit einer anderen Vorstellung davon auf, welches Ziel – so wir es erreichen würden – den Menschen Glück, Zufriedenheit oder zumindest ein wenig Erfüllung bringen könnte.

Wir sind das Produkt der Philosophien, die man uns vorgesetzt hat und die wir freudig angenommen haben. Wir definieren uns entweder durch Akzeptanz oder Ablehnung der gängigen Überzeugungen. Und im Zusammenhang mit der Sinnfrage gibt es allerhand Überzeugungen, die unter einen Hut zu bringen sind. Für Marx und Engels hing die Sinnhaftigkeit des Lebens davon ab, Teil des richtigen Wirtschaftssystems zu sein – was für sie gleichbedeutend mit einem kommunistischen Staatsgefüge war. Für Hegel ergab sich der Sinn aus der Teilhabe am Gang durch die Geschichte; aus der Entfaltung dessen, was er das Absolute oder den absoluten Geist nannte. In der klassischen Religion war Gott die Antwort – wobei es strittig blieb, ob es nun sinnstiftender wäre, an Gott zu glauben oder Gutes zu tun: Interessiert sich Gott mehr für den rechten Glauben oder das rechte Handeln? Die mystischen Traditionen sowohl des Ostens als auch des Westens sehen ihren Hauptschwerpunkt im Karma, also darin, all die vergangenen Taten eines Menschen zu bereinigen und ihn so aus dem Rad des Leidens zu befreien. Wieder andere sehen den Sinn des Lebens im Streben nach Glückseligkeit – Erleuchtung, Erwachen – durch Losgelöstheit, Drogen, Meditation, Studium oder Gebet.

Gewiss ist diese Art des Sinnstrebens wichtig und wertvoll. Ich halte sie jedoch für zu allgemein und abstrakt, um uns in unserem Alltag wirklich auf einer tieferen Ebene zu erreichen – um uns bei der Verwirklichung unseres Seelenmusters zu helfen. Es scheint, als wären die meisten von uns nach der Lektüre all der populärwissenschaftlichen und gelehrten Abhandlungen auf merkwürdige Weise unberührt; ein konkreter Bezug zur Sinnhaftigkeit unserer eigenen Existenz mag sich einfach nicht einstellen. Wir können uns des Gefühls nicht erwehren, dass die Wahrheit unseres Lebens schlichter sein müsste, selbst wenn wir nach einer eleganten, tiefgründigen Art von Schlichtheit suchen.

In der alten rabbinischen Talmud-Lehre, mit der ich aufgewachsen bin, verbrachten wir unsere Tage damit, einfach immer wieder auf neue Weise Fragen zu stellen, und sie alsdann zu beantworten. Gelobt wurden wir nicht nur, wenn wir mit einer cleveren Lösung für eine religiöse Rätselaufgabe aufwarten konnten, sondern auch für eine gute Frage. Wie meine Lehrer immer meinten: Im Formulieren der Frage liegt bereits die halbe Antwort. Lassen Sie mich also die Frage nach dem Sinn des Lebens auf verschiedene Weise neu stellen.

Wo ist der Sinn in Ihrem Leben? Dies ist keine abstrakte philosophische, sondern eine sehr emotionale Frage.

Welches große Ziel haben Sie vor Augen? Wie suchen Sie nach Sinn in Ihrem persönlichen Leben? Zu welcher Aufgabe würden sich Ihr Herz und Verstand derart hingezogen fühlen, dass sich ein Aha-Erlebnis einstellt, wenn Sie sie entdecken?

Oder, um es etwas prosaischer zu formulieren: Was bringt Sie dazu, morgens aufzustehen?

Sicher kennen auch Sie den viel zitierten Witz vom Aufstehen:

Die Mutter kommt ins Zimmer ihres Sohnes. »Aufstehen, Bernie. Du musst in die Schule!«

Bernie aber zieht sich die Decke über den Kopf. »Ich will nicht in die Schule!«

»Du musst aber«, beharrt die Mutter.

»Ich will aber nicht! Die Lehrer können mich nicht leiden! Und alle Kinder machen sich über mich lustig.«

Die Mutter zieht ihrem Sohn die Decke weg. »Es bleibt dir nichts anderes übrig, Bernie. Du musst in die Schule gehen. »

»Ach wirklich?«, entgegnet er. »Sag mir nur einen guten Grund.«

»Du bist fünfundvierzig und du bist der Direktor!«

Wenn Sie nicht in Bernies Haut stecken und nicht unbedingt aufstehen müssen – was könnte Sie dazu bringen, sich leichten Herzens zu erheben und beschwingt in den neuen Tag zu gehen? Was könnte Sie wirklich zufrieden machen, wenn Sie die freie Wahl unter allen Tätigkeiten dieser Welt hätten? Wo zieht Ihr Seelenmuster Sie inmitten des alltäglichen Tohuwabohus hin?

Es war Timothys zwölfter Geburtstag. Er hatte genug Geld gespart, um sich ein Geschenk zu kaufen, und so ging er in den Laden um die Ecke und legte all die vielen Münzen auf die Theke. Und Wunder, o Wunder, es reichte gerade aus, um den großen, roten Drachen zu kaufen, der an der Wand hinter der Kasse hing. Er war das glücklichste Kind auf der Welt! Sogleich ging er zum Van Cortland Park in der Bronx und ließ seinen neuen Drachen steigen.

Der Wind blies kräftig, und er gab ein wenig Schnur nach, und noch ein wenig, und noch ein wenig, bis der Drache so hoch am Himmel stand und so weit weg war, dass er ihn kaum noch sehen konnte. Wenn man ihm so zuschaute, sah man nichts als einen Jungen, der lachend mit einer Schnur in der Hand herumlief.

Auf einmal trat ein respektabel und überaus vernünftig dreinschauender Mann in Anzug und Krawatte auf ihn zu. »Was machst du denn da?«, wollte er wissen.

»Wie meinen Sie das?«, fragte Timothy zurück. »Ich lasse meinen Drachen steigen!«

»Du lässt deinen Drachen steigen? Wie meinst du das? Ich sehe keinen Drachen. Und du siehst auch keinen Drachen. Woher willst du wissen, dass es einen Drachen gibt?«

Timothy erwiderte mit großem Ernst: »Ich weiß, dass er da ist. Ich spüre doch das Ziehen!«

Solange wir Kinder sind, fällt es uns relativ leicht, das Ziehen zu spüren, jenes kostbare Ziehen der jugendlichen Seele hin zur Sinnhaftigkeit.

Damals war unsere Welt noch klein, die Regeln relativ klar, und Freuden gab es viele. Was aber geschieht, wenn wir erwachsen werden? Wie oft geht uns das magische Gespür für das Ziehen – jenes Ziehen, das uns sagt, dass das Leben aufregend und lebenswert ist, selbst wenn wir den Drachen, das Ziel unserer Sehnsüchte, hoch oben am Himmel nicht immer sehen können. Haben wir die Schnur der Sinnhaftigkeit vor vielen Jahren aus der Hand gelegt, in der Meinung, dass am anderen Ende gar nichts sei?

Wer zutiefst mit der Natur des eigenen Seelenmusters verbunden ist und weiß, wie er seine Spur in der Welt hinterlassen kann, der spürt das Ziehen. Der kann morgens aufstehen und den neuen Tag willkommen heißen.

Sex, Geld, Macht und Sinn

Welche Erfahrungen ziehen an unserem Seelenmuster und locken uns hinaus in die Welt? Welches sind die Urleidenschaften, die uns treiben und die – bewusst oder unbewusst – unaufhaltsam unseren Lebensweg in immer neue Bahnen lenken?

So wie die Philosophen und Gottessucher mit verschiedenen Antworten auf die große Frage nach dem Sinn des Lebens aufwarten, entzweien sie sich über die Frage, welche Kräfte uns dazu bewegen, nach dem Sinn in unserem Leben zu suchen.

Sigmund Freud zufolge werden wir von der Libido getrieben, also dem Sexualtrieb. Sexualität, so Freud, sei Ausdruck der fundamentalen Lebenskraft, die unser Dasein durchströme und eine katalytische Wirkung auf die Gesellschaft ausübe. Freud war jedoch nicht der Erste, der diese Vorstellung hatte. In dem im fünften Jahrhundert verfassten babylonischen Talmud ist folgende Geschichte zu finden:

Es begab sich an einem heißen Nachmittag in einem Dorf an den Ufern des Euphrat ... Lüsternheit hing in der Luft wie ein Mückenschwarm über den Flussauen. Die Schwüle des Tages sorgte für Affären, Eifersüchteleien, Götzenanbetung und allerhand fragwürdige Exzesse ... Die weisen Männer des Dorfes wussten sich keinen anderen Rat, als sich im Schatten zu versammeln und zu beten und jedes ihrer Worte mit Schweiß und Tränen zu tränken, bis ihr Protest schließlich die Hitze durchbrach, an den Mücken vorbeischallte und bis in den Himmel vordrang. »Meister des Universums«, riefen sie. »Habe Mitleid mit deinen Kindern und vertreibe ihre Lüsternheit, die sie zu Sklaven macht. Packe das Übel der Unanständigkeit an den Wurzeln und befreie uns von diesen Exzessen!«

Mit offenem Ohr und hochgezogener Braue sah Gott auf die Welt hinab und antwortete: »Ich habe euer Gebet wohl gehört, aber sagt mir, meine Kinder ... Seid ihr ganz sicher?«

Da waren sich die weisen Männer einig und riefen hoch erfreut: »Ja! Ja!«, bevor sie unter der Last der Anstrengungen zusammenbrachen – erschöpft, aber siegreich.

Kaum war der nächste Morgen angebrochen, erhoben sich die weisen Männer und begaben sich erwartungsvoll auf einen Rundgang durch das Dorf, um nach Zeichen der Befreiung von der Lüsternheit zu suchen. Und in der Tat lag etwas Friedvolles über den sonnendurchglühten Straßen. Keine Probleme lugten aus den Fenstern, kein Gezänk drang durch verschlossene Türen. Ja, in der Tat, es war kein Laut zu hören.

Sie schauten bei sich daheim nach, dort lagen alle ruhig und zufrieden im Bett. Sie gingen auf den Marktplatz, kein einziger Stand war besetzt. Sie taten einen Blick in die Scheunen, kein Huhn hatte ein Ei gelegt, kein Hund bellte, kein Herz rührte sich in bebender Brust. Die Welt war zur Ruhe gekommen und wollte sich nicht erheben.

Da versammelten sich die weisen Männer abermals in ihrer schattigen Laube, und diesmal sprach aus ihrem Gebet noch mehr Leid als zuvor: »Meister des Universums, gib uns unsere Leidenschaft zurück, sonst werden wir zu Staub ob unserer müden Träume! Belebe unsere Triebe neu!«

Aus dieser Tradition heraus, in der auch Freuds jüdische Familie seit über zwanzig Generationen lebte, entwickelte der große Psychiater seine Vorstellung von der Motivationskraft der Libido. Seine Kritiker wurden jedoch nicht müde zu betonen, dass sich der fundamentale Antrieb des Menschen nicht allein auf die Sexualität zurückführen lässt, wie bedeutsam diese auch sein mag. In der Tat wird die Fehlerhaftigkeit der freudschen Lehre deutlich, wenn er behauptet, dass Mutterliebe in Wirklichkeit nichts anderes als ein Ausdruck der unterdrückten Sexualität der Frau sei. Freud ist mit seinen Thesen einfach zu weit gegangen. Allein unser Gefühl sagt uns, dass das Wunder der Liebe, die eine Mutter für ihr Kind empfindet, sich nicht auf den Sexualtrieb reduzieren lässt.

Nach Freud erklärten die Psychologen Abraham Maslow und Alfred Adler das Streben nach Selbstverwirklichung und das Überwinden von Minderwertigkeitsgefühlen zu den wichtigsten motivierenden Kräften im menschlichen Leben. Dabei vergaßen die berühmten Herren jedoch, uns zu sagen, was diese Begriffe konkret für uns bedeuten. Was ist Selbstverwirklichung? Woran können wir erkennen, dass wir uns verwirklicht haben? Brauchen wir alle das Gleiche, um uns zu verwirklichen? Wenn wir die Überwindung von Minderwertigkeitsgefühlen als Motivationskraft in unserem Leben betrachten, stellen sich uns dieselben Fragen.

Victor E. Frankl behauptete, dass uns allen das Streben nach Sinn gemein sei. Sein bedeutendstes Werk, das ursprünglich unter dem Titel »Death Camps and Existentialism« erschien und später noch einmal in überarbeiteter Fassung unter dem freundlicheren Titel »Man's Search for Meaning« herausgegeben wurde, ist wirklich beeindruckend. Aber wer das Buch liest, könnte zu dem Schluss gelangen, dass jeder x-beliebige Sinn, der uns einfällt, zur Triebfeder unseres Lebens werden könnte. Dies führt dazu, das der Sinnbegriff, so wie er in Frankls Thesen verwendet wird, zu einem schwammigen und nach Gutdünken verbiegbaren Gebilde verschwimmt. Wenn wir selbst das Meisterhirn sind, das den Sinn des Lebens definiert, könnten wir dann nicht auch das Böse zu unserem Weg erwählen? Und wenn ich allein den Sinn meines Lebens bestimme, ist es dann wirklich so sinnvoll? Sich etwas vorzugaukeln, mag unterhaltsam und vielleicht sogar tröstlich sein, doch letztlich ist es nicht real genug, um den Bedürfnissen unseres Seelenmusters gerecht zu werden.

Eine weitere Richtung, die gelegentlich mit Nietzsche in Verbindung gebracht wird, gibt an, wir würden von unserem Machtstreben geleitet. Diesem Standpunkt zufolge bauen wir uns ein großes Haus nicht, weil wir es bräuchten oder weil es eine gute Geldanlage wäre, sondern einzig und allein als Ausdruck unserer Macht. Wir wollen aller Welt – und uns selbst – demonstrieren, dass wir unseren Platz hier auf Erden gefunden haben. Doch all die mächtigen Leute mit ihrem oft leeren und unbefriedigenden Leben widerlegen die These, dass uns der Besitz von Macht wirklich ausfüllen könnte. Wenn die häufig narzisstisch anmutenden Autobiographien der Mächtigen dieser Welt überhaupt irgendeinen tieferen Wert haben, so liegt er darin, dass sie den Irrglauben an einen Zusammenhang zwischen Macht und Erfüllung im Keime ersticken. Zugegeben, wir streben nach Macht, aber ist sie unsere Bestimmung? Wonach streben wir sonst noch?

Jenseits von Libido, Selbstverwirklichung, Sinnstiftung oder Machterwerb – welche andere motivierende Kraft gibt es da, die unseren Geist zum Schwingen bringt und uns hilft, unserem Seelenmuster in dieser Welt Ausdruck zu verleihen? Was sonst könnte der Urtrieb sein, der unser Wollen und Wünschen in dieser unserer Welt befeuert? Wie sonst könnten wir den Drachen am Ende der Schnur bezeichnen, der uns zu einem Ziel hinzieht, das wir nicht immer deutlich erkennen können?

Wonach könnte sich unser Seelenmuster sehnen?

Teil I

Das Muster unserer Seele

1

Die Einsamkeit zum Guten wenden

Hotelzimmer-Erkenntnisse

Ein Hotelaufenthalt in Denver, Colorado, war der Auslöser dafür, dass ich mich erneut mit der Frage nach dem Sinn des Lebens auseinander gesetzt habe. Sie wissen, wie das in Hotelzimmern so ist. Es gibt da nicht nur ein Bett, einen Fernsehapparat und einen Stapel Handtücher, sondern – zumindest in den USA – immer auch eine Ausgabe der Gideon-Bibel in der Nachttischschublade. Der Koffer mit meinen eigenen, heiß geliebten Büchern hatte den Anschlussflug verpasst. Ich war müde und fühlte mich ohne sie irgendwie verlassen. Ein Hotelzimmer weit ab von der Heimat kann der einsamste Ort der Welt sein. Und so schlug ich das einzige Buch auf, das zur Hand war – die Bibel aus der Nachttischschublade.

Zu meinem Erstaunen gab es vorne einen detaillierten Index mit Gebrauchsanweisung: Bei Depressionen wurde zu Psalm 19 geraten, Betrunkene sollten sich Psalm 38 zu Gemüte führen, und wen die Einsamkeit plagte, dem wurde Psalm 23 ans Herz gelegt. Nun, ich war einsam, und so las ich dort nach. »Der Herr ist mein Hirte, nichts wird mir fehlen«, so beginnt der berühmte Text. »Muss ich auch wandern in finsterer Schlucht, ich fürchte kein Unheil ...« Langsam und aufmerksam las ich diese Zeilen, doch als ich fertig war, fühlte ich mich immer noch allein. Als ich das Buch gerade zuschlagen wollte, fiel mir eine Notiz auf, die jemand unten auf die Seite gekritzelt hatte. »Wenn du immer noch einsam bist, ruf Lola an!«

Als ich mich von meinem Lachanfall erholt hatte, wurde mir einer jener Gnadenmomente zuteil, in denen es scheint, als würden sich die Einzelteile eines großen Puzzles urplötzlich zu einem sinnvollen Bild zusammenfügen. Jahre des Studierens, Denkens und Lehrens verdichteten sich mit einem Mal zu ein paar wenigen, prägnanten Sätzen. Und um eben diese Sätze dreht sich das vorliegende Kapitel; ihre Bedeutung ist der rote Faden, der sich durch dieses Buch zieht.

Ich erkannte in jenem Moment, was nicht nur mich, sondern, so meine ich, jeden Menschen im Wesentlichen antreibt: der Wunsch, von der Einsamkeit zur Verbundenheit, vom Alleinsein zur Liebe zu finden. Wenn du immer noch einsam bist, ruf Lola an.

Nach all der großartigen Selbstverwirklichung, all den Leistungen, Anerkennungen und Diplomen, all der Sinnstiftung und all dem finanziellen Erfolg – selbst wenn alles gesagt und getan worden ist, fühlen wir uns immer noch allein. Die motivierende Kraft in unserem Leben ist der Wunsch, der Einsamkeit zu entkommen und an einen Ort der Beziehung, der Verbundenheit und Liebe zu gelangen. Unser Seelenmuster streckt die Hand nach den Mustern anderer Seelen aus – es will sie berühren und von ihnen berührt werden. Je inniger die Verbindung zwischen unseren Seelenmustern, desto stärker und offener ist unsere Seele. Unser Seelenmuster wird zu anderen Seelenmustern hingezogen.

*

Die flüchtige, libidinöse Illusion der Erlösung –
wie großartig oder billig sie auch immer gewesen sein
mag – wird grausam zerschmettert, sobald
uns Lola wieder allein lässt.

*

Wenn wir der sexuellen Revolution eine Erkenntnis verdanken, so die, dass Lola noch so wunderbar sein kann – von unserer

Einsamkeit kann sie uns nicht erlösen. Beim Kontakt zwischen Seelenmustern geht es nicht um das Ausleben der Libido, wie Freud uns glauben machen wollte. Der Psychologe Rollo May hatte Recht, wenn er sagte, dass bessere Sexualtechniken und die leichtere Verfügbarkeit von Intimpartnern kaum dazu angetan sind, unser Verlangen nach Innigkeit zu stillen. In der Tat spüren wir die Einsamkeit am Morgen nach der Nacht mit Lola umso schmerzlicher. Die flüchtige, libidinöse Illusion der Erlösung – wie großartig oder billig sie auch immer gewesen sein mag – wird grausam zerschmettert, sobald uns Lola wieder allein lässt.

Macht mag wichtig sein, und die Libido mag uns ebenso vorantreiben wie die generelle Suche nach dem Sinn des Lebens – trotzdem rühren sich Zweifel in meiner Seele. Soll das die Wurzel von allem sein? Ich glaube es nicht. Tief in meinem Inneren habe ich den Ruf der Einsamkeit vernommen, und ich kenne keine stärkere Kraft als diesen tiefen, alles durchdringenden Klang. Der Wunsch, der Einsamkeit zu entkommen und die Entfremdung zu überwinden, ist der Dreh- und Angelpunkt unseres Universums. Er ist die fundamentalste Triebkraft des Menschen. Nichts ist wichtiger für uns als unser Bedürfnis, unser Leben mit anderen zu teilen … sie zu prägen und von ihnen geprägt zu werden.

Der einsame Golfer

Eine meiner Lieblingsgeschichten dreht sich um die Sehnsucht der Seele nach Verbundenheit. Gleichzeitig handelt sie vom Golf.

Ein Rabbi im Ruhestand liebte den Golfsport über alles. Jeden Tag zog es ihn hinaus aufs Green. Er war dem Spiel derart verfallen, dass er an Jom Kippur, dem höchsten Feiertag des Jahres, Krankheit vortäuschte, seine Familie allein zu den Feierlichkeiten schickte und sich heimlich auf den verwaisten Golfplatz schlich. Es war ein herrlicher Tag, und er hatte die ganze Anlage für sich al-

W tru i b w a

lein. So schob er sein schlechtes Gewissen beiseite und legte den Ball aufs Tee.

Alsbald fand sich eine Schar von Engeln zusammen, die das ärgerte und die ihm bei seinem gotteslästerlichen Tun mit tadelndem Blick zusahen. Nach einer Weile gesellte sich Gott zu ihnen und sagte schmunzelnd: »Schaut, was jetzt passiert!«

Der Rabbi holte zum Schlag aus. Er war in ausgezeichneter Form – ein göttlicher Schlag! Der Ball flog und landete zielsicher direkt im Loch.

Die Engel zürnten: »Was habt Ihr da gemacht, oh Herr?! Warum lasst Ihr diesen Ungläubigen mit einem Schlag ins Loch treffen?«

Doch Gott winkte ab: »Wartet ab!«

Unmutig sahen die Engel zu, wie sich der Rabbi mit strahlendem Gesicht zur Seite wandte, um den anderen zuzurufen, was ihm da für ein Schlag geglückt war. Doch da waren nichts als Bäume. Er schaute zur anderen Seite, doch auch da gab es nur Bäume. Und auch hinter ihm: Bäume, Bäume, Bäume. Da verfinsterte sich seine Miene, denn langsam sickerte die schmerzliche Erkenntnis zu ihm durch: Es gab keine Menschenseele, der er von seiner Leistung hätte erzählen können!

Stellen Sie sich vor, Sie hätten im Lotto gewonnen und den Jackpot geknackt. Was würden Sie als Allererstes tun? Bestimmt würden Sie zum Telefon laufen, um dem Menschen, der Ihnen am nächsten steht, davon zu erzählen. Man braucht nicht viel Fantasie, um sich vorzustellen, wie niederschmetternd der Gedanke ist, keinen einzigen Menschen zu haben, mit dem man in einer solchen Situation sprechen, den man anrufen und an der Sache teilhaben lassen kann.

Exil

Sie kennen vielleicht die philosophische Frage: Wenn im Wald ein Baum umfällt, und keiner ist da, um es zu hören, macht er dann überhaupt ein Geräusch? Wenn wir unsere Geschichte nicht loswerden können, weil keiner da ist, der uns zuhören würde; wenn wir aus Mangel an Ansprechpartnern zur (geistigen) Stummheit verdammt sind, dann sprechen die Mystiker vom Exil. In der Kabbalah, der mystischen Interpretation der biblischen Überlieferung, hat das Ins-Exil-Gehen nichts mit dem Verlassen eines geographischen Ortes zu tun. Das Land unserer Väter wird zum Symbol für den Ort unserer emotionalen Existenz. Exil bedeutet, diesen Ort zu verlieren.

Einsamkeit ist eine Art von Exil. All unsere Errungenschaften, Erfolge und Leistungen verblassen, wenn wir andere nicht daran teilhaben lassen können. Genau genommen dreht sich die gesamte biblische Geschichte um diese Erkenntnis. Die Bibel birgt ein einzigartiges Verständnis dessen, was uns in der Welt vorantreibt. Und wie wir gesehen haben ist das etwas ganz anderes, als Freud, Nietzsche, Adler und Frankel behaupten und als es uns die östlichen Philosophien glauben machen möchten.

Wenden wir uns einmal dem Anfang der biblischen Geschichte zu – dem Schöpfungsbericht. Es sei vorweggeschickt, dass der Text nicht wörtlich zu verstehen ist. Wir haben es hier nicht mit einer Anleitung zum Erschaffen von Welten zu tun. Zweck der beiden ersten Kapitel ist vielmehr, die Grundzüge der Weltordnung zu etablieren. So enthält die Schöpfungsgeschichte unter anderem die Grundgedanken von Demokratie und Wissenschaft, der Sinnhaftigkeit und Heiligkeit des Lebens, der Erschaffung des Menschen als Ebenbild Gottes, der konsequenten Ökologie sowie des Fortschritts. Im ersten Kapitel wird ein Satz zu einer Art Mantra, das den ganzen Text durchzieht: »Gott sah, dass es gut war.« Am Ende eines jeden Schrittes im Schöpfungsakt nimmt Gott letzte feine Korrekturen vor, bevor er sein Werk begutachtet und dabei jedes Mal feststellt, »dass es gut war«. Er sah das Licht des Tages, und es war gut; er sah das angesammelte Wasser des Meeres, und es war gut; er sah alles, was das Land an Grün hervorbrachte, und es war gut. Die gesamte Schöpfung wird von diesem Bogen des Guten überspannt. Das Gute ist ihr Ziel – der Wunschzustand, auf den alle Geschöpfe und alles Erschaffene hinstreben.

Dann aber wird im zweiten Kapitel all dieses Gute mit einem simplen Satz wieder aufgehoben, wird hier doch auf einmal verkündet: »Es ist nicht gut.« Wir haben es mit einer ganz spezifischen Form des Nicht-Guten zu tun. Gott sagt nämlich: »Es ist nicht gut, dass der Mensch allein bleibt.«

Diese Worte hat der Dichter John Milton aufgegriffen, als er schrieb, dass das Alleinsein »das erste ist, was Gott nicht gut genannt hat«. Im Bericht der Schöpfung reiht sich Tag an Tag, und jedes Mal folgt nach getaner Tat das Lob, »dass es gut war«; bis im zweiten Kapitel die ernüchternde Feststellung folgt, dass es nicht gut sei. Ja mehr noch, dies ist nicht nur das erste, sondern auch das einzige Mal, dass die Bibel einem Seinszustand klar und unmissverständlich das Prädikat »nicht gut« verleiht.

Kapitel eins der Schöpfungsgeschichte deckt einen reichen Tisch voll des Guten, voll von Sternen und Sphären, Fischen und Früchten und allerhand anderen Herrlichkeiten. Dann aber platzt Kapitel zwei mitten in die Festgesellschaft, stößt eiskalt die Tafel um und verhüllt die ganze Pracht mit einem Schleier der Niederlage. Im Grunde sagt dieses Kapitel: Die gesamte Welt, alles was da geschaffen wurde, ist letztlich wert- und bedeutungslos, wenn der Mensch allein ist.

Und wirklich ist alles Gute in der Welt so lange nicht gut, wie Menschen einander entfremdet bleiben. Aristoteles hat diese biblische Erkenntnis bestätigt, als er schrieb: »Keiner würde ein Dasein ohne Freunde wählen, und wenn er dafür alle anderen Dinge auf der Welt haben könnte.« Wenn der Zweck des biblischen Lebens darin liegt, das Gute zu erreichen, dann wird für jeden von uns das »Nicht-Gute« des Alleinseins zur großen Herausforderung. Es zu überwinden und nach Verbundenheit, Liebe und Einheit zu streben, ist nicht bloß eine populärpsychologische Übung zur Selbstverwirklichung oder -bestätigung. Es ist das eigentliche Ziel unseres Lebens, unseres Seins und Werdens. Dies ist es, wonach unser Seelenmuster sucht.

*

*Das »Nicht-Gute« des Alleinseins zu überwinden
und nach Verbundenheit, Liebe und Einheit zu streben,
ist nicht bloß eine populärpsychologische Übung zur
Selbstverwirklichung oder -bestätigung. Es ist das
eigentliche Ziel unseres Lebens, unseres Seins und Werdens.
Dies ist es, wonach unser Seelenmuster sucht.*

*

Betrachtet man das Leben als ein großes Haus, so können die Räume noch so exquisit ausgestattet sein – solange kein anderer Mensch über die dicken Teppiche schreitet, sind sie verwaist und der Hausherr bleibt allein. Cat Stevens hat einmal wehmütig gesungen: »I don't want to live in a mansion, there are too many empty rooms.«[*]

Die Hauptmotivationskraft im biblischen Sinne ist der Antrieb, von der Einsamkeit zur Liebe, von der Getrenntheit zur

---

[*] zu Deutsch: »Ich will in keiner Villa leben, es gibt darin zu viele leere Zimmer.«

dass es meine Freunde gut geht
dass sie gesund bleiben
dass es, Kindern gut geht
ke. war

Seelenmuster-Praxis

Schreiben Sie sieben der kostbarsten Dinge auf, die Sie gerne haben möchten.

Was steht an erster Stelle? Was an zweiter?

Wenn oben auf Ihrer Liste etwas anderes steht als Beziehung oder Verbundenheit, dann fragen Sie sich, ob das, was Sie stattdessen hingeschrieben haben, wirklich um seiner selbst willen so wichtig für Sie ist – oder weil es Ihnen für Ihre Beziehungen mit anderen Menschen förderlich erscheint.

Wenn Sie sich zum Beispiel ein großes Haus wünschen – geht es um das Haus an sich, oder etwa darum, Ihnen direkt oder indirekt beim Aufbau von Beziehungen zu helfen?

Wenn das, was oben auf Ihrer Liste steht, absolut nichts mit zwischenmenschlichen Beziehungen zu tun hat, dann fragen Sie sich, warum das so ist.

Stellen Sie sich vor, Sie würden eine besonders gute Nachricht bekommen. Stellen Sie sich vor, Sie würden eine besonders schlechte Nachricht bekommen.

Wem würden Sie davon erzählen wollen?

Rufen Sie diese Menschen jetzt »einfach so« an, und sagen Sie Ihnen, wie gern Sie sie haben. Raffen Sie sich auf! Tun Sie es jetzt! Ich verspreche Ihnen, dass keiner von ihnen glauben wird, Sie hätten den Verstand verloren. Im Gegenteil! Sie werden bestimmt denken, Sie hätten etwas gewonnen!

Einheit, vom Trennungsschmerz zum Beziehungsglück zu gelangen.

Levado

Das alte hebräische Wort für »allein« ist *levado*. Wenn Gott es in seiner Schöpfungsgeschichte benutzt, bedeutet es genau genommen nicht im physischen Sinne allein, sondern »einsam«. Im Grunde sagt Gott: »Es ist nicht gut, wenn der Mensch einsam ist.« Solange er es ist, kann alles Gute der Schöpfung ihm seine Sehnsucht nicht stillen. Hat er niemanden, den er an seinen Erfahrungen teilhaben lassen kann, und fühlt er sich fremd, getrennt und leer, bleibt all das objektiv Gute im Universum bedeutungslos. So erleben wir Einsamkeit: Wir fühlen uns getrennt, abgeschnitten, fremd und leer.

Ziel des Universums ist das Gute. Liest man den Mystiker Isaac Luria genauer, erfährt man, dass dieses »Gute« in der Tat das Ziel Gottes ist. Gott und das Gute sind eines. »Kostet und seht, wie gütig der Herr ist«, ruft uns ein biblischer Vers entgegen. Nach Lurias Interpretation bezieht sich der Satz »Es ist nicht gut, dass der Mensch allein bleibt«, nicht nur auf den Menschen, sondern auch auf Gott. Um selbst das Gute zu erreichen, muss er den Zustand göttlicher *Levado* – der Einsamkeit Gottes – verlassen und eine Welt erschaffen, mit der er in Beziehung treten kann.

Für unser menschliches Dasein heißt dies, dass Gott die Kraft im Universum ist, die uns von unserer Einsamkeit heilen kann und die wir zu ihrer Überwindung brauchen. Er ist die Stimme, die uns sagt, dass wir nicht für immer allein sein müssen. Das Universum ist uns freundlich gesonnen. Gott kennt unseren Namen. Er will, dass wir glücklich sind. Mehr noch, er kämpft aktiv dafür.

Der Erreichung dieses fundamentalen Zieles steht der Schatten des Nicht-Guten entgegen, ein düsteres Gebilde, hervorgerufen durch das Alleinsein des Menschen. Aus mystischer Sicht spiegelt die Einsamkeit eines Menschen die göttliche Einsamkeit wider. Sind wir allein, so ist Gott irgendwie mehr allein. Folgen wir den Worten des Sohar, des großen Werks der Kabbalah, so sind wir weniger gottähnlich, wenn wir allein sind. Unsere göttliche Lebenskraft versiegt, sobald wir aus der Verbundenheit herausgefallen sind. Auf der menschlichen Ebene abgetrennt zu sein, heißt von der Lebenskraft des Universums abgeschnitten zu sein. Es gibt eine Vielzahl von Studien, die diese Auffassung auf absolut überzeugende und konkrete Weise belegen.

Als eine von vielen Quellen sei hier auf Skeels verwiesen, der in einer wissenschaftlichen Langzeitstudie vierundzwanzig Kinder aus einem Waisenhaus begleitete. Die Hälfte der Kinder verbrachte täglich eine gewisse Zeit in einer benachbarten Einrichtung, in der sie von geistig behinderten Mädchen im jugendlichen Alter liebevoll umsorgt wurden. Die andere Hälfte bekam diese Art von Zuwendung nicht. Am Ende der zwanzigjährigen Beobachtungszeit stellte sich heraus, dass alle zwölf Waisen aus der Gruppe ohne Zusatzbetreuung entweder nicht mehr am Leben oder in einer Einrichtung für geistig Zurückgebliebene untergebracht waren. Sämtliche Kinder aus der Gruppe mit Zusatzbetreuung hingegen standen auf eigenen Füßen, die meisten waren verheiratet, und so gut wie alle hatten höhere Schulabschlüsse geschafft. Beeindruckend! Wir wissen auch, dass Babys, die zwar perfekt versorgt werden, aber keine regelmäßige menschliche Zuwendung bekommen, in vielen Fällen schlicht und einfach sterben.

Der Grundantrieb des Menschen ist, vom »Nicht-Guten« des Alleinseins zum »Guten« der Verbundenheit zu gelangen. Um an all dem Guten teilhaben zu können, das sich im Verlauf von Kapitel eins der Schöpfungsgeschichte entfaltet hat, um wirklich lebendig zu sein, müssen wir die Einsamkeit hinter uns lassen und zu Verbundenheit, Liebe und Einheit finden. Ein Seelenmuster ist dann voll verwirklicht, wenn seine Essenz dem Leben eine einzigartige Spur aufprägt.

Einsamkeit als Chance

Bevor wir uns dem Wesen des Seelenmuster-Bewusstseins zuwenden, müssen wir uns jedoch vor Augen führen, dass Einsamkeit kein beklagenswerter menschlicher Zustand ist, der sich mit dem oft ebenso beklagenswerten Balsam der Populärpsychologie lindern lässt. Stattdessen ist *Levado* für uns von geradezu fundamentalem Wert. Das Gefühl des Alleinseins ist nach heutigem Erkenntnisstand ausschließlich dem Menschen vorbehalten. Der Dichter W.H. Auden bezeichnete es als »den wahren Zustand des Menschen«. Der Schriftsteller Thomas Wolfe nannte Einsamkeit »die zentrale und unvermeidliche Erfahrung eines jeden Menschen«. Einsamkeit ist etwas, über das man hinauswachsen, das man aber niemals überspringen kann.

*

*Manchmal frage ich mich, ob man das Leben
von uns Menschen aus dem westlichen Kulturkreis nicht
besser als »Da-haben« statt als »Da-sein« bezeichnen
sollte. Das Haben ist zu einer Möglichkeit geworden,
dem Sein zu entrinnen.*

*

Wir haben unser elementares Alleinsein aus den Augen verloren, weil wir es hinter der Illusion des Habens verbergen. Der moderne Mensch ist ein Einkäufer und Sammler, der sich über Konsum definiert und versucht, seine Einsamkeit mit *Dingen* zu lindern. Gandhi hat einmal gesagt: »Auf der Welt gibt es genug, um die Bedürfnisse aller Menschen zu decken, nicht aber, um ihre Gier zu befriedigen.« Manchmal frage ich mich, ob man das Leben von uns Menschen aus dem westlichen Kulturkreis nicht besser als »Da-haben« statt als »Da-sein« bezeichnen sollte. Das Haben ist zu einer Möglichkeit geworden, dem Sein zu entrinnen. Zudem brauchen wir es, um unser Sein, unseren persönlichen Wert, zu untermauern.

Der Puritanismus, jene Theologie, die immer noch fest in der amerikanischen Psyche verankert ist, hat die westlichen Wertvorstellungen vom Anhäufen und Konsumieren maßgeblich mitgeprägt. Der Lehre der Puritaner zufolge ist es von Gott vorbestimmt, ob ein Mensch erlöst oder verdammt ist. Dieser Glaube brachte für seine Anhänger zwei Probleme mit sich, ein pragmatisches und ein existenzielles. Aus praktischer Sicht stellt sich die Frage: Wenn das Schicksal unserer Seele ohnehin vorbestimmt ist, warum sollten wir dann hier auf Erden überhaupt arbeiten oder uns anstrengen? Und aus existenzieller Sicht erscheint diese Vorstellung derart entmutigend, dass an sie zu glauben schier unerträglich wird.

Die Puritaner entledigten sich beider Probleme mit einem genialen Streich. Sie lehrten, dass Wohlstand ein Zeichen dafür sei, dass man zum auserkorenen Kreise der Erlösungskandidaten gehörte. Wie sich gezeigt hat, war dieser Glaubenssatz hervorragend geeignet, die Menschen zum Arbeiten zu bewegen. Was wir heute unter protestantischer Arbeitsmoral verstehen, basiert auf eben dieser Lehre. Ersetzen wir aber das Sein durch Haben und Erfolg, dann setzt es uns zwangsläufig mächtig unter Druck, wenn sich die Dinge in der äußeren Welt, die sich unserer Kontrolle entziehen, anders entwickeln, als es in unserem Sinne wäre. Zudem entfernen wir uns auf diese Weise natürlich weit vom zentralen Seelenmuster-Bewusstsein, wie es in der Bibel verankert ist.

Unser puritanisches Herz schlägt so lange in uns, wie wir Erfolg mit dem Guten gleichsetzen und Versagen als eine Art moralischen Fehler werten. Wir sind zu Großeinkäufern geworden und stehen unter dem Zwang unseres verzweifelten Habenwollens. Nur allzu oft setzen wir »Dasein« mit »Erfolgreichsein« gleich. Eines der wichtigsten Zeichen für Erfolg ist der soziale Status, der sich im Wesentlichen danach bemisst, wie viel Bewunderung uns zuteil wird, wie viel Macht wir haben. Status aber bewahrt uns weder vor Einsamkeit noch vor dem Gefühl des Getrenntseins.

Wir haben Angst, dass es unsere Vorstellung von Erfolg und Status unterminieren könnte, wenn wir uns unsere Einsamkeit eingestehen. Erfolg soll unserer Verletzlichkeit den Garaus machen, die in der Einsamkeit wohl am krassesten zum Ausdruck kommt. Wer gut ist, muss erfolgreich sein, und wer erfolgreich ist, kann wohl kaum einsam sein – so lautet unbewusst unsere

Devise. Wir sind bereit, vielerlei Schwächen zuzugeben, seien sie finanzieller, sexueller oder ethischer Natur. Aber sehr viel schwerer fällt es uns, uns unsere Einsamkeit einzugestehen. Schließlich haben wir eine Million Freunde, und am Samstagabend sind wir natürlich immer mit irgendjemandem verabredet. Allein zu sein gilt als großer Fluch – eine Einschätzung, die durch die Bibel bestätigt wird, wenn es heißt: »Es ist nicht gut, dass der Mensch allein bleibt.«

Kabbalisten deuten den biblischen Mythos von der Einsamkeit auf ganz andere Weise. Es stimmt, dass Liebe und Vereinigung das Ziel im Leben eines Menschen sind. Es ist jedoch nur dann erreichbar, wenn wir zuerst unser Alleinsein akzeptieren. Versuchen wir, es zu umgehen, um auf direktem Wege zu jenem Eins-Sein zurückzukehren, das der Garten Eden verkörpert, dann werden wir der biblischen Überlieferung zufolge von den flammenden Schwertern verbrannt, die den Eingang des Paradieses hüten. Einsamkeit, so sagt Hayim von Voloshin, ein mystischer Autor des frühen neunzehnten Jahrhunderts, ist kein Ausdruck menschlicher Erniedrigung; sie zeugt vielmehr von seiner Größe.

Das Alleinsein birgt eine herrliche Botschaft: »Du bist etwas Besonderes, Einzigartiges und Unersetzliches«, so ruft uns das Universum entgegen. Es gibt absolut niemanden auf Gottes Erdboden, der so ist wie du. Dies ist der Ausgangspunkt für jede Beziehung. Allein zu sein ist das gemeinsame Schicksal der Menschheit. Durch das freiwillige Streben von der Einsamkeit hin zur Liebe wird es zu ihrer großartigen Bestimmung.

Einsamkeit im Licht der Psychoanalyse

Einsamkeit ist mehr als nur ein psychologisches Problem. Wie wir gesehen haben, ist sie vielmehr eine metaphysische Realität, die wir erst in ihrer gesamten Bedeutung erfassen müssen, bevor wir sie wegerklären oder lösen können. Glaubt man dem zeitgenössischen Philosophen Ernest Becker, so neigt die Psychologie dazu, die menschliche Erfahrung zu reduzieren. Die Psychologie kann den Menschen entzaubern und ihm dadurch sein Gefühl des Großartigen oder zutiefst Wertvollen nehmen. Während wir unsere Liebe auf das absolute Maß von Macht und Wert richten möchten, sagt uns der Analytiker, dieser Wunsch sei auf frühkindliche Konditionierung zurückzuführen und daher relativ. Wir suchen nach dem Großartigen. Das ist es, was wir erleben wollen. Der Analytiker aber führt uns auf den Boden der Tatsachen zurück und lässt uns wissen, dass es eine klinische Erklärung für all unsere innersten Motive und Schuldgefühle gibt. Auf diese Weise werden wir des absoluten Mysteriums beraubt, das unser Seelenmuster braucht. Das einzig Allmächtige, was uns bleibt, ist der Psychologe, der es wegerklärt hat. Und so klammert sich der Klient mit aller Macht an seinen Therapeuten und sieht mit Schrecken dem Ende seiner Analyse entgegen.

Robertson geht seit zehn Jahren viermal pro Woche zur Psychoanalyse. Endlich ist es so weit: Der Mann teilt ihm mit, dass nunmehr alle Ziele erreicht seien und er nicht mehr zu kommen brauche.

Robertson ist völlig entsetzt. »Aber das können Sie doch nicht machen!«, wendet er ein. »Ich brauche die Sitzungen doch. Ich kann ohne sie einfach nicht mehr auskommen!«

Der Therapeut gibt ihm seine private Telefonnummer und beruhigt ihn: »Wenn es nötig ist, können Sie jederzeit anrufen.«

Zwei Wochen später klingelt sonntags um sechs Uhr früh das Telefon im Hause des Analytikers. Robertson ist am Apparat.

»Ich hatte gerade einen schrecklichen Albtraum! Ich habe geträumt, dass Sie meine Mutter seien, und bin schweißgebadet aufgewacht.«

»Und was haben Sie dann gemacht?«

»Ich habe den Traum analysiert, so wie Sie es mir in der Analyse beigebracht haben.«

»Und?«

»Nun, ich konnte nicht wieder einschlafen. Also bin ich nach unten gegangen, um zu frühstücken.«

»Was haben Sie sich zum Frühstück gemacht?«

»Nur eine Tasse Kaffee.«

»Und das nennen Sie Frühstück!?«

Die tragische Seite des freudschen Erbes ist, dass es dem Menschen die ihm rechtmäßig zustehende Großartigkeit nimmt. Auf gewisse Weise ließ sich Freud bei seiner Arbeit von einer elementaren Auflehnung gegen die Mythen der Bibel leiten. Im Prinzip haben wir es hier mit einer Art Ödipus-Komplex zu tun, wo der Sohn mit seiner psychologischen Lehre die übermächtige Vaterfigur der biblischen Überlieferung zu überwinden versucht.

Der psychologische Mythos reduziert unsere innersten Wünsche und Bedürfnisse auf eine Hand voll langweiliger, jämmerlicher Triebe, die außerhalb unserer Kontrolle liegen und im Kern minderwertig sind. Das biblische Bewusstsein hingegen sagt uns, dass die menschliche Existenz, wenn auch bisweilen tragisch, so doch niemals armselig sein kann.

✳

*Die tragische Seite des freudschen Erbes ist,
dass es dem Menschen die ihm rechtmäßig zustehende
Großartigkeit nimmt.*

✳

Einsamkeit ist in der Tat eine schmerzliche, absurde und zutiefst verunsichernde Erfahrung. Gleichzeitig aber ist sie der Ausgangspunkt auf der Reise hin zur Liebe. Sie kann uns stimulieren, bestärken und das Gefühl geben, wirklich lebendig zu sein. Sie treibt uns mit jeder Faser unseres Seins hin zur Selbstverwirklichung. Erst wenn wir das Alleinsein am eigenen Leib erfahren und akzeptieren, erwachen wir ganz zum Leben, und erst dann können wir uns befreien. In die Einsamkeit einzutauchen, sie zu durchschreiten und hinter uns zu lassen, dies ist die Einladung und große Herausforderung des biblischen Bewusstseins. Es ist nicht gut für uns, allein zu sein. Wenn wir uns unser individuelles Seelenmuster erschließen, können wir nach dem Guten greifen, unsere Einsamkeit überwinden und Verbundenheit, Liebe und Eintracht erleben.

Typologie der Einsamkeit

Wir müssen die Einsamkeit hinter uns lassen. Aber wie soll das geschehen?

Der erste Schritt besteht in der Erkenntnis, allein zu sein. Gehen wir doch einmal zu einer Cocktailparty und hören den Leuten zu. Kaum sind die ersten paar Gläser geleert, kommt es zu allerhand Eingeständnissen von diversen Schwächen und Pein-lichkeiten, aber dass jemand wirklich ehrlich von seiner Einsam-keit spricht, passiert nur selten.

Einsam zu sein, ist fast wie Aussatz. Manchmal scheint es, als würde so ein Mensch von anderen aus Angst vor Ansteckung gemieden, was sein Alleinsein natürlich noch zusätzlich unter-streicht.

Ich war einmal in Europa, um auf einer Wohltätigkeitsveran-staltung einen Vortrag zu halten. In dem Saal gab sich die ganze junge Elite des Kontinents ein Stelldichein – die Leute waren vornehmer und hatten mehr Stil als das Publikum der New Yor-ker Philharmonie am Samstagabend. Als ich mich aber mit den Gästen darüber austauschte, worin ihr Interesse an der Veran-staltung bestand, erkannte ich auf einmal, warum sie wirklich gekommen waren. »Eine Freundin von mir hat hier letztes Jahr ihren Verlobten kennen gelernt«, so gestand mir eine Dame. Und eine andere meinte: »Ich habe bei einer Wohltätigkeitsver-anstaltung in München eine Frau getroffen. Sie wollte heute auch hier sein. Sie arbeitet im Finanzwesen. So eine kleine Brü-nette. Sie haben sie nicht zufällig gesehen?«

Ich will nicht behaupten, dass diese charmanten und wirklich sympathischen Yuppies keinerlei philanthropische Interessen gehabt hätten. Ihr Hauptmotiv war aber meines Erachtens ihre latente Einsamkeit. Als ich die innere Dynamik der Veranstal-tung verstand, wurde ich unglaublich traurig.

Ob Vortrag, Wohltätigkeitsball oder Seminar – wann immer eine Veranstaltung mit einem gemütlichen Beisammensein en-det, geht es in erster Linie um eben dies: das gemütliche Beisam-mensein. Trotzdem will keiner von uns zugeben, dass er sich aus ganzem Herzen nach diesem Austausch sehnt. Viele von uns sind süchtig nach den Pillen des Verleugnens, die von den Prota-gonisten in Aldous Huxleys Roman »Schöne neue Welt« so gern geschluckt wurden. Wir nennen sie nur anders – bei uns heißen sie »Prozac« und »Ritalin«. Wir sind Workaholics, Konsumaholics, Sexaholics, Religiaholics. Jede Sucht ist uns recht, sofern sie unserer Einsamkeit die Spitze nimmt. Aber Heilung ist nur dann möglich, wenn wir mit dem Leugnen aufhören, unser Leid endlich erkennen und es beim Namen nennen.

Das Seelenmuster-Bewusstsein schafft die Achtsamkeit und das Vokabular, die uns von diesem Schmerz genesen lassen. Der erste Akt des Menschen in der Genesis ist, den Geschöpfen in seiner Welt einen Namen zu geben. Wir müssen die Kreaturen in unserer Realität benennen! Wie von Zauberhand können wir allein durch den Akt der Namensgebung einen Teil der Finsternis vertreiben, die wir bislang geleugnet haben. Und dann können wir uns auf das Licht zubewegen. Jung formulierte es einmal so: »Man gelangt nicht zur Erleuchtung, indem man sich Lichtgestalten vorstellt, sondern indem man sich die Dunkelheit bewusst macht.« Das nagende Gefühl von Sorge, Traurigkeit und Angst ins Bewusstsein des Alleinseins zu heben, ist ein unabdingbarer Schritt zu dessen Überwindung. Nehmen wir uns einen Augenblick Zeit, um einige Formen der Einsamkeit zu beleuchten, die in unserer modernen Zeit am weitesten verbreitet sind.

Der erste Typus des einsamen Menschen ist auf Partys und bei anderen gesellschaftlichen Ereignissen anzutreffen. Wir alle kennen das Phänomen, dass wir auf einer Veranstaltung inmitten Dutzender von Leuten, die wir allesamt grüßen und mit denen wir Smalltalk führen, zutiefst einsam sein können. Mehr noch: Eine solche Situation lässt uns unsere Isolation unter Umständen noch deutlicher spüren, als wenn wir der Veranstaltung fern geblieben wären. Das Gefühl der Einsamkeit hat in der Regel nichts damit zu tun, ob wir allein oder in Gesellschaft anderer Menschen sind. Nietzsche schrieb: »Ist er allein, wird der einsame Mensch von sich selbst verzehrt, ist er in Gesellschaft, von der Masse.« Wohl jeder von uns weiß, wie es ist, wenn man in einem überfüllten Saal herumwandert und krampfhaft versucht, so auszusehen, als würde man dazugehören und sich köstlich amüsieren. Kein sehr angenehmes Gefühl! Es stellt sich ein, wenn wir so weit von unserem Seelenmuster entfernt sind, dass der scheinbar einzige Trost darin besteht, sich ins Getümmel zu stürzen.

Der zweite Typus des einsamen Menschen ist der Alleinstehende, der sich insgeheim verzweifelt nach emotionaler Nähe sehnt. Ich kenne viele solcher Leute, und es ist gar nicht lange her, dass ich selbst sieben Jahre lang zu ihrem Kreis gehörte: Einsame Menschen, die abends allein zu Bett gehen und nicht die Trost spendende Nähe eines anderen Körpers spüren. Der tiefe Schmerz, den ich empfand, als ich in der Zeit nach meiner Scheidung abends in mein leeres Zuhause kam, ist schier unbeschreiblich.

Gewiss kann das Alleinleben für Menschen, die sich aus freien Stücken dazu entschlossen haben, durchaus reich und befriedigend sein. Wer allein ist, muss sich deshalb nicht unbedingt einsam fühlen. Ein Mensch, der für sich bleibt und sich nicht darüber verzehrt, hat Freundschaft mit sich selbst geschlossen, und das ist eine großartige spirituelle Leistung. Reichen die Selbst-Bestätigung und der Selbst-Zuspruch, um unseren ständigen Hunger nach Anerkennung zu stillen, dann kann es nichts Schöneres geben! Fühlt sich jemand als Alleinstehender nicht einsam, kann die Ursache dafür aber auch woanders liegen – nämlich in der Abgeschnittenheit von den eigenen Gefühlen und dem daraus folgenden mangelnden Bewusstsein für die Einsamkeit im Inneren. Psychologen nennen dieses Phänomen in anderem Zusammenhang »Dissoziation«.

Die überwiegende Mehrheit der allein lebenden Menschen aller Altersschichten ist zutiefst einsam. In unserer modernen Gesellschaft hat man eine neue Gattung von psychologischen und soziologischen Wesen erfunden und so die Einsamkeit beinahe institutionalisiert. Sie heißen »Singles« – jene Menschen, die noch niemanden gefunden haben, den sie an ihrer Einzigartigkeit teilhaben lassen können. Gleichgültig, ob sie noch nie verheiratet waren, ob sie längere Beziehungen hatten, ob sie geschieden sind – sie sind kreative, energiegeladene, wunderbare Menschen, doch gleichzeitig bohrt in ihrem Inneren ein permanenter Schmerz.

Für sie ist das Einsamsein in der Regel nichts, was man zugeben könnte. Demzufolge werden so gut wie keine öffentlichen Gelder zur Verfügung gestellt, um Begegnungsstätten für Singles zu schaffen. Mit Mitte zwanzig stolpern junge Leute nach absolvierter Ausbildung und ersten eigenen beruflichen Schritten in eine Erwachsenenwelt hinein, die sie auffordert: »Suche dir den passenden Partner!« Das Eingeständnis, dass unsere Kinder einsam sein könnten, kann eine Gesellschaft wie die unsere schlichtweg nicht ertragen.

Der dritte Typus des einsamen Menschen ist der verheiratete Single, also jemand, der seit vielen Jahren gebunden ist, der Tisch, Bad und Bett mit einem Partner teilt, und dennoch zutiefst einsam ist. Noch schlimmer als einsam und allein zu sein, ist sicher, wenn man dabei in den Armen eines anderen Menschen liegt.

Und schließlich kommen wir zu der womöglich schmerzlichsten Form der Einsamkeit, die wir empfinden, wenn wir uns ersetzlich und unbedeutend fühlen: *Der vierte Typus ist der Mensch, dessen Einsamkeit sich aus dem Gefühl seiner persönlichen Wert-*

losigkeit speist. Sein Schmerz rührt von einer tiefen Entfremdung von sich selbst. Der Schriftsteller George Eliot beschreibt dieses Gefühl, indem er uns bittet, uns vorzustellen, einen Stein in einen Teich zu werfen. Wo er auftrifft, kräuselt sich das Wasser in schönen, eleganten Wellen; vielleicht springt der Stein auch mehrere Male und zieht auf diese Weise gleich mehrere solcher Wellenkreise. Am Ende aber hört er auf zu springen und versinkt auf Nimmerwiedersehen, als wäre er nie da gewesen.

Die meisten von uns kennen eine oder mehrere der beschriebenen Formen von Einsamkeit aus eigener Erfahrung. Der erste Schritt zu ihrer Überwindung besteht darin, sie nicht zu verleugnen, sondern sich ihr zu stellen.

2

Die Seelenmuster-Schatulle

Beschreibungen und Definitionen

Selbst anhand der im vorangegangenen Kapitel vorgestellten Typologie ist es schwierig, das Wesen der Einsamkeit voll und ganz zu erfassen. Solche bildhaften Beispiele können lediglich zur Beschreibung dienen und sind für unsere Zwecke nicht wirklich befriedigend. Umschreibungen sprechen unsere Emotionen an und sind damit unverzichtbar, um bestimmte Dinge zu verdeutlichen. Dem Verstand aber reichen sie nicht aus, er will den Begriff »Einsamkeit« klar erfassen. Um auch ihn zu befriedigen, müssen wir von der Beschreibung zur Definition gelangen.

Nur mit Hilfe einer Definition können wir verstehen, was Einsamkeit wirklich bedeutet, und nur sie gibt uns die Instrumente und Strategien an die Hand, um über die Einsamkeit hinauswachsen und zur Liebe gelangen zu können.

Eine Definition muss die Gefühle des einsamen Menschen im Kern erfassen, gleichzeitig aber über die Ebene der Beschreibung

---

Seelenmuster-Praxis

Ergänzen Sie den folgenden Satz:
Einsamkeit ist __nicht ver 2 br__
Lesen Sie sich noch einmal durch, was Sie geschrieben haben. Handelt es sich bei Ihrem Satz um eine Beschreibung oder eine Definition?

---

hinausgehen. Dazu bedarf es keiner Fachsprache, und manchmal kann sie sogar in ein Gleichnis verpackt werden. Eine Definition muss nicht unbedingt mit einem prägnanten Satz auf den Punkt gebracht werden, quasi als Antwort auf die Frage: »Was ist Einsamkeit?« Ich persönlich möchte sie Ihnen in Form einer wahren Geschichte von meinem Sohn Eitan geben.

Eitan ist ein richtiger Gelehrter. Da seine Erkenntnisse bis lang noch unveröffentlicht blieben, haben Sie sicher noch nichts von ihm gelesen. Er ist dreizehn, und ich will ihn nicht drängen. Die meisten meiner Eingebungen hatte ich nach Gesprächen mit Eitan und seinem nicht minder gelehrigen und verständigen zwölfjährigen Bruder Yair. Die folgende Geschichte werden Sie womöglich wiedererkennen, vielleicht ist Ihnen selbst schon einmal etwas Ähnliches passiert. Dies geschieht oft, wenn eine Begebenheit universelle Gültigkeit hat. Eine Geschichte wird nämlich erst dadurch zu etwas wirklich Besonderem, wenn wir erkennen, dass sie nicht nur die Person des Erzählers betrifft, sondern in Wirklichkeit von uns selbst handelt.

Es war an einem Morgen, an dem ich zu einer Vortragsreise durch die USA aufbrach. Kaum war ich aufgewacht, geriet ich unter Zeitdruck. Ich nahm in aller Eile ein Pseudofrühstück ein, sprach ein paar schnelle Morgengebete und schnappte mir meinen Koffer, um aus dem Haus zu stürmen. Gerade als ich zur Tür hinauswollte, um zum Flughafen zu fahren und meine weltbewegende und überaus wichtige Reise anzutreten, stellte sich mir Eitan – er war damals fünf – in den Weg. »Papa, kannst du dieses Päckchen mitnehmen?« Er streckte mir einen kleinen blauen Schuhkarton entgegen.

»Eitan, mein Schatz, muss das wirklich jetzt sein?«, gab ich gehetzt zurück.

»Ja, *Abba*, ja Papa«, beharrte der Junge. »Es ist ganz wichtig! Nimm es mit und sag mir, was du davon hältst, wenn du wieder nach Hause kommst.«

Er war so ernst, dass ich das Päckchen entgegennahm, es in

meinen Koffer stopfte, ihn küsste, ins Auto sprang und mich Hals über Kopf in den Reisestress stürzte.

Nach zehn endlos langen Tagen kehrte ich nach Hause zurück. Es war bereits kurz vor Mitternacht. Eitan, der normalerweise um acht hätte im Bett sein müssen, hatte geduldig gewartet. Putzmunter saß er am Küchentisch und sah mich erwartungsvoll an. »Eitan, mein Liebling, warum bist du noch auf?«, wollte ich wissen.

»Wie meinst du das, Papa?«, gab er meine Frage zurück. »Ich bin aufgeblieben, weil ich doch wissen will, was du von meinem Päckchen hältst.«

Irgendetwas an meinem Gesichtsausdruck muss mich verraten haben, denn noch bevor ich hätte lügen können, brachte Eitan hervor: »Oder hast du es etwa gar nicht angeguckt, *Abba*?«

Ich fühlte mich schrecklich. Ich rannte zum Wagen zurück und zog den Karton aus einem Berg von Vortragsnotizen und Wäsche hervor. Als ich wieder in die Küche kam, sah ich, wie Eitan eine Träne über die Wange kullerte. Ich setzte mich zu ihm und sagte leise: »Es tut mir Leid, Eitan. Ich war fürchterlich in Stress und bin einfach nicht dazu gekommen, mir dein Päckchen anzusehen. Komm, zeig mir, was drin ist.«

Gemeinsam machten wir es auf. Zum Vorschein kamen eine Muschel, ein verblichenes Foto von mir, das er irgendwann einmal aus der Zeitung ausgeschnitten hatte, ein Fliesenstück, eine Murmel und eine Locke von seinem Babyhaar. Ich konnte mir keinen rechten Reim darauf machen. »Und was bedeutet das?«, erkundigte ich mich.

»Das sind alles Sachen von mir«, erklärte der Junge, und dabei rollte ihm eine weitere Träne übers Gesicht. »Ich habe sie dir gegeben, aber du hast sie nicht mal angeguckt.«

In dem Augenblick begriff ich, was Einsamkeit wirklich bedeutet. Ein jeder von uns hat so ein Schatzkästlein, in dem er seine Sachen aufbewahrt – all die Dinge, die wirklich etwas mit ihm zu tun haben. Kein Job oder Titel, keine Monatsgehälter oder Statussymbole, sondern einfach nur allerhand Zeug. Die einzigartigen Muster und Windungen seiner Seele. Sein Seelenmuster.

*

Ein jeder von uns hat so ein Schatzkästlein,
in dem er seine Sachen aufbewahrt – all die Dinge,
die wirklich etwas mit ihm zu tun haben. Kein Job oder
Titel, keine Monatsgehälter oder Statussymbole, sondern
einfach nur allerhand Zeug. Die einzigartigen Muster
und Windungen seiner Seele. Sein Seelenmuster.

*

Das Seelenmuster speist sich aus unseren Träumen und unserem Schicksal, ob gelebt oder ungelebt, bewusst oder noch unbewusst. Es ist ein Produkt unserer Vergangenheit, all der Tage, die wir erlebt haben, bis in die frühesten Winkel unserer Kindheit oder gar noch weiter zurück. Unsere Erfolge und ganz besonders auch unsere Misserfolge sind darin gespeichert; die Partner, die wir geheiratet oder auch nicht geheiratet haben; unsere Verletzlichkeit, unsere Ängste und Schwächen ebenso wie unsere Großartigkeit und Visionen. All das macht unsere Einzigartigkeit – unser Seelenmuster – aus.

Hier nun eine Definition des Begriffs Einsamkeit, die, so hoffe ich, den Unterschied zwischen Beschreibung und Definition deutlich macht: *Einsamkeit ist die Unfähigkeit, einen anderen Menschen an der Essenz meines Wesens, an meinem Seelenmuster, teilhaben zu lassen.*

An jenem Tag hat mich Eitan etwas gelehrt. Die wenigen Tränen, die er damals vergossen hat, lösten bei mir eine ganze Flut von Tränen aus. Es wurde mir bewusst, dass ich einen großen Fehler gemacht hatte.

Eitan hatte mir sein Seelenmuster anvertraut, und ich war nicht fähig gewesen, es entgegenzunehmen.

Der Vater-Teil meines Seelenmusters war vollkommen blockiert und verschüttet gewesen. Wie oft habe ich seit jenem Tag gebetet, diesen Fehler nicht noch einmal zu wiederholen.

Der größte Wert dieser Übung liegt im Vorgang des Packens selbst. Bei der spirituellen Suche kommt es oft in erster Linie auf den Prozess an. Betrachten wir das Ganze als eine Art Schatzsuche – dieses Wort enthält zwei Aspekte: Schatz und Suche. Um einen Schatz zu finden, müssen wir ihn suchen; und wer suchet, der findet. Allein der Versuch, das eigene Seelenmuster »dingfest« zu machen und in eine Schatulle zu legen, also die wesentlichen Merkmale der Seele zusammenzusuchen, wird Ihnen den Begriff ein Stück greifbarer machen. Ich verspreche Ihnen: Wenn Sie auf der Suche nach Seelenmuster-Dingen durch die Wohnung streifen, werden Sie Ihrer Seele auf die Spur kommen. Wie schon gesagt: Wer suchet, der findet.

Und was gehört in so eine Seelenmuster-Schatulle hinein? Liebesbriefe, Erbstücke, Fotos, Lieblingszitate und persönliche Seelenmuster-Gedanken über Gott und die Welt? Wenn etwas so groß ist, dass es nicht in ihr Schatzkästlein passt, dann legen Sie stattdessen ein Symbol oder einen Zettel mit dem Namen des Gegenstands hinein.

Wem möchten Sie Ihre Seelenmuster-Schatulle zeigen?

Setzen Sie sich mit einem Menschen, der Ihnen wichtig ist, zusammen – ob am Sonntagmorgen im Café oder am Samstagabend vor dem Kamin – und lüften Sie Ihr Geheimnis!

Mythen rund um die Seelenmuster-Schatulle

Klassische Geschichten, die die Jahrtausende überdauern und ewige Wahrheiten berühren, gibt es je nach kulturellem und historischem Zusammenhang in den unterschiedlichsten Varianten. Zwei davon möchte ich Ihnen auf den folgenden Seiten vorstellen. Ich habe sie gewählt, weil sie unsere Definition des Seelenmusters vertiefen und Wege weisen, um die Einsamkeit zu überwinden. Während die vorangegangene Geschichte von der Beziehung zwischen Eltern und Kindern handelt, geht es in der nun folgenden um die Menschen und Gott. Sie stammt aus der christlichen Tradition und wird meist unter dem Titel »Der kleinste Engel« erzählt:

Ein vierjähriger Junge starb und kam in den Himmel. Obgleich er zum Engel auserkoren wurde, geriet er – wie schon auf Erden – immer wieder in Schwierigkeiten. Das Ganze begab sich in jener Zeit, als die Geburt Jesu kurz bevorstand. Überall im Himmel herrschte Feststimmung, und jeder war dabei, ein Geschenk für ihn vorzubereiten. Der kleinste Engel aber war noch ganz neu im Himmel, und er wusste nicht, was er ihm geben sollte. Schließlich beschloss er, ihm seine Schatzkiste zu schenken. Sie barg allerhand Dinge wie das Halsband seines Lieblingshundes, einen glänzenden Kiesel, den er in einem Bach gefunden hatte, eine hübsche Feder und vieles andere mehr. Es waren alles Sachen, die er während seiner Zeit auf Erden zusammengetragen hatte, und da Jesus als kleiner Junge zur Welt kommen sollte, würden sie ihm bestimmt genauso gut gefallen wie ihm selbst. Das hoffte er zumindest.

Die Engel scharten sich um Gott, der die Geschenke ansah, die sich ein jeder von ihnen für das kleine Jesukind ausgedacht hatte. Mit anerkennendem Blick würdigte er jede einzelne der Gaben. Als Gott schließlich die Schatzkiste des kleinsten Engels öffnete, bebte dessen Herz vor banger Ungewissheit. All die anderen Engel hatten die kostbaren himmlischen Entsprechungen für Gold, Weihrauch und Myrrhe, dargeboten, während er nichts anderes zu geben hatte als ein merkwürdiges Sammelsurium von irdischen Habseligkeiten. Er schämte sich so sehr, dass ihm die Tränen in die Augen stiegen.

Gott aber lächelte. Er erklärte die Schatzkiste zu seiner Lieblingsgabe und verwandelte sie in den Stern von Bethlehem.

Diese Geschichte gibt uns klar zu verstehen, dass unser innerstes Selbst das einzige Geschenk ist, das wir Menschen Gott machen können. Unser innerstes Selbst – das ist unser Seelenmuster. Gott wünscht sich unser Seelenmuster. Eine der gewagtesten Thesen der Kabbalah besagt, dass Gott stärker wird, wenn wir unser wahres Selbst – unser Seelenmuster – verwirklichen. Dies ist das größte Geschenk und der höchste Dienst, den wir Ihm erweisen können.

Viele Gebete – ob christlich, jüdisch oder muslimisch – sind in der Form eines Akrostichons aufgeschrieben. Dabei ergeben die Anfangsbuchstaben der einzelnen Verse den Namen des Verfassers, wenn man sie hintereinander liest. Als mir dies vor etwa vierzehn Jahren zum ersten Mal auffiel, war ich enttäuscht. Ich stand noch ganz unter dem Einfluss meiner Freud-Lektüre und dachte: »Sogar beim Beten ist das Ego die treibende Kraft.« Erst Jahre später, als ich mehr Seelenmuster-Bewusstsein zu entwickeln begann, fiel es mir wie Schuppen von den Augen. Es war nicht das Ego, das diese Menschen dazu getrieben hatte, ihre Namen auf diese Weise zu hinterlassen. Sie hatten vielmehr verstanden, dass durch das Gebet dem Seelenmuster Ausdruck verschafft wird. Sie legten damit gleichsam ihre Seele an die Lippen Gottes.

Zwischen Seelenmuster und Ego zu unterscheiden, ist denkbar einfach. Wer vom Ego getrieben ist, denkt, er sei Gott. Wer dem Ruf seines Seelenmusters folgt, weiß, dass er Gott ist.

*Zwischen Seelenmuster und Ego zu unterscheiden,
ist denkbar einfach. Wer vom Ego getrieben ist, denkt,
er sei Gott. Wer dem Ruf seines Seelenmusters folgt,
weiß, dass er Gott ist.*

In der biblischen Schrift steht *deah* für »wissen« oder »kennen« im Sinne von »Gott kennen« oder dem »gegenseitigen Erkennen im Fleische«. Meistens wird es in der letzteren Bedeutung verwendet. Er umschreibt die Beziehung des ersten Liebes- und Freundespaars der Welt, Adam und Eva. Nach kabbalistischer Auffassung war die gesamte Schöpfung in ihrer ganzen Herrlichkeit feierlich zugegen, als Gott den Trauungsakt zwischen den beiden vollzog. In diesem Kontext steht die nächste Geschichte von der Seelenmuster-Schatulle. Sie verdeutlicht den Sinn der Schatulle in Liebesbeziehungen und der Ehe, und seit vielen Jahren trage ich sie immer wieder gerne bei Hochzeitszeremonien vor. Mir gefällt die Vorstellung, dass Gott sie beim allererstern Trauungsakt erzählt haben könnte. Sie existiert in den unterschiedlichsten Versionen in vielen Kulturen, und ich betrachte sie als ultimativen Test dafür, wie gut es in meiner eigenen Beziehung mit der Überwindung und Transformation von Einsamkeit bestellt ist.

In Südamerika gab es einmal einen Stamm, der sich hauptsächlich von Milch ernährte. Doch wie das Leben so spielt, versiegte diese Nahrungsquelle eines Tages. Die Kühe fielen einer Krankheit zum Opfer und starben eine nach der anderen. Die Stammesbewohner litten schrecklichen Hunger und Durst und wussten weder ein noch aus.

Drei Wochen währte die Not, und oft saßen die Ältesten zusammen, aber keiner hatte eine Idee, wie man dem Dorf die Milch zurückbringen könnte. Bis die Stammesbewohner nach tagelangem unablässigen Gebet und Fasten eines Morgens erwachten und im

65

Dunst des anbrechenden Tages ein riesiges Fass voll dampfend heißer Milch mitten auf dem Dorfplatz stehen sahen. Überglücklich über dieses Geschenk der Götter richteten sie ein großes Fest aus. Einmal, zweimal, dreimal – jeden Morgen fanden sie das Fass neu gefüllt, und dank der reichen göttlichen Gabe erfreuten sich die Menschen eines satten, zufriedenen Lebens.

Ein junger Mann aus dem Dorf – er war etwa achtzehn Jahre alt – wollte sich mit dem Empfang der geheimnisvollen Speisung nicht einfach zufrieden geben. So sehr er auch auf die Milch angewiesen war, drängte es ihn doch zu wissen, woher sie kam. Also brach er das ungeschriebene Gesetz, das Wunder nicht zu ergründen, stand lange vor Tagesanbruch auf und wartete. Seine Geduld wurde belohnt, denn zwischen den purpurnen Schleiern der Morgennebel trat die schönste Frau, die er je gesehen hatte, aus der Himmelspforte hervor und brachte das Milchfass zum Dorfplatz.

Der junge Mann war überwältigt von ihrer Schönheit und verliebte sich auf der Stelle. Am nächsten Morgen stand er abermals auf seinem Posten, um sie noch einmal zu sehen, und auch am dritten und am vierten Tag war er zur Stelle. Am fünften schließlich konnte er es nicht mehr aushalten. Er trat aus den Büschen hervor, packte ihre anmutige Hand mit festem Griff und sagte: »Ich werde dich erst gehen lassen, wenn du mir versprochen hast, meine Frau zu werden.«

Weder in diesem Dorf noch anderswo auf Erden hat ein solch fordernder Heiratsantrag Aussicht auf Erfolg, doch Wunder, oh Wunder! Die göttliche Frau willigte ein. Es gäbe da nur eine Bedingung, ließ sie den jungen Mann wissen. Noch einmal würde sie die Reise in ihr himmlisches Domizil antreten, und bei ihrer Rückkehr würde sie ihm die Bedingung nennen.

Am Tage darauf kehrte sie mit so viel Milch zurück, dass sie ein Leben lang reichen würde. Dazu trug sie, fest an ihr Herz gedrückt, eine kleine, goldene Schatulle. Und sie gelobte dem fassungslosen jungen Mann, ihn zu heiraten, wenn er nur versprach, niemals hineinzuschauen. Denn, so sagte sie mit einer Spur von Traurigkeit in der Stimme: »Wenn du es tust, dann muss ich dich womöglich verlassen.«

Der Mann war einverstanden, und die Mischehe zwischen Himmel und Erde verlief wunderbar. Das Paar bekam Kinder, baute ein Haus, und sie lebten glücklich, während die Jahre ins Land zogen.

Eines Nachmittags aber, als die Frau gerade mit den Kindern unterwegs war, hielt es der Mann nicht mehr aus. Er konnte seine Neugier, die im Laufe der Zeit immer größer und größer geworden war, nicht mehr zügeln und eilte zu der Schatulle. Der Deckel knarrte leise, als er ihn hob, langsam, ganz langsam, erst einen Spalt breit, dann ein bisschen mehr und immer noch mehr, bis sie schließlich offen vor ihm stand. Verständnislos starrte er hinein, dann warf er den Deckel wieder zu.

Die Männer, die diese Geschichte lesen, seien daran erinnert: Eine Frau weiß immer, was ihr Mann tut, wenn sie nicht zu Hause ist. Als die Gattin heimkehrte, begriff sie sofort, das er die Schatulle geöffnet hatte. Sie sprach ihn darauf an: »Du hast sie aufgemacht, nicht wahr? Nun muss ich dich wohl verlassen.«

»Was soll das heißen? Du musst mich verlassen?«, rief der Mann. »Ja, ich habe sie aufgemacht! Natürlich habe ich sie aufgemacht! Aber sie war leer!«

Die Frau schüttelte den Kopf und erwiderte: »Jetzt weiß ich, dass ich gehen muss. Denn die Schatulle, die du für leer hältst, ist nicht leer. Als ich ein letztes Mal in den Himmel zurückkehrte, sammelte ich darin all die Ausblicke und Geräusche und Gerüche, die mir an meiner Heimat so lieb und teuer waren. Ich gab meine Hoffnungen und Träume, meine Ängste, Erinnerungen und all die besonderen Augenblicke meines Lebens hinein. Und nun hast du sie geöffnet und glaubst, sie sei leer gewesen. Wie könnte ich da bei dir bleiben?«

Wenn jemand unsere Schatulle öffnet und meint, sie sei leer – das ist die Definition von Einsamkeit. Das ist es, was dieses bodenlose Gefühl im Menschen erzeugt: die Unfähigkeit des anderen, wirklich an unseren Erfahrungen, an der Komplexität und

Vielfältigkeit unserer gesammelten Schätze teilzuhaben – an all den Dingen, mit denen wir unsere Schatulle gefüllt haben und die sie zu etwas so Persönlichem machen.

Das Seelenmuster legt Zeugnis von unserer individuellen Schönheit ab. Unsere Schönheit ergibt sich aus all dem, was uns ausmacht. Sie umfasst unsere Schwächen und Stärken, unsere pathologischen Züge ebenso wie unsere Träume. Ob wir zur belebtesten Stunde den New Yorker Times Square überqueren; ob wir Botenjunge, Topmanager oder mittlerer Angestellter sind; ob wir an einem einzigen Tag mit Partnern aus zwölf verschiedenen Ländern verhandeln und unsere Geschäfte abwickeln – wir können trotzdem einsam sein, wenn wir keinen an unserem Seelenmuster teilhaben lassen können. Wir können verheiratet und doch Single sein. Wir können in einer festen Beziehung leben und drei Kinder zusammen haben, aber immer noch einsam sein, weil wir zwar Tisch und Bett, nicht aber die Seelenmuster miteinander teilen.

Unsere Seelenmuster begegnen sich, wenn wir miteinander lachen und weinen. Nichts erzeugt größere Nähe zwischen zwei Menschen als gemeinsam vergossene Tränen, ob der Trauer oder der Freude. Es gibt nichts Erotischeres als die leidenschaftliche Verquickung zweier Seelen-Signaturen. Das Magnum Opus der Kabbalah – der Sohar – lehrt, dass wir uns gegenseitig segnen müssen. Auf den ersten Blick mag das seltsam erscheinen, auf den zweiten aber offenbart es sich als wunderschöne Geste. Die Kraft zu segnen steckt in jedem von uns. Und so segne ich Sie und bitte Sie, auch mich zu segnen, auf dass wir alle unser Seelenmuster finden und die uns nahe stehenden Menschen daran teilhaben lassen mögen.

Jenseits von Fingerabdrücken und DNA-Codes

Im letzten Jahrhundert haben steigende Kriminalitätsraten zur Einführung eines bis dahin unbekannten forensischen Instruments geführt: der Analyse des Fingerabdrucks. Heutzutage sind die moderne Biologie und Biochemie in der Lage, den DNA-Code zu entschlüsseln – jene einzigartige genetische Struktur, die Signatur eines jeden Menschen. Jetzt, an der Schwelle zum neuen Jahrtausend, müssen wir erkennen, dass DNA und Fingerabdrücke letztlich nur eine Reflektion von etwas viel Tieferem sind – dem Seelenmuster. Es ist unsere wahre Essenz, unsere einzigartige Lebensgeschichte. Wie der große Philosoph Ugo Betti sagt: »Wenn ich Ich sage, meine ich etwas absolut Einzigartiges, Unverwechselbares.«

*

Unser Seelenmuster ist wie eine Schneeflocke,
die die Essenz unserer Seele birgt und uns zu dem macht,
was wir sind. Doch anders als eine Schneeflocke schmilzt
es nicht.

*

In unserem Seelenmuster sind die Linien unserer Zwänge und Ängste, Hoffnungen und Träume, Erinnerungen und Ärgernisse ebenso eingeprägt wie all jene ganz speziellen Puzzleteile, die in der Kombination das Bild unserer individuellen Geschichte ergeben. Diese »Puzzleteile« lassen sich nicht auf Geschlecht und Religionszugehörigkeit reduzieren. Sie sind mehr als die statistischen Daten zu unserer Person. Sie können nicht durch sozioökonomische, kulturelle oder psychologische Parameter erfasst werden, denn sie übersteigen jede Form der Standardbewertung.

Unser Seelenmuster ist wie eine Schneeflocke, die die Essenz unserer Seele birgt und uns zu dem macht, was wir sind. Doch anders als eine Schneeflocke schmilzt es nicht.

Unsere ganz persönliche Eigenart ist in unserer Essenz verankert. Es mutet seltsam, traurig und manchmal auch ein wenig komisch an, wenn wir betrachten, wie viel Energie und Zeit wir damit zubringen, uns anzupassen und unsere Eigenart zu verbergen, wo es uns doch eigentlich darum gehen sollte, sie zu offenbaren, sie wie ein Banner stolz vor uns herzutragen – als unsere Seelenmuster-Schatulle.

Unser Seelenmuster kundtun

Weiter vorne war davon die Rede, dass Babys ohne menschliche Zuwendung nicht überleben können. Ich glaube, zumindest in dieser Hinsicht wird keiner von uns jemals erwachsen werden, denn unser Überleben hängt ebenso von Liebe und Anerkennung wie von Kost und Logis ab. Hier die Geschichte von Honi, dem Kreismaler:

Honi galt als der kühnste, unverschämteste und leidenschaftlichste Lehrer seiner Generation. Er war Mystiker und gefeierter Volksheld zugleich. Eines Tages traf er einen Mann, der gerade dabei war, einen Carob-Baum zu pflanzen. Als Honi hörte, dass der Baum erst in siebzig Jahren Früchte tragen würde, war er fassungslos. Er konnte einfach nicht begreifen, warum der Mann überhaupt seine Zeit damit verschwendete, den Steckling zu setzen. Honi war ein Mystiker, der das Ewige im Jetzt sucht. Er hatte kein Verständnis für die aus seiner Sicht irrationale Vorausschau in die ferne Zukunft. Der Mann aber erklärte ihm, dass seine Vorfahren schließlich auch die Carob-Bäume gepflanzt hätten, deren Früchte er jetzt aß, und so wollte er nun auf die gleiche Weise für seine Nachkommen sorgen.

Kurz nach dem Gespräch mit dem Carob-Pflanzer fiel Honi in eine Art Dornröschenschlaf. Erst siebzig Jahre später wachte er wieder auf. Da sah er, wie ein Mann die Früchte des Carob-Baums erntete. »Sind Sie der Mann, der diesen Baum gerade gepflanzt hat?«, wollte er wissen.

»Nein«, erwiderte der Fremde. »Mein Großvater hat ihn gesetzt.« Da erkannte Honi, dass er siebzig Jahre geschlafen hatte. Verdutzt machte er sich auf den Heimweg. Sein Sohn war inzwischen gestorben, und sein Enkel hatte das Zepter im Haus übernommen. »Ich bin Honi!«, rief er, doch keiner glaubte ihm. Er ging zur Akademie und hörte, wie sie dort über den brillanten, großen Honi sprachen, der vor siebzig Jahren einmal an eben dieser Stätte gelehrt hatte. »Ich bin Honi!«, gab er sich zu erkennen. Und er hielt einen geschliffenen Vortrag, ganz wie ehedem. Die Gelehrten hörten ihm aufmerksam zu und würdigten seine Worte, doch dass er Honi sei, das glaubten sie ihm nicht.

Da betete Honi zu Gott, er möge ihn zu sich holen. Er legte sich unter den Carob-Baum und fiel in den tiefen Schlaf des Todes.

Die großen Schriftgelehrten brachten den Sinn der Geschichte mit dem Kommentar »*Havrutah U'Metutah*« auf den Punkt: »Gemeinschaft oder Tod«.

Wie nun ist diese sonderbare, ja beinahe absurde Geschichte zu deuten? Honi erwacht nach siebzigjährigem Schlaf und will nach Hause zurückkehren. Sein Zuhause, das sind seine Familie und die Akademie. Dort aber erkennt man ihn nicht. Die Gelehrten erkennen seine Weisheit und fachliche Kompetenz an. Bestimmt würden sie ihm eine Professur übertragen. Doch wenn er sagt: »Ich bin Honi«, so glaubt ihm keiner. Er kann ihnen sein Honi-Sein nicht vermitteln. Sie würdigten seine Worte, so heißt es in der Geschichte – aber erwiesen ihm nicht die Ehre, die ihm gebührte.

Zutiefst einsam, verstrickt sich Honi in den Bedürfnissen seines Ego. Es geht nicht darum, dass man ihm vielleicht eine bessere Position angeboten hätte, wenn man um seine wahre Identität gewusst hätte. Es geht nicht um Quantität. Die Ehre, »die *ihm* gebührt« – dies ist der Schlüssel zu seinem Schmerz. Honi will nicht *mehr* Ehre, sondern *seine* Ehre. Er will als der angesehen werden, der er ist. Ansonsten bleibt nichts als Einsamkeit. Er fühlt sich nicht als der anerkannt, der er ist. Er kann den Menschen, die sein Zuhause, seine Welt ausmachen, seinen ureigenen Namen – sein Seelenmuster – nicht vermitteln.

Einsam zu sein heißt einen Moment des Todes zu erleben. Der Kommentar der Meister »*Havrutah U'Metutah* – Gemeinschaft oder Tod« setzt Freundschaft mit Lebenskraft gleich. »Sich als völlig allein und isoliert zu erleben, führt ebenso zur geistigen Desintegration wie physischer Hunger zum Tode führt«, so formulierte es Erich Fromm in seinem Klassiker »Die Furcht vor der Freiheit«. Wir können inmitten einer Schar von Menschen zutiefst allein und isoliert sein. Und so betet Honi um Gnade und darf sanft in die Nacht hinübergehen. Ein Leben lang schallt es: »Ich existiere! Ich habe einen Namen!« Existieren, das heißt, Menschen zu haben, die wissen, dass ich »Honi« bin.

Der berühmteste Erbe Honis in der biblischen Tradition Zentraleuropas ist »Israel, Sohn von Eliezer«, der ebenfalls als mystischer Meister und Volksheld gefeiert wurde. Er war unter dem Namen *Baal Shem Tov* bekannt, was übersetzt so viel wie »Meister des guten Namens« bedeutet. Als vollkommen verwirklichter Mensch, der sein Seelenmuster offenbart hatte, wurde er zum Meister seines Namens, das heißt, er wurde er selbst. Dies gilt in der biblischen Überlieferung als höchstmögliche spirituelle Errungenschaft. Als Volksheld wurde er darüber hinaus von den Menschen voll und ganz angenommen.

Das Einzigartige am biblischen Mystizismus ist die gewagte Einladung an uns alle, zum *Baal Shem* zu werden – einem Meister unseres Namens. In diesem Buch werden wir noch häufiger auf die Bedeutung des Namens und die Geschichten des mystischen Meisters Baal Shem Tov zu sprechen kommen. In der Tat bilden die von ihm und seinen Schülern vorgetragenen Gleichnisse ein eigenes Genre, das man unter dem Titel Seelenmuster-Geschichten führen könnte.

Als Fünfzehnjähriger schwänzte ich oft die Schule in Riverdale, New York, um mit dem Bus Nr. 100 zur Yeshiva University in Washington Heights zu fahren. Dort hielt Joseph Soloweichik, einer der letzten großen europäischen Meister, Vorlesungen über den Talmud und Philosophie. Ich war von seinen Schriften völlig fasziniert (je undurchdringlicher, desto besser) und konnte sie auswendig herbeten, noch bevor ich mit der Highschool fertig war. Oft wartete ich vor seiner Wohnung in der Hoffnung, ihn für einen kurzen Moment zu Gesicht zu bekommen. Ich fühlte ihm gegenüber jene intensive, wenn auch unerwiderte Liebe eines Schülers zu seinem Meister. Jahre sind seither vergangen, Joseph Soloweichik ist längst tot, und viele von denen, die sein Erbe für sich beanspruchen, haben mich zutiefst enttäuscht. Aber er schrieb einen Satz, der sich mir in die Seele gebrannt und die ganze Zeit über nie wieder losgelassen hat: »Zu sein bedeutet, einzigartig, einmalig und folglich allein zu sein.«

*

»Zu sein bedeutet, angenommen zu sein:
Es heißt anderen unser Seelenmuster zu vermitteln,
von der Einsamkeit zur Liebe zu finden. Den Menschen
unsere Seelenmuster-Schatulle zum Geschenk zu machen
und zu wissen, dass sie sie angenommen haben,
ist das höchste Glück auf Erden.«

*

Heute würde ich so weit gehen, Rabbi Soloweichiks Worte zu ergänzen: »Zu sein bedeutet, angenommen zu sein. Es heißt, anderen unser Seelenmuster zu vermitteln, von der Einsamkeit zur Liebe zu finden. Den Menschen unsere Seelenmuster-Schatulle zum Geschenk zu machen und zu wissen, dass sie sie angenommen haben, ist das höchste Glück auf Erden.«

3

Die Verheißung reiner Freude

Unerwartetes Glück

Machen wir uns auf die Suche nach unserer wahren Seelenmuster-Verbindung, so lassen wir die Einsamkeit hinter uns und können jenes einfache, authentische Gefühl erlangen, das ich gerne als »reine Freude« bezeichne. Doch Glück lässt sich nicht so finden, wie man es uns ein Leben lang glauben ließ. Der gängige westliche Begriff von Freude ist in der amerikanischen Unabhängigkeitserklärung formuliert, die uns allen ein unveräußerliches Recht auf Leben, Freiheit und das Streben nach Glück zuspricht. Das Problematische daran ist jedoch: Nach Glück kann man nicht streben. Versuchen wir es, so läuft es stets vor uns weg. Streben wir stattdessen nach anderen Zielen als dem Glück, so fällt es uns quasi als Nebenprodukt in den Schoß.

Ein Zen-Meister kommt in ein Dorf und sieht, wie die Menschen geschäftig hin und her eilen. »Wo lauft ihr denn alle hin?«, fragt er. »Woher wollt ihr wissen, dass euer Leben vor euch liegt? Was, wenn es hinter euch ist und gar nicht mit euch Schritt halten kann? Rennt nicht herum, um euren Lebensunterhalt zu verdienen. Seid still und lebt.«

In der talmudischen Version nimmt diese Geschichte eine zusätzliche Wendung, der es nicht an Witz und Bedeutung mangelt:

Ein Schüler kam zu seinem Meister und sagte: »Wenn ich vor der Ehre fliehe, so habt Ihr mich gelehrt, oh Herr, dann läuft sie mir nach. Doch nun bin ich schon seit Jahren geflohen vor ihnen, und noch immer läuft sie mir nicht nach.«

»Das Problem liegt klar auf der Hand«, erwiderte der Meister mit kluger Miene. Wenn du vor der Ehre fliehst, dann schaust du dir ständig über die Schulter, um zu sehen, ob sie dir auch folgt. Das verwirrt die Ehre, denn sie weiß nicht recht, in welche Richtung du nun läufst.«

Mit der Freude steht es wie mit der Ehre und der heiteren Gelassenheit: So sehr wir auch danach streben und uns darum mühen mögen, sie fallen uns nur dann zu, wenn wir in unserem Tun ein anderes Ziel vor Augen haben.

Eine Schrift aus dem fünften Jahrhundert enthält Aufzeichnungen über eine Debatte unter den großen biblischen Schriftgelehrten zu diesem Thema: Im babylonischen Talmud werden mehrere Texte besprochen, die den Glücksbegriff auf widersprüchliche Weise zu interpretieren scheinen. So wird in einer Schriftensammlung die Möglichkeit, wahres Glück zu erlangen, rundweg bestritten, während in einer anderen im gleichen Zusammenhang ein sehr viel ermutigenderes und positiveres Bild gezeichnet wird.

Im Verlauf der Debatte kommen die Meister zu dem Schluss, dass sich die beiden Sammlungen jeweils auf unterschiedliche Arten von Glück beziehen. Erstere betrachtet den Begriff als losgelösten Wert, als ein hohes Ideal, das wie ein Schloss auf ständig weichendem Horizont thront. Die zweite hingegen sieht Glück als ein Nebenprodukt, als den allgegenwärtigen Begleiter, der den großen Lebenszielen auf dem Fuße folgt. In knappen Worten gefasst, lautet die talmudische Schlussfolgerung: Glück als losgelöster Wert ist nicht erreichbar; erhebt man es zum Ideal und versucht, es um seiner selbst willen zu erlangen, wird es sich stets entziehen. Geschenkt wird es uns nur als Beigabe, wenn wir andere Ziele verfolgen. Das oberste Ziel unseres Strebens darf es niemals sein.

Wie aber könnte das oberste Ziel aussehen, das es zu verfolgen gilt, um als Nebenprodukt Glück zu ernten? Glück stellt sich mit der *Verwirklichung unseres Seelenmusters* ein. Im normalen

Alltag empfinden wir Freude, sobald wir ihm gerecht werden, ist dies nicht der Fall, erlischt auch die Freude.

*

Mit der Freude steht es wie mit der Ehre und der heiteren Gelassenheit: So sehr wir auch danach streben und uns darum mühen mögen, sie fallen uns nur dann zu, wenn wir in unserem Tun ein anderes Ziel vor Augen haben.

*

Jene Art von Glück, die sich als Nebenprodukt eines Lebens im Einklang mit dem Seelenmuster einstellt, wird von den Meistern der biblischen Tradition als »Freude von *Mitzvah*« bezeichnet. Obgleich *Mitzvah* gemeinhin mit »Gebot« übersetzt wird, führen die Kabbalisten, die von jeher ein besonderes Gespür für die Feinheiten der hebräischen Sprache hatten, das Wort auf einen Begriff mit der Bedeutung von »Nähe« zurück. Für uns, die wir nach unserem Seelenmuster suchen, ist diese Übersetzung besonderes wertvoll, denn sie stellt eine Verknüpfung zwischen Freude und Nähe her. Nähe ist sowohl etwas Menschliches als auch etwas Zwischenmenschliches. Sie stellt sich ein, wenn wir unser Seelenmuster erkennen und es mit dem eines anderen Menschen verquicken.

Die Forderung des biblischen Bewusstseins lautet nicht, »sei glücklich«, sondern vielmehr »entscheide dich für das Leben« – was in der biblischen Überlieferung »entscheide dich für *dein* Leben« bedeutet, für ein Leben im Einklang mit *deinem* Seelenmuster.

»Glücklich ist, wer glaubt«, so postulieren die Meister der biblischen Überlieferung. Aus dem Blickwinkel der Kabbalisten heißt dieser Satz: »Glücklich ist, wer an die Einzigartigkeit seiner persönlichen Bestimmung – an sein Seelenmuster – glaubt.« Glauben, das heißt nicht, davon überzeugt zu sein, dass »es«

Seelenmuster-Praxis

Machen Sie jede Woche irgendeinem Menschen ohne besonderen Anlass eine Freude.

Selbst wenn wir unser Seelenmuster noch nicht voll verwirklicht haben, können wir Glück erfahren, indem wir uns und anderen Freude schenken. In eine Rolle zu schlüpfen, die wir noch nicht ausfüllen, muss nicht unbedingt mit Hochstapelei zu tun haben. Manchmal ist es die beste Möglichkeit, in sie hineinzuwachsen. Sich ins Glück zu stellen ist so wichtig, weil es dann sehr viel leichter ist, sich das eigene Seelenmuster zu eröffnen und es zu verwirklichen, als wenn wir in einer depressiven Phase stecken.

Lächeln Sie! Schmunzeln Sie! Strahlen Sie! Lachen Sie! Machen Sie eine heitere Miene. Glück ist wie ein Muskel: Je mehr wir ihn trainieren, desto stärker wird er.

Einer alten biblischen Lehre zufolge sollen wir hundert Lobpreisungen sprechen. Mit dieser Form der Würdigung schaffen wir Momente der Bewusstheit – Seelenmuster-Momente. Versuchen Sie es auf Ihre eigene Art und Weise. Benennen oder schaffen Sie hundert »Seelenmuster-Momente«. Sie könnten beispielsweise so aussehen:

- Ein Gespräch, in dem Sie sich verstanden fühlen
- Ein Anruf, um einfach »hallo« zu sagen, ohne dass sich ein spezielles Anliegen dahinter verbirgt
- Mit den eigenen oder anderen Kindern spielen und mit ganzem Herzen dabei sein
- Den Kindern, der Geliebten, der Kollegin fünfzehn Minuten lang wirklich zuhören

Sie brauchen nicht gleich mit hundert Lobpreisungen zu beginnen. Fünf bis zehn genügen vollauf. Die Zahl wurde bewusst hoch angesetzt, um uns dazu zu bringen, stets die Augen offen zu halten.

Sie werden feststellen, dass sich solche Momente in Situationen ergeben können, in denen man am wenigsten damit rechnet. Es können Momente der Dankbarkeit, der Wertschätzung und des Staunens sein, sie können uns in Form von Fragen, Forderungen, Dankesbezeugungen oder Anerkennung entgegentreten.

Erkennen Sie Augenblicke des Staunens. Tun Sie es, so empfangen Sie das Seelenmuster der Welt.

Machen Sie eine Liste mit den sieben Wundern Ihrer persönlichen Welt; ich meine damit Orte, an denen Sie besonders glücklich waren – zum Beispiel der Gipfel eines Berges nach einer anstrengenden Klettertour oder das italienische Restaurant, in dem Sie sich verliebt haben.

Meditieren Sie über den zweitausend Jahre alten Seelenmuster-Meditationsspruch aus der biblischen Überlieferung: »Die Quelle aller Segnungen bist du, der du mich nährst und lebendig sein lässt. Ich danke dir dafür, mir diesen Moment beschert zu haben.«

Wenn wir über die Ebene des Würdigens hinausgehen, erschließt sich uns aus dem Blickwinkel unseres Seelenmusters eine tiefergehende Interpretation von Ben Zomas Satz »Reich ist der, der mit seinem Los zufrieden ist«. Da die Signatur unserer Seele einmalig ist, bedeutet mit dem eigenen Los zufrieden zu sein, unsere einzigartige Persönlichkeit in der Welt zu entfalten. Unsere Freundin Karen sagte eines Abends beim Essen mit meiner Frau und mir etwas Wunderbares: »Ich bin so glücklich wie noch nie zuvor in *meinem* Leben.« – Ein größeres Geschenk gibt es nicht auf Erden.

Überlegen Sie mal, wie es ist, einen für einen Freund maßgeschneiderten Anzug auszuleihen: Für einen Tag kann man das Jackett, die Hose tragen, aber wirklich wohl fühlen wir uns darin nicht. Und sicher stellt sich nicht jene Art von Freude ein, mit der wir ein Kleidungsstück anlegen, das perfekt auf unser Lebens-Maß zugeschnitten ist.

Wenn wir das Gefühl haben, eigentlich das Leben eines anderen zu führen und in dessen Schuhen durchs Dasein zu gehen; wenn wir uns für ersetzbar halten und meinen, dass schon eine Woche nach unserem Verschwinden ein anderer unseren Schreibtisch übernommen haben und exakt die gleiche Arbeit machen wird, dann fühlen wir uns wertlos. Eine solche Selbst-Entwertung ist die Wurzel einer jeden Depression.

Unser Seelenmuster passt genauer als jeder maßgeschneiderte Anzug. Morgens aufzustehen in der Gewissheit, dass wir bereits in den Mantel unserer Einzigartigkeit gekleidet sind, dass wir etwas auf Erden tun, das nur wir und wir ganz allein tun, etwas, wozu kein anderer in der Lage ist – das bedeutet reine Freude.

wahr ist, sondern dass »ich« wahr bin. Leben wir im Einklang mit unserem Seelenmuster, so lernen wir unsere Wahrheit aus eigener Erfahrung kennen und brauchen sie folglich nicht mehr durch den Glauben an ein äußeres Konstrukt von Dogmen zu untermauern.

»Reich ist der, der mit seinem Los zufrieden ist«, so lehrt der babylonische Weisheitsmeister Ben Zoma. Der klassischen Auslegung zufolge bedeutet dieser Satz: »Wir sind glücklich, wenn wir das würdigen, was wir haben. Und wir sind unglücklich, wenn wir das würdigen, was wir nicht haben.« Im Allgemeinen ist dies ein durchaus vernünftiger Rat. Etwas würdigen oder wertschätzen zu können, ist sicherlich eine unabdingbare Voraussetzung, um glücklich zu sein; es reicht aber nicht aus, um einen Menschen glücklich zu machen. Wir können jedoch auf dieser Art von Wertschätzung aufbauen, um anschließend, wie wir noch sehen werden, über sie hinaus zur tiefer gehenden »reinen Freude« zu gelangen. Damit ist sie ein ausgezeichneter Ausgangspunkt für unseren Weg.

Aus der inneren Tiefe heraus leben

Im Einklang mit dem Seelenmuster zu sein heißt, aus der inneren Tiefe heraus zu leben. Oder wie uns der preisgekrönte US-amerikanische Dichter Stanley Kunitz auffordert: »Lebe im Bodensatz, nicht auf der Streu!« In jedem Bereich unseres Daseins müssen wir den leidenschaftlichen Wunsch nach Tiefe, nach einem »Leben im Bodensatz« verspüren, denn das Gegenteil von heilig ist nicht etwa unheilig, sondern oberflächlich.

Letztlich bereitet das Leben in der Tiefe mehr Freude. Es bestärkt und vitalisiert uns auf eine Weise, wie es oberflächliche Vergnügungen niemals können. Tiefe ist eine Eigenschaft des Seelenmusters.

Es gibt zwei Möglichkeiten, um oberflächlichen Spaß von tiefem Vergnügen zu unterscheiden. Die erste ist Anstrengung: Was auch immer uns tiefe Freude bereitet – die Lektüre eines guten Buchs, die Zubereitung eines köstlichen Mahls, großartiger Sex im Rahmen einer ebenso großartigen Beziehung –, es erfordert stets eine gewisse Anstrengung. Meine Frau bezeichnet das als »Geschirrspülen«, denn nach jedem herrlichen Essen wartet eine unaufgeräumte Küche. Dies ist die Herausforderung, die den Boden für die Erfahrung jener tiefen Freude bereitet, die das Seelenmuster vor Wonne erbeben lässt.

Nicht einmal die uns scheinbar aus dem Nichts zufliegende »Eureka-Freude« der Selbsterkenntnis stellt sich ohne Anstrengung ein. Natürlich können wir zu einer spirituellen Ebene vordringen, in der die Freude mühelos strömt, doch um dorthin zu gelangen, müssen wir erst unsagbare Anstrengung und Energie investieren. Liest man die Memoiren der Mystiker aller Epochen, so begegnen einem immer wieder Schilderungen von beeindruckenden mystischen Erlebnissen und überwältigenden Erleuchtungen. In den Texten herrscht weitgehende Übereinstimmung darüber, dass sich diese Momente urplötzlich und völlig unerwartet aus dem Nichts eingestellt hätten, und zwar just in jenem Augenblick, in dem der Betreffende aufhörte, danach zu streben. Selbst das höchste aller Erlebnisse, die scheinbar mühelose Erleuchtung, ist letztlich das Ergebnis von Disziplin und konsequenter Übung. Dass es einer gewissen Anstrengung bedarf, um tiefe Freude zu erfahren, dafür gibt es zwei Musterbeispiele: den kreativen Erfolg und den Sport. In beiden Bereichen stellen sich Durchbrüche – also der Geistesblitz oder der Rekordsprint – nur dann ein, wenn zuvor einiges an Energie und Mühe investiert wurde.

Die zweite Möglichkeit, um tiefes Vergnügen von oberflächlichem Spaß zu unterscheiden, ist der Nachgeschmack. Wie fühlen wir uns, wenn das Ganze vorüber ist? War es ein Moment der tiefen Freude, so spüren wir in der Regel ein Nachglühen, ein Gefühl der Erfülltheit oder Befriedigung. Manchmal wird dieses Nachglühen sogar nach außen hin sichtbar. Selbst wenn wir einen Schreibkrampf oder Muskelkater haben, schreiten wir einher wie der Triumph in Person.

Oberflächlicher Spaß hingegen mag uns, solange er dauert, eine wirklich gute Zeit bescheren, nachher aber fühlen wir uns meist irgendwie leer. Ein nagendes Gefühl der Unerfülltheit, ja vielleicht gar des Unwohlseins, macht sich breit, gepaart mit ein wenig Ärger und Enttäuschung. Es stellt sich eine Art negatives Nachglühen ein. Das offensichtlichste Beispiel hierfür ist der gefürchtete Kater – jenes elende Biest, das uns auf allen vieren herumkriechen lässt, nachdem die Party vorüber ist. Der Zaubertrank, der uns am Abend zuvor so euphorisch sein ließ, wird über Nacht zum lähmenden Gift.

Der angenehmste Nachgeschmack des Vergnügens und die allerschönste und – subtilste Freude stellt sich oft dann ein, wenn wir eine gute Tat vollbracht haben. Eines Nachmittags, als ich gerade in einem Café saß, wurde ich Zeuge einer solchen wunderbaren Begebenheit: Eine junge Frau rannte die belebte Straße entlang, sie hatte eine Handtasche unter dem Arm, die irgendwie zu groß, zu schwarz und vom ganzen Stil her unpassend für sie wirkte. Ich fragte mich, ob sie unter all den Menschen die Besitzerin würde finden können. Wenige Minuten später war meine Frage beantwortet. Als die Frau wieder zurückkam, strahlte sie übers ganze Gesicht. Stolz leuchtete aus ihren Zügen, die Aura der guten Tat umgab sie.

Je nach Art unserer Motive kann selbst das oberflächlichste »Spaß-Event« zum Anlass reiner Freude werden. Dabei kommt es vor allem darauf an, mit wem wir etwas gemeinsam unternehmen. So ist es ein großer Unterschied, ob wir allein ins Kino gehen und uns aus purer Langeweile einen oberflächlichen Klamaukfilm ansehen, oder ob wir einen Freund oder eine Freundin mit dabei haben. Oberflächlicher Spaß wird zum tiefen Vergnügen, wenn wir ihn in Gesellschaft eines Menschen erleben, der uns wichtig ist. Je nach Kontext und Absicht kann ein und dieselbe Unternehmung mit ein und derselben Person einmal oberflächlich bleiben und ein anderes Mal in die Tiefe führen. Stellen wir uns nur einmal vor, wir würden uns im Zuge der Versöhnung nach einem Ehestreit gemeinsam mit dem Partner auf dem Sofa einkuscheln und einen schlechten Fernsehfilm anschauen. Wie öde der Film auch immer sein mag, es ist pure Freude.

Noch deutlicher wird das Phänomen, wenn wir uns vorstellen, wie groß der Unterschied ist zwischen zwei Wochen Urlaub zu haben und nie arbeiten zu müssen. Die gleichen zwei Wochen mit exakt den gleichen Aktivitäten und Menschen können herrlich sein, wenn wir sie im Rahmen einer ganz besonderen »Auszeit« erleben, aber sie sind schrecklich banal, wenn wir die ganze Zeit über Ferien haben. Der Unterschied lässt sich einfach und präzise beschreiben: Wenn wir versuchen, unsere innere Leere mit oberflächlichem Spaß zu übertünchen, werden wir uns nachher zwangsläufig als leer und ausgelaugt empfinden. Lassen wir uns aber auf dieselbe Aktivität ein, um damit die ganze Fülle des Lebens zum Ausdruck zu bringen, fühlen wir uns hinterher bereichert und lebendig. Was mit oberflächlichem Spaß begann, wird zum tiefen Vergnügen. Spaß als Ausflucht zu nutzen, kann nicht funktionieren, manchmal wendet es sich sogar gegen uns. Das Vergnügen zu zelebrieren hingegen ist eine der größten Freuden des Menschen.

Die Freude der inneren Tiefe

Wirkliche innere Tiefe ist nur dann erreichbar, wenn wir unser eigenes Seelenmuster und nicht das eines anderen ausleben. Wer auf dem vollkommen falschen Weg ist, wer in fremden Schuhen herumläuft, fremde Spuren hinterlässt und sich ein fremdes Seelenmuster aneignet, der kann über ein bestimmtes Maß an Tiefe nicht hinausgelangen. Und die Ebene, die er erreichen kann, wird ihm wesentlich weniger Zufriedenheit schenken, als würde er eine Meile oder ein ganzes Leben lang in den eigenen Schuhen laufen.

Glück, so habe ich gesagt, ist ein Nebenprodukt der inneren Tiefe. Bei dieser Aussage liegt der Schwerpunkt auf »innere«. Das hebräische Wort für innen bzw. Inneres ist *panim*, das außerdem »Gesicht« bedeutet. Demnach bilden »Gesicht« und »Inneres« zumindest begrifflich eine Einheit. Jemandem von Angesicht zu Angesicht zu begegnen, würde damit von dem Versuch zeugen, in sein Inneres vorzudringen, eine Begegnung in der Tiefe zu ermöglichen, Nähe aufzubauen, mit dem Seelenmuster verbunden zu sein.

Das Gesicht, so die Meister der Weisheit, ist Symbol und Ausdruck unserer Einzigartigkeit. Es ist bei jedem Menschen anders und damit etwas absolut Einmaliges und Besonderes. Gesicht ist Seelenmuster. Man »verliert das Gesicht«, wenn man sein Seelenmuster nicht auslebt. Nur wenn wir die eigene Tiefe spüren, erlangen wir jene Dimension des inneren Friedens, die wahre Freude erst ermöglicht; und nur dann können wir diese Tiefe auch an die Oberfläche bringen. Wir alle haben schon Sätze gehört wie: »Es lag ein Leuchten auf ihrem Gesicht!« oder »Du strahlst ja richtig!«. Wenn im Inneren Freude ist, erhellt sie das Gesicht.

Suchen wir nach Tiefe und nicht nur nach Schönheit, erkennen wir, dass mit zunehmendem Alter zwar unser Körper an Glanz verliert, unser Gesicht aber von innen heraus zu leuchten beginnt. Es gibt kaum etwas Schöneres und Wertvolleres als der Anblick eines alten Menschen. »Ich möchte ohne Lifting alt werden. Solche Operationen nehmen dem Gesicht das Aufrechte, den Charakter. Ich möchte den Mut haben, loyal zu dem Gesicht zu stehen, das ich mir gemacht habe.« Diese Worte stammen von keiner anderen als Marilyn Monroe, die leider zu früh ging, um selbst dem Antlitz des Alters zu begegnen. Ob sie das Gesicht verloren oder loyal gewesen wäre, können wir nicht wissen.

Das Gesicht ist ein Symbol des Seelenmusters. Es gibt in diesem Bereich fünfundvierzig Muskeln, von denen die meisten für die rein biologischen Funktionen verzichtbar sind. Ihre Hauptaufgabe scheint darin zu bestehen, Gefühle zum Ausdruck zu bringen. Es sind die Muskeln der Seele. Gesichtslos zu sein heißt, das Seelenmuster aus den Augen zu verlieren.

Das Gesicht ist der Urausdruck der Einzigartigkeit. Die Meister des Talmud formulieren es so: »So wie sich ihre Gesichter voneinander unterscheiden, so verschieden ist ihre Essenz.«

Das Gesicht ist der exponierteste Teil unseres Körpers. Und obwohl es all unsere intimsten Geheimnisse birgt, zeigen wir es nach außen hin.

In dem Versuch, die Seele zu verbergen, oder um die Angst zu verstecken, dass wir womöglich gar keine haben, lassen wir uns liften. Irgendwie begreifen wir, dass unser Gesicht zwar außen, aber nicht nur Fassade oder Oberfläche ist. Wir meinen, dass ein Lifting irgendwelche Rückwirkungen auf die Seele haben könnte. Schönheitschirurgen berichten, dass die meisten kosmetischen Operationen, die ohne medizinische Notwendigkeit erfolgen, im Gesichtsbereich erfolgen. Wollen wir etwa mit Gesichts-Liftings unsere niedergeschlagene Stimmung heben?

Und trotz allem kann eine äußerliche Veränderung manchmal wesentlich dazu beitragen, uns wieder an unsere Seelenmuster-Energie anzuschließen, ähnlich wie das perfekt sitzende Outfit uns ein tolles Gefühl gibt und uns damit den Zugang zu unserem Seelenmuster erschließt. Eine Frau aus meiner Gemeinde erzählte mir einmal, dass sie sich liften lassen wollte, weil ihr Körper ihren Geist verraten habe. Überall könne sie diesen Verrat aushalten, nur nicht im Gesicht. Dort müsse nämlich ihr Inneres zum Ausdruck kommen.

Doch so wie das Gesicht eine Reflexion unseres Innenlebens ist, so kann sich auch das Äußere in der Tiefe spiegeln. Wer jünger und vitaler aussieht, fühlt sich meist auch so. Die symbiotische Beziehung zwischen Innerem und Äußerem, zwischen Gesicht und Fassade, birgt einen der größten Spannungsaspekte des Lebens.

Landkarte der Seelenmuster: Fünf Seelen, fünf Wachstumsstufen

Die Lehrer der Kabbalah sprechen von fünf Seelen, die sich im Laufe einer Lebensspanne entfalten. Bei näherer Betrachtung erkennen wir, dass sich dahinter fünf Wachstumsstufen verbergen, die der Mensch auf seinem Weg vom Exil der Einsamkeit heim in den Hafen der Verbundenheit durchlaufen muss. Betrachten wir diese Phasen der seelischen Entwicklung parallel zu unserer wachsenden Vertrautheit mit unserem Seelenmuster, so können wir die tiefere Absicht der mystischen Meister erahnen und damit beginnen, eine Landkarte unseres Wachstumsweges zu zeichnen. Wie für kartografische Werke üblich, finden wir darin Orientierungshilfen, die es uns erleichtern sollen, uns auf unserer Seelenmuster-Reise zurechtzufinden. Im Verlauf unseres Weges kann sich die Entfaltung der seelischen Entwicklungsstufen durchaus linear gestalten – das heißt mit zunehmendem Alter erschließen sich uns immer höhere Ebenen – oftmals aber verläuft die Entwicklung auch in ganz anderen Bahnen. Manchmal nehmen wir zwei Stufen auf einmal, oder wir steigen schnell oben ein und machen später unten weiter, oder wir überspringen eine Stufe, um später darauf zurückzukommen.

Die erste Stufe der seelischen Entwicklung heißt *Nephesch*. Sie steht am Beginn des Lebens und umfasst das Säuglings- und Kleinkindalter. Obgleich das einzigartige Seelenmuster hier noch nicht voll und ganz zum Vorschein kommt, gibt es schon erste Hinweise. Wie oft hören wir Eltern davon sprechen, dass ihr Baby lieb, zornig, besonders lebhaft oder ruhig sei. So früh schon schimmern erste Ahnungen des Seelenmusters nach außen durch.

Selbst auf dieser elementaren Seelenebene – einer, die in der Regel mit dem biologischen Organismus gleichgesetzt wird – ist bereits Einsamkeit erfahrbar. Solange aber die Bedürfnisse des Körpers gestillt sind und wir die körperliche und emotionale

Nähe von Hauptbezugspersonen spüren, verflüchtigt sich dieses Gefühl und wir sind zufrieden. Später mag es in unserem Leben Freunde geben, von denen wir exakt diese *Nephesch*-Präsenz brauchen. Sie allein genügt, um uns von unserer Einsamkeit zu befreien und uns ein Gefühl der Geborgenheit zu schenken.

Die zweite Stufe der seelischen Entwicklung heißt *Ruach*, was grob übersetzt so viel wie »Wind«, »Geist« oder sogar »Sturm« heißt. In diesem Stadium reicht die Befriedigung unserer physischen Bedürfnisse nicht mehr aus, um uns glücklich zu machen. Wir spüren ein gewisses Unwohlsein, wissen aber nicht recht warum. Eine vage Unzufriedenheit streift uns wie ein Windhauch und bringt uns und unsere Seelenruhe zum Schaudern. Wir spüren, oft unbewusst, eine Sehnsucht nach kosmischer Einzigartigkeit. Wir wollen etwas Besonderes sein. Oft ist dies eine stürmische Zeit. Unsere Geschwister werden auf einmal als Rivalen empfunden. Wir wollen bei den Eltern, die für uns noch immer die Welt ausmachen, an erster Stelle stehen. Wir wollen unbedingt Helden sein, so sehr, dass wir im Superman-Kostüm herumlaufen und ob unserer eigenen Großartigkeit in regelrechte Ekstase geraten. Die *Ruach*-Stufe manifestiert sich ein zweites Mal während der Pubertät, und dies erklärt, warum Jugendliche so gut wie nie glücklich und zufrieden sind, gleichzeitig äußerst empfänglich für in die Tiefe führende, spirituelle Erfahrungen. Wenn dies auch die eigentlichen *Ruach*-Jahre sind, können wir im späteren Leben noch einmal in eine solche Phase geraten: in der so genannten Midlife-Crisis. Was uns bislang wichtig war, erscheint uns dann mit einem Mal sinnlos. Satt und versorgt zu sein, ist uns nicht mehr genug. Und auch Erfolg zu haben, reicht uns nicht aus. Die Einsamkeit lauert überall, und wir brauchen dringend eine Bestätigung für unsere Einzigartigkeit und Unverwechselbarkeit.

Die dritte Stufe der seelischen Entwicklung heißt *Neschamah*. In dieser Phase ist die Jugend abgeschlossen, und das nunmehr erwachsene Seelenmuster nimmt langsam markantere Konturen an. Wörtlich übersetzt bedeutet *Neschamah* »Atem«, gleichzeitig ist es das gebräuchlichste hebräische Wort für »Seele«. Der Atem ist ein Weg zum Seelenmuster. Wir werden uns unseres Atems, das heißt unserer einmaligen und folglich einsamen Existenz, bewusst. So geraten wir unter den Druck, uns erst mit unserem Seelenmuster zu identifizieren und dann mit ihm zu verbinden. Unsere Einsamkeit wird zum Portal zu unserer Einmaligkeit. Diese Entwicklungsstufe schließt sich oft dicht an die *Ruach*-Phase an, wenn sich die beiden nicht sogar überlappen.

Wie uns die Einsamkeit zur Einmaligkeit führen kann, wird uns in einem herrlichen norwegischen Märchen besonders treffend vor Augen geführt:

Ein Vater zeigte seinem Sohn ein Stück glatt poliertes Eichenholz und sagte: »Das hier ist deine Tafel. Für jeden Fehler, den du machst, werde ich einen Nagel hineinschlagen.«

Als der Junge dreizehn war, war die Tafel über und über mit Nägeln gespickt; die einen waren rostig, die anderen glänzten wie neu. Der Vater zeigte sie ihm und sagte: »Für alles, was du an Gutem tust, um diese Fehler auszugleichen, werde ich einen Nagel herausziehen.«

Es dauerte nicht lang, und der Vater hatte den letzten Nagel herausgezogen. Stolz hielt er seinem Sohn die Tafel hin. Doch als der Junge sie sah, stiegen ihm Tränen in die Augen. »Aber Vater«, schluchzte er, »was passiert jetzt mit den Löchern?«

Hier endet die Geschichte, doch der Vater hätte antworten können: »Sie machen die Tafel erst richtig schön!«

Auf der *Neschamah*-Stufe werden aus den Löchern unserer Einsamkeit Zufahrtswege zu unserer Einmaligkeit. Unser Seelenmuster wird in den Löchern unseres Lebens sowohl herausgebildet als auch dargestellt. In dieser Zeit beginnen wir, nach unserem Seelenpartner Ausschau zu halten, also nach dem Menschen, der unser Seelenmuster zu würdigen weiß, und zwar nicht nur die klar umrissenen Linien, sondern auch die leeren Stellen dazwischen.

Die vierte Stufe der seelischen Entwicklung heißt *Chayah* oder »Lebensenergie«. Wir erreichen Sie zu Zeiten, in denen wir uns besonders lebendig fühlen, oftmals dann, wenn wir unsere größten Erfolge oder dramatischsten Fehlschläge verzeichnen. Einen brillanten Vortrag zu halten oder den Job zu verlieren, sind beides Ereignisse, die uns mit der für diese Stufe typischen Intensität berühren. Rundum lebendig fühlen wir uns sowohl in der Achterbahn als auch im freien Fall einer Schussfahrt ins Tal.

In solchen Augenblicken der absoluten Selbsthaftigkeit werden unsere bedeutsamsten Beziehungen entweder zementiert oder zerschmettert. Wenn wir in diesen Höhen und Tiefen in der Lage sind, dem anderen unser einzigartiges, essenzielles Seelenmuster zu vermitteln, dann treten wir in eine neue Daseinsebene ein. Gelingt es uns nicht oder nutzt jemand unsere Offenheit oder Verletzlichkeit aus, dann erleben wir unter Umständen unsere Einsamkeit als Verrat der vernichtendsten Art. *Chayah* ist keine Stufe, auf der wir uns dauerhaft aufhalten können. Wir betreten sie in Momenten der Gnade – wenn wir unsere eigene Tiefe spüren und andere daran teilhaben lassen.

Die fünfte und letzte Stufe der seelischen Entwicklung heißt *Jechidah*. Sie wird nur von sehr wenigen Menschen jemals erreicht. Das Wort leitet sich von der althebräischen Wurzel *Jachad* ab, was so viel bedeutet wie »einmalig« und »besonders«, aber auch »allein« und »zusammen« zugleich. Dies ist der höchste Ort, an dem unser Alleinsein mit dem All verschmilzt – wir sind zusammen. Alleinsein wird zum All-Eins-Sein. Hier werden die widerstrebenden Triebe – sich von der Masse abzuheben und in ihr aufzugehen – vereint.

Hier eine Beschreibung dieses Zustands aus einer tausend Jahre alten Kabbalah-Schrift:

»Wenn sich jemand mit Gott vereint, der das Alpha der Welt ist, wird er zu ADAM ... der Mensch muss sich ... so weit von den Dingen lösen, dass er durch alle Welten hindurch aufsteigen und verbunden sein kann, bis seine Existenz verschmilzt ... und dann wird er ADAM genannt.«

Der Schlüssel zu dieser Passage ist, dass der Eingeweihte am Ort der letztlichen Verschmelzung, an dem er Teil des All-Einen wird, gleichzeitig sich selbst findet. Dort ist es, wo er mit dem Namen Adam gerufen wird. Adam heißt der archetypische Mensch, dies ist der ultimative Name; und wie wir wissen, ist der Name Symbol des Seelenmusters. Das Alleinsein tanzt mit dem All-Einen.

Eine weitere Beschreibung dieses Zustands finden wir in der Zen-Tradition des japanischen Buddhismus:

»Eines Tages geschah es: Ich schoss den Pfeil nicht, er schoss sich selbst. Spannte ich den Bogen oder spannte der Bogen mich? Traf ich das Ziel oder traf das Ziel mich? Dies alles, Bogen, Pfeil, Ziel und ich, wir waren ineinander verschmolzen, und ich spürte zudem kein Bedürfnis, es zu trennen.«

Jegliche Unterscheidung zwischen Subjekt und Objekt verschwindet. Der Bogenschütze und der Pfeil werden eins. Der einsame Schütze, der das Alleinsein versinnbildlicht, verschmilzt mit dem All-Einen.

Die entscheidende Frage zum Erkennen echter Einmaligkeit ist die: Führt unser Tun zur Verbundenheit? Denn unser wunderbares, einmaliges Seelenmuster, all unsere authentische Einzigartigkeit lässt uns mit dem Einen verschmelzen. Auf die gleiche großartige Weise löst sich die Einsamkeit auf, wie sich die Einmaligkeit des Seelenmusters herauskristallisiert, noch während sie sinnhaft mit allem verschmilzt. An diesem Ort können wir uns nie lange festhalten, sind wir aber dort, so kosten wir reine Freude und den Geschmack der Ewigkeit.

Reflexionen über JECHIDAH

In der Kabbalah leitet sich *Jechidah* vom höchsten – das heißt dem tiefsten – und kaum zugänglichen spirituellen Reich *Kether* ab. *Kether* ist der Ort der Stille – jener Platz, in den wir einkehren können, um unser tiefstes Seelenmuster zu erfahren. Wirklich beschreiben lässt sich diese Begegnung nicht – sie ist so etwas wie Liebe, wie ein Orgasmus oder der Geschmack unseres Lieblingseises. Darum will ich versuchen, sie anhand einer Szene zu veranschaulichen, die wir alle kennen: ein erstes Rendezvous zwischen einem Mann und einer Frau.

Er hat sich mit ihr getroffen, und sie sind seit drei Stunden zusammen. Schon nach fünf Minuten oder noch früher wusste er, dass es keine gute Idee war, sich zu treffen. Er hat sich redlich um höfliche Konversation bemüht, hat sich nach ihrer Arbeit, ihrer Familie und der Beschäftigung sämtlicher Familienmitglieder erkundigt, doch es hat einfach nicht »klick« gemacht, und nun haben sich die beiden nichts mehr zu sagen. Sie sitzen im Auto, und gleich wird er sie vor ihrer Haustüre absetzen. Noch sieben Minuten dauert die Fahrt, und diese sieben Minuten sind die allerpeinlichsten, ja – schmerzlichsten Momente des Schweigens, die man sich vorstellen kann. Was die beiden durchmachen, ist – wie ich es einmal nennen möchte – die »Stille der Abwesenheit«, jene Stille, die sich immer dann einstellt, wenn Worte die Leere des Augenblicks nicht mehr zu überdecken vermögen. Ein gähnender Abgrund tut sich zwischen den beiden auf, und er lässt sich durch Worte nicht überbrücken.

Stellen Sie sich die gleiche Szene noch einmal vor. Diesmal aber sind die drei Stunden wie im Flug vergangen. Das Gespräch war mal witzig, mal tiefgründig, mal leicht, und in jedem Satz schwang ein kleiner Flirt mit. Diesmal fährt die Frau den Mann nach Hause. Sie haben noch sieben Minuten vor sich. Es wird still im Wagen. Keiner spricht, und es sind die sieben köstlichsten, ja sogar erhebendsten Minuten des Schweigens, die man sich vorstellen kann. Dies nenne ich die »Stille der Anwesenheit«. Sie entsteht immer dann, wenn Worte nicht genügen, wenn der Moment zu reich ist, um ihn mit den Mitteln der Sprache erfassen zu können. In einem solchen Augenblick sind wir voll und ganz da. In jeder Sekunde unseres Zusammenseins hinterlässt unser Seelenmuster seine Spur. In der Stille der Anwesenheit wird uns unser Seelenmuster auf überwältigende Weise offenbar. Wir beide sind zugleich getrennt und verschmolzen – miteinander und mit der Welt. Ein jeder ist allein, und doch spüren wir das All-Eine. Die Ekstase.

Ekstase ist eine Seelenmuster-Stufe, die über die reine Freude hinausgeht. Wir haben die höchste Ebene erreicht, wenn wir mit unserem eigenen Seelenmuster verbunden sind und spüren, dass ein anderer Mensch oder eine Kraft jenseits von uns Zeuge eben dieser Verbindung ist.

Die Stille danach

Jechidah-Ekstase stellt sich auch nach der mystischen Erkenntnis und Vereinigung ein, wie sie sich aus der ersten tiefen Begegnung mit einem Menschen ergibt. Auch hier zeigt die Stille der Anwesenheit ihr Antlitz. Bleiben wir bei unserer Metapher vom Rendezvous, so geschieht dies in der Regel bei »Beichtgesprächen«, in denen wir etwas von uns offen legen. Wenn wir zu einer Verabredung mit einem Vertreter des anderen Geschlechts gehen, setzen wir stets unser Sonntagsgesicht auf. Sie wissen schon, was ich meine: Wir ziehen das Beste an, was unser Kleiderschrank zu bieten hat, lassen uns geistreiche Bemerkungen einfallen und setzen unser strahlendstes Lächeln auf. Und doch wissen wir alle, wie tragisch es ist, wenn wir schließlich heiraten und unser Alltags-Ich zum Vorschein kommt, nachdem wir uns dem anderen immer nur von unserer besten Seite gezeigt haben. Die beste Seite nämlich wird unserem wahren Ich keinesfalls gerecht, ja vielleicht zeigt sie uns nicht einmal annähernd so, wie wir wirklich sind.

Wie wir gesehen haben, gelingt es uns immer dann, die Einsamkeit hinter uns zu lassen, wenn wir andere am Inhalt unserer Seelenmuster-Schatulle teilhaben lassen können. Darin steckt aber stets auch etwas aus der Büchse der Pandora, und das bahnt sich in jeder festen Beziehung früher oder später den Weg an die Oberfläche. Aus diesem Grund ist das Beichtgespräch so wichtig. Es findet meist etwa beim fünften, sechsten oder siebten Treffen statt, wenn die Chemie zwischen beiden perfekt zu stimmen scheint und man glaubt, endlich den Menschen gefunden zu haben, nach dem man sich die ganze Zeit über gesehnt hat. Je nach Lebensstil und religiösem Verständnis haben wir unsere(n) Angebetete(n) womöglich auch schon unserer Familie vorgestellt oder sind selbst vorgestellt worden. Aber wie dem auch sei, wirklich wir selbst waren wir noch nicht. Wir begreifen mit der intuitiven Weisheit unseres Herzens, dass wir die Fassade durchbrechen müssen, wenn das Ganze wirklich Zukunft haben soll.

Das Beichtgespräch kann im Restaurant beginnen. Während beide die Speisekarte studieren, fängt der eine plötzlich unvermittelt an zu reden: »Weißt du, es gibt da noch was, was ich dir schon längst sagen wollte. Ich habe meine Katze überfahren. Ich habe es natürlich nicht absichtlich getan!«

»Ach wirklich? Na, dann muss ich dir auch etwas erzählen. Mit sechzehn habe ich einmal etwas in einem Laden mitgehen lassen.«

»Tatsächlich? Und ich habe …«

*

Die Stille der Anwesenheit ist Teil der Jechidah-
Dimension. In ihr wird Freude zur Glückseligkeit und
Zufriedenheit zur Verzückung.

*

An diesem Punkt driftet das Thema meistens in Richtung sexuelle Verfehlungen ab, wobei das Verständnis vom Ausmaß des Vergehens von Paar zu Paar verschieden ist. Es dauert meist ziemlich lange, bis jeder der beiden dem anderen seine ungeschriebene Liste von teils lustigen, teils ernsten und oft ziemlich ergreifenden Geständnissen präsentiert hat.

Nach jeder neuen Eröffnung schaut der Beichtende womöglich zaghaft auf, um zu sehen, ob der andere noch da ist. Und wenn die beiden am Ende des Gesprächs emotional präsent und dem anderen zugewandt sind, entsteht bisweilen eine wunderbar sanfte, tiefe Stille. Ein Schimmer von Gnade, ein Aufflackern der Ewigkeit, Stille der Anwesenheit, Reflexionen von *Jechidah* – ein wunderschöner Seelenmuster-Augenblick.

Das Beichtgespräch wird – ebenso wie andere Begegnungen, in denen sich zwei oder mehr Menschen auf das Wagnis einlassen, ihr wahres Ich zu zeigen – zu einer Klammer, die unsere alleinige Vergangenheit mit der gemeinsamen Gegenwart verbindet und dabei ein Band zwischen unseren Seelen knüpft. Zum ersten Mal erkennen wir, dass der andere anfängt, uns um unserer selbst willen zu mögen, ja vielleicht gar zu lieben.

Die Stille der Anwesenheit ist Teil der *Jechidah*-Dimension. In ihr wird Freude zur Glückseligkeit und Zufriedenheit zur Verzückung.

4

Zeugnis ablegen vom Seelenmuster

Vorsicht vor Etiketten und Buchstaben

Im Rahmen ihres Tanztherapie-Studiums an der Universität von New York absolvierte Janis ein Praktikum in der geschlossenen psychiatrischen Abteilung des Bellevue-Hospitals. Nachdem sie mit einigem Erfolg ihre erste Sitzung hinter sich gebracht hatte, machte sie sich eilends auf den Weg zum Ausgang, um nicht zu spät zu ihren Vorlesungen zu kommen. An der Tür angekommen, bat sie den Wachposten, sie hinauszulassen. Der aber lächelte sie überrascht an und fragte: »Wie meinen Sie das? Ich werde Sie nicht rauslassen!«

Janis war ein wenig irritiert und fing an zu erklären: »Ich studiere an der New Yorker Uni und ich muss zu meinen Vorlesungen. Würden Sie mich jetzt bitte hinauslassen?«

Der Mann aber lachte noch einmal ungläubig. »Na, klar! Und ich studiere in Harvard. Ich kann Sie nicht rauslassen!«

Auf einmal wurde Janis bewusst, dass sie in der geschlossenen Abteilung festsaß; was auch immer sie sagen würde, man würde es ihr nicht abnehmen. Wie sehr sie auch bitten mochte, es hatte keinen Zweck. Der Wachposten hielt sie für eine Patientin, und in dieser Vorstellung war sie gefangen. Ein paar Minuten lang versuchte sie, mit dem Mann zu reden, aber es half alles nichts. Sie wurde nervös, hatte das Gefühl, in der Falle zu sitzen; mit jedem Satz, den sie sagte, geriet sie noch tiefer in Schwierigkeiten.

Schließlich beschloss sie, zurückzugehen und nach ihrem Vorgesetzten, dem Arzt vom Dienst, zu suchen. Als sie ihn endlich ge-

funden und ihm erzählt hatte, was passiert war, sah er sie kopf-
schüttelnd an und meinte schmunzelnd: »Aber Janis, warum haben Sie einen Patienten gebeten, Sie hinauszulassen?«

Praktisch von Geburt an passiert es uns, dass wir anderen und
uns selbst bestimmte Etiketten anheften. Manchmal sollen sie
wehtun, manchmal sind sie als Kompliment oder Lob gedacht.
Ob positiv oder negativ – jedes Etikett baut eine Mauer auf. Solange wir an unseren Etiketten und Eigendefinitionen («Das
liegt mir gar nicht«; »Das könnte ich nie«) festhalten, weigern
wir uns, uns selbst als ganze Menschen mit unbegrenztem Potenzial zu betrachten. Und belegen wir andere damit («Sie kann
nicht mit Zahlen umgehen«; »Er ist Jude und daher knauserig«),
entfremden wir uns von ihrem Seelenmuster.

Die meistgenannte ethische Verhaltensregel der biblischen
Überlieferung (sie erscheint nicht weniger als sechsunddreißig
Mal) besagt: »Gehe gut mit dem Fremden um.« Fremd ist jeder,
dessen Seele hinter dem Etikett mit seinen »Daten« – ob nun Familie, Nationalität oder Religion – verborgen ist. Die Herausforderung an uns lautet, es niemals zuzulassen, dass ein anderer
durch äußere Etiketten in einen Fremden verwandelt wird.

*

*Haben wir einem Menschen erst einmal
ein Etikett verpasst, können wir sein Seelenmuster
nicht mehr wahrnehmen.*

*

Wie oft verlieren wir uns in unseren vermeintlichen Beschränkungen. In unserem Kulturkreis ist es üblich, unser kollektives
Unwohlsein mit Etiketten und Komplexen zu lindern: Narzissmus, Neurose, Charakterstörung, Borderline-Persönlichkeit mit
schizoiden Tendenzen, Lernschwäche – dies sind nur einige wenige der Begriffe, die wir benutzen, um uns von anderen abzu-
grenzen und uns klein zu machen. Natürlich können Etiketten

Klarheit bringen und schwer greifbare Symptome erhellen. Doch nur allzu oft setzen wir sie als Werturteil ein, und dann greifen sie unsere Seelenmuster-Verbindung zusätzlich an.

Manchmal vergeben wir Etiketten, ohne uns dessen bewusst zu sein. Auch uns selbst heften wir sie auf subtile und geradezu bösartige Weise an. »Es gibt keinerlei Möglichkeit für mich, das je zu erreichen«, so könnte der eine oder andere mit Blick auf einen Wunsch oder ein Ziel behaupten. Auch Gefühle wie diese sind Etiketten, die uns von uns selbst entfremden. Solche Kommentare sind trügerische Gewissheiten. Wir halten an ihnen fest, weil sie einen Schonraum um uns errichten, in dem wir unsere Selbstwahrnehmung nicht mehr hinterfragen müssen und uns nicht mehr um die Verwirklichung unseres Seelenmusters zu bemühen brauchen. Etiketten sind der Erzfeind des Seelenmusters. Sich auf sie zu verlassen wäre so, als wollte man jemandem die Fingerabdrücke abnehmen, wenn er ein Heftpflaster trägt. Statt das Seelenmuster zu nähren, kontrollieren und ersticken Etiketten die Seele. Solange wir nicht bereit sind, unseren künstlichen Schonraum zu verlassen, können wir nicht wachsen – und wir sind nicht wirklich frei, um Seelenmuster zu erkennen.

Im nachbiblischen Hebräisch ist das Wort *Teivah* die Bezeichnung für den »Buchstaben«, also den Grundbaustein des Wortes. In der biblischen Sprache hingegen steht es auch für Einfriedung oder Kiste. Es ist kein Zufall, dass das Hebräische die faszinierende Verbindung zwischen den beiden Bedeutungen erfasst. Worte können uns wie eine Einfriedung schützen, sie können uns aber auch in eine »Kiste« oder Schublade stecken. Um unser Seelenmuster zu verwirklichen, müssen wir die Kisten aufbrechen und von unserem einzigartigen inneren Potenzial Besitz ergreifen.

Haben wir einem Menschen erst einmal ein Etikett verpasst, können wir sein Seelenmuster nicht mehr erkennen. Um es wahrnehmen zu können, müssen wir sehen, hören und verstehen. Wer aber mit einem Etikett belegt ist, wird unsichtbar. Einen anderen zu erkennen heißt, sein Leben und sein Wachstum zu sehen. Wachsen wir nicht, sind wir nicht wirklich lebendig. Zumindest in der fassbaren Welt hört das Wachstum zu einem bestimmten Zeitpunkt auf: mit dem Tod. Ich selbst hatte mit etwa zwanzig Jahren eine Eingebung im Hinblick auf meine eigene Endlichkeit. Ich erkannte, dass meine Angst vor dem Tod in Wirklichkeit die Angst vor dem ungelebten Leben war – die Angst davor, mein Seelenmuster nicht ausgelebt zu haben. Jung formuliert es so: »In letzter Konsequenz sind wir nur wegen des Essenziellen, das wir verkörpern, etwas wert; und verkörpern wir es nicht, ist das Leben vergeudet.« Ich würde Jungs Satz nur um ein Wort ergänzen – wir sind wegen des »einzigartigen« Essenziellen etwas wert. Haben wir uns die Entfaltung des Seelenmusters zum Lebensinhalt gemacht, können wir, wenn es so weit ist, in der Tat sanft in die Nacht hinübergehen.

Würde sich der wahre Messias bitte einmal melden?

Es gab einmal ein Kloster, das schon bessere Tage gekannt hatte. Seit Jahren schon war es bergab gegangen, und nun hausten nur noch fünf alternde Mönche in seinen Gemäuern.

Eines Tages begegnete der Abt beim Spazierengehen einem Rabbi aus der Gegend, und er klagte ihm sein Leid. Wie sollte er es nur anstellen, das Kloster für neue Postulanten attraktiver zu machen? Der Rabbi hörte ihm aufmerksam und geduldig zu, konnte aber mit keiner Idee aufwarten, die der Abt nicht schon ausprobiert hätte. So verabschiedeten sich die beiden. Doch kaum hatte sich der Abt schweren Herzens zum Gehen gewandt, huschte ein spitzbübisches Lächeln über das Gesicht des Rabbis. »Etwas könnten Sie doch noch versuchen«, rief er ihm nach. »Ob es wirklich funktioniert, weiß ich nicht, aber es könnte klappen. Ich weiß aus ziemlich sicherer Quelle, dass einer Ihrer Mönche womöglich der Messias ist.«

Noch bevor der Abt eine Erklärung verlangen konnte, war der Rabbi verschwunden.

Nachdem der Abt ins Kloster zurückgekehrt war, erzählte er den Mönchen, welche geheimnisvolle Botschaft ihm der Rabbi mit auf den Weg gegeben hatte. Keiner wusste so recht, was davon zu halten sei, und so versuchten sie, das Ganze wieder aus ihrem Gedächtnis zu streichen. Während der Verrichtung ihrer täglichen Pflichten aber tauchte in den Köpfen der Mönche immer wieder ein und dieselbe ungebetene Frage auf: Wenn einer von uns der Messias ist, wer könnte das nur sein?

Es ist bestimmt der Abt, so dachte ein jeder von ihnen. Über so viele Jahre hinweg hat er unsere Geschicke gelenkt. Er hat uns in dieser langen, schweren Zeit zusammengehalten, und ein Messias muss schließlich ein guter Führer sein. Ja, vielleicht ist es wirklich der Abt. Aber andererseits, so zweifelte mancher, was ist dann mit Johannes, dem Gelehrten? Tag und Nacht sitzt er über den heiligen Schriften. Vielleicht verbirgt sich hinter seiner gelehrten Fassade das göttliche Wissen, das ein Messias braucht?

Die Mönche grübelten und grübelten. Was war mit Thomas, dem Spaßvogel unter ihnen? Ein jeder weiß um die heilende Kraft des Lachens, und es gab keinen besseren Arzt der Fröhlichkeit als ihn. War etwa Thomas der Messias? Und was war mit Lukas? Er war der Organisator und sorgte dafür, dass immer alles da war, was die Ordensbrüder brauchten, und kümmerte sich darum, dass alles nach Plan lief. Ja, vielleicht war es Lukas, der die harmonische neue Ordnung in die Welt tragen würde.

Doch dann wiederum, womöglich … womöglich bin ich es ja selbst.

Da keiner wusste, wer nun der Messias war, betrachteten sich die Mönche mit anderen Augen. Sie begegneten einander mit sehr viel mehr Achtung, und auch mit sich selbst gingen sie mit einem Mal ausgesprochen respektvoll um. Schon bald stellte sich eine neue Atmosphäre des gegenseitigen Respekts und der Offenheit ein, und bald fühlten sich Menschen zu diesem wundersamen Ort der unbegrenzten Möglichkeiten hingezogen. Einige der Besucher blieben eine Weile, um mit den Mönchen zu reden, manche übers Wochenende, andere für eine Woche, wieder andere blieben ganz da. So ging es mit dem Kloster Schritt für Schritt wieder bergauf. Es wurde wohlhabender und, was noch wichtiger ist, eine heilige Stätte, wie es sie zuvor nicht annähernd gewesen war.

Das biblische Wort für »Gemeinschaft« oder »Bruderschaft« ist *Edah*, was sich vom hebräischen Wort *Jiud* – einzigartiges Schicksal – ableitet. Wir bilden eine Gemeinschaft, sobald wir die Etiketten loslassen, mit denen wir uns und andere in ein Schema pressen, und stattdessen Raum für die volle und uneingeschränkte Entfaltung unseres Seelenmusters schaffen. Dies ist das Leben und die Freiheit, die wir als unser unveräußerliches Recht betrachten sollten. Der Zweck der Gemeinschaft ist nicht, zu kontrollieren – was nur mit Hilfe von Etiketten funktioniert –, sondern den Boden für das einzigartige Schicksal eines jeden Menschen zu bereiten und zu bestellen.

Edah bedeutet auch »Zeuge«. In der biblischen Überlieferung ist die Gemeinschaft nicht zuletzt deshalb so wichtig, weil sie ihren Mitgliedern als Zeuge dient, weil sie sie wahrnimmt. Die Worte des Propheten Jesaja »Ihr seid meine Zeugen« werden für gewöhnlich so verstanden, dass der Mensch ein Zeuge Gottes ist. In unserem Zusammenhang fordert uns das *Edah*-Bewusstsein auf, das Göttliche im jeweils anderen zu »bezeugen« oder wahrzunehmen. In dieser Art von Gemeinschaft versuchen wir, uns mit Gottes Augen zu betrachten. Wir brauchen uns nur vorzustellen, wie wir ungeachtet all unserer Fehler und Schwächen in den Augen und im Verständnis Gottes dastehen möchten, und dann genau diese Vorstellung nach außen auf die Welt richten. Diese Art der Wahrnehmung bringt unsere Gemeinschaft – wie das Kloster in unserer Geschichte – zum Blühen. So werden wir zu unserem eigenen Messias. Um in der Sprache der Mystiker zu sprechen: Wir sind im Thron der Herrlichkeit Gottes eingemeißelt.

Aufblitzen des Seelenmusters: Das eigene Abbild auf dem Thron entdecken

Weder die Umwelt noch die Vererbung vermag exakt das Instrumentarium zu liefern, das uns zu dem gemacht hat, was wir sind. Wie Vladimir Nabokov in seiner Autobiographie »Sprich, Erinnerung, sprich« schreibt: »die anonyme Walze … hat meinem Leben ein bestimmtes, kompliziertes Wasserzeichen aufgeprägt, dessen einzigartiges Muster zu Tage tritt, wenn man das Licht der Kunst durch die Narrenkappe des Lebens scheinen lässt.«

Die Kunst, von der er hier spricht, ist die Kunst des Lebens.In ihrem Licht erfahren wir die innerste Gewissheit unseres Seins. Das Abbild – das Gesicht – eines jeden Menschen ist in den göttlichen Thron gemeißelt. Ja, man könnte das Göttliche als das Kompositum all der Seelenmuster bezeichnen, die unser Sein ausmachen, immer ausgemacht haben und immer ausmachen werden. Nach kabbalistischer Auffassung fügen sich alle Namen, die da sind, waren und sein werden, zu dem einen Namen Gottes zusammen. Ein treffliches Bild hierfür liefert die Kunst von Georges Seurat, einem der führenden Vertreter des Pointilismus. Bei dieser Richtung der Malerei setzt sich ein Gemälde aus einer erstaunlichen Vielzahl einzelner Punkte zusammen, die aus der Distanz betrachtet herrliche Landschaften und Bilder ergeben. In diesem Sinne versteht die biblische Überlieferung den einzelnen Menschen als Teil des göttlichen Bildes. Ein jeder von uns ist ein Punkt im Porträt Gottes.

Stellen wir uns vor, ein jeder von uns müsste sich – etwa wie der Hauptdarsteller in Albert Brookes Film »The Judgment« – nach seinem Tod einem Gericht stellen. Es gibt nur einen einzigen Zeugen und ein einziges Beweisstück. Der Zeuge sind wir selbst, und das Beweisstück ist der Abdruck, den unser Seelenmuster hinterlassen hat. Entspricht er dem Bild, das in den göttlichen Thron eingeprägt ist? Wenn ja, dann sind wir im Himmel.

Schaffen Sie einen Ort der gegenseitigen Wahrnehmung. Laden Sie zu einer Art »Talentshow« ein, bei der jeder Gast Gelegenheit hat, eine seiner ganz besonderen Begabungen vorzustellen und damit ein Stück seines Seelenmusters zum Ausdruck zu bringen. Das Ganze muss nicht die Form einer Show haben. Die Übung lässt sich wunderbar beim Abendessen oder bei einem gemütlichen Zusammensein im Wohnzimmer durchführen.

Sie können Ihre Gäste auch bei der nächsten Einladung zum Abendessen darum bitten, dass jeder irgendetwas mitbringt, aus dem seine Seele spricht – egal, ob ein Gedicht, ein Bild oder eine Darbietung. Dass ein solcher Seelenausdruck vor »Zeugen« geschieht, bringt nicht nur Selbstbestätigung – allein die Gelegenheit, sich vor anderen zu präsentieren, bringt Aspekte der Seele zum Vorschein, derer sich die Betreffenden manchmal noch nicht einmal selbst bewusst gewesen sind.

Eine Möglichkeit, unser Seelenmuster zu entdecken, besteht darin, es aktiv in der Welt zum Ausdruck zu bringen. Nutzen Sie die Anwesenheit Ihrer Freunde, um Ihr eigenes Seelenmuster kennen zu lernen.

Wer es weniger formell mag: Fragen Sie im Kreis herum, welches Erlebnis Ihre Gäste in der betreffenden Woche besonders tief berührt hat. Teilen Sie sich einander mit!

Eine Möglichkeit, der Neigung zur Etikettierung zu entgehen, besteht darin, jene Momente einzufangen und festzuhalten, in denen das eigene Seelenmuster aufblitzt. Die Kabbalisten nennen dieses Phänomen die »Erweckung von oben« und bringen damit zum Ausdruck, dass wir es hier mit einem Geschenk des Himmels und nicht mit einem irdischen Verdienst zu tun haben. Oftmals taucht unser Seelenmuster blitzartig vor uns auf, noch bevor wir wirklich Verbindung mit ihm aufgenommen haben. Für einen kurzen Augenblick können wir in uns selbst oder einen anderen hineinschauen. Glauben heißt, darauf zu vertrauen, dass wir für einen Moment tatsächlich etwas ganz Großartiges gesehen haben.

Eines der faszinierendsten Bilder, das die Bibel hierfür liefert, ist die Jakobsleiter. Jakob, dem wir schon bald in einem weiteren Kapitel dieses Buchs begegnen werden, ist ein echter Seelenmuster-Held. Er macht sich auf, um sein Schicksal zu finden, und gleich in der ersten Nacht seiner Reise hat er eine Vision. Er sieht eine Leiter bis in den Himmel reichen, und auf ihren Sprossen steigen Engel auf und ab.

Warum ist die Engelschar so eifrig damit beschäftigt, die Leiter hinauf oder hinab zu steigen? Die Schriftgelehrten meinen, sie seien gekommen, um endlich dem Menschen zu begegnen, dessen Abbild sie schon so oft gesehen haben. Wo aber hatten sie es gesehen? Es war im Thron der Herrlichkeit eingemeißelt. Es war ihnen im Himmel ein vertrauter Anblick, nun aber sahen sie es auf Erden. Und so klommen sie die Leiter empor, um Jakobs Gesicht auf dem Thron zu betrachten; dann aber stiegen sie eilends hinab, um es mit dem Gesicht Jakobs auf Erden zu vergleichen. Und sie starrten und stupsten einander an und flüsterten sich zu, wie unglaublich die Ähnlichkeit doch sei.

*

Wie Jakob können auch wir inmitten von Verwirrung
und Chaos eine Erscheinung erleben.

*

In seiner Vision wurde Jakob zum Spiegelbild seines höheren Selbst oder dem, was der Dichter William Butler Yeats einmal »das Gesicht vor der Erschaffung der Welt« nannte. Es ist dies ein Moment der Gnade. Das bemerkenswerte an der Geschichte ist, dass Jakobs Reise in die falsche Richtung führt. Er verlässt das Gelobte Land. Er begibt sich noch nicht einmal auf eine epische Heldenreise in die Unterwelt oder Wildnis. Er geht ins Exil und steht am tiefsten Punkt seines Lebens, sein Leben, so wie er es bisher gekannt hat, geht gerade in die Brüche. Doch wie Jakob können auch wir inmitten von Verwirrung und Chaos eine Erscheinung erleben. All unserer Illusionen beraubt sehen wir uns so, wie wir sein könnten, in unserer ganzen Pracht und Herrlichkeit. Für einen flüchtigen, Ehrfurcht gebietenden Augenblick berührt Jakob sein Seelenmuster. Danach reißt ihn der Strudel der Unaufrichtigkeit davon. Wird es ihm gelingen, sich wieder mit seinem Bild auf dem Thron der Herrlichkeit zu verbinden? Wie wir sehen werden, ist dies ein bedeutender Spannungsmoment im Gleichnis von Jakob.

Die biblische Überlieferung hat zum Ziel, uns bei der Suche nach jenem »Gesicht, das wir einst hatten« – das heißt bei der umfassenden Verwirklichung unseres authentischen Seelenmusters – zu helfen. Gelingt es uns, dorthin zurückzukehren, haben wir seit unserem Aufbruch an Tiefe und Schönheit gewonnen.

Teil II

Das Seelenmuster-Bewusstsein

5

Das Seelenmuster empfangen

Warum gibt es überhaupt einsame Menschen auf der Welt? Warum herrscht so viel Entfremdung und Ungewissheit? Jetzt, wo der Begriff Einsamkeit definiert ist, können wir uns dieser Frage zuwenden und effiziente Strategien entwerfen, wie wir Einsamkeit überwinden können: Noch einmal zur Erinnerung unsere Definition: *Einsamkeit ist die Unfähigkeit, einen anderen an meinem Seelenmuster teilhaben zu lassen.* Das Seelenmuster-Bewusstsein führt uns zu drei möglichen Antworten auf die Frage, warum jemand einsam ist:

1. Wir sind einsam, weil wir ein »Empfängerproblem« haben: Wir können niemanden finden, der unser Seelenmuster annehmen will.
2. Wir sind einsam, weil wir ein »Wahrnehmungsproblem« haben: Wir nehmen uns nicht als einzigartig wahr, wir glauben nicht an die Existenz eines eigenen Seelenmusters. Damit bleibt es unerkannt, insbesondere von uns selbst. Womöglich gibt es eine Reihe ausgezeichneter Empfänger, die sowohl willens als auch bereit sind, sich für unser Seelenmuster zu öffnen, dennoch bleiben wir einsam, weil der Empfänger nur den Teil unseres Seelenmusters annehmen kann, an dem wir ihn teilhaben lassen. Erkennen wir unser eigenes Seelenmuster nicht, so können wir es auch keinem anderen offenbaren.
3. Wir sind einsam, weil wir ein »Übertragungsproblem« haben: Wir haben zwar jemanden, der offen für unser Seelenmuster

ist, und sind uns auch unserer Einzigartigkeit bewusst, aber wir haben nicht gelernt, wie wir unser Seelenmuster übermitteln könnten.

Entsprechend dieser drei Antworten werden Sie in diesem Buch immer wieder auf drei Möglichkeiten stoßen, mit deren Hilfe sich unsere tiefe Einsamkeit überwinden lässt: Das Seelenmuster anderer *annehmen*; an das eigene Seelenmuster *glauben* und es *wahrnehmen*; und anderen das eigene Seelenmuster *vermitteln*. Natürlich überschneiden sich diese drei Ansätze; so mag bei der Lektüre ein und desselben Abschnitts der eine denken, er könne nun besser annehmen, während ein anderer sagen wird: »Die Geschichte muss ich meinem Partner erzählen, weil ich damit mein Seelenmuster vermitteln kann.« Ein Dritter wird sich beim Lesen des Textes womöglich stark mit seinem eigenen Seelenmuster verbunden fühlen.

Ziel ist es, eine spezifische Sprache zu schaffen, die unser Verständnis von unserer einzigartigen Signatur vertieft, die das Seelenmuster in uns nährt und es nach außen hin sichtbar werden lässt. Mit Hilfe der Praxis-Übungen können Sie Ihr Gespür für Ihre Einzigartigkeit verfeinern. Sie lernen, Kommunikationsmöglichkeiten zu schaffen, um Ihr Seelenmuster an andere zu vermitteln und Ihrerseits das Seelenmuster der anderen anzunehmen.

Den anderen annehmen

Unser größtes Versprechen an unsere Mitmenschen lautet, ihre Seelenmuster zu empfangen. Unsere größte Hoffnung ist, von anderen empfangen zu werden.

Was bedeutet »annehmen«? Wie sieht die Kunst des Annehmens aus? Es ist kein Zufall, dass *Kabbalah*, der Name einer der bedeutendsten mystischen Traditionen der Welt, »annehmen«

oder »empfangen« bedeutet. Anzunehmen ist das Herzstück der mystischen Praxis.

Ein Freund hat mir erzählt, wie es ihm bei seinem ersten Besuch einer Kabbalah-Schule ergangen ist. Das Ganze spielte in Tiberias, einer der vier mystischen Städte Israels, einem Ort, an dem der Talmud und die Kabbalah entwickelt wurden und wo Jesus der christlichen Bibel zufolge über das Wasser gewandelt ist. Mein Freund betrat den klösterlich anmutenden Saal, und der Kabbalah-Lehrer bot ihm einen Apfel an. Als er die Frucht aber entgegennehmen wollte, merkte er am Blick seines Gegenübers, dass er einen Fehler machte. Noch einmal hielt ihm der Lehrer den Apfel hin, noch einmal wollte er danach greifen, doch auch diesmal bedeutete ihm dieser innezuhalten. Dieses Hin und Her wiederholte sich mehrere Male. Schließlich fragte der Lehrer: »Sie sind doch gekommen, die Kabbalah zu lernen, oder nicht?« Und da verstand mein Freund. Als der Mann ihm diesmal den Apfel reichte, öffnete er die Hände, um ihn dankbar, ehrfürchtig und liebevoll in Empfang zu nehmen. Da nickte der Kabbalist: »Sie haben Ihre erste Lektion *empfangen*.«

Den rührendsten und erstaunlichsten Akt des Seelenmuster-Empfangens durfte ich rein zufällig in einer dunklen Seitenstraße Jerusalems miterleben. Ein Mann und eine Frau gingen eingehängt nebeneinander her. Sie bemerkten nicht, dass ich sie beobachtete. Sie muss wohl um die hundertzehn gewesen sein, und er sah noch ein paar Jahre älter aus. Offenbar – ich sah das alles wie in einer Momentaufnahme – hatte sich eines ihrer Schuhbänder gelöst. Als der Mann das merkte, blieb er stehen. Für den Bruchteil eines Augenblicks kreuzten sich ihre Blicke, und dann bückte er sich, langsam, ganz langsam. Ich habe kaum jemals gesehen, dass sich ein Mensch so langsam bewegen kann. Unter offensichtlichen Schmerzen band er ihr mit seinen arthritischen Händen sorgfältig den Schuh zu. Das Ganze muss an die fünf Minuten gedauert haben. Andächtig schaute ich aus der Dunkelheit zu. Ich konnte meinen Blick einfach nicht abwenden.

Seelenmuster-Praxis

Tag für Tag bieten sich unzählige Gelegenheiten, einen anderen an unserem Seelenmuster teilhaben zu lassen und im Gegenzug sein Seelenmuster zu empfangen. Meist sind es ganz gewöhnliche Situationen, doch immer gehen sie auf subtile Weise in die Tiefe. Sie können Möglichkeiten für solche Momente auch ganz bewusst schaffen:

Der Name ist eine Ausdrucksform des Seelenmusters. Nehmen Sie keine Dienstleistungen entgegen, ohne den Namen desjenigen zu kennen, der sie erbringt, ob es der Mann an der Hotelrezeption, der Busfahrer, die Kellnerin oder das Zimmermädchen ist. Nennen Sie diese Menschen bei ihrem Namen.

Rufen Sie einmal in der Woche jemanden an, nur um ihr/ihm zu sagen, dass Sie an sie/ihn gedacht haben.

Wenn Sie eine Liste von Telefonaten abzuarbeiten haben, rufen Sie zuerst die Leute an, die nichts zur Förderung Ihrer Karriere oder Ihrer materiellen Position in der Welt beitragen können. Jemanden zurückzurufen, mit dem Sie aus irgendeinem Grund sprechen müssen, gehört zum täglichen Geschäft – das ist auch gut so, aber mit Seelenmuster-Empfang hat es nicht unbedingt etwas zu tun.

Achten Sie darauf, dass Sie Freunde haben, die nichts mit Ihrem Arbeitsplatz oder Beruf zu tun haben. Das erweitert nicht nur den Horizont, sondern regt auch dazu an, die Ebene des Kontaktknüpfens und der Fachsimpelei zu verlassen und sich dem Seelenmuster-Bewusstsein zu öffnen.

Üben Sie sich darin, Ihre Kollegen nicht als Objekte, sondern als Subjekte zu betrachten. Behandeln Sie sie nicht wie Trittstufen auf dem Weg zum Erfolg, sondern wie ganz normale Menschen. Sie könnten dies tun, indem Sie ihnen mehr von sich selbst erzählen, so wie Sie wirklich sind. Geloben Sie sich innerlich, Freundschaften auch dann noch zu pflegen, wenn Ihnen der betreffende Mensch nie wieder nützlich sein wird (zum Beispiel ein Geldgeber, dem die Finanzen knapp geworden sind oder ein hochrangiger Kontakt, der seinen Job verloren hat oder in Ruhestand gegangen ist).

Dass sie diesen Liebesdienst entgegennahm, hatte letztlich etwas tief Erotisches. Sie wurde von ihm empfangen, und er von ihr. Sie nahm ihn voll und ganz an. Hätte ich das lose Schnürband bemerkt und mich gebückt, um es zu binden, ich glaube, sie hätte mir eins mit ihrem Schirm übergezogen. Ich wäre von ihr nicht auf diese Weise empfangen worden.

Aus diesem Akt des Empfangens sprachen die Seelenmuster zweier Leben. Unzählige Augenblicke der Freude, des Lachens, des Schmerzes, vielleicht auch der Trennung und der Tränen, sie alle verschmolzen in der Ewigkeit dieses Moments. Das war die mystische, die lebendige Kabbalah, das Empfangen im esoterischen Sinn.

Brüder jenseits von Eden

Es gibt wohl nichts Schmerzlicheres, als nicht empfangen zu werden. In der Tat beschreibt die biblische Überlieferung die Zurückweisung als Urform der Gewalt, die nur allzu oft ausgeübt wird. Dies wird in der Geschichte der archetypischen Brüder Kain und Abel deutlich, die beide Gott ein Opfer darbrachten. Der aber »schaute« nur auf das von Abel, und nicht auf das von Kain.

Bei der Deutung dieser verstörenden Geschichte wird verschiedentlich behauptet, Gott würde Kain nicht wirklich zurückweisen. Es gehe hier nur um Gottes Verbundenheit mit Abel und nicht um die Ablehnung von Kain. Schließlich werde Kain nirgendwo in dem Text für irgendein Vergehen zur Rechenschaft gezogen. Außerdem habe Kains Gefühl der Zurückweisung einzig und allein mit seinem Verhältnis zu Abel zu tun. Der Vers beginnt mit den Worten: »Der Herr schaute auf Abel«. *Auf jemanden schauen*, das ist eine besondere Formulierung, die auf das besondere Verhältnis Gottes zu Abel hinweist. Zu den gängigsten Ausdrucksformen von Nähe zwischen Freunden und Liebenden gehören Kosenamen und spezielle, für Außenstehende unverständliche Sprachwendungen. Wenn es also heißt »der Herr schaute auf Abel«, so erfasst dies die einzigartige Nähe, die Gott

113

zu ihm empfand. Womöglich verwendete Gott andere Worte, um seiner Beziehung zu Kain Ausdruck zu verleihen, und vielleicht konnte dieser vor lauter Eifersucht die Koseworte nicht hören, die ihm der Herr ins Ohr flüsterte.

»… aber auf Kain und sein Opfer schaute er nicht«, heißt es weiter. Natürlich schaute er nicht darauf, denn »auf jemanden schauen« beschreibt ja sein Verhältnis zu Abel. Kain fühlt sich zurückgewiesen, weil er nicht wie Abel ist. Sein größter Fehler ist, dass er sein eigenes einzigartiges Seelenmuster nicht erkennt. Er glaubt nicht an Kain. Das ist jedoch nur der Anfang. Die biblische Überlieferung geht im Verständnis dieses Gleichnisses noch einen Schritt weiter. In der ursprünglichen hebräischen Darstellung des Textes kommt eine Person namens *Eifersucht* vor: Es ist Kain. Im Hebräischen hat der Name *Kain* dieselbe Wurzel wie die Worte »Eigentum« und »Eifersucht«.

In unserem Leben hat Eifersucht zweierlei Bedeutung. Erstere besagt: »Ich will haben, was du hast – was ich habe, reicht mir nicht. Und selbst wenn ich niemals haben kann, was du hast, dann macht mich allein die Tatsache neidisch, dass du es hast.« Die zweite besagt: »Ich will dich besitzen – ich will dich ganz für mich allein haben. Ich bin eifersüchtig, wenn du einen anderen wie auch immer an dir teilhaben lässt.« In einer Interpretation von Ovadiah Seforno, einem Schriftgelehrten der italienischen Renaissance, spricht der Herr zu Kain: »Warum bist du eifersüchtig – *wenn du gut bist,* wirst du erhöht. »Die Betonung auf »wenn du gut bist« zeigt, dass wir einzig und allein mit uns selbst in Konkurrenz stehen. Gott sagt nicht: »Wenn du besser als dein Bruder bist, wirst du erhöht« oder: »Wenn du der Beste im ganzen Land bist, steigst du auf.« Er sagt: »Wenn du um deiner selbst willen gut bist, wenn du der Beste um deiner selbst willen bist, wenn du dein Seelenmuster in der Welt lebst, wirst du erhöht.« Aber Kain kann die göttliche Stimme in seinem Inneren nicht hören und glaubt, nur dann weiterexistieren zu können, wenn er Abel erschlägt. Kain hat keinen unabhängigen Identitätssinn; er definiert sich selbst in Bezug auf Abel. Er ist von seinem Seelenmuster getrennt. Und weil das so ist, muss er sich zwangsläufig zurückgesetzt fühlen.

Das Gleichnis von Kain und Abel lässt jedoch auch eine zweite Auslegung zu. Dabei ist nicht Kain, sondern Gott der Schuldige. Hier geht es nicht um Kains Unvermögen, seine Einzigartigkeit zu erkennen, sondern um Gottes mangelnde Bereitschaft, sein Seelenmuster zu empfangen. Diese Lesart konzentriert sich auf die Opfer der beiden Brüder. Das hebräische Wort für »Opfer« ist *korban*, das die gleiche Wurzel wie »Nähe« oder »Intimität« hat. Zurückweisung ist die Kehrseite von Intimität. Zurückgewiesen zu werden heißt, das intimste Selbst darzubringen und beim anderen damit auf Ablehnung zu stoßen. Kain hat sein Bestes gegeben. Shimon, Sohn des Yochai, der bei vielen als bedeutendster Repräsentant des biblischen Mystizismus gilt, machte Gott selbst für die Tragödie von Kain und Abel verantwortlich.

Diese zweite, ganz andere Auslegung des Gleichnisses wird von John Steinbeck in seinem Roman »Jenseits von Eden« aufgegriffen. Der Protagonist, der Farmer Adam, steckt in finanziellen Schwierigkeiten und läuft Gefahr, seinen Hof zu verlieren. Beim Erntedankfest will ihm sein Sohn Caleb zweitausend Dollar schenken, die er während des Zweiten Weltkriegs mit dem Verkauf von Waren nach Europa erwirtschaftet hat. Doch Adam lehnt ab. Das Geld sei mit Schande behaftet, Caleb habe die Notlage der Menschen während des Kriegs ausgenutzt, so meint er. Dem Sohn bricht das Herz. Sein Leben lässt sich fortan in die Zeit vor und die Zeit nach der Zurückweisung einteilen.

Der Adam aus Steinbecks Roman hatte einen nachvollziehbaren Grund, das Geschenk seines Kindes abzulehnen. Auch in der Bibel hatte Gott womöglich gute Gründe, so meinen zumindest die Schriftgelehrten. Schließlich habe Abel Gott sein *bettor meitav* – den *Erstling* aus seiner Herde – zum Opfer gebracht, Kain hingegen nur die gewöhnlichen Früchte seines Feldes. Sein

Seelenmuster-Praxis

Das Gegenteil von Annehmen und Empfangen ist die Zurückweisung. Dennoch ist es möglich, einem anderen den Austausch auf der Seelenmuster-Ebene zu verweigern, ohne ihn zurückzuweisen. »Vielleicht passen wir nicht als Lebensgefährten zusammen«, so könnten wir ihm sagen, »aber dennoch akzeptiere ich dich und war gern mit dir zusammen.« Leider kommt es nur allzu oft vor, dass wir nach dem Scheitern einer Beziehung den ehemaligen Partner ablehnen. Einer der höchsten Akte des Seelenmuster-Empfangs ist, die gemeinsam verbrachte Zeit auch dann noch in Ehren zu halten, wenn es aus ist zwischen zwei Menschen. Wir sollten Menschen, von denen wir uns getrennt haben, als das betrachten, was die Kabbalisten *Ben Zug Lesha'ah* nennen. Wörtlich übersetzt heißt das »Partner für eine Stunde«, und für unseren Zusammenhang bedeutet es Seelenmuster-Partner für eine tiefgründige, wenn auch begrenzte Zeit.

Schicken Sie einem früheren Partner, mit dem Sie schon länger keinen Kontakt hatten, einen Brief, in dem Sie Ihren Respekt vor seinem Seelenmuster bekunden.

Immer wieder kommt es vor, dass wir mit grausamer Unbedachtheit das Seelenmuster eines Freundes oder Bekannten zurückweisen. Wer kennt nicht die folgende Szene: Kaum haben wir uns von der Gastgeberin verabschiedet und sind noch nicht einmal bei unserem Auto angekommen, da haben wir schon das Essen, ihre Kleidung und ihre Witze durch den Kakao gezogen. Manchmal machen wir dabei nicht einmal vor übler Nachrede Halt: »Hast du schon gehört, dass er ...«

Wenn Sie sich das nächste Mal bei so etwas erwischen, dann versuchen Sie, sich zurückzuhalten. Wenn Sie das Gefühl haben, Ihre Bemerkung unbedingt loswerden zu müssen, dann fangen Sie mit kleinen Schritten an. Schieben Sie das Klatschen so lange auf, bis Sie im Auto sitzen. Nehmen Sie sich als Nächstes vor, erst dann über ihre Freunde herzuziehen, wenn Sie zu Hause angekommen sind. Und wenn das funktioniert, dann üben Sie, sich Ihre Kommentare zur Kleidung, zum Gerede oder den Eigenarten anderer bis zum nächsten Tag aufzusparen.

Ich erwähne das Klatschen hier, weil es eine der Hauptstörquellen im Seelenmuster-Empfang ist. Ob wir damit unserer Eifersucht Luft machen wollen oder es uns einfach nur tierisches Vergnügen bereitet – es gehört so sehr zu unserem Leben, dass wir damit kaum hinter dem Berg halten können. Doch es genügt schon, sich über das Phänomen im Klaren zu sein, um das eigene Seelenmuster-Bewusstsein deutlich zu erweitern.

Hier eine bescheidene und doch herausfordernde Seelenmuster-Übung: Nehmen Sie sich vor, jeden Tag eine Stunde lang über keinen Menschen zu reden – über keinen einzigen.

Bestes habe er Gott also vorenthalten. Die zweite Auslegung des Gleichnisses bricht jedoch mit der Auffassung, dass Gott uns nur dann annimmt, wenn wir unser Bestes geben. Die tragische Geschichte von Kain soll uns vielmehr vor Augen führen, dass wir für alles empfänglich sein sollten, was einen Menschen ausmacht. Das Seelenmuster eines anderen anzunehmen heißt, offen zu sein für alles, was er zu bieten hat – für die Licht- und für die Schattenseite. Sowohl Gott als auch der Adam aus Steinbecks Roman müssen für ihren Akt der Zurückweisung zur Verantwortung gezogen werden. Im Übrigen: Hat nicht jedes Geschenk, das wir machen, irgendeinen Fehler? Und liegt nicht die Schönheit des Empfangens gerade in unserer Fähigkeit, mit Mängeln behaftete Gaben entgegenzunehmen? Das Seelenmuster-Bewusstsein fordert uns auf, unsere engsten Vertrauten so zu akzeptieren, wie sie sind und nicht nur, wie wir sie gerne hätten.

Annehmen, was uns gegeben wird: Die Geschichte von der schmutzigen Kopeke

Warum ist es so schwer, das Seelenmuster eines anderen anzunehmen? Warum sind wir so oft überheblich und weisen andere zurück – mit einem verärgerten Blick, einem unbedachten Wort oder auch nur einem gleichgültigen Achselzucken?

Die folgende chassidische Geschichte von der schmutzigen Kopeke lässt die Antwort zumindest erahnen:

Shneur Zalman von Liadi lebte als Meister einer Gruppe mystischer Initianten Mitte des neunzehnten Jahrhunderts in Europa. Es begab sich, dass er sich gemeinsam mit zweien seiner Freunde, Meister Menachem Mendel von Vitebsk und Meister Levi Isaac von Berdichev, um die Lösung eines Problems mühte.

In ihrer Stadt lebte ein Waisenmädchen, dessen Heirat kurz bevorstand. Aber es war weder Geld da, um die Hochzeit auszurichten, noch um eine Mitgift aufzubringen, mit deren Hilfe sie und ihr Mann einen Hausstand hätten gründen können. Alle drei Männer waren Mystiker der Kabbalah, und so hatte sich keiner von ihnen je derart der Verzückung und Ekstase hingegeben, als dass er den Kontakt zu den Alltagssorgen seiner Gemeindemitglieder und Schüler verloren hätte. Darum widmeten sie sich der Sache von ganzem Herzen und grübelten, wie den jungen Leuten wohl am besten aus ihrer misslichen Lage herauszuhelfen sei. Sie fragten sich, ob sich nicht mit einer Spendensammlung etwas Geld auftreiben ließe, um das Paar mit dem Nötigsten auszustatten.

Schließlich verkündete Shneur Zalman: »Ich habe einen Entschluss gefasst. Ich werde dem alten Geizkragen einen Besuch abstatten, der in dem großen Haus am Rande von Liadi lebt.«

»Was?!«, rief Menachem Mendel aus. »Der wird dir ganz bestimmt keinen Pfennig geben!«

»Und obendrein wird er dich noch demütigen«, pflichtete Levi Isaac bei. »Du kannst doch deine Ehre nicht auf diese Weise in den Schmutz ziehen lassen!«

Doch Sheur Zalman blieb hartnäckig, und so beschlossen seine Freunde, ihn zu begleiten, damit er, wenn er schon mit leeren Händen zurückkäme, so doch wenigstens nicht in unangemessener Weise beschimpft würde.

Der Geizhals empfing sie mit der gebührenden Höflichkeit, gab ihnen zu essen und zu trinken und unterhielt sich freundlich mit ihnen, bis die drei das eigentliche Anliegen ihres Besuchs zur Sprache brachten und ihn baten, etwas Geld für die Ausstattung des jungen Paares zu spenden.

»Ihr wollt Geld von mir?«, knurrte der Geizhals. »Na, ich werde euch was geben!«

*

»Kabbalist zu sein, beinhaltet die Bereitschaft, anzunehmen, was ein anderer zu geben hat, wann immer er es gibt.«

*

Shneur Zalmans Augen leuchteten auf, und die anderen beiden Meister zogen überrascht die Augenbrauen hoch. Der Geizkragen ging in sein Arbeitszimmer und kehrte kurz darauf mit einer einzigen schmutzigen, alten Kopeke in der fleischig-blassen Hand zurück. Er warf sie Shneur Zalman hin und schimpfte: »Nehmt das, und geht mir aus den Augen!«

Die beiden Freunde schäumten vor Wut ob der Beleidigung ihres Meisters und Kollegen und wollten schon auf den Geizhals losgehen, als Shneur Zalman ihnen Einhalt gebot: »Nein, nein, nein!« Er bückte sich, hob die schmutzige Kopeke auf und betrachtete sie liebevoll. »Vielen Dank für Ihren Beitrag zu unserer Sammlung«, sagte er zum Geizhals. »Ich weiß Ihre Spende wirklich zu schätzen.«

Mit diesen Worten wandte sich Shneur Zalman zum Gehen, und die beiden anderen Meister eilten hinterher. Sie konnten sich keinen Reim auf das Verhalten ihres Freundes machen, doch noch bevor sie ihn zur Rede stellen konnten, hörten sie Schritte hinter sich. »Wartet!«, holte sie die ärgerliche Stimme des Geizhalses ein. »Ich will Euch noch etwas geben!« Und abermals zog er eine schmutzige Kopeke aus der Tasche und warf sie Shneur Zalman vor die Füße.

Diesmal musste der Gelehrte handgreiflich werden, um seine beiden Freunde zurückzuhalten. »Nein, nein, nein!«, rief er auch diesmal. Zu ihrem Entsetzen bückte er sich abermals, hob die schmutzige Kopeke auf, betrachtete sie liebevoll und sagte: »Vielen Dank für Ihren Beitrag. Ich nehme ihn an und weiß ihn zu schätzen.« Wieder wandte er sich zum Gehen. Die beiden anderen Meister folgten ihm. Doch schon nach wenigen Schritten hatte sie der Geizhals wieder eingeholt. Diesmal warf er ihnen zwei Kopeken hin, für die sich Shneur Zalman überschwänglich bedankte. Das Ganze wiederholte sich noch einmal und noch einmal und noch einmal, und als sie schließlich vor Shneur Zalmans Haus angekommen waren, hatten sie die volle Summe zusammen, die sie benötigten.

Die beiden Freunde wussten nicht recht, was sie sagen sollten. »Was ist denn eigentlich geschehen?«, brachte Menachem Mendel hervor.

»Wie hast du das nur gemacht?«, wollte Levi Isaac wissen. »Hast du ihn etwa verhext? Da war doch Magie im Spiel!«

»Nein, es ist alles mit rechten Dingen zugegangen!«, erwiderte Meister Shneur Zalman. »Ich bin Kabbalist, und das beinhaltet die Bereitschaft, anzunehmen, was ein anderer zu geben hat, wann immer er es gibt.«

Zwischen den Zeilen dieser Geschichte verbirgt sich kabbalistische Kritik am Gleichnis von Kain und Abel. Kain mag unvollkommen gewesen sein, und doch hätte Gott eine Möglichkeit finden müssen, sein Opfer in Empfang zu nehmen – das anzunehmen, was er ihm in jenem Augenblick geben konnte –, selbst wenn er ihn im gleichen Atemzug aufgefordert hätte, nach Höherem zu streben. In allzu vielen Fällen können wir nichts annehmen, weil wir ausgerechnet das wollen, was der andere nicht geben kann. Wie oft kommt es vor, dass sich nach einem Streit, nach Beschimpfungen und Vorwürfen, einer der beiden zaghaft mit einer Entschuldigung vorwagt. Aber weil sein Vorstoß so zögerlich wirkt, reicht er dem anderen nicht aus, und er reagiert unwirsch: »Nach allem, was du gesagt hast, bringst du das als Entschuldigung vor? Ist das alles, was du mir zu sagen hast?« Und damit steigen die beiden in die nächste Runde des Zorns und der gegenseitigen Schuldzuweisungen ein. Aber zu

dem Zeitpunkt war der Betreffende zu nichts anderem als einer
zaghaften Entschuldigung fähig. Wäre sie angenommen worden, hätte das eine ganz andere Dynamik ausgelöst: Am Ende
hätten sich beide voll und ganz entschuldigt, sich einander wirklich angenähert und sich von Herzen verziehen.

Wenn wir vom anderen eine bestimmte Art der Entschuldigung verlangen und sie so nicht bekommen, dann weisen wir ihn
zurück. Auch wenn wir uns eine bestimmte Form der Freundschaft wünschen, die uns nicht so zuteil wird, könnte es zur
Zurückweisung kommen. Die Haupttragik im Leben liegt nicht
zuletzt in unserer Unfähigkeit, das anzunehmen, was der andere
zum jeweiligen Zeitpunkt geben kann.

Um den anderen voll und ganz annehmen zu können, müssen
wir bereit sein, uns selbst für eine Weile hintanzustellen. Wir
müssen unsere Wünsche ausklammern, sie »auf Eis legen«, sie
beiseite schieben. Den anderen anzunehmen, ist nicht nur das
intimste Geschenk, das man sich denken kann, sondern auch das
einzige, das nur wir ihm geben können. Nur wenn wir uns selbst
eine Zeit lang zurücknehmen, sind wir wirklich offen für die
Gefühle, die Fehler, das Seelenmuster unseres Gegenübers. Nur
dann können wir ihn wirklich annehmen.

Ein Meister aus Jerusalem

Im heutigen Jerusalem lebt ein großer mystischer Meister. Er ist nach der russischen Stadt benannt, aus der seine Familie dereinst nach Israel einwanderte: der Meister von Omshinov. Sehen kann man den »Omshinover« nur des Nachts, so gegen drei, vier oder fünf Uhr früh. Er soll, so heißt es, jenseits der Zeit weilen. Wenn man ihn sehen will, dann wird man von seinem Assistenten etwa fünfundzwanzig Minuten, bevor der Meister zur Audienz bereit ist, gerufen und macht sich dann auf den Weg zu ihm. Nach den Geschichten, die ich über ihn gehört habe, und nach meiner eigenen Begegnung mit ihm zu urteilen, hat er keine Ratschläge, Einsichten oder Visionen zu bieten, die man nicht anderswo mit viel weniger Umständen bekommen könnte. Warum also kommen Menschen aus ganz Israel zu nachtschlafener Zeit angereist, um den Meister von Omshinov zu sehen?

Ich glaube, es liegt an der Art, wie er seine Besucher empfängt. Während der gesamten Audienz konzentriert er sich voll und ganz auf das Gesicht seines Gegenübers. Ich war fünfundvierzig Minuten bei ihm, und er schenkte mir die ganze Zeit über seine absolute Aufmerksamkeit. Er blinzelte nicht, kein einziges Mal sah er auf die Uhr, und es war deutlich zu spüren, dass seine Gedanken nichts anderem galten, als meinen Worten. Sie waren für ihn in diesem Augenblick das Wichtigste auf der Welt. Als ich mich verabschiedete, nahm ich keinen besonderen Rat oder clevere Lösung für mein Problem mit nach Hause. Stattdessen fühlte ich mich zutiefst angenommen, und irgendwie war das allein Antwort genug.

Tzadok, der Priester von Lublin, ein bedeutender Heiliger aus dem Europa des neunzehnten Jahrhunderts, lehrte, dass jeder Mensch ein Geheimnis sei. Wir alle leiden unter der Unfähigkeit, dem uneingeweihten Zuhörer unsere innersten Mysterien zu erklären. Eingeweiht zu sein heißt, die Kunst zu beherrschen, voll und ganz präsent zu sein, um das Geheimnis eines anderen Menschen zu empfangen. Was Tzadok meint, wird klarer, wenn wir uns mit dem Gegenteil seiner Vorstellung befassen: mit dem Gesellschaftsritual einer Cocktail-Party. Keiner hört wirklich zu, und unser Seelenmuster bleibt nur allzu oft stumm und unsichtbar. Um Heilung und Transformation zu bewirken, nach der sich die Welt so sehr sehnt, müssen wir alle zu Eingeweihten werden und im Tempel unseres Alltags die mystische Kabbalah des Empfangens praktizieren.

Biblische LEVADO-Mythen

Die biblische Überlieferung ist ein Tor zu nicht beschreibbaren spirituellen Dimensionen. Und wie bei jedem anderen Tor, brauchen wir erst den richtigen Schlüssel, um es öffnen und hindurchschreiten zu können. Im Laufe der Jahre habe ich einen ganzen Satz solcher »Schlüssel« entwickelt – einen Satz von Schlüsselbegriffen, die ich parat habe, wann immer ich mich mit einer biblischen Vorlage auseinandersetze. Diese Worte verweisen jeweils auf ganz spezielle Genres, die sich durch den gesamten Text hindurchziehen.

Die Gleichnisse, die um das Schlüsselwort *levado* kreisen, bilden die Grundlage für unsere Seelenmuster-Arbeit. Während ich nach Wegen suchte, um aus biblischer Sicht zu schildern, wie wir von der Einsamkeit zum Seelenmuster-Bewusstsein gelangen können, habe ich ein bislang übersehenes Genre der biblischen Geschichte entdeckt – den »*Levado*-Mythos«. Wie bereits an anderer Stelle ausgeführt, ist *levado* das hebräische Wort für »einsam«. Wir erinnern uns an den reich gedeckten Tisch der Genesis, von dem am Anfang dieses Buches die Rede war: Hier schenkt Gott den Menschen materielle Fülle, ästhetischen Genuss und sinnliche Erfüllung – alles Dinge, die er für gut befindet. Trotzdem erweisen sich die vielen »guten« Gaben als wertlos angesichts seiner kategorischen Äußerung, dass das Alleinsein des Menschen *nicht* gut sei. Das Wort *levado* macht mit einem Streich das Gute der Schöpfung zunichte und wird zum Schlüsselbegriff für eine ganz bestimmte Erfahrung im menschlichen Dasein. Taucht der ungewöhnliche Terminus an anderer Stelle der Bibel wieder auf, deutet das ausnahmslos auf ein Gleichnis hin, das uns ein tieferes Verständnis von Einsamkeit und Seelenmuster geben kann. In der Tat geht es in jeder einzelnen der biblischen *Levado*-Geschichten um eine oder mehrere der drei Strategien zur Überwindung der Einsamkeit auf dem Weg hin zur Liebe: Seelenmuster annehmen, an Seelenmuster glauben, Seelenmuster vermitteln. Diese Gleichnisse fügen sich zu dem zusammen, was ich im Folgenden als biblische *Levado*-Geschichten bezeichnen werde.

Das erste dieser Gleichnisse, das wir bereits an anderer Stelle gemeinsam betrachtet haben, handelt von der Erschaffung der zwischenmenschlichen Beziehungen, wie sie in der Genesis durch Gottes Worte »Es ist nicht gut, dass der Mensch allein bleibt« eingeführt werden. Die zweite und dritte Geschichte ergeben sich aus Schlüsselszenen im Leben von Jakob und Mose. Als viertes werden wir uns mit einer Geschichte befassen, in der Gott selbst Einsamkeit erfährt. Wir werden überlegen, was das für Ihn bedeuten und wie sich unser Seelenmuster für den Empfang des göttlichen Seelenmusters öffnen könnte.

Vom Grundbedürfnis, andere am eigenen Seelenmuster teilhaben zu lassen

Jakob ist der Held unserer zweiten *Levado*-Geschichte. Er, der später zu Israel umbenannt wurde, ist Sohn von Isaak und Rebekka, Ehemann von Rahel und Lea, Vater von zwölf Söhnen und einer Tochter und eine der wohl komplexesten Figuren der biblischen Überlieferung. Gleichzeitig ist er eine der einsamsten, denn in der Bibel heißt es »Jakob blieb *levado*«. Auch wenn dieser Satz meistens übersetzt wird mit »Jakob war allein zurückgeblieben«, so sollten wir es als »Jakob war einsam« verstehen. Dieser Satz ist für uns von Belang, weil uns Jakobs Geschichte wichtige Aufschlüsse über die Einsamkeit, das Seelenmuster und unsere Art zu leben geben kann.

An welchem Punkt seines Lebens ist Jakob angelangt? Vor welchem Hintergrund spielt sich das Drama seiner Einsamkeit ab? Nach zwanzigjährigem Aufenthalt in der Fremde, in Paddan-Aram, der Heimat seines Onkels Laban, kehrt er heim nach Kanaan, wo er den Zorn seines Bruders Esau fürchten muss. Dieser hat in der Tat guten Grund, zornig zu sein, hatte sich doch Jakob den Segen des Vaters erschlichen – jenen Segen, der eigentlich Esau, dem Erstgeborenen, zugestanden hätte. Wir alle sehnen uns nach dem Segen des Vaters, manchmal wünschen wir ihn uns so verzweifelt, dass wir sogar unlautere Mittel einsetzen, um ihn zu erlangen. Und nun steckt Jakob in diesem Gewirr von Verwicklungen, in das er sich durch seinen Verrat hineinmanövriert hat – einen Verrat, der ihn weit von seiner Heimat fortgetrieben hatte.

In seinem über zwanzigjährigen Exil hat sich Jakob weiterentwickelt und ist reifer geworden. Als er zurückkehrt, ist er bereit, die Vergangenheit zu bereinigen und sich mit seinem Bruder Esau zu versöhnen. Und doch ist die Geschichte ausgesprochen spannend. Wird Jakob den Segen bekommen, der ihm und nur ihm allein gebührt, und wird er Esau den seinen überlassen? Ein Segen im biblischen Sinne, das ist mehr als die Übermittlung von guten Wünschen oder spirituellem Schutz. Ein Segen, und insbesondere der Segen des Vaters, ist ein Seelenmuster-Ausdruck. Jedes Kind empfängt seinen eigenen Segen, der sein einzigartiges Schicksal widerspiegelt. Dass Jakob seinem Bruder Esau den Segen stahl, ist ein kapitales Vergehen gegen das Seelenmuster.

*Wir suchen oft den Segen eines anderen zu erlangen,
weil wir das Gefühl haben, unser eigenes
Seelenmuster sei unvollständig, unsere eigene Geschichte
sei irgendwie nicht genug.*

Wir suchen oft den Segen eines anderen zu erlangen, weil wir das Gefühl haben, unser eigenes Seelenmuster sei unvollständig, unsere eigene Geschichte sei irgendwie nicht genug. Wenn wir nicht tief in unserem Inneren unseren eigenen Wert spüren können, versuchen wir den Segen eines anderen zu erschleichen. Genau das ist es, was mit Jakob geschah.

Bei Tagesanbruch wird Jakob Esau treffen. Ist auch dieser reifer geworden? Hat auch er sich weiterentwickelt? Wird er ihm vergeben? Und wie stellt sich das, was zwischen den beiden gewesen ist, in Esaus Erinnerung dar? Vor Jakobs innerem Auge ziehen Bilder vorüber wie die Fluten des Flusses Jabbok zu seinen Füßen. Er sieht seine Mutter, seinen Vater und ihre komplexe Beziehung; den Tag, an dem er den Verrat beging, und tausend andere Tage voll der Unschuld und des Staunens. Momentaufnahmen aus der gemeinsam mit Esau verbrachten Kinderzeit blitzen vor ihm auf: wie er mit ihm durch die weiten Felder des Vaters streifte, mit ihm in den Bächen und Flüssen von Kanaan schwamm – Zwillingsbrüder, die lachen und spielen. All diese Erinnerungen steigen in ihm auf und nähren die Hoffnung, dass das Ganze womöglich wieder aufleben könnte.

In Jakobs Gefolge reisen zwei Frauen, mehrere Konkubinen, zwölf Söhne, eine Tochter, Scharen von Enkelkindern und ein ganzes Heer von Dienstboten mit ihren Familien. All diese Menschen hat er in zwanzig Jahren um sich geschart! Doch seine Frauen und Kinder, ja seine gesamte Gefolgschaft – und dies ist der Schlüssel zu unserer Geschichte – kennt nur den Jakob von Paddan-Aram, dem Land seines Exils. Sie kennen nur sein exiliertes Selbst. Keiner von ihnen kennt Jakob, das Kind; keiner von ihnen ist je Esau oder Isaak oder Rebekka begegnet. Sie kennen Jakob nicht als *levado* – sie kennen ihn nicht in seiner Einsamkeit.

Trotz all seiner Versuche, die ihm nahe stehenden Menschen in die Irrungen und Wirrungen seiner Kindheit einzuweihen, bleibt Jakob am Abend vor seinem Zusammentreffen mit Esau allein. Er kann sie nicht wirklich an den einzigartigen Erfahrungen seiner Jugend teilhaben lassen. Er schickt seine Leute voraus und wartet allein am anderen Ufer des Flusses Jabbok, um im Schatten seiner Einsamkeit zu ruhen, untröstlich *levado*. Und an eben dieser Stelle heißt es im Text: »Jakob war allein zurückgeblieben«. Jakob ist einsam. Unfähig, den Menschen, die sein Leben, sein Haus, sein Bett mit ihm teilen, die Tiefen seines Wesens nahe zu bringen.

Die *Levado*-Geschichte von Jakob untermauert auf anschauliche Weise unsere Definition von Einsamkeit als Unfähigkeit, andere an unserer einzigartigen Signatur teilhaben zu lassen. Sie gibt uns ein wichtiges Instrument zum Empfang, der Wahrnehmung und Kommunikation des menschlichen Seelenmusters an die Hand, das ja in die Faltenwürfe der Kindheit eingebettet ist. Wenngleich sich unsere seelische Prägung in jungen Jahren noch nicht vollständig herausgebildet hat, ist uns das Seelenmuster – wie der Fingerabdruck und die DNA – angeboren. Dies erklärt, warum gerade diese Zeit eine so nachhaltige Wirkung auf die Entfaltung des Seelenmusters hat. Die Kindheit ist das transparenteste Fenster, um es zu betrachten; sich auf sie zu besinnen, ist die effizienteste Möglichkeit, um mit ihm in Kontakt zu kommen.

*

Die Kindheit ist der »Lackmus-Test«
des Seelenmuster-Empfangs.

*

Gleichzeitig ist die Auseinandersetzung mit Szenen aus der Kindheit eine wunderbare Möglichkeit, um anderen das eigene Seelenmuster zu vermitteln. Wenn es Ihnen schwer fällt, sich einem guten Freund oder dem Partner so zu zeigen, wie Sie heute sind, dann versuchen Sie doch einmal, ihm davon zu erzählen, wer Sie früher – als Kind – waren. Sie brauchen nicht mit den bewegendsten Momenten anzufangen. Sprechen Sie über Nebensächliches. Welche Comics oder Abenteuergeschichten haben Sie am liebsten gelesen? Was war Ihr Lieblingsversteck? Wer war Ihr bester Freund, Ihre beste Freundin? Hatten Sie Angst im Dunklen?

Denn schließlich ist die Kindheit, wie uns die Geschichte von Jakob lehrt, der »Lackmus-Test« des Seelenmuster-Empfangs. Wenn ein anderer zwar unser Erwachsenen-Selbst, nicht aber unser Kindheits-Selbst kennt, dann bleiben wir einsam, denn uns blieb die Annahme unseres Seelenmusters durch einen anderen versagt. Glücklicherweise trifft auch das Gegenteil zu: Wenn es uns gelingt, unseren Partner oder Freund an unseren frühen Jahren teilhaben zu lassen, so ist das ein Anzeichen für ein besonders inniges und intimes Zusammensein. Mit Recht geraten wir darüber in Begeisterung und fühlen uns auserwählt.

Die Intimität von Seelenmuster-Momenten

Ich sage meinen Schülern immer wieder: »Wenn ihr wissen wollt, wen ihr heiraten sollt, dann wählt jemanden, der die einzigartige Musik eurer Seele hören kann.« Denn dies ist die einzige Art von Beziehung – ob zu einem Lebensgefährten oder auch einem engen Freund –, die uns wirklich aus den Fängen der Einsamkeit befreit. Und so gut wie immer fragt einer der Schüler: »Und woher weiß ich, dass sie die Musik meiner Seele hört?« Eine schnelle, kurze Antwort darauf kann ich zwar nicht geben, doch ich schlage vor, es mit dem oben beschriebenen »Lackmus-Test« zu versuchen. Wie das Kästlein des Milchmädchens in der südamerikanischen Mythologie oder das Päckchen, in das mein Sohn allerhand wichtige Sachen gelegt hatte, so können wir uns unser Leben als eine große, vergoldete Schatztruhe vorstellen, in der die Seelenmuster-Spuren all unserer vergangenen Tage aufgehoben sind. Und um sicherzugehen, dass wir vom anderen angenommen werden, müssen wir die Geheimnisse dieser Truhe mit ihm teilen.

Manche Menschen haben sie in den Dachboden ihrer Erinnerung verfrachtet und den Schlüssel weggeworfen; sie trauen sich noch nicht einmal, die Treppe nach dort oben anzuschauen. Bei anderen dient sie als Tafelaufsatz, Couchtisch oder als wertvolles Ausstellungsstück. Wo auch immer Ihre Schatztruhe stehen mag und was auch immer sich darin verbirgt, führen Sie Ihren Freund oder möglichen Partner zu ihr und eröffnen Sie ihm Ihre Kindheit wie eine musikalische Spieldose. Lassen Sie Ihren Partner zu ihrer Melodie tanzen. Wenn Sie Ihren geliebten Freund an der einzigartigen Symphonie Ihres Lebens teilhaben lassen können, an ihren Freuden und Enttäuschungen, an ihrer Komplexität und Simplizität, dann werden Sie gehört.

Ohne die wichtigen Erinnerungsstücke aus unserer frühesten Kindheit fehlt etwas in unserer Seelenmuster-Schatztruhe. Bei persönlichen Bekanntschaften wird dies besonders deutlich, wenn wir zum ersten Mal den Eltern eines Freundes begegnen. So gut wir ihn auch zu kennen glaubten, das Zusammentreffen mit seiner Mutter oder seinem Vater oder die Auseinandersetzung mit Szenen aus seinem früheren Leben gibt uns immer noch tiefere Einblicke in sein Wesen.

Ich hatte ein solches Erlebnis mit meiner Frau, Cary, wenige Monate nachdem wir geheiratet hatten. Eine berufliche Verpflichtung führte uns nach Columbus, Ohio, der Stadt, in der ich aufgewachsen bin. Eigentlich wäre der Ort nur einer von vielen auf meiner Vortragsreise gewesen. Bei dem Gedanken, dorthin zu reisen, empfand ich noch immer einen Rest von Widerwillen, denn die Jahre, die ich als Kind dort verbracht hatte, waren alles andere als angenehm gewesen. Darum hatte ich vor, meinen Auftritt zu absolvieren und dann gleich wieder abzufahren. Doch in dem Augenblick, in dem wir vom Seneca Park Place in die Cassidy Avenue einbogen, holte mich auf einmal die Vergangenheit ein – von hier aus war es nicht mehr weit zu dem braunen Ziegelbau, in dem ich bis zu meinem dreizehnten Lebensjahr mit meiner Familie gelebt hatte. Und während wir so durch die Straßen schlenderten, weihte ich meine Frau in die Dreh- und Angelpunkte meiner Kinderzeit ein. Wie in einem Breitwandfilm stand die Erinnerung an damals in allen Einzelheiten vor mir, so als wäre sie mehr als froh, mich nach so vielen Jahren wiedersehen zu dürfen. Jedes Detail war auf einmal lebendig und bedeutsam. Vieles tat weh wie am ersten Tag. »Siehst du den roten Briefkasten da?«, fragte ich Cary. »Andy Duberstein wurde für fünf Monate gesperrt, weil er mit seinem Baseballschläger darauf eingedroschen hatte. Und die grauen Klappläden, die waren früher einmal schwarz, und du hättest das Mädchen sehen sollen, das da wohnte. Es war einfach wunderschön. Und an dieser Stelle stand einmal ein Maulbeerbaum. Den müssen sie wohl gefällt haben.« Und schließlich standen wir vor der Tür des Hauses, in dem ich damals gewohnt hatte, eine Tür, hinter der sich ein ganzes Lager voller Erinnerungen verbarg, so viel Schönes, so viel Enttäuschendes und Schmerzvolles, so viel schlicht Alltägliches. Die Leute, die jetzt dort wohnten, waren überaus freundlich und ließen uns allein und ungestört durch das Haus wandern, Raum für Raum. Vielleicht spürten sie, dass dies für uns beide eine Seelenmuster-Zeit war.

»Erinnerung … wie eine alte Spieldose schweigt sie über lange Jahre hinweg«, schrieb Thomas Burke. »Und dann löst ein Nichts, ein leises Beben die Feder aus, und sie fängt unter dem gnädig sie bedeckenden Staub zu uns zu sprechen an.« An jenem Nachmittag schaute ich in das Kaleidoskop meiner Vergangenheit, und scheinbar unwichtige Details bekamen eine völlig unerwartete Bedeutung, wurden plötzlich kostbar. Wenn ich in meinem Gedächtnis schon so banale Einzelheiten mit solcher Genauigkeit gespeichert habe, so fragte ich mich, wie viel tiefer muss dann der Eindruck sein, den die großen Momente meines Lebens hinterlassen haben. Wenn die Landschaft von Columbus, Ohio, so tief in meiner Erinnerung eingegraben war, welch markante Spuren muss dann die geistige Landschaft dieser Stadt in meiner Seele hinterlassen haben. Ich dachte an Jakob, wie er sich in der Nacht vor dem Wiedersehen mit Esau vor Sehnsucht nach dem Land seiner Väter – dem Reich seiner Jugend – verzehrte, und ich war froh, einen Menschen zu haben, den ich an meiner Vergangenheit teilhaben lassen konnte.

Dank Carys gezielter Nachfrage, sanfter Beharrlichkeit und ungeteilter Aufmerksamkeit wurden an jenem Tag wichtige Tore geöffnet – nicht nur zu meiner Erinnerung, sondern auch zwischen unserer beider Seelenmuster. Für unsere Beziehung war dies ausgesprochen fruchtbar – ich konnte Cary an etwas von mir teilhaben lassen, das ich ihr vor dieser Reise nie wirklich hatte vermitteln können. Dies war einer der schönsten Nachmittage, die wir je miteinander verbracht haben.

Zuerst die Einsamkeit akzeptieren

Wie mag sich Jakob wohl gefühlt haben, als er ins Land seiner Jugend zurückkehrte und niemanden hatte, den er an seinen Kindheitserinnerungen teilhaben lassen konnte? Nicht nur, dass er sein Seelenmuster für sich behalten musste – er konnte noch nicht einmal seine Einsamkeit mit jemandem teilen. Nach mystischer Auslegung bleibt Jakob so lange von sich selbst getrennt, bis er zu Israel umbenannt wird. Dieser Namenswechsel ist Ausdruck einer tiefer gehenden Bewusstseinsveränderung. Der Satz »Jakob war allein zurückgeblieben« ließe sich aus dem Hebräischen ebenso gut mit »Jakob kapitulierte im Angesicht seiner Einsamkeit« übersetzen. Solange Einsamkeit für uns ein vages, schwer in Worte zu fassendes Unwohlsein darstellt, bleibt uns die Möglichkeit, anderen nahe zu sein, meist verwehrt. Erst wenn wir sie akzeptieren und dazu einsetzen, uns unser Seelenmuster zu Eigen zu machen, können wir uns gegenseitig an unserer einzigartigen Signatur teilhaben lassen.

Glücklicherweise macht Jakob den von ihm geforderten Schritt und öffnet sich für seine Einsamkeit, sein Seelenmuster und die Möglichkeit, von anderen auf dieser Ebene angenommen zu werden. Er tut dies auf wunderbar spirituelle und überraschende Weise. Nach der Schilderung seines Alleinseins berichtet der Text davon, wie Jakob die ganze Nacht über mit einem geheimnisvollen Fremden ringt. Wer ist dieser Mann? Der Antworten gibt es viele. Die Kabbalisten vertreten die Auffassung, es handle sich dabei um Jakob selbst. »Fremde sind wir, Umherirrende an den Pforten unserer eigenen Seele«, so schreibt der zeitgenössische Philosoph George Steiner. Aus dieser Nacht geht Jakob mit einem neuen Namen – Israel – hervor, den er an jene Nation weitergeben wird, die er zu gründen bestimmt ist. Das Entscheidende an dieser Stelle: Jakob geht in die Nacht, das Symbol seiner Einsamkeit – oder die »Nagellöcher« aus der norwegischen Sage weiter vorne im Buch – und erkämpft sich seinen Weg von dort zur Einzigartigkeit, vom Alleinsein zum All-Eins-Sein.

Jakobs Umbenennung ist insofern bedeutsam, als der Name das äußere Gefäß für das Seelenmuster bildet. Er heißt nun Israel – das in Wirklichkeit aus zwei Worten besteht, *Jashar El*, was aus dem Hebräischen übersetzt so viel wie »göttliche Integrität« bedeutet.

Der Begriff Integrität wiederum leitet sich vom Lateinischen »integrare« ab, was so viel wie »einbinden« oder »zu einem Ganzen fügen« heißt. Jakob hat seinen äußeren Namen hinter sich gelassen, seine Einsamkeit integriert und sie zu einem verwirklichten Seelenmuster transformiert. Dem biblischen Mystizismus zufolge ist dies der Weg, um zur Glückseligkeit zu gelangen und mit dem Göttlichen zu verschmelzen. Wie wir bereits an anderer Stelle gesehen haben, werden wir durch Berührung der eigenen Einzigartigkeit zum Teil des Einen. Dies ist der Schritt vom Alleinsein zum All-Eins-Sein, von der Einsamkeit zum Seelenmuster.

Anders als in späteren Formen des Mystizismus, die die Notwendigkeit der Selbstauslöschung betonen, um mit dem Einen zu verschmelzen, versteht die biblische Überlieferung dieses Eine als die persönliche göttliche Integrität der Psyche. Um sie zu verwirklichen, müssen wir uns nicht verlieren, sondern im Gegenteil alle Facetten unseres Seelenmusters zusammenfügen. Auf diese Weise nehmen wir es in Besitz und bestätigen damit gleichzeitig die Integrität unseres Namens. Dann sind wir bereit, voranzuschreiten und andere an unserem Seelenmuster teilhaben zu lassen bzw. uns für deren Seelenmuster zu öffnen.

Es ist kein Zufall, wenn der Renaissance-Mystiker Isaac Luria in seiner Version des Gleichnisses von Jakob diesen erst dann zu einer authentischen Beziehung mit seiner Frau Lea finden lässt, nachdem er zu Israel umbenannt wurde. Dieser Lesart zufolge ist ein tieferes Einlassen vorher nicht möglich, weil sich Jakob nicht wohl in seiner Haut fühlte. Erst als er sein Seelenmuster erkennt – das heißt seine Israel-Natur – kann er Lea neu begegnen.

Die Auseinandersetzung mit den Feinheiten der hebräischen Sprache vertieft unser Verständnis vom Seelenmuster-Austausch zwischen Israel und Lea ebenso wie zwischen einem jeden von uns. Wie wir gesehen haben, ist *Deah* der Standardbegriff der Genesis zur Bezeichnung einer intimen Beziehung. Gleichzeitig bedeutet das Wort aber auch »Meinung«, jedoch nicht im modernen, oberflächlichen Sinne, sondern vielmehr als Bezeichnung für eine tiefgründige Auffassung der Dinge, wie sie sich aus umfassender Selbsterkenntnis ergibt. *Deah* heißt auch »wissen« oder »kennen«; weil aber das Wort gleichzeitig für eine intime, erotische Beziehung steht, impliziert dieses »Kennen« im biblischen Sinne das höchste Maß an menschlicher Nähe und Vertrautheit.

So ist es nicht übertrieben, Nähe im biblischen Sinne als gegenseitigen Austausch von Seelenmustern zu definieren. Sich selbst nah zu sein, heißt um seine Einzigartigkeit zu wissen. Eine körperliche Begegnung, bei der es zur gegenseitigen Teilhabe an den Seelenmustern kommt, ist etwas Köstliches, Himmelhoch-jauchzendes, Heiliges. Bleibt das Zusammensein aber hinter dem umfassenden *Deah*-Begriff zurück, ist sie meist mehr als trau-rig – ein zum Scheitern verurteilter Versuch, die Leere zu füllen.

6

Die eigene Unwissenheit anerkennen

Man kann nie wissen

Ziel des Seelenmuster-Bewusstseins ist es, die unverwechselbare Signatur eines anderen durch tiefes Verstehen und Mitgefühl in vollem Umfang annehmen zu können. Doch wie oft kommt es vor, dass wir einander einfach nicht verstehen? Den anderen anzunehmen, wird angesichts von Distanz, Fremdheit, Eile, Taubheit und Gleichgültigkeit oder auch von sprachlichen Verständnisschwierigkeiten zu etwas schier Unmöglichem. Wie wir uns auch immer bemühen mögen, letztlich bleibt uns die Einzigartigkeit vieler Menschen verschlossen. Es liegt ebenso wenig im Bereich unserer Erkenntnis wie das Seelenmuster Gottes.

Sollen wir unser Vorhaben einfach aufgeben, oder gibt es eine Chance, dem anderen dennoch gerecht zu werden, auch wenn wir sein Seelenmuster nicht ganz erfassen können? Gibt es eine Möglichkeit, etwas anzunehmen, das so sehr außer Reichweite erscheint, ob nun im Menschlichen oder im Göttlichen? Diese Frage führt uns zu dem heiligen Thomas von Aquin, jenem mittelalterlichen Schriftsteller, der maßgeblich zur Definition des Christentums beigetragen hat, und zu Moses Maimonides, dem wohl größten jüdischen Philosophen der letzten tausend Jahre. Wenngleich sich die beiden Gelehrten formell mit unserer Verbindung zu Gott beschäftigten, haben ihre Gedanken auch bedeutende Rückwirkungen auf den Seelenmuster-Austausch von Mensch zu Mensch.

Unsere Aufgabe, so vermuten die beiden Weisheitslehrer, sei

es, auf die eine oder andere Weise Gott zu empfangen. Der platonische Philosoph Plotin sagte einmal, Gott sei der einzig Einsame. In der biblischen Überlieferung ist Gott der Protagonist der dritten *Levado*-Geschichte. Denn ebenso, wie das Wort *levado* die Gefühlslage von Adam und Jakob beschreibt, wird es auch in Bezug auf Gott verwendet. Gott ist allein, und Gott ist einsam.

Es bedarf keines umfangreichen Studiums der Bibel oder anderer religiöser Schriften, um zu erkennen, dass Gott ein ernstliches Problem bei der Vermittlung seines Seelenmusters hat. An seiner Essenz – seinem göttlichen Seelenmuster – hat die Mehrheit der Menschen keinen Anteil. Wie können wir ihn aus seiner göttlichen Einsamkeit erlösen? Aus dem Blickwinkel dieses Buches betrachtet, muss die Antwort ganz eindeutig lauten: Wir müssen das göttliche Seelenmuster empfangen. Für Theologen wie Aquin, Maimonides und viele ihrer Zeitgenossen und Nachfolger steht jedoch fest, dass die Essenz Gottes vom Wesen her unvermittelbar ist. Nach Auffassung der mittelalterlichen Gelehrten ist Gott jenseits menschlicher Erkenntnis. Einer formulierte es so: »Würde ich ihn kennen, so wäre ich er.« Aquin und Maimonides schlugen eine geniale Lösung vor, die sie »Anerkenntnis des Nicht-Erkennens« nannten, das heißt, wir erkennen Gott, indem wir anerkennen, dass wir ihn nicht kennen. Um mit den Worten eines der Charaktere des französischen Schriftstellers Edmond Jabès zu sprechen: »Ich kenne dich, Herr, in dem Maße, in dem ich dich nicht kenne.«

Jahrelang hielt ich diese »Anerkenntnis des Nicht-Erkennens« für einen klassischen Fall von irrelevanter, wenn auch geschickter mittelalterlicher Spitzfindigkeit, bis mich zwei Begebenheiten dazu veranlassten, meine Meinung zu ändern. Die erste ereignete sich in einem kleinen Lebensmittelladen bei mir um die Ecke. An einem der seltenen Regentage in Jerusalem war ich dorthin gegangen, um Lebensmittelvorräte für den Schlechtwetter-Rückzug zu bunkern. Meine Laune war ebenso übel wie der

Rauch, der mir beim Öffnen der Türe entgegenschlug. Schon bald machte ich als Quelle der giftigen Schwaden einen braun gebrannten Mann mittleren Alters aus, der in *meinem* Lebensmittelladen herumlungerte! Mit fast bis zum Nabel offenem Hemd und dicker Goldkette stand er da und rauchte seine morgendliche Zigarre. Hustend und den Rauch beiseite fächelnd beschwerte ich mich bei dem Ladenbesitzer über den sturzbachartigen Regenguss, der mich bis auf die Haut durchnässt hatte.

Der Goldkettchenträger wandte sich um und schaute mich an – mit dem allersanftesten und liebevollsten Blick, den man sich vorstellen kann. Plötzlich erschien alles an ihm schön und majestätisch. Die goldene Kette wirkte königlich, der Rauch süß wie ein Weihrauchopfer. »Wissen Sie nicht«, sagte er, »dass es heute regnet, weil ein Heiliger in seine Welt hinübergegangen ist?«

Ich hatte das Gefühl, in mir sei ein Tor aufgestoßen worden. Irgendetwas in meinem Herzen wurde weich – ich wollte meine Hand ausstrecken und ihn berühren, weil er so schön war. Es war ein visionärer Moment von außerordentlicher Reinheit und Schlichtheit. Erst später, als ich wieder zu Hause war, las ich in der Zeitung, dass an jenem Morgen in der Tat einer der großen Mystiker Jerusalems gestorben war: Rebbe Gur, ein chassidischer Meister und Führer einer blühenden Gemeinde, deren Ursprünge im osteuropäischen Gur zu finden waren. Diese Stadt ist während des Holocaust so gut wie vollständig ausgelöscht worden. Langsam und mühsam hatte dieser Meister seine Gemeinde im Laufe der vergangenen vierzig Jahre mit endloser Liebe, Leidenschaft und Courage in Israel wieder aufgebaut. Ohne ihn erschien die Welt sehr viel düsterer.

Würde ich mich dem Glauben hingeben, der Mann mit der Zigarre und dem Goldkettchen sei ein Engel gewesen, würde ich es mir leicht machen. Nein, er war kein Engel, sondern ein Mensch aus Fleisch und Blut. Und ich hatte ihn völlig falsch eingeschätzt. Ich hatte ihn für einen Proleten gehalten – grob und ungehobelt und nur auf die Befriedigung seiner unmittelbaren Bedürfnisse aus. Doch dann belehrte die strahlende Schönheit und das liebevolle Verständnis, das aus seinem Gesicht sprach, als er mir vom Tod des Heiligen erzählte, mich eines Besseren und zeigte mir, wie oberflächlich mein erster Eindruck gewesen war. Ich hatte geglaubt, ihn zu kennen und ihn doch nicht gekannt. Ich hatte ihn nicht angenommen.

Der zeitgenössische spirituelle Liedermacher Shlomo Carlebach singt in einer Ballade: »You never know – You never know – You never know.« – Man kann nie wissen! Dieser Refrain verweist auf die Notwendigkeit zu erkennen, dass wir niemals sicher sein können, wer sich eigentlich hinter dem Menschen, der da vor uns steht, verbirgt. Und genau das sagte Thomas von Aquin über Gott und seine Einsamkeit. Es stimmt, dass wir Gott nicht verstehen können. Aber ob wir mit ihm oder einem mehr oder weniger vertrauten Menschen in Beziehung treten – wir können den Erkenntnisprozess zum Abschluss bringen, indem wir anerkennen, dass wir eben nicht erkennen können.

Wir wissen, dass eine der größten Gefahren im Umgang mit dem Seelenmuster in der Versuchung liegt, zu bewerten, zu etikettieren, zu schematisieren, zu verwerfen oder einen anderen auf welche Art auch immer in irgendeine Schublade zu pressen. Stattdessen sollten wir danach streben, den anderen in seiner Einzigartigkeit anzunehmen, selbst wenn uns bewusst ist, dass wir sein Geheimnis niemals lüften können, dass er letztlich – so wie Gott – jenseits unserer Erkenntnis liegt. Wir sind allesamt aufgefordert, das Seelenmuster zu ehren, indem wir zu uns selbst mit leiser Stimme sagen: »You never know – You never know – You never know.« – Man kann nie wissen!

Wissen, dass wir nicht wissen

Und hier der zweite Zwischenfall, der mich dazu brachte, das ganze Ausmaß meiner Unwissenheit anzuerkennen. Es war an einem Freitagabend. Ich war als Hauptredner einer Konferenz geladen, die die israelische Regierung in Jerusalem für alle jüdischen Zeitungsverleger der Welt veranstaltete. Ich war gerade erst von einer Vortragsreise nach San Francisco zurückgekehrt und war entsprechend müde. Wer diesen Zustand der tiefsten Erschöpfung kennt, weiß, dass er fast mit dem der Trunkenheit vergleichbar ist. Wer zu viel Alkohol genossen hat, kommt entweder in Fahrt oder fällt in ein Tief. Nun, ich lief an jenem Abend zur Höchstform auf. Ich brachte den Verlegern erst ein Lied bei, dann redete ich eine Weile, bevor ich einen Trinkspruch ausbrachte. Danach stimmte ich noch ein Lied an und redete und erhob abermals mein Glas.

Der Abend war wunderbar, und ich hatte das Gefühl, meine Sache wirklich gut gemacht zu haben. Und es schien, als wären meine Zuhörer auch dieser Meinung. Alle, bis auf einen. In der dritten Reihe saß ein Mann, der eifrig mit Schreiben beschäftigt war. Als liberaler orthodoxer Rabbi würde ich niemals irgendjemandem meine Sabbath-Gebote aufdrängen wollen (die das Schreiben verbieten). Doch es entgegen der unausgesprochenen Aufforderung, zumindest in den öffentlichen Bereichen der Veranstaltung die Sabbath-Stimmung zu bewahren, vor aller Augen zu tun, erschien mir schon ziemlich merkwürdig. Was mich aber wirklich auf die Palme brachte, war, dass ich hier mit meiner ganzen Inbrunst Vorträge hielt, während er völlig unbeeindruckt auf seinem Platz saß und nichts Besseres zu tun hatte als zu schreiben. Was für eine bodenlose Unverschämtheit!

Als ich mit meinem Vortrag zum Ende kam, hatte mir der Mann gründlich die Laune verdorben. Für mich stand fest, dass er ein oberflächlicher, ich-bezogener Bürokratenjournalist sei. Er erschien mir als personifizierter Vertreter jener schalen, geistlosen Religiosität, die zu zerschlagen ich mich im Rahmen der spirituellen Revolution aufgerufen fühlte. Bevor ich den Saal verließ, ging ich zu ihm hin, um zumindest mit einer spitzen Bemerkung etwas von meinem Ärger loszuwerden.

Zu meinem Erstaunen aber begrüßte er mich mit Tränen in den Augen. Noch bevor ich mich zum Idioten machen konnte, bat er mich: »Schauen Sie sich doch bitte an, was ich hier niedergeschrieben habe!« Und er zeigte mir Blatt um Blatt eng mit Notenschrift bedeckt. Ich kann keine Noten lesen, und so hatte ich keine Ahnung, worum es eigentlich ging. Dann aber erklärte er mir auf Englisch mit starkem bulgarischen Akzent: »Ich bin erst seit wenigen Monaten Herausgeber einer Zeitung in Bulgarien. Dass ich die Stelle bekommen habe, war reiner Zufall. Ich hatte keinerlei Kontakt zur jüdischen Gemeinde. Seit meinem sechsten Lebensjahr habe ich kein jüdisches Lied mehr gehört … bis ich Sie heute habe singen hören. Irgendetwas ist da in mir passiert. Ich habe mir geschworen, nie wieder die Lieder meines Volkes zu vergessen. Aber wie sollte ich mich daran erinnern? Und so schrieb ich Ihre Melodien Note für Note auf. Ich werde sie bis ans Ende meines Lebens singen.« Er strahlte übers ganze Gesicht: »Ich danke Ihnen. Jetzt bin ich heimgekehrt.«

Mir blieb der Mund offen stehen. Mein Herz war zu voll, mein Gesicht zu rot, um auch nur ein passendes Wort zu finden. Noch in der Woche zuvor war ich in den USA gewesen, um über die Kabbalah zu sprechen, und nun musste ich bestürzt erkennen, dass ich bis zu jenem Abend kein Kabbalist gewesen war. Ich hatte ihn nicht angenommen. Mein Urteil über ihn war an der Wahrheit seines Seelenmusters vorbeigegangen. Und wieder fiel mir der Refrain des spirituellen Liedermachers ein: »You never know – You never know – You never know.«

Wenn wir uns eingestehen, dass sich die Signatur anderer Menschen zuweilen unserer Erkenntnis entzieht, widerstehen wir damit dem Drang, sie in eine Schublade zu stecken oder mit

Seelenmuster-Praxis

Das nächste Mal, wenn Sie jemanden treffen, mit dem Sie nur flüchtig bekannt sind, wechseln Sie nicht die Straßenseite, blicken Sie nicht starr nach vorn und verschanzen Sie sich nicht hinter Ihrem Handy. Machen Sie das Gegenteil – nehmen Sie ihn wahr, freuen Sie sich, ein bekanntes Gesicht entdeckt zu haben, und wenn Sie sich nicht an seinen Namen erinnern, dann fragen Sie behutsam nach.

Das Bild von der »offenen Hand« führt uns vor Augen, wie wir jemanden annehmen können, ohne ihn näher zu kennen. Eine »offene Hand«, das ist in der biblischen Überlieferung ein Armer, der auf der Straße um eine milde Gabe bittet. Wenngleich kaum einer von uns mit ausgestreckter Hand als Bettler unterwegs sein dürfte – bitten wir nicht alle mit offenem, verletzlichem Herzen, von den anderen angenommen zu werden?

Wenn sich Ihnen eine offene Hand entgegenstreckt, dann füllen Sie sie! Schauen Sie sich die Hand an und merken Sie sich die Linien ihres Seelenmusters.

Wenn Sie einem Menschen begegnen, der Sie um Geld anbettelt, dann fragen Sie sich nicht: »Braucht er es wirklich? Verdient er es wirklich?« Gestehen Sie sich ein, dass Sie dies nicht wirklich wissen können. In der kabbalistischen Tradition heißt es, wenn wir etwas geben, ohne allzu genau zu prüfen, ob der Empfänger unserer Gabe »wirklich würdig« ist, dann wird auch Gott uns womöglich geben, ohne genau zu prüfen, ob wir seiner Gabe »wirklich würdig« sind. Gehen Sie nie an einem Bettler vorüber, ohne etwas zu geben. Achten Sie darauf, wie es sich anfühlt, wenn Sie Ihr Herz verschließen und sich das Geben verwehren. Spüren Sie in sich hinein … fühlen Sie, wie sich Ihr Herz zusammenkrampft! Nicht zu geben, greift das Herz an.

Drücken Sie niemandem ein Etikett auf und stecken Sie keinen in eine Schublade.

Eine Möglichkeit, bei einem Menschen hinter die Fassade der aktuellen Umstände zu schauen und das Seelenmuster zu erkennen, besteht darin, sich den Betreffenden als lachendes Baby vorzustellen. Dieses Bild kann den Zugang zur persönlichen Signatur des anderen ungemein erleichtern.

Wenn Sie sich das nächste Mal dabei ertappen, wie Sie jemanden bewerten, ihn in eine Schublade stecken oder auf ein Etikett reduzieren, dann sagen Sie sich: »Man kann nie wissen«, und führen Sie sich damit vor Augen, dass es so viel gibt, wovon wir keine Ahnung haben, und dass das Seelenmuster eines anderen manchmal so versteckt ist, dass wir es nicht sehen können. Denken Sie sich eine Melodie zu »Man kann nie wissen« aus. Singen Sie es als Mantra immer und immer wieder, bis ihr Bewusstsein davon durchdrungen ist. Und wann immer Sie versucht sind, jemanden zu verurteilen, rufen Sie sich diese Melodie ins Gedächtnis zurück.

einem Etikett zu belegen. Zu wissen, wie wenig wir von ihnen wissen, lässt uns dann den hochheiligen Akt vollziehen, sie so wie sie sind anzunehmen.

Es gibt die verschiedensten Arten, »You never know« – Man kann nie wissen – zu sagen. Manchmal gelingt es uns, einen anderen aus seiner Einsamkeit zu erlösen, indem wir uns an seinen Namen oder sein Gesicht erinnern.

Die biblische Überlieferung gebietet, dass wir selbst inmitten der höchsten Meditation über das Göttliche – *Shema* – innehalten sollen, um einen Vorübergehenden zu grüßen. *Shalom* sollten wir zu ihm sagen, das wie der thailändische Gruß *Namaste* das Göttliche im anderen anerkennt. Wörtlich übersetzt, bedeutet *Shalom* so viel wie »Frieden«, »Ganzheit« oder »Harmonie«. Er ist nicht nur die biblische Grußformel, sondern auch einer der Namen Gottes. Nach kabbalistischem Sprachverständnis fließen alle Bedeutungen eines Wortes zu einem übergeordneten Sinn zusammen. So heißt *Shalom:* »Das Göttliche in mir grüßt das Göttliche in dir.«

Zugegeben, wenn sich zwei Menschen begegnen und mit »*Shalom*« begrüßen, so sind sie sich darum noch lange nicht auf der Seelenmuster-Ebene begegnet. Und bestimmt verstehen Sie einander nicht in absolut jeder Hinsicht. Ja, vielleicht kennen sie einander kaum. Und doch wird durch diesen Moment des zwischenmenschlichen Kontakts die Einsamkeit bezwungen. Denn im Gruß *Shalom* liegt gegenseitiges Anerkennen. Er sagt dem anderen: »Du hast ein wunderbares, herrliches Seelenmuster, selbst wenn ich noch nicht das Privileg hatte, es annehmen und verstehen zu können.« Darum wird *Shema*, die Meditation über das Göttliche, unterbrochen, um etwas noch Höheres, noch Göttlicheres anzuerkennen: Das Seelenmuster des Vorübergehenden.

Stellen wir uns vor, wir stünden in der Silvesternacht auf dem New Yorker Times Square. Gleich schlägt es Mitternacht. Und inmitten der ausgelassen Feiernden fühlen wir uns schrecklich allein. In diesem Augenblick klopft uns jemand auf die Schulter. Wir kennen ihn, tauschen einen Gruß mit ihm aus, und von einem Moment zum nächsten weicht die Einsamkeit einem Gefühl der Verbundenheit. Und weil wir uns vorher so isoliert vorkamen, erscheint es uns umso kostbarer.

Einen Gast empfangen

Wo die Forderung, die spirituelle Versenkung zu unterbrechen, um einen anderen zu grüßen, ihren Ursprung hat, geht aus der Bibel nicht ausdrücklich hervor. Meines Erachtens lässt sie sich auf eine bemerkenswerte Stelle zurückführen, in der von Abraham und seinen Gästen die Rede ist. Abraham, der erste Held der biblischen Überlieferung, ist die Personifizierung von Platos Philosophenkönig – ein einflussreicher Mann in der damaligen Gesellschaft, dessen ganze Passion der Wahrheit gilt. In späteren christlichen, islamischen und jüdischen Traditionen wird Adam zum ersten großen spirituellen Meister. In dem Text, von dem hier die Rede ist, erscheint Gott Abraham, als dieser – vielleicht im Lotos-Sitz? – vor dem Eingang seines Zeltes sitzt. Abraham sieht, wie drei Fremde auf ihn zukommen. Da sagt er: »Warte einen Moment, Gott, ich habe Gäste«, und läuft ihnen entgegen.

*»Einen Gast freundlich zu empfangen ist mehr,
als dem Göttlichen zu huldigen.«*

Nach der Lesart der Schriftgelehrten ist Abraham tief in seine Meditation über Gott versunken. Wahrlich keine banale Tätigkeit. Inmitten seiner Verzückung sieht er die Fremden, die auf sein Zelt zukommen. Er unterbricht seine Meditation und bittet Gott: »Geh nicht fort. Ich bin gleich zurück.« Dann begrüßt er seine Gäste, bittet sie, Platz zu nehmen und bietet ihnen etwas zu trinken an. Eine ziemlich abenteuerliche Vorstellung. Wie wäre es, wenn Sie inmitten der Verschmelzung mit dem Göttlichen auf einmal die Türklingel schellen hörten? Würden Sie es fertig bringen zu sagen: »Kleinen Moment, Gott, ich muss mal eben an die Tür. Da kommen irgendwelche Fremden, die ich begrüßen und denen ich vielleicht sogar etwas zu trinken anbieten will?«

Merkwürdig ist das schon! Ein Weisheitslehrer aus dem Babylonien des vierten Jahrhunderts liefert eine originelle und zugleich einleuchtende Erklärung für Abrahams sonderbares Verhalten: »Einen Gast freundlich zu empfangen ist mehr, als dem Göttlichen zu huldigen.«

Manchmal begrüßen wir einen Fremden ganz ohne Worte und ohne ihn zu kennen. Einige meiner besten Freunde sind Leute, mit denen ich niemals sprechen werde. Ich habe mit ihnen irgendwo – in einem überfüllten Bus, auf dem Marktplatz oder an einer Straßenecke – einen wissenden Blick oder ein verstehendes Lächeln ausgetauscht. Wenngleich wir uns nach konventionellem Verständnis niemals kennen gelernt haben, fühle ich in solchen Momenten mein Seelenmuster voll bestätigt – voll anerkannt –, obgleich es gänzlich im Verborgenen bleibt.

Seelenmuster-Praxis

Bei sephardischen Juden ist es Brauch, nach dem Händeschütteln die eigene Hand mit den Lippen zu berühren (so als wollte man die auf der Haut zurückgebliebene Spur des Menschen küssen). Die Buddhisten legen die Handflächen gegeneinander, verbeugen sich und sagen: *»Namaste«* – »Das Göttliche in mir grüßt das Göttliche in dir.«

Denken Sie sich eine Geste aus, mit der sie andere Menschen begrüßen möchten. Ob Sie den Finger zur Hutkrempe führen, eine kleine Verbeugung machen oder sich die Hände aufs Herz legen.

Wenn Ihnen eine solche Geste nicht liegt, dann versuchen Sie es mit dem »beidhändigen Handschlag«: Umfassen Sie die Hand des anderen mit beiden Händen, sodass der Moment der Berührung ein wenig in die Länge gezogen wird.

Die Handlinien sind ein Abbild des Seelenmusters. Wenn Sie das nächste Mal jemandem die Hand schütteln, dann denken Sie daran, dass dies entweder reine Formsache oder aber Gelegenheit zum Kontakt zwischen Seelenmustern sein kann. Stellen Sie sich während der Begrüßung vor, der andere ließe Sie für einen kurzen Moment sein Seelenmuster berühren. Wenn jemand sagt: »Ich mochte ihn vom ersten Handschlag an«, dann bezieht sich das nicht auf den festen Griff, sondern auf das Gefühl einer momentan geschaffenen, authentischen Seelenmuster-Verbindung.

Üben Sie sich in Gastfreundschaft: Öffnen Sie zu allen Seiten hin die Türen.

Das biblische Musterbeispiel des Gastgebers, Abraham, hatte ein Zelt, das nach vier Seiten hin geöffnet war. Abraham hieß Reisende aller Art aus allen Richtungen zu jeder Zeit willkommen. Tun Sie es ihm gleich und heißen Sie Leute der verschiedensten Richtungen willkommen – Leute aus jeder sozialen Schicht, jeden Glaubens, jeder Rasse und jeder Wesensart.

Als Kind war meine Frau Cary besonders gerne bei einer Nachbarsfamilie, den Usdans, zu Besuch. Wer das Haus betrat, bekam zur Begrüßung ein Glasgefäß in die Hand gedrückt, das bis zum Rand mit M&Ms gefüllt war. Damals war das für sie (und wäre es wahrscheinlich auch heute noch) wie eine Einladung zum Fröhlichsein – eine wunderbare Art, aufgenommen zu werden. Als uns die Usdans bei unserer Hochzeit haargenau das gleiche Glas voller M&Ms überreichten, stiegen Cary die Tränen in die Augen. Das waren mehr als irgendwelche Süßigkeiten; es war ein Symbol für die Kunst der Gastfreundschaft. Meine Frau verstand, dass uns die Usdans das Geschenk des Gebens selbst in die Hände gelegt hatten.

Das Anbieten von Essen gehört mit zu den wichtigsten Ausdrucksformen der Gastfreundschaft. Halten Sie immer einen Notvorrat für unerwartete Besucher bereit. (Wenn Pralinen für Sie selbst eine allzu große Versuchung darstellen, dann wählen Sie eine gesunde Alternative wie Obst oder Nüsse.)

Erweisen Sie den Ankommenden und Abschied Nehmenden die Ehre: Übernehmen Sie die Funktion der »Türglocke« und begrüßen Sie jeden, der über Ihre Schwelle tritt, zuallererst mit dem Klang Ihrer Stimme.

In der Bibel ist die Tradition des Begleitens verankert. Führen Sie Ihre Gäste bis ganz hinaus. Wenn Sie in einem Wohnhaus mit mehreren Etagen wohnen, nehmen Sie mit ihnen den Lift bis hinunter ins Erdgeschoss; wenn Sie im eigenen Haus wohnen, dann bringen Sie sie bis hinaus auf die Straße.

Überlegen Sie, ob Sie Abrahams Ritual übernehmen und Ihren Gästen warmes Wasser über die Hände (und wer weitergehen möchte vielleicht auch über die Füße) gießen möchten.

Blumen schenken, Blumen züchten

Es gibt noch etwas anderes, das wir tun können, um einen Menschen anzunehmen, den wir nicht verstehen können. Etwas, das selbst über das ehrfürchtige Eingeständnis »Man kann nie wissen« hinausgeht. Wir sind aufgerufen, kleine Dinge zu tun – etwas, irgendetwas, das in Form einer konkreten Handlung den absolut unglaublichen und unverständlichen Menschen, den wir da vor uns haben, die Ehre erweist. »Tu etwas!« Von der Bibel über den Talmud bis hin zur Kabbalah – aus allen Schriften

147

schallt uns dieser Ruf entgegen, der zu den wirkungsvollsten und wichtigsten der gesamten biblischen Schriften gehört.

Raffen Sie sich auf und tun Sie etwas! So kann die alte höfliche Sitte, jemandem einen Blumenstrauß mitzubringen – ob es der Geliebte ist oder jemand, dessen Selenmuster sich uns entzieht – gelegentlich wichtiger und manchmal auch überzeugender sein als jede noch so tiefe gemeinsame Seelenarbeit. Blumen sagen nicht: »Ich verstehe dich.« Ihre Botschaft lautet vielmehr: »Mag sein, dass ich nicht all die Farben, Formen und Symbole zählen kann, die deine Seelenmuster-Schatulle birgt. Mag sein, dass ich keine Beziehung zu den Träumen und Ängsten deiner Kindheit habe. Aber ich kann das alles respektieren, weil ich dich respektiere. Und ich verspreche dir, nichts von alledem wie wertlosen Tand zu behandeln, es nicht ins Lächerliche zu ziehen, es nicht zu bewerten oder in irgendwelche Schubladen einzusortieren.«

Jemandem Blumen zu schicken sagt: »Ich nehme dich mit einer kleinen, symbolischen Geste an – selbst wenn es mir gelegentlich an den Mitteln fehlt, dich voll und ganz zu verstehen.« Irgendwann kommt das Verstehen. Wir begegnen keinem unbekannten Fremden mehr, sondern einem geschätzten, geheimnisvollen Freund.

In einem wunderbaren Buch namens »Phoenix« ist nachzulesen, wie der Psychotherapeut Milton Erickson den außerordentlichen Wert des kleinen Akts vom Blumenschenken verstand und zu nutzen wusste. Die beiden Autoren, David Gordon und Maribeth Meyers-Anderson, beschreiben eine Art Pilgerreise, die sie nach Phoenix im US-Bundesstaat Arizona unternahmen, um dem berühmten Therapeuten einen Besuch abzustatten. Erickson war die weltweit bedeutendste Kapazität in Bezug auf den therapeutischen Einsatz von Trancezuständen. Seine Referenzen, seine Errungenschaften und seine Beiträge zur modernen Psychologie suchen ihresgleichen. Außerdem war er eine Seele mit außerordentlichem Tiefgang, nicht unähnlich jener, die wir hier »Weisheitslehrer« nennen. Mit siebzehn Jahren erkrankte

Erickson an Polio, und man gab ihm kaum eine Überlebenschance. Seine Zähigkeit und Wahrnehmungskraft retteten ihn. Indem er sich auf winzigste Bewegungen konzentrierte und studierte, nach welchem Schema diese abliefen, lernte er mühevoll, sich wieder zu bewegen und Kraft aufzubauen. Bevor er aufs College ging, fuhr er allein mit dem Kanu den gesamten Lauf des Mississippi hinauf und hinunter. Weder die Schmerzattacken noch die körperlichen Beschwerden, unter denen er ein Leben lang litt, konnten ihn daran hindern, zu schreiben, zu lehren und unzähligen Menschen zu helfen. Mit der für ihn typischen Beharrlichkeit und herkulesgleichen Kraft der Wahrnehmung widmete er sich auch der Entwicklung seiner Therapie. Permanent war er auf Abenteuerreise unterwegs zu Wasser und zu Lande, vor allem aber in den Irrgärten der menschlichen Psyche.

Ericksons psychotherapeutische Methoden stehen in deutlicher Resonanz zum Konzept des Seelenmusters. Wenn er auf jemanden zuging, so tat er das in dem Glauben, dass keine zwei Menschen gleich sind. Um es mit seinen Worten zu formulieren: »Es gibt keine zwei Menschen, die DENSELBEN Satz auf dieselbe Weise verstehen; wenn wir also mit Menschen umgehen, sollten wir nicht versuchen, sie in UNSER Konzept dessen einzufügen, wie sie sein sollten … Wir sollten vielmehr versuchen herauszufinden, wie IHR Konzept von sich selbst sein könnte …« Oder, wie es in der Sprache dieses Buches heißen würde: Jeder Mensch hat ein einzigartiges Seelenmuster. Wenn wir mit Menschen umgehen, sollten wir versuchen, dieses so zur Kenntnis und in Empfang zu nehmen, wie es ist und nicht so, wie wir es gerne hätten.

Für Erickson kommen echte Interaktionen immer dann zustande, wenn wir einen Menschen »auf seiner Ebene«, das heißt im Einklang mit seinem einzigartigen Seelenmuster annehmen. Diese Auffassung führte zur Entwicklung einer der intelligentesten und wirkungsvollsten Therapien, die es je gegeben hat. Erickson hat nie ein theoretisches Grundlagenwerk über die Psychotherapie oder die menschliche Natur geschaffen. »Seit ich weiß nicht wie lange schon haben Psychiater und Psychologen ihre Zeit damit zugebracht, theoretische Schemata und psychotherapeutische Disziplinen zu entwerfen. Die miserabelste Arbeit hat dabei, so glaube ich, Freud zu Wege gebracht. Er hat außerordentlich zum Verständnis menschlicher Verhaltensweisen beigetragen, damit aber der Nutzung dieses Verständnisses einen Bärendienst erwiesen. Er entwickelte eine hypothetische Denkschule, die sich seiner eigenen Auffassung zufolge auf ALLE Menschen JEDER Altersgruppe, männlich oder weiblich, JEDEN Ausbildungsstands und ALLER Kulturen anwenden lässt ...« Dies war der Grund dafür, dass Erickson selbst nie eine eigene Theorie der Psychotherapie entwickelt hat, die über sein Grundprinzip hinausging: dass wir jedem Individuum als einzigartigem Einzelwesen begegnen müssen. Erickson war ein Seelenmuster-Therapeut.

Er begriff, was es bedeutet, wenn in der Bibel »geben heißt nehmen« steht: Letztlich können wir damit, vielleicht zum ersten Mal, uns selbst so annehmen, wie wir sind. All dies geschieht in dem Bewusstsein, dass wir füreinander stets geheimnisvoll bleiben und uns nie wirklich kennen werden. In der folgenden Geschichte, die aus dem Buch »Phoenix« entnommen ist, geht es um die Einzigartigkeit des Menschen und das Mysterium des Tuns. Erickson erzählt:

Kurz bevor ich zu einer Vortragsreise nach Milwaukee aufbrach, sprach mich einer meiner Freunde an: »Die Schwester meiner Mutter lebt dort. Sie ist so wohlhabend, dass sie nicht zu arbeiten braucht, und sie ist ausgesprochen religiös. Sie kann meine Mutter nicht leiden und meine Mutter kann sie nicht leiden ... sie wohnt mutterseelenallein in ihrem riesigen Haus, geht in die Kirche, hat aber auch dort keine Freunde. Sie geht einfach nur zur Messe und macht sich nachher still wieder davon. Seit neun Monaten steckt sie nun in einer schrecklichen Depression. Ich mache mir Sorgen um sie. Könntest du nicht mal bei ihr vorbeischauen und etwas für sie tun? Ich bin der einzige Verwandte, den sie mag, aber wirklich ausstehen kann sie mich auch nicht. Geh doch mal hin und schau, was du machen kannst.«

Eine depressive Frau .... Nun, ich stellte mich vor, wies mich gründlich aus, und bat sie, mir ihr Haus zu zeigen. Während des Rundgangs bestätigte sich, was mir mein Freund gesagt hatte: Sie war sehr reich, hatte nichts zu tun, ging zwar in die Kirche, blieb dort aber für sich … ich sah drei Usambara-Veilchen und einen kleinen Blumentopf, in den ein Blatt gesteckt war, um einen Ableger zu züchten. Da wusste ich, wie eine Therapie für sie aussehen musste: »Ich möchte, dass Sie jedes Usambara-Veilchen kaufen, das Sie zu Gesicht bekommen … das sind Ihre Pflanzen. Und dann möchte ich, dass Sie sich jede Menge kleine Blumentöpfe besorgen, um darin Ableger zu züchten, und dazu jede Menge passende Übertöpfe. Wenn die Wurzeln der Stecklinge dann kräftig genug sind, schicken Sie ein Pflänzchen an die Anschrift jeder Geburtsanzeige, jeder Taufanzeige, jeder Verlobungsanzeige, jeder Heiratsanzeige, jeder Krankheitsanzeige, jeder Todesanzeige. Außerdem sollten Ihre Usambara-Veilchen auf keinem Kirchenbasar fehlen.« Es gab Zeiten, da hatte sie zweihundert Pflanzen im Haus … und wer zweihundert Pflanzen zu versorgen hat, ist den ganzen Tag beschäftigt.

Schon bald war die Frau in ganz Milwaukee als Königin der Usambara-Veilchen bekannt, und sie hatte unendlich viele Freunde.

Reden allein reicht nicht, es müssen Aktionen folgen. Es gibt viele Möglichkeiten, Blumen zu schenken – oder den bisher noch unbekannten anderen dazu zu ermutigen, Blumen zu züchten, wie es Erickson getan hat. Hinterlegen Sie Zettel mit kleinen Botschaften. Bringen Sie ein Essen auf den Tisch. Kaufen Sie alberne Geschenke. Kaufen Sie nützliche Geschenke. Suchen Sie originelle Geburtstags-, Jubiläums-, Gute-Besserungs-, Gratulations- oder Grußkarten aus (oder noch besser: Malen oder basteln Sie sie selbst). Oder tun Sie es dem großen modernen Propheten Stevie Wonder gleich und rufen Sie – wie er in seinem

Lied »I just call to say I love you« einfach an, um dem anderen zu sagen, wie gern Sie ihn haben. Denn letztlich sind es kleine Taten wie diese, Taten, die nur die Liebe zum Anlass haben, die am meisten bewirken.

*

Liebe liebt Details.

*

Um ein Seelenmuster, das wir zwar nicht verstehen können, dem wir uns aber dennoch verpflichtet fühlen, anzuerkennen, müssen wir die Ebene der Worte verlassen und in den Bereich der tausend kleinen Dinge vordringen. Ist das schon alles? Nein! Das ultimative Ziel ist, ein tiefes Verständnis für das uns dargebotene Seelenmuster zu erlangen. Wenn wir den anderen in der oben beschriebenen Weise bejahen und anerkennen, ist dies der sicherste Weg hin zu Momenten des innigen Seelenmuster-Austauschs. Es ist praktisch unmöglich, jedes Seelenmuster, das unseren Weg kreuzt, voll und ganz anzunehmen. Darum sind Ehrerweisungen und Respektbezeugungen in Form kleiner Taten sowie Momente des Innehaltens unter dem Motto »Man kann nie wissen« ein großer Schritt, um unsere gesamte Kultur von der Einsamkeit hin zur Liebe zu führen.

Liebe liebt Details.

Das Seelenmuster Gottes lebendig halten

Auch Gott steckt im Detail. Wie die Kabbalah uns lehrt, reicht es nicht aus, allein mit Worten in die Wolke des Nicht-Wissens von Gott vorzudringen. Wir müssen Sein unkennbares Seelenmuster mit speziellen Taten ehren, denn sonst stirbt Er in uns.

Die folgende Geschichte spielt um die Jahrhundertwende an der Lower East Side von Manhattan. Eine vierköpfige Familie lebt in einer Einzimmerwohnung in der Ludlow Street. Den ganzen Tag bis spät in die Nacht hinein arbeiten beide Eltern schwer in einer Fabrik. Am Freitag aber wird der Tisch fürs Sabbath-Mahl gedeckt. Der Vater nimmt Tochter Sarah und ihren Bruder mit zum Gebet, und jedes Mal bringt er einen Gast zum Essen mit nach Hause. Nun weiß Sarah aber, dass bei ihnen Schmalhans Küchenmeister ist und die Portionen durch die Anwesenheit des Fremden noch einmal kleiner ausfallen werden. »Warum tust du das?«, will sie von ihrem Vater wissen.

»Weil es so geschrieben steht«, erklärt er ihr. »Wohltätigkeit bewahrt vor dem Tod.«

Eines Tages kommt der Vater allein aus der Fabrik nach Hause. »Mutter ist krank«, seufzt er. Von nun an begibt er sich Abend für Abend zu dem notdürftigen Krankenhaus, das für die Familien der Ludlow Street in zwei der Wohnungen eingerichtet wurde. Am Vorabend des Sabbath nimmt Sarah ihren Bruder mit zum Gebet. Auch wenn sie es zu diesem Zeitpunkt noch nicht weiß: Bei Einbruch der Dämmerung haucht ihre Mutter den letzten Atem aus.

Artig bringt das Mädchen einen Gast mit zu dem Mahl, das sie zuvor angerichtet hat. Lange nachdem sich der Fremde verabschiedet und die beiden Kinder zu Bett gegangen sind, wacht Sarah auf und sieht ihren Vater weinend in einem Winkel des Zimmers sitzen. Sie geht zu ihm hinüber und setzt sich auf seinen Schoß. »Mach dir keine Sorgen, Papa«, tröstet sie ihn. »Mama wird bald wieder gesund.«

Verständnislos schaut der Vater sie an. »Wie meinst du das?«, will er wissen.

»Mama wird wieder gesund«, beharrt das Mädchen. »Ich bin zum Gebet gegangen und habe einen Gast zum Sabbath-Mahl mit nach Hause gebracht. Und du hast mir immer gesagt, dass Wohltätigkeit vor dem Tod bewahrt.«

Da lächelt der Vater traurig: »Oh, meine Kleine, das hast du falsch verstanden. Wohltätigkeit bewahrt nicht Mama vor dem Tod. Sie bewahrt Gott davor.«

Erich Fromm sprach von dem kleinen Tod der Einsamkeit, den wir alle erleiden können. Und wie uns Menschen, so ergeht es auch Gott: Er stirbt einen kleinen Tod, wenn wir ihn nicht annehmen, ihn nicht erfassen können.

Doch wir können ihn nicht erfassen, weil er so jenseits all unserer Erkenntnis ist!

Würden wir es versuchen, so wäre das so, als wollten wir das Meer in eine Muschel füllen. Wie die amerikanische Dichterin Hilda Doolittle, besser bekannt unter dem Kürzel HD, Anfang des zwanzigsten Jahrhunderts schrieb:

aber Unendlichkeit? nein,
bei nichts Besonderem
spüre ich meine eigene Grenze,
mein Muschelgelenk schnappt zu

Wir können Gott anerkennen und ehren. Ja, wir können mit der ganzen Inbrunst unserer Seele »Man kann nie wissen« summen. Aber als endliche Wesen können wir das Unendliche niemals vollständig erfassen.

Was also bleibt uns zu tun?

Wir können Gott Blumen schenken; ihm spontane und ungeplante Aufmerksamkeiten, kleine und größere Liebesdienste erweisen und damit das Göttliche in den Details zum Leben erwecken.

Meir Ibn Gabbai, einer der bedeutendsten Kabbalisten des sechzehnten Jahrhunderts, führte einen überaus wichtigen Begriff in die Lehre ein: *Avoda Tzorech Gavoha* – »Gott braucht unsere Dienste.«

*

Wir können Gott Blumen schenken; ihm spontane
und ungeplante Aufmerksamkeiten, kleine und größere
Liebesdienste erweisen und damit das Göttliche in den
Details zum Leben erwecken.

*

Aber Gott ist doch per definitionem jenseits jeder Form von Abhängigkeit – nach Auffassung der Juden, Christen, Muslime, Buddhisten, Hindus und jeder erdenklichen anderen Glaubensrichtung. Wie könnte Gott da unsere Dienste brauchen? Wie kann Wohltätigkeit Gott vor dem Sterben bewahren?

Was könnte das heißen? Es bedeutet, dass Gott unsere Dienste entgegennimmt. Wer »ich brauche dich« sagt, öffnet sich, um eine Gabe zu empfangen. Das größte Geschenk, das wir einem wichtigen Menschen machen können, ist seinen Akt der Zuwendung anzunehmen. Erinnern wir uns an die Hundertjährige in Jerusalem, die ihrem Mann erlaubte, ihr den Schuh zuzubinden. Mit diesem kleinen Liebesdienst nahm er sie an; und sie nahm ihn an, indem sie seine Handlung duldete. »Wohltätigkeit bewahrt Gott vor dem Tod« bedeutet also, dass wir mit dem Akt des Gebens das göttliche Seelenmuster empfangen. Und »Gott braucht unsere Dienste« heißt, dass Gottes Geben im Annehmen besteht, mit dem er unsere menschliche Zulänglichkeit, unseren Wert und unsere Würde bestätigt.

*

Avoda Tzorech Gavoha –
»Gott braucht unsere Dienste.«

*

155

Wir können den einsamen Gott zwar verstandesmäßig nie voll und ganz erfassen, aber wir können ihn anerkennen und ihm mit kleinen Taten, die »Man kann nie wissen« sagen, unsere Liebe zum Ausdruck bringen. »Wir nehmen dich in Liebe an«, so können wir Gott sagen. »Wir wissen um deine Herrlichkeit, selbst wenn wir dich nicht wirklich verstehen.«

Diese Art des Annehmens drückt sich in den kleinen Aufmerksamkeiten aus, die wir Gott erweisen. Welche Dienste braucht er am meisten? Womit können wir Ihm zeigen, dass wir Ihn empfangen haben, selbst wenn wir ihn nicht voll und ganz begreifen?

Ich muss an dieser Stelle sagen, dass ich die Antwort der Kabbalah auf diese Frage erst verstehen konnte, als ich selbst Kinder hatte. Zwei meiner Söhne, Eitan und Yair, sind altersmäßig nah beieinander. Und wie es bei Geschwistern üblich ist, lieben sie sich über alles und streiten wie die Kesselflicker. Eines Tages auf einer Reise nach Florida kamen sie auf mich zu, um mich wieder milde zu stimmen, nachdem sie mich den ganzen anstrengenden Flug über mit ihren Streitereien geärgert hatten. »Wisst ihr, was euren *Abba* (hebräisch für »Papa«) am glücklichsten machen würde? Was ihm das Gefühl gäbe, wirklich geliebt zu werden?«, fragte ich sie.

»Nein, was?«, wollten die beiden mit ihrer liebenswertesten *Abba*-hab-uns-wieder-lieb-Miene wissen.

»Dass ihr beide euch lieb habt«, gab ich zurück.

Die beiden wurden still und fingen an zu grübeln. Dann schaute mich Yair an: »Jetzt habe ich, glaube ich, verstanden, was es heißt, wenn man sagt, dass Gott unser Vater und unsere Mutter ist, *Abba*. Es bedeutet, dass Gott glücklich ist und sich wirklich geliebt fühlt, wenn wir Menschen uns lieb haben.«

Ich war völlig baff! Das war einer jener merkwürdigen, schönen Momente der Sinnhaftigkeit. Sie wissen bestimmt, was ich meine. Mein Sohn und ich erkannten, dass soeben eine große Wahrheit aus seinem Munde gekommen war.

Am selben Abend hielt ich vor einer örtlichen Kirchengruppen einen Gastvortrag zur Theologie. Ich brauche wohl kaum zu sagen, worüber ich gesprochen habe. Die Zuhörer waren beeindruckt – alle, bis auf einen. Sichtlich aufgebracht sprang er auf: »Gott braucht uns? Was für eine verrückte Idee! Hat man uns nicht beigebracht, dass Gott vollkommen ist? Dass es ihm an nichts fehlt?«

Man muss nicht promoviert haben, um zu wissen, dass jedem Bedürfnis ein Mangel zugrunde liegt. Wer etwas braucht, dem fehlt etwas. Wie könnte Gott Bedürfnisse haben? Liegt es nicht in der Natur Gottes, allmächtig zu sein? Wenn Gott uns braucht, heißt das nicht, dass wir Macht über ihn ausüben können?

Das sind gute Fragen, auf die die Kabbalah keine logischen Antworten liefern kann, denn sie ist nun einmal keine auf Logik basierende Lehre. Vielmehr ist sie ein Weisheitssystem, das dem tiefsten und visionärsten Wissen in uns Ausdruck zu verleihen versucht. Und tief in unserem Inneren wissen wir, dass jemand, der keinen anderen braucht, in der Tat nicht so weit entwickelt, weniger vollkommen und nicht so mächtig ist wie einer, der Bedürfnisse hat und zu diesen auch stehen kann.

Als ich an jenem Abend in Florida die Fragen des aufgebrachten Mannes beantwortete, fiel mir Sylvester Stallones berühmter Film über den wenig erfolgverwöhnten Boxer Rocky wieder ein, der – wie jeder Film, der die Seele der Nation berührt – eine unterschwellige spirituelle Botschaft birgt. In diesem Fall lautet sie: Talent zu haben ist nicht das Einzige, worauf es im Leben ankommt. Im Boxen ist Rocky seinem Gegner, Apollo Creed, eindeutig unterlegen. Aber er hat zwei Eigenschaften, die von großem Vorteil sind: Entschlossenheit und Mut. Doch selbst diese bewundernswerten Qualitäten reichen nicht aus, um ihm zum Sieg zu verhelfen. Die berühmte, triumphale Titelmusik erklingt erst nach einer Schlüsselszene, die sich um das parallel zu den Boxszenen ablaufende Drama entspinnt.

Denn Rocky hat einen zweiten Kampf zu bestehen – den um das Herz von Adrienne. Obwohl das Mädchen ihn liebt, will sie ihn verlassen. So wunderbar und kraftvoll er auch ist, eines gesteht er sich nicht zu: verletzlich zu sein. Am kritischen Wendepunkt des Films schreit Rocky aus der Tiefe seiner Seele: »Aaaaaadddrrriieenne!« Damit bringt er zum Ausdruck: »Adrienne, ich brauche dich! Ich kann es ohne dich nicht schaffen!«

In diesem Augenblick gewinnt er eine ganz andere Art von Kraft und Vollkommenheit. Unmittelbar nach dieser Szene sehen wir ihn wie verwandelt. Er rennt triumphierend – und diese ganz spezielle Musik erklingt. Er hat zu seinem Bedürfnis gestanden und ist dadurch der Ganzheitlichkeit ein Stück näher gekommen. Das ist der göttliche, der Seelenmuster-Augenblick, in »Rocky«.

Hätten die mittelalterlichen Philosophen den Film gesehen, hätten sie diesen Moment als *imitatio dei* – als Nachahmung Gottes – bezeichnet. In der Sprache der Theologen ist Rocky Gott gleich geworden. So wie der allmächtige Gott durch das Zulassen von Bedürftigkeit an Macht und Vollkommenheit gewinnt, so wird auch Rocky, der starke Mann, durch das Eingeständnis seiner Bedürftigkeit umso mächtiger und vollkommener.

Die Kirchengruppe, der ich an jenem Abend in Florida gegenüberstand, erwies sich als wunderbares Publikum. Sie kannten alle die Titelmusik zu »Rocky« und summten an den passenden Stellen mit. Sollte ich jemals ein Buch schreiben, so versprach ich ihnen damals, würde ich diese Geschichte mit aufnehmen. Nun also ist es so weit: Liebe Mitglieder der Southern Baptist Church von South Florida, vielen Dank für euren Beitrag zum besseren Verständnis unseres bedürftigen, mächtigen Gottes.

Annehmen beim Abschiednehmen

Manche Menschen kennen wir ein Leben lang, ohne dass wir im Sinne des »Man kann nie wissen« überraschend Zugang zu ihrem Seelenmuster gefunden hätten. Sie sterben, ohne dass wir ihnen je auf dieser tiefen Ebene begegnet wären.

Als zwanzigjähriger Student wurde ich von einer florierenden jüdischen Gemeinde in Manhattan gebeten, im August den Gottesdienst in der Synagoge zu halten, während die reguläre Geistlichkeit in Ferien war. Am zweiten Tag meiner Vertretungszeit betrat ein älterer, würdig aussehender Mann mein Büro und bat mich, der für den Nachmittag vorgesehenen Beerdigung seiner Frau den offiziellen Rahmen zu geben. Ich stimmte natürlich zu.

Als ich in die Synagoge trat, wurde mir eine Blume überreicht; ebenso wie jedem anderen, der hereinkam, wie ich bald merkte. Als das Gotteshaus schließlich voll war, hatte ich den Eindruck, noch nie in meinem Leben so viele Blumen an einer Stelle gesehen zu haben. Der Raum war über und über mit Farben und Duft gefüllt.

Marilyn, die Verstorbene, war Künstlerin gewesen. Die Trauergäste standen einer nach dem anderen auf und sprachen von ihrer Großartigkeit, ihrer Sanftmut und ihrem Talent. Schließlich war der Ehemann an der Reihe. Er redete besonders eindringlich, mit vor Trauer bebender Stimme. Seine Frau sei in der Tat eine Künstlerin von großer Tiefe gewesen – von einer solchen Tiefe, dass er sie, wie er zugeben musste, niemals ganz hatte ergründen und verstehen können.

Und dann erzählte er davon, wie sie ihn immer wieder mit verdeckten Hinweisen aufgefordert hatte, ihr Blumen zu schenken, deren Ästhetik eine Inspiration für sie sei, wie sie sagte. Er aber wusste, dass sie sich in Wirklichkeit einzig für die Ästhetik jenes Anblicks interessierte, den er mit einem bunten Strauß im

Arm bieten würde. Doch irgendwie war er zwischen seiner Arbeit als Arbitrage-Händler, den gemeinsamen großen Urlaubsreisen und dem Alltag in ihrer Penthouse-Wohnung nie dazu gekommen, ihr ihren Wunsch zu erfüllen. Bis zum letzten Freitag. Auf dem Nachhauseweg war er einer Laune folgend am Blumenstand an der Ecke stehen geblieben und hatte ihr endlich den gewünschten Strauß gekauft. Er stürmte die Treppen hoch und eilte in die Wohnung, um seine Frau damit zu überraschen, doch es war niemand zu Hause. Nach ein paar hektischen Telefonaten und einer überstürzten Fahrt ins Krankenhaus saß er an ihrem Bett. Sie war schon ins Koma gefallen. Und da stand er nun mit seinen Blumen in der Hand. Aber sie konnte ihn nicht sehen.

*

Gelegentlich sind es die allerschlichtesten Gesten,
die uns mit den Geheimnissen des Seelenmusters eines
Menschen in Berührung bringen.

*

»Sie wollte immer nur Blumen haben«, sagte er vor sich hin. »Sie wollte immer nur Blumen haben.«

Gelegentlich sind es die allerschlichtesten Gesten, die uns mit den Geheimnissen des Seelenmusters eines Menschen in Berührung bringen.

Anwesenheit in Abwesenheit

Abraham, der Urvater der biblischen Überlieferung, ist mit Sara verheiratet, doch er kann sie nicht wirklich erkennen. In der wunderschönen, facettenreichen Darstellung von David Silber können wir miterleben, wie Abraham nach und nach die Verbindung zu seiner Frau verliert.

Selbst zu Beginn ihrer Ehe gilt Abrahams Interesse mehr den

Dingen, die Sara für ihn tun kann, als dem Bestreben, sie in ihrer Eigenart zu erkennen. Das anfängliche Begehren, das er für sie empfindet, erlahmt in dem Maße, wie seine Zuneigung für seine Magd Hagar und deren Sohn Ismael wächst. Obschon er die Ehe mit Sara aufrechterhält, glaubt Abraham an die Schicksalhaftigkeit seiner Verbindung mit Hagar und ihrem Sohn. Wie das Leben so spielt, baut sich das Bild der falschen Frau und des falschen Schicksals wie eine dicke Wolke vor Abraham auf und verstellt ihm den Blick für das, was wirklich wichtig ist. So kommt es zur zeitweiligen Entfremdung von seinem Sohn Isaak und seiner Frau Sara. Bei eingehender Lektüre des Gleichnisses fällt auf, dass sich Abraham zwar seinem Sohn wieder annähern kann, seine Beziehung zu Sara aber bis zu ihrem Tod nie ganz wieder hergestellt wird.

Erst nachdem sie gestorben ist, erkennt er, was er verloren hat. Zum ersten und letzten Mal in der Bibel weint Abraham, als er die Gedenkrede auf sie hält.

So tragisch es sein mag, wir sind manchmal nicht in der Lage, einen Menschen zu seinen Lebzeiten anzunehmen. Sein Tod bietet uns eine letzte Chance. Paradoxerweise können wir jemandes Anwesenheit erst durch seine Abwesenheit spüren. »Man weiß nicht, was man hat, bis es einem genommen wurde«, sagt Joni Mitchell. Wir vermissen das Wasser erst, wenn der Brunnen trocken ist. Solange der andere bei uns ist, gelingt es uns nicht, präsent genug zu sein, um ihn anzunehmen. Gestern hätten wir ihn anrufen, ihm Blumen schicken oder ihn mit so vielen kleinen Gesten erfreuen können. Heute aber trennt uns ein unüberwindbarer Abgrund. Und doch spüren wir seine Anwesenheit deutlicher denn je.

Der biblischen Überlieferung zufolge ist die Gedenkrede die letzte Gelegenheit, das Seelenmuster eines Menschen zu empfangen. Denn zum Zeitpunkt des Todes wird die Anwesenheit durch seine Abwesenheit real und greifbar. Eine Gedenkrede sollte ein Leben in all seiner Buntheit und Komplexität widerspiegeln und es weder aufpolieren noch es schönreden. Sie ist nicht mit einem Nachruf zu verwechseln. Letzterer klingt oft wie der letzte verzweifelte Versuch des Verschiedenen, die Eckdaten seines Lebens in Umlauf zu bringen. Stattdessen sollten wir uns bemühen, in der Gedenkrede das zu tun, was uns zu Lebzeiten des Verstorbenen unmöglich war – seine Höhen und Tiefen so genau und liebevoll wie möglich zu porträtieren.

Gedenkreden werden meist im unmittelbaren Zusammenhang mit der Beerdigung gehalten, zu einem Zeitpunkt also, wenn der kabbalistischen Lehre zufolge die gelebte Wirklichkeit des Verstorbenen seiner spirituellen Wirklichkeit entspricht. Bis zur Beisetzung können wir noch leicht mit ihm kommunizieren. Mystisch – sofern uns das liegen sollte – oder psychisch schwebt seine Seele während dieser Zeit noch über dem Geschehen. Sie wartet in der Hoffnung darauf, ein letztes Mal in diesem Dasein von den Menschen angenommen zu werden, die ihr am nächsten standen. Wir erbitten Vergebung von dem Toten, weil wir ihn nicht ganz und gar annehmen konnten. Und wir bemühen uns um Versöhnung, indem wir seine Ruhestätte mit Blumen bekränzen. Indem wir unser Beileid bekunden, erweisen wir seinem Seelenmuster die Ehre.

Applaus vor leerer Bühne

Als ich etwa achtzehn Jahre alt war, starb der Onkel des Jungen, mit dem ich im College das Zimmer teilte, und ich flog mit ihm zum Begräbnis nach New Orleans.

Der Mann war eine bekannte Persönlichkeit in der Kunst- und Theaterszene gewesen, und einige seiner Freunde waren der Meinung, dass er wohl keine gewöhnliche Beerdigung hätte haben wollen. So luden Sie alle, die ihm in irgendeiner Weise nahe gestanden hatten, in das Theater ein, in dem Jonathan zum ersten Mal auf der Bühne gestanden hatte. Hier wollten sie zusammensitzen und sich als letzten Tribut an ihren Freund Geschichten aus seinem Leben erzählen.

Die Bühne war erleuchtet, in ihrer Mitte stand ein Stuhl, und nach und nach füllte sich der Saal. Etwa drei Stunden lang dauerte das Reden. Doch obschon ich viel darüber erfuhr, was Jonathan in seinem Leben so alles getan hatte, wollte das Ganze irgendwie nicht richtig funktionieren. Jeder war sich dessen bewusst. Gerade als das Ritual seinem Ende entgegenging, meldete sich zur allgemeinen Überraschung ein Mann zu Wort, der bislang im Schatten verharrt hatte: Es war der Hausmeister.

»Als ich Jonathan kennen lernte«, fing er an, »da lebte ich gerade in Scheidung. Wie ihr alle wisst, war er dauernd in Eile. Und doch kam er immer wieder zu mir und fragte mich, wie es mir ginge. Ich merkte, dass er etwas ganz Besonderes war. Und so fing ich an, ihn zu beobachten.«

Der Hausmeister gab ein um die andere wundersame Geschichte über den Verstorbenen zum Besten – Geschichten, die er aus dem Staub des Alltags hervorgekramt hatte, Geschichten, wie sie nur jemand erzählen kann, der über Jahre hinweg die Kleinodien und Merkwürdigkeiten am Rande des Spektakulären zu sammeln verstanden hatte.

Als Bühnenstar hatten sie Jonathan alle gekannt – als den Mann, dessen ganze Leidenschaft dem Theater galt und der im Rampenlicht zur Höchstform auflief. Der Hausmeister aber hatte Jonathan hinter den Kulissen beobachtet – den Mann, der im Stillen wirkte und im Schatten wandelte. Dies waren die Geschichten, die das Herz berührten. Dies war die eigentliche, die wahre Kunst, in der die letzte Vorstellung des Gewöhnlichen zum Außergewöhnlichen wird.

Als der Hausmeister mit seiner Rede ans Ende kam, wurde es still im Raum, und dann erhob sich einer nach dem anderen zum stehenden Applaus. Und im Tosen der klatschenden Hände schwang das Echo von Jonathans Stimme, die sich hinter den Kulissen erhob.

Wäre ein Unbeteiligter in diesem Augenblick in den Saal gekommen, er hätte geglaubt, dass hier ein Häufchen verrückter Schauspieler einer leeren Bühne applaudierte. Die Anwesenden aber wussten, dass die Bühne voller war als je zuvor. Anwesenheit in Abwesenheit.

7

Die Schwierigkeit des Annehmens

Der einsame Führer

Je komplexer unser Seelenmuster, desto schwieriger ist es für andere, es zu verstehen und anzunehmen. Und je tiefer und nuancierter unsere Erfahrungen, desto weniger Menschen sind in der Lage, daran teilzuhaben.

Dies ist das Risiko jeglicher Tiefgründigkeit. Kommt aber ein intensiver Austausch von Seelenmustern zustande, so ist dies umso ergreifender. Mose zum Beispiel stand seinem Volk und seinem Gott überaus nah, war aber gleichzeitig einsam, unendlich *levado*. Die Geschichte von Mose – unsere nächste *Levado*-Geschichte – verdeutlicht, welchen komplexen Herausforderungen wir uns stellen müssen, um Seelenmuster empfangen zu können.

Die Einsamkeit des fernen Propheten

Was der Große tut, davon plappern die Geringeren.
WILLIAM SHAKESPEARE, »WAS IHR WOLLT«

Wir steigen in Moses *Levado*-Geschichte in dem Augenblick ein, in dem ihm die Führerschaft seines Volkes über den Kopf zu wachsen droht. In jenen ersten mühsamen Tagen in der Wüste kommt es zur Konfrontation zwischen Mose und seinem Schwiegervater Jitro, der ihm sagt: »Es ist nicht gut – *lo tov* –, dass du *levado* handelst ... dass du allein zu Gericht sitzt über das ganze Volk.«

Erinnern wir uns an den entscheidenden Vers, mit dem wir die Suche nach den Wurzeln des Seelenmusters begannen. Das war jene Stelle der Schöpfungsgeschichte, an der Gott erklärt: »Es ist nicht gut, dass der Mensch *levado* – allein – bleibt.« Die Geschichte von Mose ist die einzige Stelle, an der die Kombination von *lo tov* – »es ist nicht gut« – und *levado* – »allein« oder »einsam« sein, noch einmal auftaucht. Die Szene hat also offensichtlich etwas zu unserem Verständnis der Seelenmuster beizutragen. Sie kann uns Hinweise darauf geben, wie wir durch die Erkenntnis der Seelenmuster die Einsamkeit überwinden und zur Verbundenheit gelangen können.

Der ganze Sachverhalt von »es ist nicht gut/Einsamkeit«, wie er in der Genesis dargestellt ist, wiederholt sich noch einmal im Leben von Mose.

Mose, die wohl erfolgreichste biblische Persönlichkeit, ist einsam. Um zu verstehen, warum dies so ist, müssen wir uns ein Bild des Mannes machen, von dem da in der biblischen Geschichte die Rede ist. Zweifellos ist er Führer, Revolutionär und Visionär, er ist Vater, Bruder, Geliebter und Ehemann. Aber vor allem ist er eins: Prophet. Im biblischen Sinne bedeutet das, dass er über eine einzigartige Form der spirituellen Erfahrung verfügt. Der Prophet erfährt die Welt auf eine Weise, die sich von der Wahrnehmung des Normalmenschen unterscheidet. Nicht, weil er von sich aus großartiger wäre, sondern weil er sich, der biblischen Tradition zufolge, *vorbereitet* hat. Ein Prophet ist jemand, der unendlich viel Zeit mit Meditation, ethischem Handeln und der Vervollkommnung seiner moralischen und geistigen Tugenden zugebracht hat, um auf diese Weise zu einem würdigen Gefäß für die prophetischen Energien zu werden. Er hat also eine andere Bewusstseinsebene erreicht.

Während meiner Kindheit bekam ich einmal in der Geometriestunde ein dünnes Buch mit purpurfarbenem Einband in die

Hand, das den Titel »Flatland« – zu Deutsch »Flachland« – trug. Interessanterweise erinnere ich mich noch genau daran, wie das Licht des frühen Frühlings durchs Fenster ins Klassenzimmer drang und an welchem Platz ich saß. Ein Quadrat und ein Würfel können sich an ein und derselben Stelle befinden und doch – je nach dem Blickwinkel, den ihre Form zulässt – auf zwei völlig verschiedene Realitäten hinweisen. Selbst wenn sie miteinander in Berührung kommen, bedeutet das nicht, dass sie auf gleicher Augenhöhe miteinander sind, denn sie befinden sich auf unterschiedlichen Ebenen der Realität.

Genauso verhält es sich mit Mose. Sein Blick hat sich erweitert, und er erfasst mehr als der Durchschnittsmensch. Er betrachtet die Welt durch eine Art »Prophetoskop«, aus der einzigartigen Perspektive des Menschen, der den Gipfel des Berges erklommen hat. In spiritueller Hinsicht erlebt Mose die Welt radikal anders als alle anderen in seinem Volk. Von all den vielen Menschen, denen er tagtäglich begegnet, kann er keinen an seiner Art der Lebenserfahrung, seiner einzigartigen Weltsicht, seinem Seelenmuster teilhaben lassen. Er hat sein Seelenmuster zu einem solchen Grad verwirklicht, dass er einen Großteil der irdischen Realität hinter sich gelassen hat. Wie ein Fingerabdruck auf einem zu kleinen Stück Papier, ragt ein solchermaßen ausgedehntes Seelenmuster weit über den Bogen der Wirklichkeit hinaus. Das Papier kann nur einen Ausschnitt des Musters erfassen; ein Großteil aber, viele lange Linien, bleibt unerfasst und unerreichbar.

Aber, so könnten Sie einwenden, es hat doch zu allen Zeiten Propheten gegeben – Menschen, deren Seelenmuster ebenfalls lange Linien aufwiesen. Könnten sie nicht eine Gemeinschaft unter Gleichen bilden? Könnten sie sich nicht zu Fachgesprächen oder zur Gruppentherapie treffen und ihre Geheimnisse beim Aperitif austauschen? In der Tat waren zur selben Zeit auch Moses Geschwister Aaron und Mirjam Propheten. Und nicht nur sie, auch die Gemeinschaft von siebzig Weisen kam in den

Genuss prophetischer Eingebungen. Mose aber wird in der Bibel als Meister der Prophetie bezeichnet. Er ist der ultimative Prophet. Sein Schatz an spirituellen Erfahrungen ist so immens, dass er von keinem anderen Propheten seiner Zeit je erreicht wurde. Wenngleich dies wie eine wunderbare, erstaunliche Errungenschaft anmuten mag, kann doch auch eine große Last daraus erwachsen, denn sie macht Mose unendlich einsam. Er ist in schwindelnde Höhen vorgedrungen, und nun steht er dort oben in seiner ganzen Pracht, spürt aber gleichzeitig leidvoll seine Isolation. Die Distanz, die mit Größe einhergeht, bringt maximale Herrlichkeit, aber auch maximalen Schmerz hervor.

Nicht einmal mit seiner Schwester Mirjam oder seinem Bruder Aaron kann er seine Vision von der Welt teilen. Wenngleich auch sie Propheten sind, unterscheiden sich ihre Erfahrungen auf so fundamentale Weise von den seinigen, dass sie nicht nachvollziehen können, was er durchzumachen hat. Mose lebt in einer Welt, zu der kein anderer Zugang hat. Und vor diesem Hintergrund wird deutlich, warum die Worte »Es ist nicht gut, allein zu sein« in der Bibel allein ihm vorbehalten bleiben.

Die Mose-Erfahrung bleibt nicht auf die Person des Mose begrenzt. Der kabbalistischen Auffassung zufolge verfügt jeder von uns über *Bechinat Moshe* – eine Mose-Qualität.

Mose steht für die radikale Einzigartigkeit und Einmaligkeit des Menschseins. Doch bei aller Größe, allem Weitblick, aller Tiefe und Authentizität geht seine Erfahrung auch mit intensiver, übermächtiger Einsamkeit einher. Wenn jede Seele, wie wir gesagt haben, einen potenziellen Schatten in sich trägt, so ist die dunkle Seite der Einzigartigkeit die Einsamkeit. Wie oft überwältigt uns der Wunsch, unsere Einzigartigkeit abzustreifen in dem Glauben, auf diese Weise mit einem anderen Menschen »zusammen sein« zu können. Im Leben eines jeden von uns gibt es jenen ganz speziellen Bereich, in dem unser Blick ungetrübt ist – in dem wir den Himmel um ein kleines bisschen deutlicher sehen können als die anderen ringsum. Während unserer Kindheit haben wir oft erleben müssen, wie wir, sobald wir von unserer »Himmelsvision« erzählten, verlacht, zurechtgewiesen oder einfach ignoriert wurden. Und doch könnte sich hinter dieser Vision ein besonderes Talent oder Verständnis oder auch eine spezielle Neigung verbergen, die gerade in uns auf eine absolut einmalige Weise zum Ausdruck kommt. Dies ist unsere Mose-Dimension, unser Seelenmuster. Die *Levado*-Geschichte von Mose lädt uns ein, uns zu trauen, zu unserem höchsten Selbst – unserem verwirklichten Seelenmuster – zu stehen. Letztlich können wir nur durch ein Leben im Einklang mit unserer einzigartigen Signatur zu einem Menschen werden, der der Liebe würdig ist – der mit einem anderen »zusammen sein« kann.

Bete für mich

Zum zweiten Mal taucht das Wort *levado* in der Geschichte von Mose auf, als er die letzten Worte an sein Volk richtet, bevor es den Jordan überquert, um ohne ihn ins Gelobte Land einzuziehen. Er sagt: »Damals habe ich zu euch gesagt: Ich kann euch nicht allein tragen.« Auch hier wieder das Schlüsselwort *levado*. Oberflächlich betrachtet, hält Mose in dieser Szene seine Abschiedsrede und lässt die Zeit seiner Führerschaft Revue passieren. Offenbar bezieht er sich auf jene Anfangszeit seines Wirkens, von der weiter oben die Rede war, auf jene Zeit, in der er das hatte, was die Unternehmensberater heute als gravierendes Zeitmanagement-Problem bezeichnen würden. Seine Schultern waren nicht breit genug, um die ganze Last zu tragen. Er musste lernen, Verantwortung zu delegieren. Sein Schwiegervater Jitro, der ein Händchen fürs Organisieren hatte, kam ihm zu Hilfe. Er entwickelte die Grundlage für ein System, das die Basis für unser modernes Justizwesen bilden sollte.

Das ist eine Art der Interpretation, die zwar durchaus brauchbar ist, doch dabei geht die ganz spezielle Bedeutung des Wortes *levado* und seine Aura der existenziellen Einsamkeit verloren. Dass Mose ausgerechnet diesen Begriff verwendet, führt den mystischen Meister Mordechai Lainer von Ishbitz zu der Vermutung, dass seine Rede noch eine zweite Bedeutung hat – dass sich darin eine weitere subtile, aber darum nicht weniger dringliche, pathetische, ja schmerzvolle Botschaft verbirgt. Auf dieser zweiten Sinnebene sagt Mose: »Wann immer ihr in Schwierigkeiten geraten seid, habe ich für euch gebetet und mich für euch eingesetzt. Ich war euer Fürsprecher und euer Widersacher. Nie habe ich euch allein gelassen. Ihr habt mit dem Tanz um das Goldene Kalb gesündigt, ihr habt gesündigt, als ihr euch geweigert habt, in das Land einzuziehen. Immer und immer wieder seid ihr von mir abgefallen. Doch ich habe euch nie allein gelassen.«

In beiden hier angesprochenen Fällen – der Geschichte vom Goldenen Kalb und der Weigerung, in das Land einzuziehen – geriet Gott in solchen Zorn, dass er das Volk in der Wüste zurücklassen und nur Mose und seine Familie in das Gelobte Land führen wollte. Doch Mose setzte sich immer wieder für seine Leute ein. »Nein, Gott«, so redete er ihm zu, »ich verstehe diese Menschen, also musst auch du sie verstehen. Gib ihnen noch einmal eine Chance. Lass sie in das Land einziehen, das du ihnen verheißen hast. Vergibst du ihnen nicht und führst du sie nicht, dann kannst du nicht mehr auf mich zählen. Lässt du sie nicht gehen, dann gehe ich auch nicht.«

In der Rede, die Mose am östlichen Ufer des Jordan hält, führt er seinem Volk seine Loyalität vor Augen. Es ist, als würde er sagen: »Ich habe euch an die Schwelle dieses Landes getragen, ich habe für euch das Wort ergriffen, damit ihr es betreten dürft.« Doch ironischerweise, tragischerweise wird Mose selbst der Zutritt verwehrt. »Du darfst das Land … nicht betreten«, sagt Gott. Genau die Strafe, mit der Gott das Volk belegen wollte, wird Mose selbst auferlegt. Verzweifelt wartet dieser nun darauf, dass sich die Menschen für ihn stark machen und für ihn das Wort ergreifen, so wie er es für sie getan hat. Er wartet darauf, dass sie zu Gott beten und sagen: »Lass unseren Führer an dem teilhaben, was uns verheißen wurde, lass auch Mose in das Land einziehen, denn ohne ihn werden auch wir es nicht betreten.« Er wartet und wartet.

Natürlich ist Moses Bitte an sein Volk weit mehr als eine Frage von quid pro quo nach dem Motto »Ich habe für euch gebetet – betet ihr jetzt für mich.« Sie geht sehr viel weiter, reicht bis in die Tiefen des Seelenmuster-Austauschs hinein. Es ist, als würde er sagen: »Ich verstehe euch, und ich sehne mich verzweifelt danach, dass auch ihr mich versteht. Ich habe euch getragen, und jetzt brauche ich euch, damit ihr mich tragt.« Wir alle wollen ins Gelobte Land einziehen, so seine Botschaft, aber keiner von uns kann es allein schaffen. An irgendeinem Punkt der Reise braucht jeder einen anderen, der ihn versteht und ihm eine helfende Hand reicht.

Es ist nicht gesagt, dass Moses Seelenmuster-Problem nun ausschließlich darauf beruht, dass er einzigartig und darum einsam ist. Gleichzeitig hat er nämlich Schwierigkeiten, sich mitzuteilen. Seine Verbindung zu seinem Seelenmuster ist überaus tief. Er hat Menschen, die ihm nahe stehen und die ihn lieben, seine Schwester, seine Frau und sein Bruder; nur zu gerne würden sie an seinem Seelenmuster teilhaben. Mose aber ist außerstande, es ihnen zu vermitteln.

Die biblische Überlieferung präsentiert Mose als Stotterer, der ungeschickt im Reden ist. Hätte er einen rein medizinischen Sprachfehler, wäre dies für den Leser relativ belanglos. Dass diese Tatsache erwähnt wird, deutet auf einen tieferen Sinn hin: Wie wir alle, so muss auch Mose ein Instrumentarium entwickeln, mit dem er sein Seelenmuster kommunizieren kann.

Die Herausforderung annehmen

Es kann gelegentlich peinlich sein, um Hilfe zu bitten. Und so geben wir anderen unser Anliegen nur indirekt in Form von Anspielungen und versteckten Hinweisen zu verstehen, in der Hoffnung, dass sie es begreifen und wir ihnen das Muster unserer Seele in all seiner Komplexität, Verworrenheit und Bedürftigkeit eröffnen können. Manchmal aber kommt diese Verbindung schlichtweg nicht zustande.

Vor einigen Jahren stand ein besonderer theologischer Kongress auf dem Programm, zu dem ich nicht eingeladen war. Mich auszuschließen, war eine bewusste Entscheidung aufgrund von Fehlinformationen, die den Organisatoren der Veranstaltung aus Kreisen zugekommen waren, die mich nicht dabeihaben wollten. Ich war verletzt. Ich hatte das Gefühl, dass es wichtig sei teilzunehmen. Es gab Ideen, Gedanken und neue Studienrichtungen, über die ich unbedingt Näheres erfahren und mich mit den anderen Kongressteilnehmern austauschen wollte. Ich sprach mit einer guten Bekannten, die eine Einladung erhalten hatte, und schilderte ihr die Situation. Ich erwartete, dass sie meinen Ausschluss als unfair und moralisch falsch bezeichnen würde, was sie auch tat. Dann hoffte ich entgegen aller Wahrscheinlichkeit, dass sie sagen würde: »Wenn du nicht eingeladen bist, dann fahre ich auch nicht hin. Du hast mich in der Vergangenheit getragen, und jetzt werde ich dich tragen.« Aber sie sagte es nicht. Hätte sie es getan, hätten wir beide am Ende erreicht, was wir wollten. In der Tat verweigerte ein anderer guter Freund von mir die Teilnahme an der Veranstaltung und setzte damit einen Prozess in Gang, durch den das Problem schließlich aus der Welt geschafft wurde. Doch nicht nur das: Sein Verhalten zementierte gleichzeitig die Seelenmuster-Verbindung zwischen uns beiden. Die Kraft der Loyalität kann Berge versetzen.

Was ich hier geschildert habe, hat jeder auf die eine oder andere Weise selbst schon einmal erlebt. Nicht immer, aber nur allzu oft gehen unsere Freunde ohne uns weiter. Und wie oft lassen wir sie zurück?

Das Volk hört Mose nicht. Wie Mordechai Lainer erklärt, wird er allein gelassen, verlassen. Es bleibt eine enorme Leere zurück, wenn wir unser Bestes getan haben, einen anderen zu verstehen – uns für seine Sache zu verwenden –, um dann festzustellen, dass er, wenn wir ihn einmal brauchen, unseren Ruf nicht vernimmt, unsere Nöte nicht versteht und uns *levado* zurücklässt. Es ist nicht gut, nicht angenommen zu werden. Am Ende der fünf Bücher steht Mose ganz allein da, der Zurückgelassene beim Auszug aus Ägypten.

*

Ein Freund ist einer, der unseren Schmerz beweint.
Zweifellos. Doch der beste aller Freunde ist jener,
der sich mit uns über unsere Erfolge freut – dazu bedarf
es noch viel mehr Edelmut.

*

Die mangelnde Bereitschaft des Menschen, einen anderen anzunehmen und mitzutragen, ist tief im Seelenmuster verwurzelt. So gut wie immer sind wir da, wenn es darum geht, einen Schwächeren oder Geringeren unter unsere Fittiche zu nehmen und ins Gelobte Land zu führen. Eine solche Last ist leicht zu schultern und mit unserem Ego vereinbar. Was aber ist mit den schwereren Bürden? Was mit jenen Weggenossen, die unser Verhalten in Zweifel ziehen und an den zerbrechlichen Konstrukten unseres Egos rütteln? Können wir auch sie tragen? Unsere Fähigkeit anzunehmen gerät häufig in Konflikt mit unserem Bedürfnis zu konkurrieren. Wie können wir einen anderen fördern, dessen Größe uns selbst bedroht, dessen riesiger Schatten sich über uns legt und uns um unser eigenes Licht und unsere eigenen Wachstumschancen fürchten lässt?

Ein Freund ist einer, der unseren Schmerz beweint. Zweifellos. Doch der beste aller Freunde ist jener, der sich mit uns über unsere Erfolge freut – dazu bedarf es noch viel mehr Edelmut.

*

Um das Seelenmuster eines anderen annehmen zu können, müssen wir erst an unser eigenes glauben.

*

Unterminiert jemand unser Selbstwertgefühl, dann stellt sich leicht Schadenfreude ein, wenn er einmal in Schwierigkeiten gerät. Es lassen sich immer allerhand logische Gründe dafür finden, warum wir ihn nicht ins Gelobte Land führen sollten. Mit Erklärungen dieser Art ist der Weg gepflastert. Aber die eigentliche Ursache ist so gut wie immer die gleiche: Solche Menschen bedrohen unser Seelenmuster, unser oftmals schwaches Selbstwertgefühl. Um das Seelenmuster eines anderen annehmen zu können, müssen wir erst an unser eigenes glauben.

Alle großen spirituellen Ideen und Augenblicke werfen ihren eigenen, unverwechselbaren Schatten. Sich für das Seelenmuster eines anderen Menschen zu öffnen, birgt seine ganz spezifischen Risiken. Die Seele hat einen Überlebensinstinkt, den Reflex zu glauben, dass es nur ein bestimmtes Maß an Traurigkeit, nur ein bestimmtes Maß an »Besonderheit« geben kann. Wir haben Angst vor den anderen Sternen am Firmament, wir glauben, dass sie womöglich – wie die Sonne – so hell leuchten könnten, dass unser eigenes Licht neben ihnen verblasst. Wir fürchten, dass das Gelobte Land nicht groß genug ist für uns alle.

Jeder von uns hat sich schon einmal auf diese Weise bedroht gefühlt. Besonders verbreitet ist das Zurückweichen vor dieser Herausforderung aber bei den nach außen hin Frommen – den Lehrern, Gurus und Heiligen. Nicht selten sind spirituelle Lehrer von tieferen, vor der Öffentlichkeit und manchmal auch vor

Seelenmuster-Praxis

Eine Art, das Seelenmuster eines anderen anzunehmen, ist für ihn zu beten.

Auch wenn Sie ihm keine konkrete Hilfe angedeihen lassen können – zu beten ist immer möglich. Es zu tun, ist nicht nur in kosmischer, sondern auch in psychischer Hinsicht äußerst wirksam. Im kosmischen Zusammenhang verwenden wir uns für das Wohlbefinden des anderen. Doch selbst, wenn unsere Fürbitte hier folgenlos bliebe, verfehlt sie auf der psychischen Ebene ihre Wirkung nicht. Schließlich ist das Gebet eine der schönsten Formen des Seelenmuster-Empfangs. Wir können nicht wirklich für jemanden beten, ohne unsere Wahrnehmung von ihm zu verändern. Mordechai Lainer von Ishbitz sieht den Levitikus-Vers »Du sollst von deinem Nächsten nicht stehlen« in diesem Zusammenhang: Wer für seinen Nächsten beten kann und es nicht tut, der bestiehlt ihn. Ich will noch einen Schritt weitergehen: Wer für seinen Nächsten nicht betet, beraubt sich selbst der Freude, sein eigenes Seelenmuster angenommen zu wissen.

Haben Sie sich selbst schon einmal geweigert, ein Gelobtes Land zu betreten, weil Ihr Freund keinen Einlass fand?

Oder haben Sie es schon einmal betreten, obwohl Sie es eigentlich nicht hätten tun sollen?

Überlegen Sie sich, wie Sie diesen Fehler wieder gutmachen können.

Wenn es geht, dann rufen Sie den anderen an, und sagen Sie ihm, dass Sie damals gern mehr getan, mehr Größe gezeigt hätten.

Wenn Sie sich wieder einmal in einer solchen Situation befinden, dann nutzen Sie sie als Chance zur Wiedergutmachung, selbst wenn diesmal ganz andere Menschen beteiligt sind.

Fallen Ihnen keine Beispiele hierzu ein? Dann forschen Sie in Ihrer Erinnerung nach einer Situation, in der Sie sich gewünscht hätten, ein Freund würde nicht ohne Sie in das Gelobte Land einziehen. Wie hätten Sie an seiner Stelle gehandelt?

Wenn es Ihnen sinnvoll erscheint, dann rufen Sie den anderen an und sprechen Sie mit ihm über Ihr Gefühl, doch nicht, indem Sie ihm Vorwürfe machen, sondern unter dem Gesichtspunkt des Seelenmuster-Austauschs.

ihnen selbst sorgsam verborgenen Motiven getrieben, die eine authentische, offene Verbindung zu anderen spirituell orientierten Menschen vereiteln. Israel Salanter, ein spiritueller Psychologe aus dem neunzehnten Jahrhundert, soll einmal gesagt haben: »Es gibt keinen größeren Hintergedanken als jenen, der sich hinter der Frömmigkeit verbirgt.«

Das Problematische an verdeckten Motiven ist, dass wir sie nicht nur uns selbst, sondern jedem Menschen in den Weg legen. Jede logische Erklärung, die wir vorbringen, um einem anderen nicht ins Gelobte Land zu helfen, wird irgendwann einmal als Rechtfertigung dafür herangezogen werden, um auch uns nicht zu helfen. Wer wird uns tragen, wenn unsere Beine schwach geworden sind? Wer wird für uns beten, wenn sich das Blatt des Schicksals gewendet hat?

An das eigene Seelenmuster glauben

Übles Geflüster liegt in der Luft.
William Shakespeare, »Macbeth«

Wenn wir unter dem Gefühl leiden, das eigene Seelenmuster nicht ausleben zu können, dann ist es unendlich schwer, einen anderen wirklich anzunehmen.

Werfen wir einen Blick in das Buch Numeri, und zwar an die Stelle, an der von der Einmaligkeit von Moses prophetischer Gabe die Rede ist und seine Seelenmuster-Erfahrung über die eines jeden anderen Propheten jener Zeit herausgehoben wird. In der Geschichte selbst geht es um Verleumdung, und die da hinter Moses Rücken über ihn reden, sind keine Geringeren als seine Schwester Mirjam und sein Bruder Aaron. Warum sollte Mirjam über den Bruder herziehen, den sie über alles liebte – ausgerechnet sie, die ihr Leben für ihn aufs Spiel gesetzt hatte, als er in einem Korb auf dem Nil ausgesetzt worden war? Sie, die

176

ihn in unzähligen Nächten in den Schlaf gewiegt und seine Tränen getrocknet hatte – warum sollte Mirjam Mose verleumden?

Für die talmudischen Weisheitslehrer ist das eigentliche Thema der Geschichte Moses Beziehung zu seiner Frau. Irgendetwas hat ihn veranlasst, seine Ehe aufzugeben. Natürlich dreht sich üble Nachrede für gewöhnlich um das Privatleben der anderen. Das Getratsche über das Sexualleben von Führungspersönlichkeiten war seit jeher eine Möglichkeit des Volkes, seine Frustration, Enttäuschung und Verärgerung zum Ausdruck zu bringen. Verleumdungen im Bereich des Sexuellen sind jedoch nur eine Ausdrucksform von Bösartigkeit. Lügen zu verbreiten, Intrigen zu schmieden, Gerüchte zu schüren und andere zu hintergehen – das alles sind Verhaltensweisen, mit denen wir inniger vertraut sind, als wir es zugeben möchten. Welche Art von Frustration oder Enttäuschung kann einen unbescholtenen Menschen dazu treiben, sich zu derartigem Tun hinreißen zu lassen? Warum sollte Mirjam Mose übel nachreden?

Ob wir die Bibel als religiöses oder literarisches Werk betrachten, ist in diesem Zusammenhang ohne Belang. Die Sache ist eindeutig: Mirjam kann das Wesen von Moses Erfahrung nicht erfassen. In gewisser Weise fühlt sie sich von seinem geistigen Status bedroht; seine spirituelle Vision ist völlig anders als die der übrigen Propheten, von dem in dem Buch die Rede ist. Moses Rang unterminiert gleichsam ihren eigenen geistigen Status und ihre prophetischen Qualitäten. Sie kann seine Art zu leben nicht begreifen, sein Selbstverständnis nicht nachvollziehen und nicht an jene Orte vordringen, an denen sein Seelenmuster die höchste Entfaltung gefunden hat. Vielleicht fühlt sie sich ihm unterlegen und ihm ausgeliefert, wenn sie mit ihm spricht. Mose rüttelt an ihrer Identität. Sie weiß nur, dass er einen Platz erreicht hat, an den sie ihm nicht folgen kann. Schaut sie durch ihre eigene gläserne Decke zu ihm auf, wähnt sie ihr Selbstwertgefühl in Gefahr.

Sowohl Mirjam als auch ihr Bruder, beide selbst Propheten,

sind verheiratet und haben Kinder. Mose aber verlässt den Hafen von Ehe und Kindern, denn er ist als Einzelner zu einem einzigartigen Leben berufen. Die Einmaligkeit seiner Entscheidung unterminiert die Position seiner Geschwister als Propheten. Sie definieren sich im Vergleich zu Mose. Mirjam sagt zu Aaron: »Glaubt er etwa, er sei der einzige Prophet?« Sind wir etwa nur Randfiguren, unbedeutende Propheten aus der zweiten Liga?

Mirjam tut genau das, was so viele von uns tun, um dem Gefühl des Bedrohtseins und der Minderwertigkeit zu entgehen. Sie verlegt sich auf üble Nachrede. Genau das ist es, was Mordechai Lainer von Ishbitz meinte, als er sagte, alles Klatschen und Tratschen sei letztlich in unserer eigenen Krankhaftigkeit begründet – und nur wenn wir bereit sind, uns durch diese unsere Krankhaftigkeit hindurchzuarbeiten, anstatt uns an ihr vorbeizuschleichen, können wir mit unseren Mitmenschen in echter Verbundenheit und Freundschaft zusammenleben.

*

Nur wenn wir bereit sind, uns durch diese unsere Krankhaftigkeit hindurchzuarbeiten, anstatt uns an ihr vorbeizuschleichen, können wir mit unseren Mitmenschen in echter Verbundenheit und Freundschaft zusammenleben.

*

Vom Standpunkt des biblischen Bewusstseins aus betrachtet, speist sich Verleumdung, die so oft gleichbedeutend mit der Ablehnung der Einzigartigkeit eines anderen ist, in Wirklichkeit aus der Ablehnung unserer eigenen Person. Die Unfähigkeit, das Seelenmuster eines Mitmenschen anzunehmen, geht Hand in Hand mit dem Unvermögen, unser eigenes Seelenmuster zu akzeptieren. Auf einer tieferen Ebene fühlen wir uns immer dann dazu veranlasst, einen anderen zu bekämpfen und seine Integrität zu untergraben, wenn uns die Einzigartigkeit seines Erlebens irgendwie bedrohlich erscheint. Was für eine bessere Möglichkeit gäbe es da, als über seine privaten Beziehungen herzuziehen und sich darüber zu mokieren, welche Entscheidungen er in diesem Bereich – in der Welt der Hochzeiten und Scheidungen – trifft?

Das Seelenmuster stehlen

Ein Mann macht sich auf, um die Wahrheit zu finden. Eines Nachts kommt er am Rand eines großen Moors vorbei, als ein Licht vor ihm auftaucht. Er geht darauf zu und gelangt zu einer kleinen Hütte, die offenbar von Tausenden von Kerzen erleuchtet ist und mit ihrem Schein die Landschaft im Umkreis meilenweit erhellt. Er klopft an, und ein freundlicher alter Mann heißt ihn einzutreten.

Drinnen stehen tatsächlich lauter kleine Öllämpchen, die das ganze Haus mit ihrem flackernden Licht erfüllen. »Dies sind die Lichter der Seelen aller Lebenden«, erklärt der alte Mann. »Ich hüte sie. Ich hüte das Leben.«

Staunend kommt der Besucher näher, und wie er auf eine der Kerzen zutritt, sieht er auf einmal, dass das Öl fast zur Neige gegangen ist. Die Flamme fängt schon an zu flackern. »Was ist mit diesem Menschen los?«, will er wissen.

»Er stirbt«, erwidert der Mann ungerührt. »Jeder hat eine gewisse Menge Öl in seinem Lämpchen, und bei dem einen brennt es schneller, bei dem anderen langsamer. Irgendwann erlischt jedes Licht. Das ist das Gesetz der irdischen Existenz.«

Da überkommt den Besucher auf einmal der übermächtige Wunsch, sein eigenes Lämpchen zu sehen. Während der alte Mann anderweitig beschäftigt ist, sucht er das Licht, das seinen Namen trägt. Schließlich findet er es hoch oben auf einem Regal im Dachboden. Wie wenig Öl nur noch darin ist! Schon fängt die Flamme an zu zucken! Er wird Zeuge seines eigenen Todes.

»Nein!«, schreit eine Stimme in ihm. »Es ist noch viel zu früh! Ich weiß noch längst nicht alles, was ich wissen muss. Ich kenne die Wahrheit noch nicht!«

Wie wild rennt er auf dem Dachboden hin und her und sucht die Regale ab, bis er schließlich ein Lämpchen mit kräftiger Flamme entdeckt, das bis zum Rand mit dickem Öl gefüllt ist. Sorgsam hebt er es auf und trägt es zu seinem eigenen, verlöschenden Licht hinüber, bei dem der Vorrat so knapp geworden ist. Gerade will er etwas von dem Öl in sein Lämpchen gießen, als er eine Hand an seinem Handgelenk spürt.

Mit eisernem Griff hält ihn der alte Mann zurück, und mit flammenden Augen zischt er ihn an: »Die Wahrheit willst du erfahren? Wie kannst du sie jemals erfassen, wenn du es noch nicht einmal ertragen kannst, dich selbst kennen zu lernen?«

Und noch bevor er antworten kann, steht er wieder ganz allein draußen im dunklen Moor. Die Hütte ist spurlos verschwunden. Nach einer Weile setzt er seinen Weg fort. Leise pfeifend reibt er sich das Handgelenk, denn es schmerzt noch immer vom Griff des Mannes, der ihm ein gutes Stück Wahrheit mitgegeben hat.

Wenn wir das Gefühl haben, der Ölvorrat in unserem Seelenmuster-Lämpchen könnte langsam knapp werden, geraten wir womöglich in die Versuchung, uns am Lämpchen eines anderen zu bedienen. Ein andermal führt uns seine hell leuchtende Flamme vor Augen, wie viel schwächer doch der Schein unseres eigenen flackernden Lichtes ist. Und so versuchen wir, ihm etwas von seiner Helligkeit zu nehmen, damit der Kontrast zwischen beiden etwas erträglicher für uns wird. Dies ist es, was Mirjam mit Mose tat.

Ich erinnere mich noch gut an die »falsche Umarmung«, die wir als Schulkinder so gerne machten, eine Pose, bei der man die Arme vor dem Brustkorb verschränkt und sich die Hände so auf den Rücken legt, dass es von hinten aussieht, als würde man in den Armen eines anderen liegen. Unter hysterischem Gekicher taten wir so, als würden wir unsere imaginäre Geliebte leidenschaftlich küssen. Wenngleich es sich hier um ein harmloses

Spiel handelte, hatte ich dabei doch stets ein merkwürdiges, ungutes Gefühl, so als käme hier etwas zum Vorschein, das zugleich unziemlich und doch tief in unseren Trieben verwurzelt war. Und in der Tat stimmt etwas nicht mit diesem Bild. Denn schließlich können wir keinen anderen umarmen, wenn wir uns selbst allzu fest umklammern. Die Pose mag leidenschaftlich wirken, aber letztlich ist sie eben doch nur ein albernes Spiel, ein angstvolles Zurückweichen vor wirklicher Nähe zugunsten der Selbstverliebtheit.

*

Um einen anderen annehmen zu können,
müssen wir erst uns selbst loslassen.

*

Um einen anderen annehmen zu können, müssen wir erst uns selbst loslassen. Das aber kann nur gelingen, wenn wir uns in unserer eigenen Haut wohl fühlen. Leben wir nicht im Einklang mit unserem Seelenmuster, können wir auch das Seelenmuster eines anderen nicht empfangen. Zudem könnten wir dann eine Neigung entwickeln, ihn zu negieren, zu verleumden und die Integrität seiner Person und Lebensgeschichte zu unterminieren. Der Grund dafür ist denkbar einfach – wenn wir unser Seelenmuster nicht ausleben, können wir unser Selbst nur dadurch behaupten, dass wir den anderen ablehnen. Seine Identität zu untergraben, wird zu unserem Lebensinhalt. Unser Seelenmuster wird aus den Fäden der Entwertung oder Zurückweisung des anderen gewebt. Unsere weitere Entwicklung gründet sich auf eben dieser Ablehnung, weil uns das Gefühl für unseren eigenen Weg und unser eigenes Seelenmuster abgeht.

Ein weiteres Bild aus der Kindheit drängt sich auf. Sie kennen doch sicher diese Psychotests mit den Bildern, die mal den einen, mal einen ganz anderen Gegenstand zeigen, je nachdem, aus welchem Blickwinkel man sie betrachtet. Eine dieser Abbildungen zeigt zwei Gesichter, die einander unmittelbar gegenüberstehen. Ein zweiter Betrachter bestreitet dies. Er erkennt in den Linien die Form eines Weinglases! Schaue ich noch einmal genau hin, fällt mein Blick auf das dunkle, negative Feld zwischen den beiden Gesichtern, und tatsächlich: auch ich erkenne jetzt das Glas – die Konturen der Gesichter decken sich mit den Umrissen des Glases und umgekehrt.

Künstler bezeichnen dieses »negative Feld« als Leerraum rings um ein Objekt. Um das Objekt entstehen zu lassen oder zu definieren, muss zwangsläufig auch der Bereich ringsum gestaltet werden. Der Perspektivewechsel, der in diesen Psychotests verlangt wird, erfordert die Erkenntnis, dass das negative Feld selbst zum eigenständigen Objekt wird. Solange es sich um Zeichnungen auf Papier handelt, ist das in Ordnung; geht es aber um unsere Selbst-Definition, müssen wir uns davor hüten, unser Bild aus dem negativen Raum der anderen zu erschaffen. Wer sich primär über das definiert, was er ablehnt, und nicht darüber, wofür er eintritt, läuft Gefahr, im negativen Feld gefangen zu bleiben. Ein Philosoph, der sich nur aufs Kritisieren verlegt, ein Politiker, der nichts anderes im Sinn hat, als seinen Gegner zu attackieren, und eine Religion, die sich vorwiegend über ihre Angriffe gegen die Weltlichkeit definiert – all dies sind Beispiele für Menschen, die sich in negativem Raum verfangen haben.

Von der karmischen Gerechtigkeit zur Seelenmuster-Heilung

Die Geschichte von Mirjam führt uns zu unserer nächsten Entdeckung. Als unmittelbare karmische Antwort des Universums auf ihre Verleumdung wird sie sofort von einem physischen Leiden heimgesucht. Der Name der Krankheit, *Tzar'at*, lässt sich nicht wörtlich übersetzen und wird oftmals fälschlich als »Lepra« wiedergegeben. Weil Körper, Seele und Geist ein zusammengehöriges Ganzes bilden, finden das Verleumden und andere Vergehen gegen das Seelenmuster nur allzu oft Ausdruck in körperlichem Leid.

Dennoch reicht die Botschaft der Geschichte über diesen Aspekt hinaus.

Der Begriff *Tzar'at* begegnet uns im Buch Levitikus (dem dritten Buch Mose) wieder. Hier wird die davon befallene Person für sieben Tage aus dem Lager verbannt und muss diese Zeit völlig allein abseits jeglicher menschlicher Kontakte in Quarantäne verbringen. Für den Leser der Geschichte von Mirjam drängt sich der Schluss auf, dass auch in diesem Fall *Tzar'at* eine direkte, karmische Antwort auf einen Akt der Verleumdung sein müsse. Und warum wird als Strafe für ein solches Vergehen ausgerechnet ein siebentägiges Exil in völliger Einsamkeit verhängt? Nach Meister Joseph, einem Weisen aus dem vierten Jahrhundert, führt Verleumdung beinahe zwangsläufig zu Einsamkeit, Isolation und Entfremdung. Sie zerstört Bande der Intimität, Loyalität und Freundschaft. Wer durch sein Verhalten zur Vereinsamung eines Menschen beigetragen hat, soll eben diese Einsamkeit am eigenen Leib erfahren, indem man ihn isoliert. Es handelt sich hier quasi um eine Sensibilisierungsmaßnahme.

Die Geschichte von Mirjam, so wie wir sie verstehen, liefert eine noch tiefere Einsicht. Was bringt einen Menschen dazu, einen anderen zu verleumden? Es ist das Gefühl, dass das Seelenmuster des Opfers auf seine Kosten existiert. Folglich wird es durch üble Nachrede und Verbreitung von Unwahrheiten »zurechtgestutzt«. Der Täter selbst aber fügt sich dadurch ein noch stärkeres Leid zu, denn er schneidet sich von seinem Seelenmuster ab. Die ihm von der Gemeinschaft auferlegte Buße – eine Woche des Alleinseins – soll nicht das Gefühl der Einsamkeit per se vermitteln. Sie stellt vielmehr eine Einladung an den Schuldigen dar, sich mit ihr auseinander zu setzen und sie als positives Element in sein einzigartiges Seelenmuster zu integrieren. Auf sich selbst gestellt, hat der Täter sieben Tage lang Gelegenheit, sein Seelenmuster wiederzufinden. Gelingt ihm dies, fällt das Motiv zu weiterer Verleumdung weg. Es wäre zu wünschen, dass jede Form der Bestrafung derartigen Sinn hätte.

Er ist nicht schwer, er ist mein Bruder

In einem der vorangegangenen Kapitel wurde erläutert, dass das höchste Maß der Seelenmuster-Entfaltung bei den Kabbalisten *Jechidah* heißt, was wörtlich übersetzt so viel wie »einzigartig« bedeutet. Im Seelenmuster-Bewusstsein von *Jechidah* lösen sich die Grenzen zwischen dem individuellen *Einen* und dem *All* auf. Das Alleinsein verschmilzt zum All-Eins-Sein. Nach der biblischen Mystik gehen wir in das erweiterte Bewusstsein nicht durch die Aufgabe, sondern auch die kompromisslose Betonung unserer Individualität ein. Dies ist es, was den »Einzigartigen« mit dem All verschmelzen lässt. Paradoxerweise verschmelzen wir umso inniger mit der fundamentalen Universalität – mit all den anderen ringsum –, je tiefer wir in die fundamentale Individualität eintauchen. Mit zunehmender Verwirklichung unseres Seelenmusters wächst das Wissen, dass wir auf unlösbare und wunderbare Weise mit den Seelen all der anderen verbunden sind.

Es mag so scheinen, als sei diese Erkenntnis nur für die fortgeschrittenen Mystiker in Jerusalem und dem Himalaya von Belang, doch in der Tat hat sie weitreichende Auswirkungen auf unsere Art der Lebensgestaltung. Dem Konkurrenzkampf wird mit einem Mal der Boden entzogen. Ganz allein ins Gelobte Land einziehen zu wollen, erscheint plötzlich absurd. Dies ist die Weisheit eines jeden erleuchteten Seelenmuster-Meisters.

Um diesen Gedanken zu illustrieren, möchte ich Ihnen zwei Geschichten von Menschen erzählen, die meiner Auffassung eines Seelenmuster-Meisters entsprechen.

Vor einigen Jahren versammelten sich bei den »Special Olympics« in Seattle neun körperlich bzw. geistig behinderte Sportler zum Hundert-Yard-Lauf hinter der Startlinie.

Der Startschuss fiel, und sie liefen los. Was sie hinlegten, war nicht gerade ein Sprint, aber doch zügig genug, um zu zeigen, dass jeder als Sieger durchs Ziel gehen wollte. Alle rannten, was das Zeug hielt – alle, bis auf einen kleinen Jungen, der auf der Asphaltbahn mehrfach stolperte, immer wieder hinfiel und schließlich in Tränen ausbrach.

Die anderen acht hörten ihn weinen. Sie verlangsamten ihren Schritt und schauten zurück. Dann kehrten sie um und liefen zu ihm zurück.

Jeder Einzelne von ihnen.

Ein Mädchen mit Down-Syndrom beugte sich zu dem Jungen hinunter, küsste ihn und sagte: »So, jetzt tut es nicht mehr so weh!«

Dann hakten sich alle neun an den Armen ein und machten sich gemeinsam auf den Weg zur Ziellinie.

Die Zuschauer standen auf den Rängen und jubelten ihnen noch minutenlang zu.

Die Leute, die damals im Stadion waren, reden noch heute von dieser Szene. Warum? Weil wir tief in unserem Inneren wissen: Es zählt im Leben nicht, allein ganz oben auf dem Siegertreppchen zu stehen. Worauf es ankommt, ist, anderen beim Siegen zu helfen, selbst wenn wir dazu unser Tempo verlangsamen und unseren Kurs ändern müssen. Letztlich können wir das Rennen nur gewinnen, wenn es ein jeder von uns gewinnt. In einer Welt voller Leid und Armut verliert selbst der allergrößte Erfolg und Reichtum seinen Glanz. Die Jungen und Mädchen, die damals bei dem Wettkampf an den Start gingen, sind Seelenmuster-Meister. Sie wissen in der Tiefe ihres Herzens, dass man nicht allein ins Gelobte Land einziehen kann. Junge Menschen wie sie sind meine Lehrer.

Ein weiterer Lehrer dieser Art ist für mich der große Meister Isaac von Vorke, dessen Geschichte mein Großvater gern an der Sabbath-Tafel erzählte.

Isaac, besser bekannt als der Rabbi von Vorke, war eng mit einem anderen bekannten Meister, Menachem Mendel von Kutzk, befreundet. Die beiden hatten sich hoch und heilig geschworen, dass derjenige von ihnen, der als Erster sterben würde, den anderen besuchen und ihn in die Geheimnisse der höheren Welten einweihen würde. Wie das Schicksal es so wollte, ging Isaac von Vorke seinem Freund voraus. Doch die Wochen vergingen, ohne dass Menachem Mendel von ihm auch nur ein Zeichen bekommen hätte. Verstört und in tiefer Sorge beschloss er, das Protokoll zu umgehen und selbst in den Himmel aufzusteigen, um sich nach dem Wohlbefinden seines Freundes und Kollegen zu erkundigen.

Nachdem er mit Hilfe der mystischen Methode des Seelenaufstiegs im Himmel angekommen war, begab er sich auf die Suche nach Isaac. Er schaute in den unzähligen Palästen von König David, Abraham und Sara, Josef und seinen Brüdern, Salomon und Saba nach ihm, doch wohin er sich auch wandte, überall sagte man ihm, sein Freund sei zwar da gewesen, aber wieder fortgegangen. »Wo könnte er nur sein?«, fragte Menachem Mendel, und sie deuteten auf einen riesigen, dunklen Wald.

Dorthin machte er sich auf, und lange wanderte er unter den Bäumen. Dabei widerfuhr ihm manches Abenteuer, das ich hier nicht wiedergeben kann. Schließlich aber hörte er das Rauschen von Wasser, das Tosen eines riesigen Meeres.

✳

Seelenmuster-Meister zu sein bedeutet,
sich so lange zu weigern, in den Himmel einzugehen,
bis alle Tränen der Menschheit getrocknet sind.

✳

Menachem Mendel folgte dem Geräusch bis an den Rand des Waldes, und dort sah er seinen Freund Isaac mit herausfordernder Miene am Ufer stehen. Sie gingen aufeinander zu und nahmen sich in die Arme. »Wo bist du nur gewesen?«, wollte Menachem Mendel von Isaac wissen. »Warum bist du nicht zu mir gekommen?«

»Mein Freund«, erwiderte dieser. »Ich war die ganze Zeit hier und habe beharrlich an den Ufern des Tränenmeers gewartet.« Er schaute hinaus in die unermesslichen Weiten des Ozeans, und Menachem Mendel folgte seinem Blick. »Vor uns liegen all die gesammelten Tränen, die die Menschheit im Laufe der Jahrtausende vergossen hat. Ich habe zu Gott gesagt, dass ich so lange nicht von der Stelle weichen werde – nicht einmal, um in den Himmel einzugehen –, bis er mir verspricht, das ganze Meer bis auf den letzten Tropfen austrocknen zu lassen.«

Seelenmuster-Meister zu sein bedeutet, sich so lange zu weigern, in den Himmel einzugehen, bis alle Tränen der Menschheit getrocknet sind. Es bedeutet, das Seelenmuster der gesamten Menschheit anzunehmen.

Der Irrweg des Selbstzweifels:
Glauben Sie an sich!

Was wir in den Büchern Mose über Mirjam gelesen haben, hat uns ein tieferes Verständnis davon gegeben, warum es mitunter schwierig sein kann, einen anderen so anzunehmen, wie er ist – weil unser eigenes, zerbrechliches Seelenmuster versucht, das Seelenmuster eines anderen durch Akte der Böswilligkeit zu schwächen. Einsamkeit, so haben wir gesehen, geht mit unserer Unfähigkeit einher, jemanden zu finden, den wir an unserem Leben, unserem Seelenmuster, teilhaben lassen könnten. Es gibt jedoch noch einen zweiten, davon völlig unabhängigen Grund für unsere Einsamkeit: Wir glauben nicht an die Existenz unseres Seelenmusters oder wir halten es – wie Mirjam – für unvollkommen oder unzulänglich.

Wir haben Einsamkeit als Unfähigkeit definiert, einem anderen unser Seelenmuster zu vermitteln, doch an dieser Transaktion sind zwei beteiligt. Natürlich ist da der »andere«, der nicht in der Lage ist, unser Seelenmuster anzunehmen. Doch auch auf uns selbst kommt es an. Um einen anderen an unserem Seelenmuster teilhaben zu lassen, müssen wir zuerst daran glauben, dass es überhaupt existiert und der Offenbarung würdig ist. Fehlt uns die Überzeugung, dass die Irrungen und Wirrungen unseres Lebenswegs etwas ganz Besonderes sind, dass unsere Seele wie eine Schneeflocke einzigartig ist und niemals vergeht, dann sind wir in unserer Einsamkeit gefangen.

Wie kann das Wissen um die eigene Einmaligkeit unsere Einsamkeit vertreiben? – Wenn wir uns zu unserer Unverwechselbarkeit bekennen, sind wir nicht mehr einsam, weil wir mit uns selbst in Beziehung stehen.

Wir haben schon an anderer Stelle über diese innige Form der Begegnung gesprochen, als es darum ging, dass wir zwar allein, nicht aber einsam sein können, wenn wir erst einmal Freund-

188

schaft mit uns selbst geschlossen haben. Gelingt uns dies, wird schmerzvolle Verlassenheit und Entfremdung zu kostbarem Allein- und Einzigartigsein. Unser Seelenmuster mit all seinen Windungen, Verschnörkelungen und Linien wird zu einer faszinierenden, wunderschönen Welt. Mit sich selbst allein zu sein, ist eines der intimsten Erlebnisse, das uns zuteil werden kann. Und doch gilt für die allermeisten unter uns in den meisten Fällen der biblische Spruch Gottes: »Es ist nicht gut, dass der Mensch allein bleibt.«

Wie kann das mangelnde Wissen um die eigene Einmaligkeit unsere Einsamkeit vertiefen?

Diese Frage führt uns zu dem zweiten Grund, warum es so überaus wichtig ist, sich Zugang zum eigenen Seelenmuster zu verschaffen und im Einklang mit ihm zu leben: Wie sollen wir uns anderen vorstellen, wenn wir uns nicht einmal selbst kennen? Müssen wir dann nicht zwangsläufig einsam sein? Wenn wir unser eigenes Lebensskript nicht kennen und nicht mit unserem Seelenmuster vertraut sind, wie sollen uns da andere hören oder sehen können? Eines steht fest: Solange unsere eigenen Sinne blockiert sind, können wir auch niemand anderen wahrnehmen.

Das Seelenmuster in der Menge suchen

An einer Stelle der mystischen Schriften findet sich ein Diskurs darüber, wie eine bestimmte Passage im Sohar, dem Buch der Kabbalah, zu interpretieren sei. Es geht um die Frage, was dem biblischen Propheten Elija die Ehrenbezeichnung »Mann Gottes« eingetragen hat. Einer Lesart zufolge verdiente er diesen Titel in erster Linie dann, wenn er mit Menschen zusammen war, die zweite Auslegung hingegen ging davon aus, dass er sich dazu in die Abgeschiedenheit zurückziehen musste. Auch wir müssen uns mit dieser Frage befassen, und zwar nicht wegen Elija (wenngleich auch er gemeint ist), sondern um unserer selbst willen. Wann strahlt das Licht unserer Göttlichkeit – in Form unseres einzigartigen Seelenmusters – am hellsten: Wenn wir allein oder wenn wir unter Menschen sind? Aus Sicht des Seelenmuster-Bewusstseins lautet die Antwort: Es leuchtet in beiden Fällen gleich stark.

Die meisten von uns gehen zu Recht davon aus, dass wir die Gesellschaft anderer brauchen, um uns die Einsamkeit zu vertreiben. Und so zieht es uns ins Einkaufszentrum, obwohl wir nichts einzukaufen brauchen; wir gehen ins Kino, auch wenn wir uns denselben Film zu Hause auf Video ansehen könnten; wir besuchen Kirchen oder Tempel, obwohl wir nicht an Gott glauben.

Ein Mann namens Finnegan trifft seinen Nachbarn, McDougal, vor dem Kirchentor. »Warum bist du hergekommen?«, will dieser von ihm wissen.

»Ich bin gläubig«, antwortet Finnegan. »Ich bin hierher gekommen, um mit Gott zu sprechen. Und warum bist du hierher gekommen?«

»Um mit dir zu sprechen«, gibt McDougal ohne Zögern zurück.

McDougal hat Recht. Eine Gemeinschaft, ja sogar eine Menschenmenge, ist etwas Gutes, selbst wenn man nur zusammengekommen ist, um sich ganz allgemein an der Gegenwart der anderen zu erfreuen. Die Zuwendung, die wir dabei erfahren, muss weder unpersönlich noch befremdlich sein. Manchmal können wir zudem die Gegenwart der Menge spüren, selbst wenn niemand zugegen ist. Ich stelle mir vor, wie ich morgens am Frühstückstisch sitze und mich ein wenig einsam fühle. Ich lasse meine Gedanken schweifen und auf einmal denke ich an die Menschen, die das Logo auf der Kaffeedose entworfen haben. Wo sie wohl wohnen? Ob sie verheiratet sind oder allein leben? Ob sie Kinder haben? Und vom Logo einmal abgesehen: Wer hat eigentlich den Kaffee produziert? Wessen sonnengebräunte Hände haben die Bohnen geerntet? Wer hat sie verarbeitet und transportiert?

In einem Moment geistiger Klarheit erkenne ich, dass ich inmitten einer Gemeinschaft lebe – es waren mindestens tausend Leute, die mir heute Morgen meinen Kaffee gebracht haben, die Pflücker, Packer und Ladearbeiter in Kolumbien, die Seeleute, die Spediteure bei uns, die Designer, die das Logo und die Dose entworfen haben, das Verkaufspersonal, das den Kaffee in die Regale der Supermärkte eingeräumt hat. Die Liste ließe sich fortsetzen. Gemeinschaft kann viele Formen und Größen annehmen, und überall lässt sich zumindest eine bescheidene Seelenmuster-Verbindung herstellen, und sei es nur, um die Einsamkeit der Morgendämmerung zu vertreiben – sofern wir im Einklang mit unserem eigenen Seelenmuster leben.

Manchmal reichen meditative Momente der Klarheit nicht aus, und wir brauchen Menschen aus Fleisch und Blut. Um mich in meine Studien zu vertiefen, setze ich mich gern in ein Restaurant namens Cafit, das ist einer der geschäftigsten Orte von ganz Jerusalem. Sie haben immer einen Tisch für mich reserviert, auf dem ich meine Bücher ausbreite. Manchmal arbeite ich dort zehn oder zwölf Stunden am Stück. Das Cafit ist zweifellos das, was man als einen »öffentlichen Platz« bezeichnen würde, und gerade das ist es, was ich an ihm so liebe. Ich liebe es, aus der Ferne zu winken, mit Babys zu schäkern, Leute zu segnen, zu umarmen und mit ihnen das herrliche Gefühl zu teilen, lebendig zu sein. Ich liebe die Vitalität, die Betriebsamkeit, die Menschen, die mir freundlich zunicken oder mir für meinen Fernsehbeitrag in der vergangenen Woche danken. Aber was mich vor allem trägt, ist die warme Intimität der Menge.

Auch ich habe schon mystische Momente in der klösterlichen Abgeschiedenheit gehabt. Ich stehe in der Tradition von Moses de Leon, der in seinem »Book of the Wise Soul« (Buch der weisen Seele) geschrieben hat: »Wer zum innersten Heiligtum vorstoßen will, muss seine Seele kennen, die nach dem Vorbild der Seele seines Schöpfers erschaffen ist ... wenn er das Geheimnis und die Eigenarten seiner Seele kennt, kann sich sein Bewusst-

sein von hier aus die Geheimnisse des himmlischen Königreichs
erschließen.«

Um das Mysterium meiner Seele zu ergründen – um noch
fester an mein Seelenmuster zu glauben – muss ich das Cafit
verlassen. Wie jene, die sich verabschieden, um ihr Seelenmuster
zu stärken und sich wie Jesus vierzig Tage in der Wildnis auf-
zuhalten, ziehe ich mich in die stillen Räume meines Selbst zurück, in die verlassenen nächtlichen Straßen Jerusalems, in die
alten Höhlen, die sich überall in die Stadt wie tiefe Taschen in einen bunten Rock eingraben. Zu solchen Zeiten und an solchen
Orten lasse ich Stille einkehren in mir. Ich atme, meditiere, bete
und singe. Hier kann kein Auge sehen, kein Ohr hören, keine
Menge nach mir rufen oder mich trösten. Ohne solche Zeiten
der Nähe zu mir, in denen ich die Freundschaft zu mir selbst
erneuere, würde ich mich in der Einsamkeit verlieren. Erst
nachdem ich mich selbst akzeptiert habe, kann ich ins Cafit
zurückkehren und mich am himmlischen Königreich erfreuen.
Dann ist mein Seelenmuster gestärkt, mein Geist vom Hang zu
seelenarmer Politisiererei und Bosheit geläutert und für Gott
bereit.

Joseph Caro, der im sechzehnten Jahrhundert in Safed im heutigen Israel als Rechtsgelehrter und Mystiker wirkte, soll sich in regelmäßigen Abständen von den umfangreichen Verpflichtungen in seiner Gemeinde zurückgezogen haben, um mit einem *Maggid* zu studieren. Ein Maggid ist, einfach ausgedrückt, ein Geist. Caro verfasste ein ganzes Werk über all die Weisheiten, die ihm der *Maggid* übermittelte. Wohlbemerkt – Caro war kein Scharlatan oder überspannter Eso-Freak, sondern der wohl bedeutendste Rechtsgelehrte der vergangenen tausend Jahre, und er hat monumentale Werke von ungeheurer Komplexität zu buchstäblich jedem Aspekt der biblischen Gesetze verfasst. Und doch gab es immer wieder Zeiten, in denen er sich zurückziehen und das erfahren musste, was die Kabbalisten *Hitbodedut* – radikales Alleinsein – nennen. Dabei geht es darum, die Einsamkeit zu suchen, sich mitten in sie hineinzusetzen und nicht wieder aufzustehen, nicht nachzugeben, was auch immer geschehen möge, bis der Durchbruch gelingt – bis der Betreffende vom Alleinsein zur Einzigartigkeit gelangt und zu einem tieferen Seelenmuster-Gewahrsein findet.

Faszinierenderweise schrieb Caros Freund und Kollege, Chaim Vital, der zur selben Zeit in Safed lebte, in seinem Meisterwerk *The Tree of Life (Der Baum des Lebens)*, dass »ein Maggid vom Atem desjenigen gebildet wird, der in Wahrheit studiert.« Mit anderen Worten: Der Geist, mit dem Joseph Caro da studierte, war kein anderer als sein eigener Führer, den er aus den tiefsten Tiefen seiner Seele herbeigerufen hatte. Es wäre nicht völlig abwegig zu behaupten, ein Maggid sei die Personifizierung des Seelenmusters.

Die Mystiker bezeichnen dieses Wandeln zwischen öffentlicher und privater Sphäre als Tanz von *Jichud* und *Jachad*. Beide Worte werden gleich ausgesprochen und stammen von derselben hebräischen Wurzel. *Jichud* bedeutet »einmalig, besonders, einzigartig«; *Jachad* heißt »gemeinsam« und lässt an Gemeinschaft, Menschenmenge und Geselligkeit denken. Erst durch das Pendeln zwischen beiden Welten können wir von anderen und uns selbst angenommen werden.

Nur der Einsame

Um diesen Teil des Buches zum Abschluss zu bringen, möchte ich Sie mit meinem Lieblings-Seelenmuster-Empfänger bekannt machen, mit jenem Mann, der mich gelehrt hat, selbst Seelenmuster-Empfänger zu sein. Er heißt Mordechai, so wie ich selbst im Hebräischen heiße.

Sollten Sie je in Jerusalem gewesen sein, haben Sie ihn vielleicht gesehen. Er trägt ein weißes Gewand und einen langen, vom Alter gebleichten Bart, und seine Stimme ist so kräftig, als sprächen siebzig Mann. Seine Tage verbringt er als Wächter der Klagemauer, er trompetet Gebete gegen den weißen Stein, teilt Gewürzbündel und Segen aus, verbreitet Wärme und Staunen und begrüßt die Scharen der Besucher und Pilger, die hierher kommen.

Eine Zeit lang lebte ich selbst in den verwinkelten Gassen und Bögen des Viertels an der Westlichen Mauer, und Mordechai wurde damals zu einem Quell der Freude und Erleuchtung für mich. Stets schwirrten einige Seelen um ihn herum, die seine

Sicht, seinen Rat, seinen Segen suchten. Er war nichts Geringeres als ein allzeit geöffnetes Tor zu einer friedvollen Welt. Für jeden Besucher war er da, und jedem bot er einen kostbaren Blick in seine eigene Seele. Er war ein Seelenmuster-Empfänger, wie ich keinen zweiten gesehen habe.

Als ich eines Abends spät durch das Straßengewirr der Altstadt schlenderte, entdeckte ich halb hinter Ruinen verborgen eine weiß gekleidete Figur. Das konnte nur mein Mordechai sein, und so eilte ich zu ihm, um ihn zu begrüßen. Doch diesmal schallte mir seine kräftige Stimme nicht entgegen. Er war still, in sich selbst gekehrt. Das offene Portal, das er sonst bot, war plötzlich versperrt. Mit geschlossenen Augen saß er da und sang ganz sanft den alten Roy-Orbison-Hit »Only the Lonely« (»Nur der Einsame«).

Dann erzählte er mir mit leiser Stimme, dass er jeden Tag mindestens vierzig Minuten lang seine Kommunikationspforten geschlossen hielte und für sich allein bliebe. Dies war einer dieser Momente der Zurückgezogenheit. Als ich das hörte, entschuldigte ich mich und machte mich davon. Ich schämte mich irgendwie, denn mir war, als hätte ich mit viel zu schweren Stiefeln geheiligten Boden betreten. Nachdenklich machte ich mich auf den Weg nach Hause, und jede Straßenwindung schien mich tiefer in meine Einsamkeit zu führen, bis ich zu jener Zelle in mir gelangte, die meinen eigenen geheiligten Grund birgt, und leise trat ich ein.

Es war eine Erfahrung, die mich verwandelte. Ich war in mich selbst eingekehrt und wusste am nächsten Morgen kaum noch, wie ich wieder herausfinden sollte. Den ganzen Tag verbrachte ich im Zwischenraum zwischen meiner inneren und der äußeren Welt, unfähig, die Schwelle zu überschreiten, um für andere offen sein zu können.

Als ich dann aber das Haus verließ, um den unaufschiebbaren Geschäften des Tages nachzugehen, traf ich Mordechai, der auf den kopfsteingepflasterten Straßen seinen Segen austeilte. Mit strahlenden Augen, stets ein Lied auf den Lippen, nahm er alle Besucher mit offenen Armen in Empfang. Wie ich ihm so zusah, ihm, der den Menschen ringsum so viel zu geben und immer für sie offen war, erkannte ich etwas Entscheidendes: Wenn wir uns nach innen wenden, tun wir es nicht, um dort zu bleiben, sondern um anschließend umso liebevoller, umso freudiger auf die Außenwelt zugehen zu können. Ich trat auf Mordechai zu und wollte ihm schon erzählen, welch tiefe Erkenntnis er mir gebracht hatte ... doch noch bevor ich zu sprechen begann, bat er mich mit leiser Stimme, ihn zu segnen.

Als ich ihm meinen Segen gab, wurde auch ich von ihm gesegnet. So wie er, indem er mich segnete, seinerseits etwas von mir empfangen hatte.

Was wurde uns da zuteil? Das Seelenmuster unseres ureigenen Selbst.

Teil III

• • • • • • • • • •

Der Seelenmuster-Auftrag

8

Die Seele ruft!

Jeder ist berufen

In den ersten beiden Teilen dieses Buches haben wir erfahren, dass sich hinter unserer Einsamkeit die Unfähigkeit verbirgt, einem anderen Menschen unsere Wesensessenz zu vermitteln. Einsamkeit entsteht, wenn wir außerstande sind, andere – ob Freund, Geliebte oder Gemeinschaft – an unserem Seelenmuster teilhaben zu lassen. Je einzigartiger unser Seelenmuster, desto schwieriger ist es zu vermitteln, und desto stärker das Bedürfnis es mitzuteilen. Besteht der Zweck des biblischen Lebens, *Telos*, darin, zum Guten zu gelangen, wie dies mit den Worten »Gott sah, dass es gut war« in der Genesis angezeigt wird, dann ist und bleibt das Nicht-Gute der Einsamkeit *die* große Herausforderung im Leben eines jeden Menschen. Sie zu überwinden und zu Verbundenheit, Liebe, Einheit zu gelangen, ist nicht nur eine populärpsychologische Übung auf dem Weg zur persönlichen Erfüllung oder Befriedigung. Es ist das Ziel der Existenz an sich – das Ziel allen Seins und Werdens.

Es ist darum kein Zufall, dass der Urtrieb unseres Lebens uns zur Erfüllung unseres essenziellen Zwecks hier auf Erden drängt. Die biblische Überlieferung fordert uns auf, von der Einsamkeit zur Liebe, von der Getrenntheit zur Einheit, vom Schmerz der Verlassenheit zur reinen Freude der Verbundenheit zu gelangen.

Doch das eigene Seelenmuster auszuleben bedeutet nicht nur, die Wahrheit unserer individuellen Einzigartigkeit zu zelebrieren oder uns zu fragen, inwieweit wir in der Lage sind, sie mit anderen Menschen auszutauschen. Denn in jedem Seelenmuster steckt auch der Ruf nach dem Sein, dem Selbst und letztlich nach dem Tun. Dies ist der Fanfarenstoß, der uns zu unserer persönlichen Mission in der Welt auffordert.

In diesem Kapitel werden wir erkunden, wie uns der Ruf unserer Seele zu unserem Auftrag hinführt, der da lautet, in dieser unserer Welt authentisch und im Einklang mit uns selbst zu leben.

Die Physik der Seele

Auf den nächsten Seiten werde ich das theoretische Gerüst erläutern, auf dem sowohl dieser Teil des Buches als auch der nachfolgende zum Thema Seelenmuster-Geschichten basiert. Dazu werde ich mich einer einfachen Analogie zur Physik bedienen. Wem Theoretisches weniger liegt, kann diese Passage überspringen und sich direkt den praktischen Aspekten der Seelenmuster-Mission zuwenden (»Die Dramatik des Rufs«, Seite 206).

Ich mag schnulzige Liebeslieder. In guten Gedichten, in der klassischen Literatur, im Mystizismus und in schnulzigen Liebesliedern wird als Metapher für die Seele vor allem das Licht gebraucht.

Auch in der biblischen Überlieferung wird zur Verdeutlichung dessen, was ich als Seelenmuster bezeichne, das Bild des Lichts herangezogen. Unser Seelenmuster ist unser Licht. Wenn wir beispielsweise singen: »Du bringst Licht in mein Leben« oder »Du bist mein Sonnenschein«, meinen wir damit eben nicht »Du greifst mir finanziell unter die Arme« oder »Du förderst mich in meiner politischen Karriere«. Wir wollen vielmehr sagen, dass deine unendliche Besonderheit – dein Seelenmuster – mein Dasein erhellt.

In der Bibel wird das Licht symbolhaft als Kerze Gottes bezeichnet. Und die Meister bringen unsere Analogie auf den Punkt, wenn sie sagen: »Die Kerze Gottes ist die Seele des Menschen.« Die Assoziation zwischen Licht und göttlichem Geist ist offenbar in unsere Seele eingebrannt.

Um – abgesehen von so offensichtlichen Erklärungen, dass Licht hell ist und es uns sehen lässt – den Wahrheitsgehalt der symbolischen Gleichsetzung von Licht und Seele zu entschlüsseln, müssen wir uns mit einem kabbalistischen Grundprinzip auseinandersetzen: Die physische und geistige Welt spiegeln einander. Dieser Gedanke, der sowohl in der Kabbalah zu finden ist als auch eines der Grundelemente der platonischen Sichtweise darstellt, geht davon aus, dass die Urbilder der physischen Welt Reflexionen des Spirituellen sind. Aus diesem Grunde bieten sie mit die beste Möglichkeit, die geistige Welt zu verstehen. Ausgehend von diesem Verständnis wenden wir uns nun der Frage zu, wie das Wesen des physischen Lichts das Wesen der Seele »erhellt«.

Licht, so lehrt uns die moderne Wissenschaft, hat zwei verschiedene Eigenschaften: Es ist Teilchen und Welle zugleich. Als Teilchen ist seine Existenz punktuell, als Welle hingegen eher fließender, amorpher Natur.

Nicht nur in der Physik, sondern auch in der alten biblischen Überlieferung wird Licht als doppeltes Phänomen betrachtet. Im Hebräischen heißt Licht *Sapir*. Unser Wort »Saphir« leitet sich davon ab. Der Edelstein mit seinem unvergleichlichen blauen Schimmer ist ein Juwel des Lichts.

Die Übereinstimmung zwischen geistigem und physischem Licht wird deutlicher, wenn wir uns zwei weitere Begriffe ansehen, die sich von dem hebräischen *Sapir* ableiten lassen: *Mispar*, das heißt »Zahl« oder »Nummer«, und *Sippur*, »Geschichte«.

Mispar drückt wie das Teilchen eher eine punktuelle Qualität aus, während *Sippur* wie die Welle eher das fließende Wesen des Lichts erfasst. Dies sind Schwesterbegriffe, die beide aus *Sapir* hervorgegangen sind. Es ist kein Zufall, dass diese Worte die einzigartige Doppelnatur des spirituellen Lichts zum Ausdruck bringen, das unser Seelenmuster ausstrahlt.

Lassen Sie uns nun versuchen, diese beiden Konzepte miteinander in Beziehung zu setzen. *Sapir* – das Seelenmuster-Licht – hat wie jedes Licht zweierlei Formen: Teilchen und Welle, *Mispar* und *Sippur*. Die Physik der Seele spiegelt die Physik des Lichts und umgekehrt.

Mispar in der Bedeutung von Zahl oder Nummer entspricht der Teilchenqualität des Lichts. Es impliziert die Existenz einer einzeln stehenden Einheit, eines ortsfesten Punktes. Das Abzählen oder Nummerieren ist eine Möglichkeit, einen einzelnen, spezifischen Moment, einen Ort, ein Objekt oder eine Person im Meer des Unendlichen zu lokalisieren. Mit der Vergabe einer Nummer geben wir einem bestimmten, einzigartigen, einmaligen Moment eine Identität. In der Sprache der biblischen Überlieferung bedeutet das Wort *Mispar* auch »Grenze«. Es ist die Bezeichnung für das einzeln stehende Teilchen des Selbst. Die Teilchenqualität unserer Seele ist damit unser »partikuläres« *Mispar*, unsere einzigartige, spezifische Zahl oder Nummer.

Sippur in der Bedeutung von »Geschichte« entspricht der Wellenqualität des Lichtes. Es strömt und fließt wie die Geschichten unseres Lebens. Die Wellen-Natur unserer Seele entspricht also dem Drehbuch unserer ganz persönlichen Existenz, dem wellenartigen Fluss der Ereignisse und Emotionen, die uns im Laufe unseres Lebens widerfahren. Wir werden an anderer Stelle in diesem Buch noch einmal näher auf den Begriff von *Sippur* eingehen, wenn wir uns mit dem Wesen unserer Seelenmuster-Geschichten auseinander setzen, mit jenen Wellen in unserem Lebens-Licht, das in die Welt hinauszutragen wir aufgerufen sind. Die *Sippur*- oder Geschichtenqualität unseres Seelenmusters ist nicht unsere besondere Berufung oder Mission, sondern der Fluss der Ereignisse, die unverwechselbare Komposition unseres Lebensskripts, der gewundene Verlauf unseres Seelenmusters. Die Wechselfälle, Details, Bilder und scheinbaren Zufälle unseres Daseins verweben sich zu einer Geschichte, die sich von der eines jeden anderen Menschen auf der Erde unterscheidet.

Mispar ist das rufende Element unseres Seelenmusters; rufend insofern, als es dem Menschen das Gefühl gibt, zu einer speziellen Mission oder Bestimmung hingezogen zu sein. Eine Zahl ist der Ruf des Unendlichen durch einen endlichen Punkt. In einer Zahl begrenzt sich die Unendlichkeit, um sich Gehör und Gesicht zu verschaffen. Der Ruf richtet sich an den Menschen als individuelles Einzelwesen mit einem eigenen definierten Schicksal, das es zu erfüllen gilt. Die Belegung der Seele mit einer Zahl hebt den Einzelnen aus der Masse heraus. Sie zeugt davon, dass wir einzigartig, einmalig und unverwechselbar und darum zu einer Mission berufen sind, zu einem »Punkt« der Sinnhaftigkeit, den wir und nur wir allein zu erfüllen haben.

Hat nicht die Vorstellung der Vereinzelung etwas Beängstigendes, vielleicht sogar Einsames? Ja, das hat sie, aber nur auf den ersten Blick. Oberflächlich betrachtet grenzt uns die Einzigartigkeit unserer Seelen-Zahl als etwas Einmaliges, Unverwechselbares ab und steht damit im Gegensatz zu dem weiter vorne im Buch besprochenen All-Eins-Sein. Auf einer tieferen Ebene können wir jedoch nur durch die Erfüllung unserer ganz persönlichen Berufung die Kanäle in unserem Seelenmuster öffnen, die uns zur Verbundenheit, Liebe und Gemeinschaft finden lassen. Unsere Einzigartigkeit ist in der Tat der wichtigste Zugangsweg zum großen Einen. Die Zahl ist der Ruf des Einen durch das Eine.

In diesem dritten Teil des Buches werden wir uns mit dem *Mispar*, dem Teilchen/Zahl-Aspekt unseres Seelenmusters befassen. Wie auch im Falle des Lichts lassen sich *Mispar* und *Sippur* jedoch nicht voneinander trennen. Licht ist immer und jederzeit sowohl Welle als auch Teilchen. Darum muss es auch zwischen den beiden spirituellen Äquivalenten eine natürliche Überlappung geben. Und in der Tat sind das Ausleben der Seelenmuster-Geschichte und die Befolgung des Seelenmuster-Rufs zwei sich ergänzende, manchmal sogar identische Unterfangen. Doch so wie es in der Physik unterschiedliche Begriffe zur Beschreibung verschiedener Eigenschaften des Lichts gibt, so betrachten auch wir *Mispar* und *Sippur* als unterschiedliche Qualitäten – und auf diese Weise vertiefen wir unser Verständnis von *Sapir*, unserem Seelenmuster-Licht.

MISPAR – der Fanfarenstoss

Aus der Tiefe unseres Seelenmusters erschallt der Ruf, im Einklang mit unserem wahrsten und reichsten Selbst zu leben, und treibt uns in die Welt hinaus. Wie ein Glockenhall oder Fanfarenstoß fordert er uns auf, uns zu erheben und zum Appell zu erscheinen.

Dieser Gedanke wird auf das Trefflichste in einem biblischen Text aus dem dritten Jahrhundert illustriert, der beschreibt, wie vor zwölfhundert Jahren die Kinder Israels in der Wüste einer Volkszählung unterzogen wurden. »Mose betrat das Zelt dessen, der in der Zählung erfasst werden sollte … im Augenblick des Zählens aber verließ die Wolke der Herrlichkeit (die Gegenwart Gottes) das Offenbarungszelt (den kleinen Tempel in der Wüste) und verharrte voller Liebe über dem Zelt dieses Menschen.« Die Erfassung jeder einzelnen Person war Bestätigung der einzigartigen Würde, der absoluten Angemessenheit und des besonderen Wertes dieser Person. Jeder Einzelne »zählte« in jeder Hinsicht. Diese Würde und dieser Wert sind Ausdruck des Rufs, den wir vernehmen und der einen jeden von uns zu etwas ganz Besonderem macht.

Wenn wir das »Zählen« allein auf das Sammeln technischer Daten reduzieren und vergessen, dass die Zahl das Fenster zu unserem individuellen Ruf ist, dann beschwören wir einen dunklen Schatten herauf. Jede großartige Idee hat ihre ganz spezifische, gefährliche Schattenseite. Im Fall der zahlenmäßigen Erfassung besteht diese in der Reduktion des Menschen auf eine Sache, eine Nummer eben, so als wolle man ihn zu rein buchhalterischen Zwecken wie Vieh behandeln. In der biblischen Geschichte kommt sie in dem Augenblick zum Tragen, als die über der Zählung schwebende göttliche Gegenwart korrumpiert wird: Mehrere Jahrhunderte später nämlich lässt König David ebenfalls eine Volkszählung durchführen. Ihm geht es jedoch darum, seine Macht und Kontrolle zu demonstrieren. Der biblischen Tradition folgend, die niemals zögert, die Fehler ihrer Helden bloßzulegen, wird er für seinen Hochmut herb kritisiert. Beim Zählen in der Wüste war das Endergebnis belanglos, es ging einzig um die Bestätigung, dass jeder Einzelne zählte. Bei Davids Zählung hingegen war nur die letzte Zahl – das Endergebnis – von Bedeutung. Doch sie stand unter keinem guten Stern und brachte solches Unheil, dass es in der mystischen Tradition zur Regel wurde, Menschen niemals laut zu zählen, beispielsweise um die Anzahl der Gäste an der Tafel zu ermitteln.

In seiner düstersten Form manifestierte sich der Schatten im Hitler-Deutschland. In dem teuflischen Versuch, die Schönheit des persönlichen Rufs – der individuellen Nummer – zu unterminieren, ließen die Nazis jedem KZ-Insassen eine Nummer eintätowieren. Statt Einzigartigkeit, Berufung, Würde oder Wertschätzung zum Ausdruck zu bringen, diente diese zur Identifizierung eines jeden Einzelnen, um über seine Exekution durch Gas, Folter oder Verhungern ordnungsgemäß Buch führen zu können. Das Bild des Menschen mit eintätowierter Nummer am Arm verfolgt uns bis heute. Es ist das Symbol für die bizarrste Form der Erniedrigung, der das Seelenmuster der Menschheit anheim fallen kann.

Hitlers erklärtes Ziel war es, die Kerngedanken der biblischen Mythologie zu zerstören und durch den teutonischen Mythos von Rasse und Blut – durch das, was er als arische Größe bezeichnete – zu ersetzen. »Ich stelle mich gegen die Bibel und ihre lebensverachtenden zehn Gebote«, mit diesen Worten zitiert ihn

Herman von Rauschning in seinen Memoiren »Stimmen der Zerstörung«. Für Hitler waren alle, die den biblischen Ethos verinnerlicht hatten, vom Judentum oder dem, was er als »jüdischen Geist« bezeichnete, infiziert. »Ich befreie die Menschheit von ... den Anforderungen der ... Freiheit und persönlichen Unabhängigkeit«, sagte Hitler zu Rauschning. »Zwei Welten stehen einander gegenüber. Ich sehe den Arier und den Juden einander gegenüberstehen, und wenn ich den einen als Mensch bezeichne, muss ich den anderen anders nennen. Die beiden sind so weit voneinander entfernt wie Mensch und Tier.« Nachdem ein Großteil meiner Familie durch eben diesen teutonischen Mythos zu Tode kam, betrachte ich die Tatsache, dass ich in alle Welt reise, um an der Verbreitung der biblischen Tradition in unserer Zivilisation mitzuwirken, als einen nicht geringen Sieg über die Finsternis. Jeder, der die einzigartige Pracht seines Seelenmusters mit offenen Armen annimmt, ist ein weiterer Beweis dafür, dass das Licht von *Mispar* – das Licht eines Berufenen – über die Dunkelheit siegt, die den Menschen zur statistischen Größe reduziert, die es abzuheften oder auszurotten gilt.

Die Dramatik des Rufs

Das dritte Buch der Bibel beginnt mit den Worten »*Vajikra el Moshe.*« Wörtlich aus dem Hebräischen übersetzt bedeutet das: »Gott rief Mose.« Mose ist der Berufene. Nach kabbalistischer Auffassung sind wir alle berufen. Wie im Falle von Mose ist das Leben für jeden von uns entweder ein Abenteuer, indem wir dem Ruf folgen, oder es ist nichts. Zu leben heißt, berufen zu sein – und dem Ruf Folge zu leisten.

Manchmal wird eine Idee erst dann verständlich, wenn wir uns mit ihrer Alternative befassen. In diesem Sinne ist eine Gegenüberstellung von biblischer Überlieferung und Sartres Schule des Existenzialismus hilfreich. Jean-Paul Sartre, der mit seinen

Lehren die Gefühlswelt des modernen Menschen maßgeblich mitgeprägt hat, schreibt in einem seiner bedeutenden Werke mit dem treffenden Titel »Der Ekel«:

»Der Mensch kann mit seinem Willen nichts bewirken, bevor er nicht verstanden hat, dass er auf keinen anderen als sich selbst zählen muss; dass er allein und inmitten seiner unzähligen Verantwortlichkeiten völlig auf sich gestellt ist, ohne Hilfe, mit keinem anderem Ziel als dem, das er sich selbst setzt, mit keinem anderen Schicksal als dem, das er für sich selbst hier auf Erden schmiedet.«

✳

So ist das Leben für jeden von uns entweder ein
Abenteuer, indem wir dem Ruf folgen, oder es ist nichts.

✳

Sartre begreift, dass ein unwirtliches Universum, das dem Einzelnen keinen Ruf des Schicksals entsendet, ein Ort des Ekels ist. Wer sich in das Bewusstsein der biblischen Überlieferung stellt, für den existiert eine essenzielle Energie oder Kraft, die das Universum durchströmt, unseren Namen kennt und uns ruft. Zu leben heißt für den biblischen Menschen, angesprochen zu werden. Angesprochen zu werden bedeutet, von einem persönlichen Schicksal gerufen zu werden, das für die Welt bedeutsam ist und nur von uns und niemand anderem erfüllt werden kann.

In mancher ihrer klassischen Formen versucht die Psychologie, unser Gefühl des Gerufenseins zu untergraben. Sie erklärt unseren Drang, die eigene Berufung zu finden, zur Krankheit und belegt ihn mit Diagnosen wie Störung, Neurose, manische Depression oder Größenwahn. In weiten Teilen scheint sie unsere authentischen und dringlichen menschlichen Ambitionen als verfehlt abzutun. Und wie der Therapeut Otto Rank stellt man sich die Frage, ob nicht die Verleugnung der menschlichen Größe durch die Psychologie die Symptome und Komplexe erst verursacht, die sie anschließend genussvoll mit ihren Etiketten belegt. Alle Psychoanalyse der Welt kann uns die Fragen nicht beantworten, wer wir sind, warum wir hier auf Erden weilen, warum wir sterben müssen oder wie wir unser Leben zum triumphalen Erfolg machen können. Versucht die Psychologie, sich als vollständige Erklärung der menschlichen Motivation anzupreisen, wird sie zum Betrug. Sie stellt die Lage des Menschen als einen Morast dar, aus dem es kein Entrinnen gibt.

»In meinem Fleische werde ich Gott schauen«, so sagt uns Hiob. Die Kabbalisten fordern die Psychologie auf, die menschliche Erfahrung ernst zu nehmen. Wenn sich eine Milliarde Menschen zu spirituellen Aufgaben berufen fühlt, dann muss das einen guten Grund haben. Wenn wir das Gefühl haben, dass unser Leben einen Sinn haben muss, dass wir zu einem großen Abenteuer berufen sein müssen, dann ist dies aller Wahrscheinlichkeit nach auch der Fall. In dem Gefühl, berufen zu sein, schwingt das erste Echo des Rufes selbst.

Die US-amerikanischen Puritaner liefern ein beeindruckendes Beispiel von Menschen, die im Bann ihrer Berufung stehen. Sie leiten ihre ganze Identität von dem Glauben her, dass sie zu Gott »gerufen« sind. Dem Ruf folgend, überquerten sie den Ozean, um Neuland zu erschließen. Sie betrachteten sich als Nachfolger der Hebräer, die zum Exodus ausersehen waren. Auf ihrem Weg in ihr neues Gelobtes Land, das sie Neu-Jerusalem nannten, dienten ihnen die biblischen Schriften als Leitfaden. Auf diese Weise wurde der Same des biblischen Mythos von der Berufung in den Boden Neu Englands gepflanzt. Hier konnte die Mythologie keimen und wachsen, die zu einer der Haupttriebfedern der amerikanischen Geschicke werden sollte. Denn auch Nationen haben eine Berufung in der Welt.

So wie Hiob Gott in seinem Fleische schaute, hörten die Puritaner das Echo ihres Rufs in der physischen Welt, in jedem Lied, das sie sangen, jedem Haus, das sie bauten, jeder Kuh, die sie molken. Denn das Wort *Berufung* beinhaltet die Aufforderung zum Dienst an Gott und der Welt. Und mit eben dieser doppelten Bedeutung nahmen es die Puritaner ernst, schweißte sie doch das spirituelle und physische Bemühen des Menschen zu einem heiligen Schicksal zusammen. Für alle von uns heißt berufen zu sein, das spirituelle Streben hin zum Göttlichen mit dem physischen Streben hin zur Welt zu verbinden – es unter ein Joch zu bringen, mit den Füßen fest auf beiden Äckern zu stehen.

Seelenmuster-Hinweise

Wie nun kann sich der Ruf Gehör verschaffen, besonders wenn wir nicht zu jenen Menschen zählen, die laufend Stimmen aus brennenden Büschen oder Autoradios hören. Wer mit meiner Anspielung auf Autoradios nichts anfangen kann: Ich spreche von »Oh, Gott«, einem Film aus den siebziger Jahren mit George Burns und John Denver in den Hauptrollen. Gott (alias George Burns) spricht über das Radio zu Denver, und natürlich wird der von allen für verrückt gehalten. Damit beginnt der Film.

Bei allem Respekt vor George Burns gibt sich das Universum doch meistens zugeknöpfter, und die Rufmechanismen sind komplexer als ein gängiges Autoradio. Der Kosmos arbeitet mit einem clever ausgeklügelten System von »Seelenmuster-Hinweisen«.

Solche Hinweise können wir plötzlich und unerwartet oder ganz langsam und subtil bekommen. In letztere Kategorie fallen Ereignisse, Orte oder Bilder, die uns in unserem Leben immer und immer wieder begegnen und in eine bestimmte Richtung weisen. Wenn wir beispielsweise immer wieder einem bestimmten Menschen über den Weg laufen, so ist dieser auf irgendeine (mal mehr, mal weniger gewichtige) Weise für die Erfüllung unseres Seelenmusters bedeutsam. Oder wenn wir bei der Arbeit oder in einer Beziehung immer wieder in dieselbe Dynamik hineingeraten, dann könnte dies ein Hinweis unseres Seelenmusters sein, dort einmal genauer hinzuschauen. Vielleicht ist das Reifen

Seelenmuster-Praxis

Der Ruf unseres Seelenmusters kann uns auf verschiedene Weise erreichen und in den unterschiedlichsten Stimmen zu uns sprechen. Wie oft, wann und auf welche Weise haben Sie einen solchen Ruf erhalten?

Lassen Sie sich von den oben stehenden Beispielen inspirieren und notieren Sie in der folgenden Tabelle, welche Rufe Sie womöglich erhalten haben.

Tragen Sie in die erste Spalte die Art des Rufs ein (zum Beispiel ein Lied, das Ihnen nicht mehr aus dem Kopf geht, ein Ereignis oder ein Ort, der sie tief bewegt hat).

In der zweiten Spalte können Sie notieren, wo, wann oder wie sie der jeweilige Ruf erreicht hat.

Und in der dritten Spalte sollten Sie ganz spontan und ohne nachzudenken in wenigen Worten aufschreiben, wozu Sie berufen sind.

Art des Rufs	Wann/Wo hat er Sie erreicht?	Berufung wozu?

an dieser Herausforderung Teil unseres Seelenmuster-Auftrags. Wiederkehrende Träume können ein Hinweis auf Seelenmuster-Geheimnisse sein, die uns unser Unbewusstes mitteilen will. Ein Film oder Theaterstück, ein Liedtext, der uns nicht aus dem Kopf geht, ein Buch, eine Kassette, ein Vortrag oder ein zufällig mit angehörtes Gespräch, das sich direkt an uns zu wenden scheint, all das können Lehrer unserer Seele sein, die uns in einer anstehenden Entscheidung führen oder zu einer notwendigen Einsicht verhelfen. Orte, an die wir immer wieder zurückkehren, Wünsche, die uns Jahre lang verfolgen, oder Krankheitssymptome, die über einen längeren Zeitraum immer wieder zurückkehren – all das kann eine tiefere, kodierte Botschaft bergen oder auch nur eine verschleierte Warnung oder ein Wegweiser auf unserer Reise durchs Leben sein.

Der unerwartete Ruf

Mein eigenes Leben wurde auf dramatische Weise von einem plötzlichen Ruf geprägt – von jener Art des Rufs, wie sie sich aus einer radikalen Wendung der Ereignisse ergibt.

Mit dreizehn kam ich auf ein Internat, und dort begegnete ich einem Engel. Er hieß Pinkie Bak, war neunundzwanzig, ein weiser, gütiger Mensch, ein brillanter Lehrer und außerdem Direktor der Schule. Da diese keinen eigenen Schlafsaal hatte, war ich in seinem Privathaus untergebracht. Bis ich auf die Highschool kam, gestaltete sich mein Leben an vielen Fronten als schwierig. Wie viele Jugendliche in diesem Alter war mein Selbstwertgefühl denkbar gering, ich fühlte mich überfordert und wusste nichts von Würde. Pinkie aber lehrte mich, dass ich wertvoll und wichtig war und von einem der Engel Gottes höchstselbst geliebt wurde. Zugleich vermittelte er mir, dass die Verbreitung der Wahrheit von der Einzigartigkeit des Menschen das Allerwichtigste im Leben sei. All das Wissen, das ich mir in der Highschool angeeignet habe, war nichts im Vergleich zu dem, was ich damals von dem Schuldirektor lernen durfte. Pinkie hat mir mein Selbst zum Geschenk gemacht – die Erkenntnis, dass ich zähle.

Eines Tages fand anlässlich eines religiösen Feiertags ein Schulfest statt, und Pinkie tanzte ausgelassen, lebendig, feurig, seine Begeisterung war ansteckend. Irgendwann verklang die Musik, und die Schüler begannen mit der Aufführung ihres alljährlichen Satireprogramms, bei dem die Mitarbeiter der Schule mal mehr, mal weniger sanft auf die Schippe genommen wurden. Pinkie stand neben mir. Er war sichtlich amüsiert. Auf einmal aber sank er unvermittelt in sich zusammen. Er sah mich an und beruhigte mich: »Mach dir keine Gedanken. Es geht mir gleich wieder besser. Kümmere dich nicht um mich …«, und dann starb er einfach. Wie wir später erfuhren, war er an einem Gehirn-Aneurysma gestorben. Ich begleitete seinen Leichnam ins Krankenhaus und saß völlig verstört bis zum Morgen bei ihm.

Als Schülervertreter hatte ich die Aufgabe, bei Pinkies Beerdigung ein paar Worte zu sagen. Ich weiß auch nicht, was mich trieb, ich weiß nur, dass mir in jenem Augenblick die Gabe des Redens zuteil wurde. Meinen Worten wuchsen Flügel, und mühelos schwangen sie sich zu Höhenflügen auf, auf die sie die Trauernden mitnahmen. Vor der ganzen versammelten Gemeinde schwor ich, den Stab aufzuheben, den Pinkie fallen gelassen hatte und meinerseits Weisheitslehrer zu werden.

Vor Pinkies Tod hatte ich nicht gewusst, dass dies mein Weg sein würde. Seit jener Rede aber ist mir stets klar gewesen, dass ich berufen war, und ich bin nie von diesem Pfad abgekommen. Alle Versuche, mich anderweitig zu orientieren, brachten mich letztlich wieder zu ihm zurück.

Meine Reaktion auf Pinkies Tod ist ein Beispiel für einen unerwarteten Ruf, für einen, der aus einem plötzlichen Bruch im Leben entsteht. Wie er uns erreicht, ist bei jedem verschieden. Nachfolgend sind einige der dramatischen Augenblicke aufgeführt, durch die wir plötzlich aufs Eindringlichste berufen werden können. Ergänzen Sie die Liste durch Begebenheiten, die Sie an bestimmten Punkten Ihres eigenen Lebens überraschend dazu gezwungen haben, Ihre eigene Mission und Ihre Bestimmung zu überdenken:

• Ein Ultimatum des Partners
• Ein überraschendes Stellen- oder Vertragsangebot, das zu gut war, um abgelehnt zu werden – besonders wenn es um eine Sache ging, von der Sie immer schon geträumt hatten
• Eine Kündigung oder die Notwendigkeit, vor etwas zu fliehen

- Sonderbare Zufälle, hinter denen sich ein Ruf zu verbergen schien
- Ein Kinofilm, ein Buch oder eine Erfahrung, die Ihr Leben verändert haben
- Ein Todesfall, ein Unfall oder eine Scheidung
- Eine neue Liebesbeziehung
- Die Geburt eines Kindes

Haben Sie auf solche aufwühlenden Situationen, hinter denen sich ein Ruf hätte verbergen können, reagiert? Warum ja? Warum nicht?

*»Weder Büßerhemd noch weiche Wiege sind gemeint.
Der Ort, zu dem Gott uns ruft, ist wo sich unsere tiefe
Freude und der tiefe Hunger der Welt begegnen.«*

Was ruft Sie?

Der protestantische Theologe Frederick Buechner definiert Berufung wie folgt: »Weder Büßerhemd noch weiche Wiege sind gemeint. Der Ort, zu dem Gott uns ruft, ist wo sich unsere tiefe Freude und der tiefe Hunger der Welt begegnen.«

Mit der nachfolgenden Übung können Sie die Begebenheiten, Handlungen und Interessen betrachten, die Ihrem Seelenmuster-Auftrag Kontur verleihen.

Seelenmuster-Praxis

Stellen Sie sich die folgenden drei Fragen:

- Was kann ich gut?
- Was tue ich gern?
- Was braucht die Welt am dringendsten?

Schreiben Sie zu jeder der drei Fragen mindestens fünf Antworten auf. Dann bewerten Sie jede der Aktivitäten in den drei Listen nach einer Punktskala von eins bis fünf, wobei fünf jeweils für die Dinge steht, die Sie am allerbesten können, am allerliebsten tun und die die Welt am allerdringendsten braucht.

Wenn Sie damit fertig sind, dann schauen Sie, in welcher Beziehung die Einträge der drei Listen zueinander stehen.

Ist beispielsweise das, was am nötigsten gebraucht wird, gleichzeitig auch das, was Sie am liebsten tun und am besten können, dann ist die Frage nach Ihrer Berufung leicht zu beantworten. Nach meinen Beobachtungen ist dies bei einer bemerkenswert großen Zahl von Menschen der Fall.

Gibt es eine Sache, für die ein dringendes Bedürfnis besteht, die Sie relativ gut beherrschen und die Ihnen einigermaßen Spaß bereitet, dann müssen Sie entscheiden, ob Sie der Notwendigkeit den Vorzug vor einem Maximum an Freude geben wollen.

Andererseits kann es etwas geben, das Ihnen höchstes Vergnügen bereitet, wofür aber in der Welt nur mäßiger Bedarf herrscht. In diesem Fall müssen Sie entscheiden, ob Ihnen Spaß vor Notwendigkeit geht.

Eine der wichtigen Variablen bei der Arbeit mit diesen Listen ist die Art, wie Sie persönlich den Begriff »Bedürfnis« definieren. Handelt es sich um persönliche, familiäre oder gesellschaftliche Bedürfnisse? In einer vernünftigen Liste sollten alle drei Bereiche Berücksichtigung finden.

9

Das Wesen unserer Mission

Fünf Wahrheiten

Der Auftrag, den wir in unserem Leben zu erfüllen haben, ist nicht unser Job, sondern unsere Berufung, unsere Vokation. Vokation leitet sich vom lateinischen *vocare*, zu deutsch »rufen« oder »berufen«, und *vox,* zu deutsch »Stimme« ab. Vokation, also Berufung, ist jener Ort, an dem ich meine Stimme fand. Ich gehe dem Wesen unserer Seelenmuster-Mission hier auf den Grund, um Ihnen damit vor Augen zu führen, dass der Ruf das höchste Wirklichkeitsprinzip des Lebens ist. Ich möchte Ihnen dabei helfen, den Ruf zu erkennen, wenn er an Sie herandringt, und Ihnen das notwendige Instrumentarium an die Hand geben, um Ihr Leben nach ihm auszurichten. Um dies zu tun, werden wir uns im Folgenden mit dem befassen, was ich als »die fünf Wahrheiten über die Berufung« bezeichne.

Die Fragen, die es zu beantworten gilt, lauten: Wie sieht ein solcher Ruf aus? An welchen Merkmalen lässt er sich erkennen? Sind in der biblischen Überlieferung irgendwelche besonderen Auffassungen des Begriffs zu finden, die in anderen Weisheitslehren fehlen? Wir müssen uns jedoch nicht nur mit den Charakteristika des Rufs, sondern auch mit dem Charakter des Menschen befassen, der da gerufen wird.

Welche spirituellen Fähigkeiten müssen wir entwickeln, welche »Charakter-Muskeln« trainieren, damit wir stark genug werden, um dem Ruf Folge leisten zu können?

Die erste Wahrheit: Der Ruf ist einzigartig

Am trefflichsten lässt sich der Begriff der »Einzigartigkeit«, der in unserer auf Gleichmacherei ausgerichteten Welt nicht immer leicht zu erfassen ist, mit dem Bild einer Symphonie umschreiben. In einem Orchester gibt es viele Instrumente, die allesamt gebraucht werden, um die Musik zu erzeugen. Jedes ist anders und besonders, ohne »besser« als die anderen zu sein. Symphonie ist das Gegenteil von Hierarchie. Um an der Symphonie mitwirken zu können, muss man mit allen Instrumenten vertraut sein, um aber die Gesamtwirkung hervorzubringen, muss jedes Mitglied des Orchesters für den einzigartigen Klang – den Ruf – seines Instruments besonders sensibel sein. Man mag auf vielen Instrumenten einigermaßen spielen können, sein eigenes aber muss man meisterhaft beherrschen. Eine Berufung ist nur dann großartig, wenn wir ihr auf großartige Weise folgen. Würde jeder das gleiche Instrument spielen, wäre die Musik nur laut und langweilig, sie hätte weder Struktur noch Harmonie.

Bei der Berufung, der wir in unserem Leben zu folgen haben, geht es nicht um das, womit wir unseren Lebensunterhalt verdienen, sondern um unser Leben an sich. Rufen hat mit Stimme zu tun. Wir müssen erst die Stimme des Rufenden erspüren, dann unsere eigene Stimme finden und schließlich erkennen, dass beide miteinander identisch sind. Wenn wir zu unserer eigenen, fundamentalen Einzigartigkeit, unserer Stimme, finden, dann haben wir Gott gefunden.

Nur allzu oft versuchen wir, der Einzigartigkeit unseres Rufs zu entgehen. Der Fanfarenstoß kann so laut sein, dass wir taub werden. Die Stimme kann nach unserem Seelenmuster so unmittelbar schreien, dass es eine Freude und Bestätigung, manchmal aber auch regelrecht beängstigend sein kann. Die erste Reaktion der Hebräer auf die rufende Stimme in der Wüste Sinai – nach Auffassung vieler Kabbalisten eine innere Stimme – war, in Panik zu fliehen. In einer früheren Geschichte verbirgt Moses selbst sein Antlitz, um nicht von der Stimme überwältigt zu werden, die aus dem brennenden Dornbusch zu ihm spricht. Als der Prophet Jonah eine innere Stimme sagen hört, er solle in der assyrischen Stadt Ninive lehren, bucht er sogleich eine Schiffspassage – aber in entgegengesetzter Richtung. Erst als dadurch sein Leben in höchste Gefahr gerät und er sich im Bauch eines Wales wiederfindet, macht er sich zu seinem eigentlichen Ziel auf.

Unser Wunsch davonzulaufen ist vor allem auf die Angst zurückzuführen, der Aufgabe nicht gewachsen zu sein. Und darum ignorieren wir unseren ganz persönlichen Auftrag. Wir versuchen, in der herrlichen Symphonie des Seins mitzuspielen, ohne unser eigenes Instrument zu erlernen. Aber diese Strategie kann nicht funktionieren, denn wie jeder weiß, werden wir erst dann ins Orchester aufgenommen, wenn wir unseren Part meisterlich beherrschen.

Allgegenwärtig ist die Versuchung, den Eden-Express zurück in das idyllische Eins-Sein des Paradieses zu nehmen, so wie es damals war, bevor der Mensch zur Tat gerufen wurde. Der Baum des Lebens muss der Baum *unseres* Lebens, unser Instrument, unser Seelenmuster sein. Ein Seher namens Chabakuk, der einige Jahre vor Jesus lehrte, rief einmal aus: »Der Rechtschaffene lebt durch seinen Glauben.« Der zeitgenössische Mystiker Abraham Kuk gibt diesem Ausspruch eine neue Betonung. »... durch *seinen* Glauben«, sagt er – das heißt, durch seinen eigenen, individuellen Glauben, sein Seelenmuster.

Wir alle sind in derselben Richtung unterwegs, hin zu der Berufung, die sich aus dem Erkennen unseres individuellen Seelenmusters ergibt. Und doch können wir unser Ziel nur erreichen, wenn wir ganz verschiedene Wege gehen. Das All-Eins-Sein lässt sich nur durch Alleinsein und Einzigartigkeit erreichen. Jenseits aller wichtiger Bindungen an unsere jeweilige spirituelle Gemeinschaft müssen wir uns unsere eigene Religion erschaffen. Es ist der Glaube an unsere einzigartige Berufung, die es so im Leben

217

keines anderen gibt. Wir sind berufen, Priester in unserem eigenen Tempel zu werden.

Um die Einzigartigkeit unseres ganz persönlichen Seelenmuster-Auftrags zu verstehen, kehren wir noch einmal zu Baal Shem Tov zurück, dem Meister und Begründer des Chassidismus, dem wir an anderer Stelle schon einmal begegnet sind.

Baal Shem Tov pflegte immer wieder allein in den Wald zu gehen. Was er dort tat, war ein Geheimnis, das seine Schüler nur allzu gern gelüftet hätten. Als der Meister eines Morgens drei seiner Chassidim bat, ihn in den Wald zu begleiten, folgten sie ihm also mehr als bereitwillig. Sendril, Jehiel und Gershon, so hießen die drei. Der Leser möge sich von den schlichten Namen nicht irreführen lassen, denn jeder von ihnen sollte dereinst selbst zu einem großen Meister werden.

Sie stiegen also alle in den Wagen ein, und Baal Shem setzte sich auf den Kutschbock. Obwohl er die Peitsche stecken ließ, fielen die Pferde in rasenden Galopp. Es erschien den Chassidim so, als würden weder ihre Hufe noch die Räder des Wagens auch nur ein einziges Mal den Boden berühren. Schon bald gelangten sie zu einem Wald von solcher Unberührtheit, dass sie zögerten, ihn zu betreten, aus Angst, einen Zweig abzubrechen oder eine Blüte mit ihrem Atem zu berühren.

Wortlos sprang Baal Shem vom Wagen herunter, spannte die Pferde aus und bedeutete den anderen, ihm zu folgen. Nie hatten die Chassidim einen Wald wie diesen gesehen. Die Bäume waren so alt, dass ein jeder von ihnen die Grundfläche eines Hauses hatte und bis direkt in den Himmel hineinreichte. Bei dem Versuch, die Krone eines besonders großen, prachtvollen Exemplars zu erspähen, entdeckte Jehiel hoch oben im Geäst ein Nest, in dem ein Vogel mit goldenen Schwingen saß. Wie angewurzelt blieb er stehen und sog das goldene Licht des Gefieders in sich auf. Die anderen gingen weiter und ließen ihren vor Ehrfurcht erstarrten Freund zurück.

Nach einer Weile gelangten sie an einen wunderschönen Weiher. Baal Shem neigte sich, um ins Wasser zu schauen, und als die Chassidim das sahen, taten sie es ihm gleich. Aber dies war kein gewöhnlicher Weiher, denn aus dem kristallklaren Wasser schaute ihnen nicht ihr eigenes normales Gesicht, sondern das Antlitz eines engelhaften Wesens entgegen. Die Chassidim staunten, als sie das sahen; doch als sie aufschauten, um von Baal Shem eine Erklärung zu erbitten, merkten sie, dass dieser schon weitergegangen war. Sendril sprang auf, um ihm nachzueilen. Gershon aber blieb und starrte wie gebannt in den Weiher, denn er verstand, dass er seinem eigenen Schutzengel in die Augen schaute. Er konnte sich von seinem Anblick einfach nicht losreißen.

Auf ihrem Weg durch den Wald gelangten Baal Shem und Sendril zu einer Gruppe von Bäumen, die leuchteten und flackerten, als würden sie in Flammen stehen. Doch sie strahlten keine Hitze ab und wurden auch nicht verzehrt. Sendril wollte stehen bleiben, um das merkwürdige Phänomen zu untersuchen, doch Baal Shem schaute kaum hin und eilte weiter. Der Schüler aber dachte an die Vision von Mose und dem brennenden Dornbusch, und so blieb er zurück, um dem Geheimnis der in Flammen stehenden Bäume auf die Spur zu kommen. Er merkte nicht, dass der Meister längst weitergegangen war.

Und so kam Baal Shem allein am Baum des Lebens an.

Im mystischen Gedankengut ist der Lebensbaum ein »Flimmern von *Jechida*«, der höchsten der fünf Seelenebenen. Vielleicht erinnern Sie sich daran, dass *Jechida* gleichzeitig einmalig, besonders und allein bedeutet. Manchmal versuchen wir, uns dem Ruf unseres Seelenmusters zu entziehen, indem wir andere mit auf den Weg nehmen. Über weite Teile der Strecke sind wir auf solche Begleiter auch tatsächlich angewiesen. Ein Wegstück aber – die letzten Schritte zu unserem Lebensbaum – können wir nur allein zurücklegen. Ein Teil des Rufes richtet sich ausschließlich an uns allein, an unser einzigartiges Seelenmuster.

Nur allzu gerne wollte sich Baal Shem auf seinem Weg begleiten lassen. Mit Freuden hatte er seine Schüler mit auf den Weg genommen, um sie an seiner Weisheit teilhaben zu lassen. Er war sicher, dass er sie zu ihrem Lebensbaum würde hinführen können. Doch in dieser Geschichte erfährt er, dass sein Lebensbaum nicht unbedingt der ihre ist. Er kann sie in seiner Kutsche bis zum Rand des Waldes bringen, sie können sogar gemeinsam ein Stück weit hineingehen. Doch dann wird ein jeder an eine andere Stelle gerufen.

Nachdem Baal Shem Tov zu seinem Lebensbaum gelangt war, kehrte er voller Freude mit neuem Schwung und Engagement in seine Gemeinschaft zurück. Auch wir müssen stets zu unseren familiären und gesellschaftlichen Pflichten zurückkehren. Doch das Wegstück, das es allein zu gehen gilt, können wir niemals überspringen.

Die falsche Schreibweise

Nach dem Kabbalisten Chaim Vital, der im sechzehnten Jahrhundert in Galiläa lebte, hat jeder Mensch einen eigenen, spezifischen Buchstaben in der Bibel. Mein Buchstabe ist nicht Ihrer, und Ihrer ist nicht meiner. Die heilige Schrift entsteht durch die Verknüpfung all der vielen einzigartigen Buchstaben zu Sätzen, Absätzen, Kapiteln und schließlich einer kompletten Geschichte.

Das Paradoxe an der Einzigartigkeit als Folge der Unterscheidung ist, dass sie nicht Trennung, sondern Verschmelzung, nicht Entzweiung, sondern Harmonie, nicht Konflikt, sondern Verbundenheit bedeutet. Wir werden nur dann zu unserem biblischen Buchstaben, wenn wir in die tiefsten Tiefen unserer Einzigartigkeit hinabtauchen. Unser Buchstabe wird in der Esse der Authentizität geschmiedet. Unser falsches Selbst mag noch so farbenprächtig, charakteristisch oder distinguiert erscheinen – zum biblischen Buchstaben wird es nie. Es ist schlicht und einfach die falsche Schreibweise.

Meister Jose, Sohn von Hanina, der im dritten Jahrhundert als Meister der biblischen Überlieferung wirkte, interpretiert das große Offenbarungswunder in der Wüste Sinai vor Tausenden von Jahren auf seine Weise. Denken wir an diese Szene, so stellen wir uns für gewöhnlich eine mächtige Stimme vor, die vor der ganzen Menschheit die zehn Gebote proklamierte. Jose gibt diesem Bild eine zusätzliche Dimension: »Als die Offenbarung stattfand und das endliche Bewusstsein sich dem Unendlichen öffnete, empfing jeder Einzelne, der da am Fuße des Berges Sinai stand, Gottes Worte als eine persönliche Ansprache an ihn selbst und nur ihn allein.«

Eingebettet in die an die Allgemeinheit gerichtete Offenbarung war ein intimer, ganz persönlicher Ruf an jeden Einzelnen. Auf das Göttliche zu antworten, beschränkt sich nach Joses Auffassung nicht auf ethische Verhaltensweisen und spirituelle Übungen. Die göttliche Verkündigung birgt vielmehr die Aufforderung an jeden von uns, unser höchstes, einzigartiges Selbst zu verwirklichen.

Die Einzigartigkeit der Botschaft

Berufen zu sein heißt, eine Botschaft zu haben, die es zu übermitteln, ein Lied, das es zu singen, ein Instrument, das es zu spielen gilt. Ich habe einmal eine Klasse von Schülern gefragt: »Wie viele hier im Raum betrachten sich als Botschafter Gottes?« Ihr Blick verriet, dass sie mich nun für vollends verrückt hielten. Wäre es nicht spannend, morgens mit dem Wissen aufzuwachen, dass wir eine entscheidende Information in Händen halten, ohne die die Welt sich nicht weiterdrehen kann?

Ich erinnere mich, wie ich einmal während meiner College-Zeit begierig auf den Rückruf eines Mädchens namens Amy wartete. Ich hatte sie in einer Philosophie-Stunde kennen gelernt. Als dieser überaus originelle Kommentar zu Michel Foucault über ihre schönen Lippen kam, war es sogleich um mich – wie um den Rest der Studentenschar – geschehen. Ich nahm meinen ganzen Mut zusammen, um sie anzusprechen. Sie um ihre Telefonnummer zu bitten, verlangte mir Herkuleskräfte ab, und dass ich sie tatsächlich anrief und ihr auf ihren Anrufbeantworter sprach, grenzte an ein Wunder. Als ob das noch nicht qualvoll genug gewesen wäre, blieb mir nun nichts anderes übrig, als auf ihren Rückruf zu warten. Tagelang wartete ich. Doch sie rief nicht an.

Zwei Wochen lang war ich wegen der offensichtlichen Zurückweisung völlig am Boden zerstört. Eines Abends, als ich mir aus dem Notizbuch meines Zimmernachbarn ein Blatt Papier borgen wollte, entdeckte ich auf dessen Rückseite Amys Namen und eine hingekritzelte Telefonnummer. Ich konnte es nicht glauben! Mein Zimmernachbar, mein Freund – ausgerechnet er mit Amy? Ich stellte ihn zur Rede. »Amy?«, stutzte er. »Wer soll das sein? Ach so, ja. Vor ein paar Wochen hat einmal ein Mädchen für dich angerufen, das so hieß. Ich habe damals vergessen, es dir zu sagen. Tut mir Leid.« Mit diesen Worten zog er von dannen. Mir hatte es die Sprache verschlagen. Um mit den Worten von A. J. Heschel, einem der großen Interpreten der biblischen Überlieferung, zu sprechen: »Wir sind Botschafter, die ihre Botschaft vergessen haben.«

Der Sohar, das Hauptwerk des biblischen Mystizismus, geht einen wesentlichen Schritt weiter: Wir sind nicht nur die Botschafter, so heißt es dort. Wir sind die Botschaft. Jeder von uns hat ein anderes Stück davon. Aus kabbalistischer Sicht ist jedes Individuum die Personifizierung einer einzigartigen Idee, eines Charakterzugs, einer Erfahrung, Sichtweise oder Begabung. Dies ist unsere *Botschaft* an die Welt. Diese Einzigartigkeit spiegelt sich in der Tatsache wider, dass jeder ein bisschen anders lächelt als die anderen. Und mit seiner Einzigartigkeit trägt jeder Mensch zu dem göttlichen Lächeln bei, das die Welt ausmacht. Vor einigen Jahrzehnten knüpfte der Kommunikationsguru Marshal McLuhan an die Lehre des Sohar an, als er erklärte, dass das Medium zugleich die Botschaft sei – und das Medium sind wir.

Die Botschaft ist in der individuellen Psyche des Menschen verschlüsselt, und ihr Zugangscode verbirgt sich im Ruf des Schicksals, den jeder Einzelne erhält. Um ihn zu knacken, müssen wir aufmerksam zuhören, damit wir es merken, wenn unsere Nummer aufgerufen wird. Um es mit einer musikalischen Metapher auszudrücken: Nur dann können wir die Melodie auf unserem Instrument spielen – jenen einzigartigen Teil der Symphonie, den nur wir und wir ganz allein beitragen können.

Wir sind die Botschaft. Wir sind die Schrift. Die Bibel, der Koran, die Suren sind wir, und wir sind sie. Es ist ketzerisch, die eigene Botschaft zu ignorieren oder mit der eines anderen zu verwechseln. Denn ein jeder von uns hat seinen eigenen Teil an der großen Botschaft zu erfüllen – für sich selbst und für die Gemeinschaft.

Unser einzigartiger Beitrag ist das Wissen um unser Berufensein. Diesem unserem Auftrag die Einzigartigkeit abzusprechen, würde bedeuten, unsere Fähigkeit zu verleugnen, überhaupt einen Beitrag für die Gesellschaft leisten zu können. Echte Gemeinschaft kann nur auf dem Boden echter Kommunikation gedeihen. Echte Kommunikation entsteht, wenn es zu einem Seelenmuster-

223

Austausch kommt und wir einander an unseren einzigartigen Buchstaben teilhaben lassen und damit ein neues Wort, einen neuen Satz und letztlich eine neue Welt schaffen.

Überleben des Besonderen

In der dritten Klasse lernte ich, dass dasjenige Lebewesen am ehesten im Überlebenskampf besteht, das sich am besten in seine Umgebung einfügt. Diesem Ziel entsprechend nehmen manche Tiere wie der arktische Hase sogar je nach Jahreszeit eine unterschiedliche Farbe an, um besser getarnt zu sein. »Was für eine wundervolle Gabe«, so rief die Lehrerin entzückt.

Für den Hasen mag diese Fähigkeit in der Tat etwas Großartiges bedeuten, für den Menschen aber kann sie tödlich sein. Hüten wir uns vor den Nachäffern und Papageien unter uns! Oder vor den Spottdrosseln, die ihren Namen dem Umstand verdanken, dass sie – anders als jeder andere Vogel – nicht ihr eigenes Lied pfeifen, sondern das der anderen nachträllern. Sie haben keine eigene Melodie, darum nennt man sie Spottdrosseln. Spotten heißt, sich über etwas lustig zu machen, das mit Würde behandelt sein will. Es bedeutet, leichtfertig mit den gewichtigen Themen der Seele umzugehen. Wer sich aufs Nachahmen beschränkt, fällt dem zum Opfer, was der Schriftsteller Milan Kundera als »unerträgliche Leichtigkeit des Seins« bezeichnet hat. Die persönliche Würde erwächst aus der Verbundenheit mit dem eigenen Seelenmuster.

Manchmal aber kann aus einer lustigen Darstellung tiefer Ernst sprechen. Woody Allens wohl komischster und zugleich tragischster Film ist »Zelig«. Er begleitet den Weg eines Mannes, dessen Identität und Persönlichkeit sich im Verlauf seines Lebens dramatisch ändert und sich jedes Mal in ein getreues Abbild seiner Umwelt verwandelt. Der Film endet in einer Tragödie. Zelig ist ein Chamäleon, eine menschliche Version der Eidechse,

die durch die meisterhafte Anpassung an die Umgebung über-
lebt. Was aber geschieht, wenn sich diese perfekte Tarnung wie
im Falle Zeligs gegen den richtet, der sie zur Schau stellt?

Wenn Sie nicht an Synchronismen glauben, dann hören Sie
sich Folgendes an: An dem Tag, an dem ich obige Zeilen schrieb,
erhielt ich eine E-Mail von einem Studenten namens David (wir
nennen ihn liebevoll Dovidel). In der Woche zuvor hatte er an
einer meiner Vorlesungen über die mystischen Hintergründe der
Seelenmuster-Idee teilgenommen. Seine E-Mail war eine Reaktion darauf:

Am Freitag hat es vielleicht zum letzten Mal vor Beginn der trocke-
nen Jahreszeit geregnet. Obwohl die Mittagssonne hell am Himmel stand, war es am Samstag alles andere als heiß und der Duft
von Eukalyptus und Geißblatt durchzog die Wadis des Nordens.
Doch mir war eher nach Schauen als nach Riechen zumute, und
darum fuhr ich die Landstraße entlang, die mich zu Gräbern alter
Mystiker, Propheten und Narren führte, und zu Feldern voller wil-
der Blumen – das reinste Blütenmeer.

Was Sie während der Vorlesung letzte Woche gesagt haben,
geht mir nicht aus dem Kopf. Sie behaupten, dass man stets nur
die Lehre hört, die die Seele hören muss … und nur das sieht,
was sie sehen muss. Und dies ist, was ich sah:

Was mir da geradewegs ins Bewusstsein sprang, hielt ich zunächst für einen jener schillernden grünen Grashüpfer, wie es sie
nur in Vermont im Hochsommer gibt. Doch bei näherem Hinsehen
entpuppte es sich als Echse, als Chamäleon. Fasziniert hielt ich
inne und sah zu, wie das Tier seine Farbe veränderte, um optisch
mit der schwarz geteerten Straße zu verschmelzen, die es eilig
überqueren wollte. Erst wollte ich ihm behilflich sein, doch der starke Verkehr hielt mich zurück, und so schaute ich nur zu. Das dritte
Fahrzeug in der Kolonne, die in östlicher Richtung über den Asphalt
donnerte, ein weißer mit Flaggen beklebter Fiat, besiegelte sein
Schicksal. Es überrollte die Echse mit dem linken Vorderrad und
schleuderte sie hoch, sodass sie auf dem Rücken landete.

Am nächsten Tag kehrte ich zu ihrem Grab zurück – ein schwarzer Fleck auf der Straße.

Während der gesamten Evolutionsgeschichte hat diese Spezies gelernt, dass sie sich möglichst unauffällig in ihre Umgebung einfügen muss, um überleben zu können. Auf gewisse Weise fühlte ich mich mit dem Tier verwandt, gerade so als wären wir zusammen zur Schule gegangen, und so überlegte ich, was ich wohl aus dem Ganzen lernen könnte. War das nun reine Dummheit und Ausdruck von Chaos oder war es eine Prophezeiung, die mir offenbaren sollte, dass sich die Zeiten geändert haben?

In der Vorlesung, an der Dovidel teilgenommen hatte, ging es darum, dass der Mensch über einen evolutionsbedingten Überlebensmechanismus verfügt, der ihn von den Tieren unterscheidet: den Mechanismus der Einzigartigkeit. Unsere einzige Überlebenschance ist, unser einzigartiges Selbst zu leben. Versuchen wir, uns in der Masse unauffällig zu machen oder unseren spezifischen Charakter abzulegen, torpedieren wir damit unsere Überlebenschancen – es ist fatal, sich farblich an die schwarze Teerstraße anzupassen. Diese Erkenntnis aber hat uns unsere Grundschullehrerin vorenthalten.

Die erste Pflicht eines Lehrers ist, seinen Schülern zwei elementare Wahrheiten zu vermitteln:

• Du bist etwas ganz Besonderes. Einen wie dich gibt es kein zweites Mal in der ganzen weiten Welt.
• Dein Freund, der neben dir sitzt, ist nicht weniger besonders. Einen wie ihn gibt es kein zweites Mal auf der ganzen weiten Welt.

Die Berufung zum König

Der mystische Meister Reb Zushya von Anipol lag auf seinem Totenbett und weinte.

»Warum weint ihr«, wollten seine Schüler wissen. »Ihr, der Ihr so
fromm wart – was habt Ihr zu bedauern oder zu fürchten?«

Reb Zushya von Anipol erwiderte: »Wenn sie mich in der Welt,
die mich erwartet, fragen, warum ich kein Lehrer wie Mose war,
dann weiß ich ihnen zu antworten. Auch wenn sie wissen wollen,
warum ich nicht so ergeben wie Elija war, weiß ich, was ich zu sagen habe. Aber wenn sie mich fragen, warum ich nicht Zushya war,
dann weiß ich keine Antwort.«

Und die Lyrikerin Emily Dickinson schrieb:
Wir wissen nie, wie hoch oben wir sind,
Bis man uns aufzusteigen heißt;
Dann aber, wenn wir dem Plan gerecht werden,
Reicht unsere Statur bis in den Himmel.
Das Heldentum, von dem wir erzählen,
Wäre etwas Alltägliches,
Würden wir uns nicht nach der Elle krümmen,
Aus Angst, ein König zu sein.

Im Leben eines Menschen sollte es nur zwei fundamentale
Ängste geben: die Angst, sich selbst zu betrügen, und die Angst,
jemand anderen nachzuahmen. Denn beides hindert uns daran,
wir selbst – ein König – zu sein.

Die zweite Wahrheit: Ein Lob
auf die Gewöhnlichkeit

Jeder ist berufen. Eine Mission haben nicht nur solche Menschen, die als große Persönlichkeiten oder Berühmtheiten in die
Geschichte eingehen.

Berühmtheit ist eine relativ moderne Erfindung. Für jemanden, der von seinem Seelenmuster getrennt ist und seinen Ruf nicht vernimmt, kann Ruhm sogar zu einer Art Sucht werden, erlaubt er es doch, die nagenden Zweifel am eigenen Selbstwert zum Schweigen zu bringen. Wird die Jagd nach dem Ruhm zum Selbstzweck, statt sich als Nebenprodukt der Seelenmuster-Berufung einzustellen, ist die Bruchlandung vorprogrammiert. Berühmtheit ist das Ergebnis von etwas und kein Ziel an sich. Kurz gesagt: Sie ist keine Berufung. Ja, in der Tat wird sie oft missbraucht, um das Fehlen einer echten Berufung zu verbergen.

Oscars für die Anonymen

Mein Großvater war ein großer Kinoliebhaber. Er fragte mich oft: »Hast du dir schon mal die Oscar-Verleihung angesehen?«

»Na klar«, antwortete ich.

»Die Oscars«, fuhr er fort, »sind die größten spirituellen Lehrer.«

»Warum denn das?«

Und jedes Mal kam die gleiche Antwort: »Du gewinnst einen Preis, weil du deine Rolle wie ein Profi spielst. Weil du alles herausholst, was in dir steckt. Es kommt nicht darauf an, ob dich dein Schicksal zum Reichen, zum Armen oder zum Dieb macht. Du spielst deine Rolle in der Geschichte, und du spielst sie brillant. Dafür zeichnet dich Gott, die Welt, das Universum mit einem Preis aus.«

Mein Schwager Brad, einer der wunderbarsten Menschen auf diesem Planeten, hat mir eine Analogie hierzu aus dem Tao geschildert. Der taoistischen Lehre zufolge sollten wir alles, was wir tun, als eine Rolle betrachten, die es so brillant wie möglich zu spielen gilt. Auf die Frage, was wir tun, sollten wir antworten: »Ich spiele einen Schriftsteller« oder: »Ich spiele einen Kinderarzt« oder: »Ich spiele einen Klempner«. Wie gewöhnlich auch immer unsere Rolle sein mag, wenn wir sie spielen, erkennen wir, dass es gar nicht darum geht, welchen Part wir bekommen, sondern wie gut wir den, der uns zugedacht ist, spielen. Wenn ich das höre, frage ich mich, ob die Taoisten meinen Großvater kannten.

Der bekannte »New York Times«-Autor William Safire hat ein wunderbares Buch mit dem Titel »Lend Me Your Ears –

Great Speeches in History« herausgegeben. Das einzig Problematische daran ist der Untertitel. Das Buch enthält nicht die großen Reden der Geschichte. Es sind vielmehr – und dies ist ein entscheidender Unterschied – die großen Reden in der offiziell erfassten Geschichte; Ansprachen, die von berühmten und denkwürdigen Persönlichkeiten gehalten wurden. Ich möchte wetten, dass die wahrhaft großen Reden zu allen Zeiten von ganz gewöhnlichen Leuten gehalten wurden, während sie in der Küche den Abwasch machten oder sich um den Esstisch versammelten, von Liebespaaren in Wald und Flur, oder auch von Bauern, die beim Bestellen ihrer Felder Selbstgespräche führten.

Die kabbalistische Tradition von den »sechsunddreißig Gerechten« bringt genau das zum Ausdruck. Der Kabbalah zufolge gibt es sechsunddreißig Männer (und Frauen, so füge ich hinzu), die ihr Seelenmuster vollkommen verwirklicht haben. Es sind Menschen, die den Klang ihrer einzigartigen Fanfare vernommen haben, die sie auffordert, ganz aus ihrer eigenen Tiefe heraus zu leben. Und sie sind dem Ruf gefolgt. Dies sind die Menschen mit Stimme und mit Gesicht. Das Herrlichste an dieser Geschichte ist, dass die Mitglieder dieser sechsunddreißigköpfigen kabbalistischen Gesellschaft allesamt anonym bleiben.

Das Unsichtbare – eine Geschichte

Eines Freitagsnachmittags verirrten sich Baal Shem Tov und seine Chassidim in einem Wald. Durch das dichte Blattwerk der Bäume sahen sie, dass der Sonnenuntergang unmittelbar bevorstand und bald der Sabbath anbrechen würde. Glücklicherweise gelangten sie kurz darauf zu einer Hütte am Waldrand. Sie klopften an, um zu fragen, ob sie während der vierundzwanzigstündigen Sabbath-Ruhe dort Unterschlupf finden könnten, da es gegen die Regeln der Frömmigkeit verstieß, während dieser Zeit unterwegs zu sein.

Die Frau, die die Tür öffnete, war der hässlichste Mensch, den sie je gesehen hatten, nur übertroffen von dem Ehemann, der hinter ihr stand. »Ihr könnt bleiben«, stimmte sie zögernd und mit deutlichem Unwillen zu. »Aber nur unter einer Bedingung. Den ganzen Sabbath über darf keiner von euch auch nur ein einziges Wort sagen. Es wird nicht gesungen und nicht geklatscht. Wir wollen nichts von euch hören und nichts von euch sehen. Ihr könnt im Schuppen bleiben, aber ihr müsst still sein.«

Baal Shem und seinen Anhängern blieb nichts anderes übrig, als sich darauf einzulassen. Da sie den Sabbath für gewöhnlich mit lebhaften Gesprächen und heiligen Tänzen zubrachten, erschienen ihnen die vierundzwanzig Stunden diesmal unendlich lang. Kaum war die Sonne untergegangen, brachen sie auf, um diesen abscheulichen Platz so schnell wie möglich zu verlassen und zu ihrer Kutsche zurückzufinden.

Doch noch bevor sie gehen konnten, öffnete sich die Tür der Hütte abermals. Ein wahrer Palast tat sich dahinter auf, aus dem helles Licht hervordrang. Das Ehepaar trat heraus, um sie zu grüßen. Doch diesmal war die Frau wunderschön, und ihr Mann stand ihr mit seinem Aussehen in nichts nach.

Mit sanfter, singender Stimme sprach sie zu Baal Shem: »Meister, erkennt Ihr mich nicht?«

Er sah ihr tief in die Augen, und schließlich huschte ein Leuchten der Erkenntnis über sein Gesicht: »Aber natürlich! Du bist Sarah, das Waisenmädchen, das vor so vielen, vielen Jahren bei uns in der Küche gearbeitet hat.«

»Ja, das stimmt«, nickte sie, und ein Lächeln breitete sich über ihr zartes Antlitz.

Der Meister wartete auf ihre Erklärung.

»Als ich damals in Eurer Küche gearbeitet habe, war ich mittellos. Die älteren Mädchen kämmten mir jeden Tag das Haar mit einem Läusekamm durch, und dabei zogen sie so fest, dass es schmerzte. Ich schrie, doch Ihr habt mich nie gehört. Kein einziges Mal habt Ihr von mir Notiz genommen.

Und so habe ich Euer Haus verlassen und bin so lange herumgewandert, bis ich meinen heiligen Mann getroffen habe. Er ist, so muss ich Euch sagen, Vorsitzender der Geheimgesellschaft der sechsunddreißig Gerechten. Mit unserer Heirat haben sich unserer beider Lebenszyklen vollendet. Wir haben einander die Seelen vervollkommnet. Das heißt, eines hat mir zur Erfüllung meines Zyklus' noch gefehlt: Wegen mir – weil er mir als Dienstmädchen keine Beachtung schenkte – verlor Baal Shem Tov seinen Sitz in der kommenden Welt. Denn wer die Seele eines anderen nicht anerkennt, der kann auch von Gott nicht anerkannt werden. Diesen Makel galt es zu tilgen.

›Was sollen wir also tun?‹, fragte ich meinen Mann. Und er sagte: ›Er lässt sich nur tilgen, wenn Baal Shem selbst unbeachtet und ungehört einen Sabbath in unserem Haus verbringt. Mit einem ganzen Sabbath ohne Stimme und ohne Gesicht kann er dafür Sühne leisten, dass er damals deine Stimme nicht hörte und dein Gesicht nicht sah. Aber damit nicht genug‹, so fuhr mein heiliger Ehemann fort. ›Nach dem Sabbath muss er dich erkennen, um den Makel vollends zu tilgen.‹

Als sie mit ihrer Rede ans Ende kam, war Baal Shems Gesicht tränenüberströmt. Still umarmten sie einander, ihr Zyklus war vollendet, sein Platz in der kommenden Welt gesichert.

Wir haben vergessen, dass das Dienstmädchen zu keinem geringeren Auftrag berufen ist als die Herrin des Hauses. Wir haben die Leute vergessen, die uns im Hotelzimmer das Bett frisch beziehen. Und wenn wir uns an sie erinnern, so geschieht dies eher zur Unterstreichung unserer Größe, als dass wir an sie als Menschen mit eigenem Schicksal denken. Die übermächtige Botschaft der biblischen Überlieferung lautet, dass jeder Mensch berufen ist. Denn wir alle sind Dienstboten, wir alle sind Zimmermädchen in Hotels.

Den großen Zusammenhang sehen

Wir haben den Sinn für unsere eigene Größe verloren. Nicht nur wegen der Verunglimpfung der Seele durch die Psychologie, sondern weil der kompromisslose Individualist, der alles allein schafft – der sich am eigenen Schopf aus dem Sumpf zieht und zu Ruhm und Reichtum gelangt –, für uns Menschen im Westen so sehr zur Identifikationsfigur geworden ist, dass wir allen anderen ihren Wert weitestgehend absprechen. Zwar ist kompromissloser Individualismus eine Ausdrucksform des Seelenmusters, doch es ist bestimmt weder die einzige noch die beste. Am besten kommt unser Seelenmuster nicht in unserer Unabhängigkeit zur Geltung, sondern in unserer gegenseitigen Abhängigkeit voneinander. Jeder braucht Hilfe – keiner hat es je ganz allein aus eigenen Kräften geschafft. Am glücklichsten sind die, die wissen, dass sie andere Menschen brauchen. Das Seelenmuster-Schicksal des einen ist, im Rampenlicht zu stehen, während der andere für ein Wirken hinter den Kulissen ausersehen ist. Wir müssen lernen, nicht nur den zu schätzen und zu preisen, der das Tor schießt; der, der die Handlangerdienste verrichtet, hat die gleiche, manchmal gar die größere Achtung verdient.

Berufen zu sein, ist kein Privileg des »Selfmademan«. Jedes Team-Mitglied hat seine Mission. Die biblische Überlieferung – und ganz besonders die Geschichte von Mose – unterstreicht diesen Gedanken, wenn sie uns lehrt, dass die Siegesbeute zu gleichen Teilen zwischen dem heldenhaften Krieger und dem einfachsten Arbeiter im Nachschubzug aufgeteilt wird. Anders als im griechischen Vorbild, bei dem nur der Mut des Helden besungen wird, zeigt die Bibel, dass die Berufung uns in allen Formen und Größen gegenübertreten kann, und dass sie Menschen jeder Provenienz und aus jedem beliebigen Arbeitsumfeld erreichen kann.

Meine Frau Cary erzählt immer wieder gern, was sie auf einer

Italienreise erlebt hat. Sie kam an einer Baustelle vorbei, an der gerade eine Kirche errichtet wurde, und wie es ihre Art ist, blieb sie stehen, um sich ein wenig mit den Arbeitern zu unterhalten. »Was ist Ihre Aufgabe bei dem Bau?«, erkundigte sie sich bei einem.

»Ich bin Schweißer«, gab er zurück und präsentierte ihr stolz seine Geräte.

»Und Sie, was für eine Arbeit haben Sie?«, wollte sie von einem zweiten wissen.

»Ich bin Maurer«, erwiderte er und erklärte ihr, was genau er machte.

Schließlich wandte sie sich an den Dritten in der Runde, einen jungen Mann, der nicht viel älter als achtzehn Jahre gewesen sein dürfte. »Und was machen Sie?«

»Ich?«, fragte er zurück, »ich bin hier, um eine Kirche zur Verherrlichung Gottes zu bauen.«

Meine Frau ist Lyrikerin und hält viel von dichterischer Freiheit, und so bin ich mir nicht sicher, ob sich die Szene tatsächlich so abgespielt hat. Doch jedes Mal, wenn sie mir davon erzählt, fasziniert mich der Gedanke, der dahinter steht. Wie wir unsere Seelenmuster-Berufung betrachten, ist einzig und allein unsere Entscheidung. Identifizieren wir uns mit unserem Auftrag, empfinden wir uns als Teilhaber an der Errichtung jener Kirche. Identifizieren wir uns nicht damit, haben wir an nichts Anteil. Einer kann Maurer sein, aber wenn sein Handwerk nicht in den Träumen und Visionen vorkommt, auf denen das von ihm errichtete Gebäude basiert, dann ist sein Seelenmuster im Ansatz verzerrt. Wer seiner Arbeit den Sinn nimmt, ist nur einen erschreckend kurzen Schritt davon entfernt, Straßen für ein Folter- und Schreckensregime zu bauen oder zum Waffenhändler zu werden, der gegen Höchstgebot chemische Kampfstoffe verkauft. Solche Menschen sehen nicht wie Monster aus und sind womöglich gute Väter und aufmerksame Ehemänner, aber sie haben tragischerweise das Gefühl für ihre Rolle im gesellschaftlichen Kontext verloren.

Seelenmuster-Verzerrung führt unweigerlich zu moralischen Verfehlungen. Um unser Seelenmuster zurückzugewinnen, müssen wir nicht zuletzt auch über unseren Platz im größeren Gesamtzusammenhang nachdenken.

Der bucklige Heilige

Zum ersten Mal habe ich die Geschichte vom buckligen Heiligen bei einer Radiosendung gehört, die ich in Jerusalem moderierte.

Zwei großartige Frauen, Elana und Dari, die im Laufe der Zeit wie Schwestern für mich werden sollten, waren als Dauergäste im Studio. Dari erzählte die Geschichte, so wie sie sie von ihrem Vater, Shlomo Carlebach, einem bekannten spirituellen Folksänger und brillanten Lehrer, gehört hatte. Um den beiden gerecht zu werden, gebe ich sie hier so wieder, wie er sie ihr damals vorgetragen hat.

Einer der größten Meister der Moderne war Kalonimus Kalman, der Meister von Piacezna, der im Warschauer Ghetto ums Leben kam. Er war der Auffassung, dass schon fünfjährige Kinder einen Meister haben sollten: Sie bräuchten jemanden, um ihre Seele mit dem Himmel zu verbinden. Und so versammelte er ein »Königreich der Kinder« um sich. Er führte eine Schule mit Tausenden von Kindern, und er war ihnen Vater, Mutter und bester Freund zugleich. 1940 wurde er von den Nazis ins Warschauer Ghetto gebracht. Hier verfasste er ein überaus wertvolles Buch mit dem Titel »The Holy Fire« (Das heilige Feuer), in dem er die Lehren wiedergab, die er in der Dunkelheit des Ghettos verbreitet hatte. Im Todeslager Treblinka wurde er umgebracht.

Sein Buch wurde nach Kriegsende veröffentlicht, und es war so unglaublich schön, dass es mich mitten ins Herz traf. Jeden fragte ich: »Wo sind diese Kinder? Diese kostbaren Kinder, die Woche für Woche seine Belehrungen hörten? Ich würde so gerne mit ih-

235

nen sprechen.« Und man sagte mir, dass keines von ihnen übrig geblieben sei, kein einziges.

Doch vor ein paar Jahren, als ich den Jarcon, eine Straße unweit des Strandes von Tel Aviv, entlangging, begegnete ich einem Buckligen. Er war körperlich völlig gebrochen. Sein Gesicht war schön, sehr schön, aber seine Gestalt war total deformiert. Er war Straßenkehrer. Ich hatte das Gefühl, dass er etwas Besonderes sei, und so sagte ich: »Shalom, Friede sei mit dir.«

Er antwortete mir mit starkem polnischen Akzent, und so fragte ich ihn, ob er aus Polen stamme. »Ja«, gab er zurück. »Ich bin aus Piacezna.« Ich konnte es kaum glauben – Piacezna! Sogleich erkundigte ich mich, ob er je den heiligen Kalonimus Kalman, den Meister von Piacezna, gesehen habe. Und er erwiderte: »Wie meinen Sie das? Ob ich ihn gesehen habe? Mit fünf bin ich in seine Schule gekommen, und dort blieb ich, bis zu meinem elften Lebensjahr. Da wurde ich nach Auschwitz gebracht. Ich war so stark, dass sie mich für siebzehn hielten. Ich wurde ausgepeitscht und geschlagen und getreten, und davon habe ich mich nie mehr erholt. Darum sehe ich heute so aus. Ich habe keinen Menschen in der Welt. Ich bin vollkommen allein.« Mit diesen Worten wandte er sich wieder dem Fegen zu.

Ich aber sagte: »Mein teuerster Freund, wissen Sie, dass ich mein ganzes Leben darauf gewartet habe, Ihnen zu begegnen? Einem, der den Meister von Piacezna gekannt hat, der eines seiner Kinder war? Bitte sagen Sie mir etwas über seine Lehren.«

Der Bucklige starrte mich an: »Was glauben Sie eigentlich? Wie soll ich mich nach fünf Jahren in Auschwitz noch an irgendwelche Lehren erinnern?«

»Doch, doch«, beharrte ich. »Ich bin ganz sicher. Wie könnten Sie die Lehren des Meisters vergessen haben?«

»Also gut«, lenkte er ein, »warten Sie.« Er ging zum Brunnen, um sich die Hände zu waschen, rückte seine Krawatte zurecht, zog seine Jacke an und vergewisserte sich noch einmal: »Wollen Sie es wirklich hören?«

»Ich schwöre Ihnen, ich werde Ihre Lehre in der ganzen Welt verbreiten.«

Und so fing er an. »Sie sollen wissen, dass es nie wieder einen Sabbath gab wie damals. Wir tanzten, Hunderte, ja vielleicht Tausende von Kindern, und der Meister sang ein Lied, um die heiligen Engel zu begrüßen, und zwischen den Gängen des Essens hielt er seine Unterweisungen. Und jedes Mal endete er mit den Worten: ›Kinderlach, der goyseh zach in de velt iz tuen emetzen a'tovah – Kinder, das Größte in der Welt ist, einem Menschen einen Gefallen zu tun.‹«

Der Bucklige seufzte: »Wissen Sie, meine Eltern sind gegangen, meine ganze Familie, es gibt keinen Einzigen mehr. Und ich war in Auschwitz, ganz allein und verzweifelt. Ich wollte mich umbringen, doch im letzten Augenblick hörte ich die Stimme meines Meisters: »Kinderlin, Kinder ... tut anderen einen Gefallen. Tut anderen einen Gefallen.«

Er sah mir direkt in die Augen. »Wissen Sie, wie viele Gefallen man in einer Nacht in Auschwitz tun kann? Die Menschen liegen auf dem Boden und weinen, und keiner hat mehr Kraft, ihnen zuzuhören. Und so ging ich von einem zum anderen und fragte: ›Warum weinst du?‹ Und sie erzählten mir von ihren Kindern, ihren Frauen, von all den Menschen, die sie nie mehr wiedersehen würden. Und ich hielt ihre Hand und weinte mit ihnen. Dann ging ich zum Nächsten. Und das gab mir die Kraft, einen weiteren Tag lang durchzuhalten. Wenn ich wieder am Ende war, dann hörte ich die Stimme meines Rabbi.

Sie sollen wissen, dass ich hier in Tel Aviv lebe und keinen Menschen auf der Welt habe. Und ich ziehe mir die Schuhe aus, gehe zum Strand hinunter, wate ins Meer hinaus, bis mir das Wasser bis zum Halse steht und ich nur noch untertauchen bräuchte. Doch ob ich will oder nicht, ich höre die Stimme meines Rebbe, der sagt: ›Das Größte in der Welt ist, anderen einen Gefallen zu tun. Denkt daran, meine Kinder, das Größte in der Welt ist, einem Menschen einen Gefallen zu tun.‹«

Er sah mich lange unverwandt an. »Wissen Sie, wie viele Gefallen man auf den Straßen der Welt tun kann?«

Und er erhob sich und wandte sich wieder dem Fegen zu.

Der Sommer neigte sich dem Ende entgegen, und ich musste für den Herbst nach Amerika zurück. Als ich am Jahresende nach Tel Aviv zurückkam, suchte ich den ganzen Jarcon ab, doch ich konnte meinen buckligen Heiligen nirgends finden. Ich fragte nach ihm, und man sagte mir: »Haben Sie es noch nicht gehört? Er ist am Anfang des Herbstes von dieser Welt gegangen.«

Nachdem Dari an jenem Tag im Radio die Geschichte von ihrem Vater erzählt hatte, sagte ich zu ihr: »Der bucklige Heilige kehrt die Straßen der Welt und sagt dabei allen: ›Tut anderen einen Gefallen.‹« Das war seine Berufung. Aber sind wir nicht alle in irgendeiner Weise wie der bucklige Heilige? Auch uns hat

238

die Welt mehr oder weniger übel mitgespielt. Auch wir fragen uns manchmal spät in der Nacht: »Was soll das Ganze überhaupt? Was tue ich denn eigentlich hier?« Die Antwort lautet: Ein jeder von uns hat eine Berufung, die nur wir ganz allein erfüllen können, während wir die Straßen der Welt kehren. Keiner kann uns sagen, worin diese Mission besteht. Aber keiner, kein Einziger, kann sie uns wegnehmen. Um sie zu erfüllen, stehen wir jeden Morgen auf. Dies ist unser Seelenmuster-Auftrag.

10

Die richtige Stimme hören

Die dritte Wahrheit

Was das Befolgen eines Auftrags zu einer so heiklen Sache macht, ist vor allem die Tatsache, dass wir nicht auf jeden Ruf reagieren können, den wir vernehmen. William James schrieb einmal: »Ich wäre gern ein großer Sportler, würde gern eine Million im Jahr machen, möchte Geist haben, Lebenskünstler und Frauenheld sein und dazu Philosoph, Philanthrop, Staatsmann, Krieger, Afrikaforscher, ›Tondichter‹ und Heiliger. Aber wie das Leben so spielt, ist das nun einmal nicht möglich. Mögen all diese verschiedenen Eigenschaften auch im Menschen von Geburt an angelegt sein, so müssen wir doch, um das eine oder andere davon zu verwirklichen, den Rest unterdrücken. Wer nach seinem wahrsten, stärksten, tiefsten Selbst sucht, muss seine Liste daher sorgfältig durchforsten und sich für die eine Rolle entscheiden, auf der er sein Glück aufbauen will. Jeder andere Ausdruck des Selbst wird daraufhin irreal ...«

Mehr als *einem* Ruf können wir nicht aus ganzem Herzen folgen, denn der Weg zum All-Eins-Sein führt nur über die Vervollkommnung unserer Einheit.

Dovid von Lilov legte großen Wert auf die Pilgerreise, die er alljährlich zu den hohen Feiertagen unternahm, um im Hof seines Meisters zu beten. Obwohl er einen weiten Weg zurücklegen musste und die Fahrt beschwerlich, ja manchmal gar gefährlich war, fehlte er kein einziges Mal. In einem Jahr brach die Achse an seinem Wagen nicht nur einmal, sondern sogar zweimal, zudem erschwerten heftige Regenfälle das Vorwärtskommen. Immer wieder neue Hindernisse hielten ihn auf, sodass er sein Ziel noch nicht erreicht hatte, als die heilige Nacht schon unmittelbar bevorstand.

Endlich tauchte am Horizont die winzige Silhouette des Shtetl auf, in dem sein Meister lebte. Gleichzeitig aber sah Dovid in der Ferne einen Mann, der ihm in aller Eile entgegenlief. Völlig außer Atem kam er bei ihm an. »Wie gut, dass Ihr da seid!«, keuchte er. »Ich wusste, dass jemand kommen würde. Bitte hört mich an, ich habe ein dringendes Anliegen an Euch. Es gibt nur neun Männer in unserer Stadt, doch wie Ihr wisst, brauchen wir zehn, um ein Quorum zu bilden und am Feiertag die öffentlichen Gebete sprechen, aus der Torah lesen und das Kaddisch rezitieren zu können. Der zehnte Mann, der in unserer Stadt lebte, ist heute Morgen verstorben.« Sichtlich erregt ob der Dringlichkeit seiner Bitte sprach er weiter: »Es gibt nur neun Männer in unserer Stadt! Bitte bleibt doch über die Feiertage bei uns, als der Zehnte in unserem Kreis.«

Dovid war tief bewegt, doch er antwortete: »Es tut mir wirklich Leid, aber Ihr werdet diesmal an den Feiertagen nur im Privaten beten können. Ich bin weit gereist, um die Feiertage bei meinem Meister zu verbringen. Ein ganzes Jahr lang habe ich ihn nicht gesehen, und unsere Begegnung ist jedes Mal ein bedeutender spiritueller Moment. Ich darf dort einfach nicht fehlen.«

So setzte Dovid von Lilov seinen Weg fort, und als er gerade rechtzeitig zum Beginn der Abendgebete im Haus seines Meisters eintraf, hatte er die Begegnung mit dem Fremden längst vergessen. Doch zu seinem Erstaunen wollte der Meister ihn einfach nicht begrüßen. Während der ganzen Feiertage wich er seinem Blick aus und richtete kein einziges Wort an ihn.

Dovid von Lilov war am Boden zerstört. Was hatte er getan, um eine solche Behandlung zu verdienen? Er konnte es sich einfach nicht erklären. Als die Feierlichkeiten zu Ende waren, bestellte der Meister ihn zu einer privaten Audienz. »Was habe ich getan?«, wollte Dovid wissen. »Welche Sünde habe ich nur begangen, um meinen Meister derart zu verärgern?«

Der Lehrer sah ihn an. Die Enttäuschung sprach aus seinem Gesicht als er sagte: »Dovid, mein lieber Dovid, was für einen Fehler hast du da nur gemacht! Deine Seele kam auf diese Welt, damit du in jener kleinen Stadt am Wegesrand der zehnte Mann sein könntest. Nur du und kein anderer konnte diese Aufgabe übernehmen. Und ausgerechnet du, der du so inbrünstig deine spirituellen Ziele verfolgst, hast den Ruf deiner Seele nicht gehört.«

Wir können nicht an mehreren Orten zugleich sein. Stets wird es irgendeinen falschen Traum geben, den wir aufgeben müssen, um nach dem echten Traum zu greifen. Ich sage oft zu meinen männlichen Studenten: »Im Leben eines Mannes gibt es zwei Frauen – eine, die er heiratet, und eine, die er nicht heiratet.« Nur wenn wir bereit sind, uns von dem Bild der Frau zu verabschieden, die wir nicht heiraten, können wir wirklich ja sagen. (Gleiches gilt umgekehrt natürlich auch für Frauen.) So ist das mit all den guten Dingen, die das Leben zu bieten hat. Vor dem Augenblick der Erfüllung muss immer irgendein Opfer gebracht werden.

Wie der falsche Messias, so kommen auch falsche Rufe stets gut getarnt daher – als Angst, öffentliche Meinung, elterliche Erwartung, Gruppendruck, religiöse Lehre oder wissenschaftliches Dogma. Wie oft meinen wir, dies hier sei unser Ruf, wenn es in Wirklichkeit jener andere ganz weit drüben ist. Wie oft meinen wir, den Ruf der Seele zu hören, wo es in Wirklichkeit doch unsere Kultur, unsere Eltern, unsere Ängste sind, die da rufen. Wir hören nicht auf die richtige Fanfare. Wir lauschen lieber der falschen.

Die vierte Wahrheit: Getarnte Rufe

Um unsere wahre Mission zu entdecken, müssen wir uns vor zwei Stolperfallen hüten: Zum einen kann ein Ruf getarnt an uns herantreten, sodass er nicht ohne weiteres zu erkennen ist. Zum anderen können sich hinter dem Schleier der Berufung persönliche Fixierungen verbergen.

Befassen wir uns zunächst mit den getarnten Rufen. Natürlich hätten wir es gern, dass unsere Berufung ordentlich und elegant als spirituelles Ereignis daherkommt, begleitet vom Duft brennenden Räucherwerks, Glockengeläut und meditativen Klängen. Doch nicht einmal unserem großen Vorfahren, dem Urvater Abraham selbst, war dies vergönnt. Die klassische biblische Überlieferung erzählt hierzu die *Lech-Lecha*-Geschichte. Sie ist denkbar kurz: »Gott sprach zu Abraham: *Lech Lecha*, geh zu dir selbst.« Auf den ersten Blick erscheint dies als geradezu klassische Form eines Rufs, der klar und unmissverständlich aus dem Himmel kommt und sich direkt und ausschließlich an Abraham richtet.

Bevor wir uns aber allzu sehr mit der Vorstellung vom unzweideutigen Ruf anfreunden, wartet der Sohar, das Hauptwerk des biblischen Mystizismus, mit einer völlig anderen Interpretation auf. Dieser Auslegung zufolge sagt Gott nämlich zu jedem Menschen jeden Tag: »Geh zu dir selbst! Mach dich auf den Weg, den nur du allein gehen kannst.« Was aber war so besonders an Abraham und seiner Reise, dass diese einen so prominenten Platz in der biblischen Überlieferung einnehmen konnte? Die Antwort lautet: Er war der Einzige, der den Ruf vernahm. In der Tat erging der göttliche Ruf an jeden, und sein Echo hallte durch die Gänge des menschlichen Geistes. Abraham aber war der Einzige, der ihm folgte. Der Sohar behauptet, dass nicht Gott Abraham erwählt hat. Vielmehr hat Abraham Gott erwählt!

Und als wäre dies nicht genug, untergräbt der mystische Meister von Berdichev ausgehend von der Interpretation des Sohars unsere Vorstellung vom klaren, deutlich vernehmbaren Ruf noch ein Stück weiter. Abraham, so unterstreicht er nachdrücklich, folgte dem Ruf *Lech Lecha* nur, weil er mit dem Gesetz in Konflikt geraten war. Ganz zu schweigen von der Bedrohung durch seinen eigenen Vater, hatten die Machthaber von Charan erst kurz zuvor versucht, ihn wegen seiner Angriffe auf die bestehende religiöse Ordnung zu ermorden. In Abrahams Leben herrschte das Chaos. Nach dieser Lesart war nicht der Ruf Gottes Anlass für seine Reise nach Kanaan. Er war auf der Flucht! Angesichts seiner misslichen Lage erschien es das Sinnvollste zu sein, schnellstmöglich außer Landes zu gehen.

Warum, so mag sich der Leser fragen, behauptet der Text dann aber, dass es sich hier um einen Ruf Gottes handelt? Nun, die Geschichte wird rückblickend erzählt, aus der Perspektive von Abraham, der sein Leben Revue passieren lässt. Erst im Nachhinein, viele Jahre nach seiner Flucht, erkannte er, dass dies ein Ruf und der Beginn seiner spirituellen Reise gewesen war.

Wir dürfen nie aus den Augen verlieren, dass Rufe oftmals in den geschicktesten Verkleidungen daherkommen.

Falsche Rufe

Gleichzeitig müssen wir stets auf der Hut vor verdrängten Persönlichkeitsanteilen und Fixierungen sein, die uns unter dem Deckmäntelchen der Berufung entgegentreten.

Betrachten wir noch eine weitere Geschichte von Abraham, die in der biblischen Überlieferung als Fesselung des Isaak bezeichnet wird – eine schwierige, komplexe und beunruhigende Passage. Abraham hört eine Stimme, die ihn auffordert, seinen Sohn als Opfer darzubringen. Er folgt dem Ruf, bringt Isaak zu einem der Berge im Land Morija und legt ihn auf den Brandaltar. Als er schon mit erhobenem Messer dasteht, hört er einen zweiten Ruf, der ihm sagt, er solle seinen Sohn verschonen und an seiner Stelle einen Widder opfern.

Ich möchte eine radikale Interpretation dieser Geschichte geben, die sich meines Erachtens aus einer möglichen Auslegung des Sohars ableiten lässt. Im Hauptwerk des biblischen Mystizismus wird die Stimme, die Abraham zur Opferung seines Sohnes auffordert, als »*aspaklarya delo nahara*«, als umwölkter Spiegel bezeichnet. Er war sich nicht wirklich sicher über den Ruf, den er da vernahm. Er schaute in den verschwommenen Spiegel und meinte darin die Aufforderung zu erkennen, er solle seinen Sohn opfern.

Wer sich in der biblischen Überlieferung auskennt, der weiß einiges über Abrahams psychologisches Profil. Man denke nur an die oben angedeuteten Schwierigkeiten, die er in frühen Jahren hatte. Der Überlieferung zufolge ist er nur knapp dem Versuch seines eigenen Vaters entgangen, ihn ins lodernde Feuer zu werfen. Mit diesem Opfer sollte Nimrod, der als gottgleich und unsterblich verehrte König von Charan, besänftigt werden.

Man muss nicht viel von Psychologie verstehen, um das Konzept des Wiederholungszwangs zu begreifen. Wir werden von Kräften in unserem tiefsten Inneren dazu getrieben, mit unseren Kindern das zu machen, was unsere Eltern mit uns gemacht haben. Ich könnte mir also denken (und diese Meinung teile ich mit meinem Freund Michael Lerner), dass es Abraham nur darum ging, seinem Sohn das anzutun, was sein Vater ihm angetan hatte. Dies ist es, was ich aus dem Sohar herauslese. Der erste Ruf, den Abraham hörte, war unklar. Aufgrund seiner persönlichen Vorgeschichte deutete er ihn als göttliche Aufforderung, seinen Sohn zu opfern. In Wirklichkeit aber war es die Stimme seiner eigenen psychischen Getriebenheit, die er da hörte. (Es war nicht ein gehässiger, launischer Gott, der Abraham blinden Gehorsam abverlangte und seine absolute Loyalität auf die Probe stellte.)

Abraham geht als Held aus dieser Geschichte hervor, weil er einen zweiten Ruf vernahm, der ihm sagte, dass es unmoralisch sei, den eigenen Sohn zu opfern. Er konnte den Bann seiner Kindheit durchbrechen und das von seinem Vater etablierte Muster auflösen. Er lernte, zwischen einem echten Ruf und einer als Ruf getarnten alten psychischen Verletzung zu unterscheiden.

Seelenmuster-Praxis

Es gibt drei ultimative Testfragen zur Entdeckung des Seelenauftrags. Die Einsichten, die sich beim Nachdenken über diese Fragen einstellen, verraten Ihnen viel über Ihr Seelenmuster:

- Wenn Sie wüssten, dass Sie noch genau ein Jahr zu leben hätten, wie würden Sie die verbleibende Zeit verbringen?
- Wenn Sie nicht zu arbeiten bräuchten, um Ihren Lebensunterhalt zu verdienen, was würden Sie dann tun?
- Wenn Sie mit Ihrem dreizehnjährigen Kind spazieren gehen und es Sie auf einmal fragen würde: »Was sind die Dinge, auf die du in deinem Leben am meisten stolz bist?«, welche Antwort würden Sie ihm geben?

Greifen Sie einen alten biblischen Brauch auf, und verfassen Sie ein ethisches Vermächtnis für Ihre Kinder. Es beinhaltet all das, was Sie in Ihrem Leben an Glaubenssätzen, praktischen Ratschlägen und Erkenntnissen zusammengetragen haben und an die nächste Generation weitergeben möchten. Wenn Sie keine eigenen Kinder haben, richten Sie Ihren Text an imaginäre Nachkommen oder an Ihre Freunde.

Durch die Antworten auf diese Fragen sollten Sie der Entdeckung Ihres ganz persönlichen Seelenmuster-Auftrags ein gutes Stück näher kommen.

Frei zu sein heißt, die Freiheit zu haben, einen Ruf zu hören und ihm Folge zu leisten. Sind unsere Empfangsfrequenzen von unerledigten Themen überlagert, können wir unseren echten Ruf nicht herausfiltern. Und was noch gefährlicher ist: Wir könnten nur allzu leicht einen Ruf hören, wo doch nur unbewältigte Traumata und Schmerzen sind. Traumata sprechen mit vielerlei Zungen. Hüten Sie sich vor dem Gift solcher Pseudo-Rufe.

Der spirituelle Werkzeugkasten

In den ersten vier Wahrheiten habe ich die wesentlichen Aspekte der Berufung erläutert. Nun werden wir uns der wichtigsten persönlichen Voraussetzung zuwenden, um dem Ruf auch Folge leisten zu können: der Risikobereitschaft.

Die folgende Wahrheit eröffnet uns den Blick in unseren persönlichen spirituellen Werkzeugkasten. Sie hilft uns dabei, die angeborenen Fähigkeiten, die uns als Teil unseres Seelenmusters mit auf den Weg gegeben sind, zu entfalten.

Die fünfte Wahrheit: Risikobereitschaft

Jeder Ruf birgt ein gewisses Risiko, denn wie er auch aussehen mag, wir müssen fast zwangsläufig etwas anderes aufgeben, um ihm Folge leisten zu können. Zumeist geht es darum, alte Konzepte hinter uns zu lassen, die wir auf unserem künftigen Weg nicht mehr brauchen. Erst wenn unsere Seele dazu bereit ist, können wir zu neuen Ufern aufbrechen.

Eines der verlockendsten und subtilsten Konzepte, an das wir uns gerne klammern, wird in der psychologischen Fachliteratur gelegentlich als »alte Landkarten« bezeichnet. Es handelt sich dabei um Sichtweisen der Realität, die uns eine Zeit lang, womöglich sogar mit Erfolg, als Orientierungshilfe im Leben dienten, die aber mittlerweile überholt sind. Die Wirklichkeit verändert sich ständig. Persönliches Wachstum erfordert von uns die stete Bereitschaft, die Realität ehrlich zu betrachten und gegebenenfalls neue Landkarten zu zeichnen, um uns die Missionen klar vor Augen zu führen, die wir in der Welt zu erfüllen haben.

In der Verhaltensforschung gibt es einen Versuch, bei dem einem Affen beigebracht wurde, nach einem Stück Nahrung zu greifen und es fest zu umklammern. Als die Nahrung anschließend in Reichweite des Affen in einen Käfig gelegt wurde, griff er wie erwartet zu. Doch die geballte Faust passte nicht zwischen den Gitterstäben hindurch, sodass er sie nicht mehr zurückziehen konnte. Ausgehend von seiner »alten Landkarte« zur Nahrungsbeschaffung hielt das Tier das Futter fest und weigerte sich standhaft, die Faust zu öffnen. Ohne Eingreifen von außen wäre es verhungert. Zumindest in diesem Punkt stimmt Darwins Aussage, dass sich der Mensch und der Affe auffällig gleichen. Es fällt uns unendlich schwer, alte Landkarten aufzugeben, an denen wir uns einmal orientiert und die uns das Gefühl der Sicherheit gegeben haben – manchmal sogar dann noch, wenn unser Leben auf dem Spiel steht.

Eine Gruppe von Theologen unternahm eine Klettertour in den Alpen. Nach ein paar Stunden stellten sie fest, dass sie sich total verlaufen hatten. Einer von ihnen brütete lange über einer Landkarte, drehte sie mal in der einen, mal in der anderen Richtung, hielt Ausschau nach Orientierungspunkten im Gelände, prüfte Kompass und Sonnenstand. Schließlich sagte er: »Seht ihr den Berg dort drüben?«

»Ja«, gaben die anderen gespannt zurück.

»Nun, nach dieser Karte müssten wir eigentlich auf seinem Gipfel stehen.«

Es fällt uns schwer, unsere Karten aufzugeben, selbst wenn sie ganz offensichtlich nicht mehr stimmen. Womöglich halten wir hartnäckig an dem Glauben fest, dass man anderen nicht über den Weg trauen darf. Bei dieser Meinung zu bleiben kann sogar unsere einzige Hoffnung auf psychisches Überleben sein, besonders wenn wir Leute aus dem engsten Familienkreis wie die eigenen Eltern früher tatsächlich als unzuverlässig erlebt haben. Als Kind fiel es uns wahrscheinlich leichter zu glauben, dass man Menschen generell nicht vertrauen dürfe, als anzuerkennen, dass der Verrat ausgerechnet von den eigenen Eltern ausging. Die mit dem Vertrauensbruch einhergehenden Gefühle zuzulassen wäre womöglich zu schmerzlich – und zu gefährlich – gewesen. Und so hieß der Schlüssel zu unserer Landkarte: »Man kann sich auf niemanden verlassen – handle entsprechend.« Später im Leben stellt sich die Realität womöglich ganz anders dar – in der Ehe, in einer geschäftlichen Partnerschaft, in Bereichen also, in denen Vertrauen die absolute Grundvoraussetzung für den Erfolg ist. Um aber vertrauen zu können, müssen wir unsere Landkarte der Wirklichkeit neu zeichnen und der neu entdeckten Tatsache Rechnung tragen, dass man zwar manchen Menschen nicht vertrauen darf, andere aber absolut treu und zuverlässig sind.

Dieser Erkenntnisprozess kann sehr schmerzhaft sein, denn um Vertrauen als Möglichkeit in Betracht zu ziehen, müssen wir den Mythos von der Unzuverlässigkeit des Menschen und damit unsere bisherige Handlungsgrundlage zerstören. Ringen wir uns zu der komplexeren Wahrheit durch, dass der Verrat nur von ganz bestimmten Menschen – etwa den Eltern, einem Geliebten, einem Freund – ausging, wird uns das ganze Ausmaß der Verletzung erst bewusst, und uns das einzugestehen kann ziemlich wehtun. Um diesem Schmerz aus dem Weg zu gehen, klammern wir uns verzweifelt an der alten Landkarte fest. Doch diese ist in unseren neuen Lebensumständen keine Orientierungshilfe und führt uns möglicherweise in ein gefährliches, zerstörerisches Fahrwasser, das uns immer weiter vom Ziel und dem Ruf unseres Seelenmusters entfernt.

Maler oder Polizist

Vor vielen Jahren kam ein Mann zu mir, der Polizist in dem Ort war, in dem ich meinen ersten Dienst in einer jüdischen Gemeinde übernommen hatte. Er war eine angenehme Person, verantwortungsbewusst und couragiert, ein guter Vater und Ehemann, und trotzdem litt er an einer leichten Depression. Ich bin kein Therapeut und führe in dem Sinn keine professionellen Beratungen durch, doch wenn ich einen Klienten an einen Fachmann überweise, so kann ich in der Regel den ein oder anderen Hinweis dazu geben, was in seinem Leben nicht stimmt. Aber in diesem Fall hatte ich nicht die leiseste Ahnung. Fast ein Jahr ging der Mann zur Therapie, ohne dass sich eine nennenswerte Besserung einstellte. Als er dann wieder zu mir kam, war er in einer ziemlich üblen Verfassung. Seine Depressionen wurden immer schlimmer, und er wusste nicht warum.

Wie der Zufall so spielt, musste ich an dem Tag, an dem der Polizist mich aufsuchte, nach Miami, denn ich war dort von einem guten Freund zur Eröffnung einer Kunstgalerie eingeladen worden. So schlug ich dem Mann vor, mich zu begleiten, unterwegs hätten wir genug Zeit zum Reden. Wir waren noch nicht lange in der Galerie, als ich schon wieder aufbrechen wollte. Kunst gefällt mir zwar, aber zugegebenermaßen vermag sie meine Aufmerksamkeit nicht für sehr lange zu fesseln. Als ich nach dem Polizisten Ausschau hielt, sah ich ihn völlig entrückt durch die Räume schlendern. Mit einem Mal wurde mir klar, welche tiefere Ursache hinter seinen Problemen stecken könnte.

Auf der Rückfahrt fragte ich ihn beiläufig: »Malen Sie eigentlich?«

»Ja«, erwiderte er. »Ich male. Aber ich bin nicht wirklich gut. Mein älterer Bruder, der ist der eigentliche Maler in der Familie.«

»Tatsächlich?«, gab ich zurück. »Würden Sie mir ein paar Ihrer Bilder zeigen?«

»Ich weiß nicht, was ich Ihnen da zeigen könnte«, antwortete er mit leiser Stimme.

»Aber irgendetwas müssen Sie doch haben.«

Ja, ein paar Sachen habe er schon, meinte er, und obwohl er »keinen rechten Sinn« darin sehe, würde er sie mir vorbeibringen. Eine Woche später bekam ich sie zu sehen – und sie waren großartig! Auf meine Frage, warum er nicht öfter malen würde, wandte er ein, dass er es ja gerne täte, seine Pflichten ihm aber nicht viel Zeit dazu ließen. Und außerdem sei ja sein Bruder der eigentliche Maler in der Familie.

Sechs Monate lang führten wir intensive Gespräche und versuchten zu ergründen, warum er sich für die Polizeilaufbahn entschieden hatte, obwohl er doch ganz offensichtlich ein geborener Maler war. Die Antwort lautete immer gleich: Sein Bruder war nun einmal der Maler in der Familie. Auf diesem Dogma basierte das familiäre Selbstverständnis.

In einem langen, sanften Prozess lernte der Polizist und Maler, sich von alten Landkarten zu verabschieden und sich für den Plan seiner Zukunft – seine Seelenmuster-Berufung zur Malerei – zu öffnen. Die Loslösung von überkommenen Mustern barg für ihn ein großes emotionales Risiko. Die Familienstruktur, die ihm bislang Halt geboten und die er als gegeben hingenommen hatte, musste neu bewertet werden, bevor er es wagen konnte, sich seiner Berufung zu stellen. Heute ist er ein im Süden der USA viel beachteter Maler.

Erst der Kinderwagen, dann das Kind

Hier eine Geschichte, die die Mystiker immer wieder gern erzählen:

Jedes Jahr zur Zeit des Erntedankfestes machten sich zwei Brüder auf den Weg, um ihren Lehrer zu besuchen. Da sie selbst kluge Männer waren, beherzigten sie den Rat der Weisen, der da lautet, man solle jedes Jahr in der gleichen Herberge übernachten. Der Wirt des Gasthauses war ihnen darum längst zu einem guten Freund geworden. Als sie ihn aber diesmal begrüßten, fiel ihnen auf, wie niedergeschlagen und teilnahmslos er wirkte. So hatten sie ihn noch nie erlebt. »Was ist denn mit dir los?«, wollten sie wissen.

Es dauerte eine Weile, bis er ihnen Auskunft gab: »Es ist wegen meiner Frau. Für sie ist es an der Zeit, Kinder zu haben, doch so sehr sie sich wünscht, Mutter zu werden, es will einfach nicht gelingen. Ich weiß, dass euer Lehrer mit seinen Gebeten wahre Wunder wirken kann. Glaubt ihr, dass er für uns beten könnte?«

Die Brüder versprachen, ihrem Meister seine Bitte vorzutragen. Als sie am nächsten Morgen aufbrechen wollten, wurden sie Zeugen einer höchst merkwürdigen Szene. Die Frau des Wirtes spazierte durchs Dorf und schob einen nagelneuen Kinderwagen vor sich her! In jener Zeit war ein solcher Wagen ein echter Luxus und so teuer, dass seine Anschaffung die finanziellen Mittel des Wirtes mit Sicherheit übersteigen musste. »Herzlichen Glückwunsch!«, riefen ihr die Leute zu, denn sie waren überzeugt, sie würde ein Kind erwarten.

»Oh nein«, entgegnete sie. »Ich bin noch nicht schwanger.«

Die Dorfbewohner tauschten mitleidige Blicke aus und glaubten, dass ihr unerfüllter Kinderwunsch sie in den Wahnsinn getrieben habe.

Auch die beiden Brüder machten sich große Sorgen. Da hatte die Frau ihres Freundes einen Großteil der gemeinsamen Ersparnisse ausgegeben, obwohl gar nicht feststand, dass die Gebete ihres Lehrers auch wirklich fruchten würden. Sie waren zwar fromm, aber dumm waren sie nicht. Da sie jedoch wenig tun konnten, setzten sie ihre Reise fort.

Beim nächsten Erntedankfest machten sich die beiden wieder auf den Weg zu ihrem Lehrer. Sie wären gern in derselben Herberge abgestiegen, aber sie hatten ein wenig Angst davor. Was, wenn die Wirtsleute kein Kind bekommen hätten? Dann wären sie als Gäste sicherlich nicht willkommen. Sie beschlossen, hinzufahren und erst einmal an der Tür zu lauschen. Sollten Sie ein Baby weinen hören, dann würden sie eintreten. Falls nicht, würden sie sich einen anderen Platz zum Übernachten suchen.

Als sie beim Gasthof ankamen, herrschte ausgelassene Feststimmung im Haus: Man feierte die Geburt eines Kindes! Mit Freuden wurden die beiden begrüßt und sogleich zu Paten gemacht.

Einer der Brüder konnte sich bei allem Verständnis für die frisch gebackenen Eltern einer tiefen Traurigkeit nicht erwehren. Als die beiden beim Hause ihres Lehrers ankamen, bat er um eine dringende Audienz, die ihm als weisem und loyalem Schüler auch gewährt wurde. Tränenüberströmt setzte er sich nieder und fragte den Meister: »Ich kann es einfach nicht verstehen. War ich Ihnen etwa nicht wichtig? Auch meine Frau wünschte sich ein Kind. Auch sie wollte unbedingt Mutter werden. Zwanzig Jahre lang habe ich Sie Jahr um Jahr gebeten, meine Frau in Ihre Gebete einzuschließen. Sie versprachen es, und trotzdem sind wir kinderlos geblieben. Dann richtet dieser Wirt, den Sie nicht kennen, der nicht einmal Ihr Schüler ist, der Ihnen weder Liebe noch Loyalität schenkt, die gleiche Bitte an Sie, und kaum ein Jahr später bekommt seine Frau Nachwuchs!«

Der Meister sah seinen Schüler mit großer Nachsicht an: »Sag mir, mein lieber Freund und Schüler, ist deine Frau etwa hingegangen und hat einen Kinderwagen gekauft?«

Wenn wir einem Ruf folgen wollen, kommt immer irgendwann der Zeitpunkt, an dem wir einen Kinderwagen kaufen müssen. Wir müssen uns zum Sprung entschließen und daran glauben, dass wir im Netz landen werden; im Angesicht der Ungewissheit müssen wir das Risiko eingehen und handeln. Denn – um bei der Metapher zu bleiben – das ist der einzige Weg, auf dem neue Babys zur Welt kommen können.

Spring! Das Netz wird schon auftauchen

In dieser Geschichte verrät der Lehrer seinem Schüler eine elementare Weisheit: Um einem Ruf wirklich Folge leisten zu können, muss man erst zeigen, dass man bereit ist, das Risiko einzugehen. Die Wirtin setzte ihre gesamten Ersparnisse aufs Spiel und kaufte einen Kinderwagen, so sehr war sie davon überzeugt, Mutter zu werden. »Spring! Das Netz wird schon auftauchen«, so könnte man die Philosophie der Berufenen auf den Punkt bringen. Erst müssen wir springen – und riskieren, auf die Nase zu fallen – bevor das Netz sich zu zeigen bereit ist.

Je stärker eine Sache unsere Seelenmuster-Berufung tangiert, desto größer ist das Wagnis, das wir eingehen müssen. Nach biblischer Auffassung gilt die Grundregel, dass wir niemals ein ultimatives Wagnis eingehen sollten. Außer in den wenigen Ausnahmefällen, in denen unser Leib und Leben auf dem Spiel stehen, wird es im Allgemeinen für besser gehalten, vorsichtig zu sein und bescheiden zu leben, und wenn es uns nur einen weiteren Tag über die Runden brächte. Der Meister Mordechai Lainer von Ishbitz aber spricht von einer großen Ausnahme von dieser Regel. Jeder Mensch hat in irgendeinem Bereich seines Lebens einen ganz besonderen Auftrag. Es gibt keine zwei Menschen, die exakt zu der gleichen Sache berufen wären. Und wenn es um unsere Berufung geht, müssen wir – so seine Worte – »unsere Seele riskieren«.

»Die Seele riskieren« – das ist eine extreme, zugleich aber auch nachvollziehbare Forderung, denn unser ganz persönlicher Auftrag ist Teil unseres Seelenmusters. Verwirken wir diese Berufung und werden dadurch zur statistischen Größe, ist es sowieso um unsere Seele geschehen. Das beste Beispiel hierfür ist der Maler und Polizist, von dem ich erzählt habe. Er hatte ein regelmäßiges Einkommen und einen sicheren Beamtenposten. Außerdem leistete er als Staatsdiener einen wertvollen Beitrag für die Gesellschaft. Das ist durchaus beachtlich. Das alles für etwas Geringeres als ein Familienmitglied oder die Seelenmuster-Berufung aufs Spiel zu setzen, wäre dumm und leichtsinnig gewesen. Sich dem ureigenen Auftrag zu stellen, erforderte Mut. Immer wenn es um Fragen des Seelenmusters geht – also bei all jenen Entscheidungen und Herausforderungen, vor die uns unsere ganz persönliche Berufung stellt –, müssen wir alles auf eine Karte setzen.

Mordechai Lainer nennt den Prozess der Selbsterkenntnis *Birrur* – was sich am treffendsten mit »psycho-spirituelle Klärung« übersetzen lässt. Dieser Prozess zielt darauf ab, genug über uns selbst zu erfahren, um zu wissen, in welchen Bereichen wir die größten Risiken eingehen müssen. Aber um uns so gut kennen zu lernen, bedarf es einiger Disziplin sowie spiritueller Konsequenz und Einsichtsfähigkeit.

Risiko und Widerstand

Es kann vorkommen, dass wir einen authentischen Ruf zwar deutlich vernehmen, aber einfach nicht darauf reagieren wollen, weil wir das damit verbundene Risiko scheuen. Dies kann viele Gründe haben. Zwei davon aber spielen eine dominierende Rolle: die Faulheit und die Angst.

Faulheit, wie ich sie hier verstanden wissen will, hat nichts mit jener Form von Trägheit zu tun, die sich unter dem Motto »Es fällt mir schwer, aus dem Bett zu kommen« zusammenfassen lässt. Ich rede hier eher von der Mühe und Energie, die wir aufwenden müssen, um einem echten Ruf zu folgen. Wir stehen alle unter dem Einfluss einer massiven Lethargie, die wie eine Droge auf uns wirkt. Es ist immer einfacher und bequemer, da zu bleiben, wo wir sind. Einem Ruf zu folgen, erfordert aber stets ein gewisses Maß an Bewegung – an Handlung, wie wir im letzten Kapitel gesehen haben.

Der zweite Grund für unseren Widerstand ist die Befürchtung, dass der Ruf unsere Pläne durchkreuzen könnte. Diese Angst ist der Dämon, der zwischen den Zeilen der Geschichte von Jonas lauert, jenem biblischen Propheten, dem die Aufgabe zufällt, die Stadt Ninive zu reformieren. Die Komplexität dieser Geschichte erwächst aus der Tatsache, dass es sich ausgerechnet um die Hauptstadt von Israels Erzfeind Assyrien handelt. Auszuziehen, um den Bewohnern von Ninive Weisheit zu predigen, ist so ziemlich das Letzte, was sich Jonas – der kein Geringerer als der Führer Israels war – wünschen würde. Zwei Seelen streiten in seiner Brust. Und das Ergebnis? Er übergeht den Ruf. Vor sich selbst und aller Welt tut er so, als hätte er nichts gehört.

Ohne Zeit zu verlieren, macht er sich aus der Stadt davon, eilt zum Meer, kauft sich eine Schiffspassage und geht an Bord, um so schnell wie möglich auf Distanz zu seiner undurchführbaren Mission zu gehen. Doch der Ruf bleibt ihm auf den Fersen, lässt Regengüsse auf seinen unbeugsamen Nacken und harten Schädel niederprasseln. Die Wasser toben – wie es ihre Art ist, wenn wir unsere Berufung ignorieren. Das ganze Schiff war in Gefahr – denn die Weigerung, unseren Auftrag zu erfüllen, kann tückische Folgen nicht nur für uns selbst, sondern auch für die uns nahe stehenden Menschen haben. Jonas lässt sich über Bord werfen, will lieber tot als lebendig sein, doch er landet geradewegs im Maul eines Wales. Und in dessen riesigem Bauch holt ihn endlich sein Ruf wieder ein.

Ob es nun geschieht, weil es dort so schrecklich stinkt und er nicht weglaufen kann, oder ob der Bauch des Wales zu einer Art Meditationskammer wird, in der sich Jonas selbst begegnet, sei dahingestellt. Auf alle Fälle findet sich Jonas irgendwann auf festem Boden wieder und wird in Richtung seines Schicksals gewiesen: nach Ninive. Völlig durchnässt, aber mit seinem Los versöhnt, macht er sich auf den Weg in die große Stadt. Dies ist eine bewegende Geschichte, die zeigt, dass der Ruf sich weder beschwichtigen noch überwinden lässt, dass er weder übergehbar noch entrinnbar ist. Was wir auch tun, er meldet sich immer wieder zurück.

Wir alle haben etwas von dem, was der Begründer der humanistischen Psychologie, Abraham Maslow, als Jonas-Komplex bezeichnete. Ein jeder von uns versucht in gewissem Maße, sich abzulenken, in die andere Richtung zu schauen und sich die Ohren zuzustopfen, um den Ruf nicht hören zu müssen.

Im jüdischen Kalender wird die Geschichte von Jonas zum Tag der Versöhnung gelesen. Warum ausgerechnet dann? Weil sie uns lehrt, dass es die größte aller Sünden ist, aus Angst vor dem Risiko die Augen vor unserem besonderen Auftrag zu verschließen. Ein versäumter Ruf ist mehr als eine verpasste Chance, er ist eher ein neu geschaffenes Problem. Vernachlässigen wir den Garten unserer Berufung, wird er von Dornenbüschen überwuchert. Der Tag der Versöhnung ist so etwas wie der Bauch des Wals. Er führt uns in eine Meditationskammer, in der wir inmitten der stürmischen See innehalten, uns hinsetzen und die Laute unseres Rufes entziffern können. Die Zeit der Versöhnung erinnert uns, dass es nie zu spät ist, wir sind eingeladen, der Stimme unseres Schicksals zu folgen. Wenn wir an diesem Tag aufmerksam in uns hineinlauschen, hören wir sie flüstern: »Es ist nie zu spät. Es ist nie zu spät.«

11

Von der Freude, berufen zu sein

Glück: Ein Nebenprodukt,
das man nicht kaufen kann

Ein Junge fand einmal ein Ei. Er wusste nicht, dass es von einem Adler stammte, und so brachte er es in den Hühnerhof und legte es einer Henne ins Nest. Als die Zeit reif war, schlüpfte darum zwischen lauter Küken ein kleiner Adler. Da er es nicht besser wusste, wuchs er wie ein Huhn auf; er kratzte und pickte, gluckte und gackerte und schlug unbeholfen mit den Flügeln.

Eines Tages hörte er den majestätischen Schrei eines Adlers, der hoch oben im Himmel seine Kreise zog. Er schaute hinauf zu dem prachtvollen Vogel, der da so elegant durch die Lüfte glitt.

»Wer ist das«, fragte er das Huhn neben ihm.

»Das ist ein Adler, der König der Vögel. Er gehört in den Himmel. Wir gehören auf den Boden. Wir sind Hühner.«

Noch ein letztes Mal kreiste der Adler über dem Hühnerhof und ließ seinen Ruf vernehmen.

Der kleine Adler aber gackerte weiter und pickte im staubigen Boden.

Er lebte und starb als Huhn. Nie folgte er dem Ruf des Adlers. Nie streckte er seine Flügel zum Fluge.

Dies ist eine Variante der Geschichte vom hässlichen Entlein, in der das falsche Junge nie zum Schwan wird. Das Adlerküken folgt nicht dem Ruf seines höheren, wahren Selbst. Es glaubt, so wie alle anderen zu sein und auf die Erde zu gehören – und darum muss es auf der Erde bleiben. Nie streckt es seine Flügel zu ihrer ganzen Spannweite aus, nie steigt es in die Höhen auf, die es hätte erreichen können.

Der Dichter William Blake, der in seinem Leben selbst eine Phase als hässliches Entlein durchmachte, schrieb einmal: »Kein Vogel fliegt hoch genug, solange er mit den eigenen Flügeln fliegt.« Wenn wir dem Ruf unseres Schicksals nicht folgen – wenn wir nicht so hoch fliegen, wie wir können, dann bringen wir damit unser fundamentales Glück in Gefahr. Es geht also ums Ganze!

Im Zusammenhang mit der Entschlüsselung des *Mispar*-Augenblicks – unseres einzigartigen Schicksalsrufs – möchte ich noch einmal auf das so überaus wichtige Thema »fluide« zurückkommen.

Am Anfang unserer Diskussion über die »reine Freude« haben wir gesehen, dass sich Glück im Sinne der biblischen Überlieferung nicht erzwingen lässt. Es stellt sich vielmehr nur als Nebenprodukt bei der Verfolgung wichtiger Ziele (außer dem Glück) ein. Wie aber können solche Ziele aussehen? Welche unserer Bestrebungen können uns glücklich machen? Wir könnten die These aufstellen – und damit wären wir in Gesellschaft einiger hervorragender Denker –, dass es sich dabei um allgemeine gute Vorsätze wie Güte, Tiefgründigkeit, Wertorientiertheit und Sinnhaftigkeit handeln müsse. Indem wir uns aktiv um die Verwirklichung eines oder mehrerer dieser vier Punkte bemühen, könnte sich in der Tat ein gewisses Maß an Zufriedenheit einstellen.

*

Was uns von unserem Glück trennt, ist die Kluft
zwischen den Werten, zu denen wir uns bekennen,
und den Werten, nach denen wir leben.

*

Doch macht uns die Verfolgung solch abstrakter Ziele wirklich glücklich? Um der Frage zusätzlichen Nachdruck zu verleihen, sollten wir einen der vier Punkte herausgreifen und uns anschauen, was konkret damit gemeint ist. Nehmen wir beispielsweise die Wertorientiertheit. Ein jeder von uns verfügt über eine Reihe von Werten, die das Leben bestimmen und bewahren. Dennoch wird es uns nie gelingen, unseren Alltag voll und ganz nach ihnen auszurichten. Stets klafft eine Lücke zwischen den Werten, zu denen wir uns bekennen, und den Werten, nach denen wir leben, und genau diese Kluft trennt uns von unserem Glück. Durch aktives Bemühen lässt sie sich etwas verringern. Je mehr wir uns also anstrengen, desto glücklicher werden wir – zumindest theoretisch.

*

*Glück stellt sich nur als Nebenprodukt eines Lebens
im Einklang mit dem eigenen Seelenmuster ein.
Glücklich können wir nur sein, wenn wir unseren Ruf
erfüllen und unsere Geschichte ausleben.*

*

Dies klingt logisch – bis zu dem Augenblick, in dem wir den Unterschied zwischen potenziellem Glück und echtem Glück erkennen. Ohne Werte, Güte, Sinnhaftigkeit und Tiefgründigkeit neigt sich unser potenzielles Glück gen null. Verfolgen wir diese Dinge jedoch nur auf ganz allgemeine Weise, kann das zwar ganz nett sein, wirklich glücklich aber macht es uns nicht. Mag sein, dass wir eine gewisse Befriedigung daraus beziehen, dass es gut für unser Selbstwertgefühl und unseren Seelenfrieden ist. Das alles mögen zwar wichtige Bestandteile der Glücksformel sein, doch das Glück selbst bescheren sie uns nicht.

Wir können gut sein, Tiefgang haben, über unanfechtbare Werte verfügen und cin sinnvolles Leben führen und uns dennoch scheußlich fühlen. Denn eine wesentliche Sache fehlt uns: die innige Verbindung zu unserem Seelenmuster.

Wie wir gesehen haben, stellt sich Glück nur als Nebenprodukt eines Lebens im Einklang mit dem eigenen Seelenmuster

260

ein. Glücklich können wir nur sein, wenn wir unserem Ruf folgen und unsere eigene Lebensgeschichte verwirklichen. Glück stellt sich auf ganz natürliche Weise ein, wenn in unserem Leben Werte und Berufung zu einer Einheit verschmelzen. Es fällt uns in den Schoß, wenn wir nach einem sinnvollen Leben streben, in die Tiefen unserer Persönlichkeit eintauchen und der Welt mit all der Güte begegnen, zu der wir fähig sind.

Es ist ganz einfach. Wir können die beste Kleidung aus den edelsten Stoffen vom elegantesten Schneider der Welt kaufen, aber wenn sie uns nicht passt – und sei es, dass nur wir es merken –, dann werden wir uns darin nie so wohl fühlen wie in einem perfekt sitzenden Stück. Gleiches gilt für das, was die Kabbalah als »Seelen-Gewänder« bezeichnet. Sie sind aus Güte, Sinnhaftigkeit, Tiefgang und Werten gemacht. Es genügt nicht, wenn sie aus edlem Tuch genäht sind. Wir müssen persönlich zur Anprobe beim Schneider erscheinen. Für niemanden außer uns müssen sie gefertigt sein. Gewänder dieser Art öffnen uns Türen und bringen uns Freude. Glücklich der Mensch, der sie tragen darf.

Der Schriftsteller Honoré de Balzac schrieb einmal: »Berufungen, denen wir folgen wollten, ohne es getan zu haben, hinterlassen sichtbare Spuren in unserer gesamten Existenz.« Bei diesem Zitat taucht vor meinem geistigen Auge das Bild eines Malers auf, der nicht malt. All die ungenutzten Farben ergießen sich über ihn und besudeln sein Leben, bis er sie endlich mit dem Pinsel aufnimmt. Wenn wir uns unserer Berufung nicht stellen, wird sie uns nachstellen und unser Dasein wie ein böser Geist überschatten. Denn wer auf das Losungswort eines anderen hört, wer Polizist statt Maler wird, der kann nie wirklich glücklich werden.

Glück ist also, uns vom Ruf unseres innersten Selbst leiten zu lassen; morgens aufzuwachen in dem Bewusstsein, dass wir eine Mission in der Welt haben, die kein anderer erfüllen kann; zu wissen, dass von den Milliarden Erdbewohnern kein Einziger uns ersetzen kann. Dies gilt für jeden Menschen auf diesem Globus, denn uns allen gemein ist unsere Einzigartigkeit.

Der Begriff von der Heiligkeit eines jeden Menschenlebens erwächst aus demselben Ursprung wie die biblische Geschichte, die den Gedanken des Seelenmusters hervorgebracht hat. Wir haben nur darum Aussicht auf Glück, weil der Ruf des Seelenmusters das Universum mit Leben erfüllt.

Ein neues Verständnis der Freude

Ungeachtet aller Diskussionen über Nuancen und Betonungen, sind sich die biblischen Mystiker in zwei Auffassungen über die Freude einig. Beide unterscheiden sich von unserem modernen Verständnis des Glücksbegriffs.

Freude, so die erste Auffassung der Kabbalisten, ist gleichzeitig Energiequelle und -kanal. Das Wort, das in der Kabbalah am häufigsten mit Freude bzw. »fluide« assoziiert wird, ist *Chiyut*, was sich grob mit »Lebensenergie« übersetzen lässt und in etwa dem Chinesischen *Chi* entspricht. Glücklich zu sein heißt, im *Chiyut* des Universums zu stehen. Das Portal zu dieser Energie ist das Selbst, das lebendige Seelenmuster. Haben wir uns erst einmal an sie angeschlossen, ist Freude nicht nur eine Energiequelle, sondern dient gleichzeitig als Kanal, über den uns noch mehr göttliche Energie zufließen kann.

*

Glücklich zu sein heißt, im Chiyut des Universums
zu stehen. Das Portal zu dieser Energie ist das Selbst,
das lebendige Seelenmuster.

*

Die Vorstellung von Freude als göttliche Energie wird von den Kabbalisten auf vielfältige Weise zum Ausdruck gebracht. Eine

Trauer

73

> ### Seelenmuster-Praxis
>
> Freude ist allgegenwärtig, wir müssen uns nur an ihren Strom anschließen.
>
> Denken Sie jedes Mal, wenn Ihnen etwas einfällt, das Ihnen fehlt, auch an etwas, das Sie haben.
>
> Schreiben Sie die dreißig Dinge auf, die Ihnen in Ihrem Leben am wichtigsten sind.
>
> Wie viele von diesen Dingen haben Sie bereits?
>
> Zum Beispiel: Augenlicht, Hörvermögen, Intelligenz, Talent, Familie, Gefühl, Gesundheit, einen Sohn/eine Tochter …
>
> Überlegen Sie einmal, was Ihnen jetzt im Augenblick zu Ihrem Glück fehlt. Welchen Rang hat die betreffende Sache auf Ihrer Liste?
>
> Meistens steht das, was uns Kummer bereitet, ziemlich weit unten auf der Liste; manchmal kommt es überhaupt nicht darin vor.

davon möchte ich Ihnen hier vorstellen. Ein beliebtes kabbalistisches Epigramm lautet _Simcha poretz geder_ – »Freude durchbricht Zäune«. Freude ist mehr als eine innere Einstellung oder Haltung; sie ist eine starke, mächtige Energiequelle. Der kabbalistische Meister Simcha Bunim (dessen Vorname »Glück« bedeutet) zog dieses Epigramm heran, um einen berühmten Spruch aus den mystischen Schriften neu zu deuten, der da lautet: »Alle Tore sind verschlossen, nur die Tore der Tränen nicht.« Traditionell wird der Satz zitiert, um zu verdeutlichen, dass ein gebrochenes Herzen alle Hindernisse überwinden kann. Wo jedes andere Mittel versagt, können Tränen alle Tore öffnen.

Mit einem subtilen Trick gelingt es Simcha Bunin, den Spruch in ein ganz anderes Licht zu setzen: Wer traurig ist, so sagt er, kann nur dann eintreten, wenn das Tor nicht verschlossen, sondern weit geöffnet ist. Gott bleibt also gar keine andere Wahl, als das Tor der Tränen unverschlossen zu lassen. Für den Glücklichen hingegen können die Tore ruhig verschlossen sein, er kann sie dennoch passieren. Denn schließlich gelte der Satz »Freude durchbricht Zäune«. Und weil dem so ist, gibt es keinen Grund, warum Gott die Tore nicht schließen sollte, wo sie sich doch jederzeit kraft der Freude öffnen lassen. Und genau das ist es, was Gott sich wünscht.

Die Glücksschleife

Führen Sie sich Folgendes vor Augen: Das Portal zur Freude ist das Seelenmuster. Haben wir erst einmal Zugang zu ihr gefunden, wirkt sie ansteckend; sie erzeugt sich selbst und wird zum Kanal für immer mehr und mehr Glücksenergie.

So einfach diese Beobachtung ist, so oft missachten wir sie. Wir vergessen, was Freude eigentlich ist. Nur allzu leicht werfen wir Glück mit Erfolg in einen Topf, obwohl uns unser Gefühl sagt, dass diese Assoziation falsch ist. Schließlich hat Erfolg nur wenig mit dem Seelenmuster zu tun. Ein Lehrer in Sachen Freude und Zufriedenheit schlägt eine schlichte Übung vor: Hören Sie sich um, was andere Leute glücklich machen würde. Ein besserer Job, eine Gehaltserhöhung, eine andere Ehefrau? Notieren Sie sich die Antworten und holen Sie Ihre Liste in fünf Jahren wieder heraus, um zu sehen, ob die Menschen, deren Wünsche sich erfüllt haben, tatsächlich glücklicher geworden sind. Wenn Sie zu den Ungeduldigen gehören, dann suchen Sie sich Leute, die all diese Dinge schon haben – Prestigejob, Riesengehalt, Traumfrau – und schauen Sie, ob sie glücklich sind. Wahrscheinlich sind sie es nicht – oder wenn sie es sind, dann hat ihr Glück wahrscheinlich nichts mit den Insignien ihres Erfolgs zu tun.

*

*Das Portal zur Freude
ist das Seelenmuster.*

*

Sich für die Freude entscheiden

Die zweite wichtige Lehre der Kabbalisten ist, dass wir uns für das Glücklichsein entscheiden müssen. In den alten mystischen Schriften kommt dies in der Maxime zum Ausdruck: »Die Quelle der Freude ist *Binah* – das Verstehen.« Eine mögliche Interpretation dieses Satzes besagt, dass der Weg zum Glück über die Kontemplation führt, und diese umfasst zwei Aspekte. Zum einen gehört dazu das Sinnieren über das Wesen der Welt, über Leben und Tod, Krankheit und Gesundheit; über die Frage nach dem, was beständig und unbeständig, was flüchtig und illusionär ist. Die Bibel widmet dieser Form der Meditation ein ganzes Buch – Ekklesiastes, *Kohelet* oder Prediger. »Windhauch, Windhauch, das ist alles Windhauch«, sagt der König namens Kohelet, als er sich ähnlich wie Buddha auf die Suche nach dem Sinn des Lebens begibt. Seine Reise mit all ihren Irrungen und Abenteuern liefert Stoff genug für eine eigene Geschichte. Am Ende aber gelangt er zur großen Erkenntnis, denn er versteht, dass die Welt ein Ort der Freude ist.

Das zweite Anliegen der kabbalistischen Kontemplation – und hier trennen sich die Wege der biblischen Überlieferung und des Buddhismus wieder – besteht in der Ergründung dessen, was wir hier Seelenmuster nennen. Hier meditieren wir über die einzigartige Signatur unserer Seele, indem wir uns fragen: »Welches ist der einmalige Lebensweg, den ich hier auf Erden gehen soll?«

Ich bevorzuge die zweite Auslegung des Satzes »Die Quelle der Freude ist das Verstehen«: Wenn sich Freude aus dem Verstehen ergibt, haben wir es nicht mit einem Wunsch, Ereignis oder erstrebenswerten Gefühl zu tun. Für die Freude müssen wir uns entscheiden. Sie ist etwas, das wir bewusst für uns wählen müssen. Ja, sie ist in gewisser Weise sogar eine Verpflichtung.

Warum in die Ferne schweifen ...

Manchmal glauben wir, wir müssten Welten durchqueren, um unsere Berufung zu finden, und gelegentlich mag das auch stimmen. In der Regel aber liegt unser Schicksal in unmittelbarer Reichweite. Bisweilen stoßen wir fast mit der Nase darauf, während wir an ganz anderen Stellen suchen. Im Universum der Liebe, so lehrt der Kabbalist Isaac Luria nur das, was ohnehin schon in unserem Leben vorhanden ist, um unserem Ruf zu folgen und unser Seelenmuster zu erkennen. Es klappert schon in dem Werkzeugkasten, den wir in unserem Inneren mit uns herumtragen.

Es geht die Geschichte von Sali, dem Schneider, der im siebzehnten Jahrhundert in Krakau lebte. Er litt unter einer tiefen Einsamkeit und Schwermut, obwohl er mit einer wunderbaren Frau verheiratet war und fünf prächtige Kinder hatte. Nacht für Nacht wurde er von einem Traum heimgesucht – dass unter einer bestimmten Brücke in Prag ein Schatz vergraben sei. Als Sali seiner Frau von dem Traum erzählte, lachte sie darüber. Auch seine Freunde hatten nichts als Spott dafür übrig. Sali aber drängte es, dem Ruf dieses Traumes zu folgen, und so machte er sich auf den Weg nach Prag.

Schon bald kam er in der großen Stadt an, und es dauerte nicht lange, da entdeckte er genau die Brücke, die er in seinem Traum gesehen hatte. Sehr zu seinem Leidwesen musste er jedoch feststellen, dass sie sich ausgerechnet in der Auffahrt zum Schloss des Provinzfürsten befand.

Stundenlang harrte er aus und studierte das Umfeld in allen Einzelheiten, um doch noch eine Möglichkeit zu finden, von den Wachen unbemerkt in den Graben unter der Brücke gelangen zu können. Doch schon beim ersten Versuch, sich näher heranzuschleichen, wurde Sali erwischt und wegen des Verdachts auf üble Absichten verhaftet. Als die Wachen ihn zum Verhör ins Brückenwärterhaus brachten, beschloss er, ihnen weder seinen richtigen Namen noch sein Heimatdorf preiszugeben, um seine Familie nicht in Gefahr zu bringen.

Noch am selben Abend wurde er von einem der Wachleute zur Rede gestellt. »Ich hatte einen Traum«, erklärte Sali. »Ich hatte einen Traum, und darin sah ich, dass unter der Brücke ein Schatz liegt.«

»Das ist ja lächerlich«, erwiderte der Wachmann. »Willst du mir etwa sagen, dass du den ganzen weiten Weg hierher gekommen bist, nur weil du von einem Schatz unter der Brücke geträumt hast? Ich will dir was verraten: Auch ich habe Träume. Ich habe von einem Mann namens Sali geträumt, der weit weg von hier in einem kleinen Dorf zu Hause ist. Hinter seinem Ofen ist auch ein Schatz versteckt. Glaubst du etwa, dass ich quer durchs Land fahren würde, um nach dem Schatz zu suchen?«

Da fiel es Sali wie Schuppen von den Augen.

Nachdem man ihn endlich wieder auf freien Fuß gesetzt hatte, eilte er freudig nach Hause. Kaum hatte er seine Hütte betreten, schaute er hinter seinem Ofen nach. Und Wunder, oh Wunder, da lag tatsächlich ein großer Schatz.

Nach seiner Entdeckung legten sich Salis Einsamkeit und Schwermut. Nicht sein neuer Reichtum machte ihn glücklich, sondern die Tatsache, dass er dem Ruf seiner Seele gefolgt war und jenen Schatz entdeckt hatte, den man im eigenen Hause finden kann.

Wie schon Josefs berühmte biblische Traumvisionen bestätigt haben, bergen Träume archetypische Symbole für unsere Mission. Selbst wenn wir auf der Suche nach uns selbst in noch so weite Ferne reisen – was wir dort antreffen, wird nichts anderes für uns tun können, als uns den Weg nach Hause zu weisen. Erst wenn wir dorthin zurückgekehrt sind, können wir die Beziehungen herstellen, die uns von unserer Einsamkeit erlösen. Die Erkenntnis, dass der Schatz unseres Seelenmusters hinter unserem eigenen Ofen verborgen ist und uns zu uns selbst zurückruft, ist zugleich die Eintrittskarte zu unserem persönlichen Glück.

Teil IV

. . . .

Die persönliche Seelenmuster-Geschichte

12

Die eigene Geschichte leben

Das Auf und Ab des Lebensskripts

Ob ich dereinst als Held meines eigenen Lebens
da stehen werde oder ob diese Ehre
einem anderen zufallen wird,
werden diese Seiten zeigen.
CHARLES DICKENS, »DAVID COPPERFIELD«

WAHRHEIT machte sich auf den Weg in die Stadt, so nackt wie am Tag ihrer Geburt. Unbekleidet wie sie war, wollte keiner sie in sein Haus einladen, um mit ihr zu plaudern und Tee zu trinken. Wem sie auch begegnete, alle machten sie auf dem Absatz kehrt und rannten davon, so schnell sie konnten. Sie fühlte sich schrecklich einsam und missachtet.

Eines Tages begegnete sie zufällig GESCHICHTE, die von einer Schar eifriger Bewunderer umringt war. Sie war in edles Tuch und herrliche Farben gekleidet und fabulierte, dass es eine Freude war. Als WAHRHEIT näher kam, suchten die Menschen das Weite, und so standen die beiden einander ganz allein gegenüber. »Warum nur«, hob WAHRHEIT klagend an, »warum strömen sie scharenweise herbei, um dir zuzuhören? Was ich zu sagen habe, ist mindestens ebenso wichtig wie das, was du da erzählst. Aber mich behandelt man fast wie eine Aussätzige!«

GESCHICHTE aber erwiderte: »Für jemanden, der so klug ist wie du, bist du ziemlich dumm. Schau nur wie du aussiehst! So nackt wie am ersten Tag! Kein Wunder, dass niemand etwas von dir wissen will. Du musst dich ein bisschen zurecht machen. Hier, nimm ein paar von meinen Kleidern. Wenn du erst ein wenig mit GESCHICHTE umhüllt bist, dann bist du bald in aller Munde.«

WAHRHEIT beherzigte den Rat und zog sich ein paar der herrlichen Sachen an, die GESCHICHTE ihm entgegenhielt. Seither gehen WAHRHEIT und GESCHICHTE Hand in Hand.

Sapir, das Licht der Seele, ist Zahl und Geschichte, ein einzelnes Teilchen und eine fließende Welle zugleich. Erinnern wir uns daran, dass sich im magischen Spiel des biblischen Hebräisch das Wort für Zahl, *Mispar,* und das Wort für Geschichte, *Sippur,* aus ein und derselben Wurzel ableiten. Diese Wurzel heißt *Sapir,* was so viel wie »Licht« bedeutet. Und so wie das Licht zwei Eigenschaften in sich vereint, die des Teilchens und der Welle, so drückt sich auch das Licht unserer Seele auf zweifache Weise aus: als *Mispar* und *Sippur,* als Zahl und Geschichte. Bislang haben wir in unseren Betrachtungen das Seelenmuster ausschließlich aus dem Blickwinkel von *Mispar,* der Zahl oder Nummer, betrachtet. Wir sind einzig, einzigartig und einmalig. Wir fühlen uns nur dann angesprochen, wenn unsere ganz persönliche Nummer aufgerufen ist.

Unser Seelenmuster aber ist mehr als eine Zahl oder auch eine besondere Mission. Es ist unsere Lebensgeschichte – eine Welle von Emotionen, Aktionen und Interaktionen. Die Seele eines jeden Menschen birgt immer auch einen *Sippur*-Anteil, den Geschichten-Aspekt unseres Lichts. Um unser Seelenmuster zu verwirklichen, müssen wir dem roten Faden unseres eigenen Lebenskripts folgen, denn von ihm und nur ihm allein geht der Ruf aus. *Mispar* und *Sippur,* Teilchen und Welle, verschmelzen zur Einheit.

Im Folgenden wollen wir uns einmal näher mit dem Wellenaspekt unseres Lichts – mit unserer Seelenmuster-Geschichte – befassen. Dieser Begriff bezieht sich nicht auf einen spezifischen Auftrag oder Augenblick, sondern vielmehr auf den Fluss unseres gesamten Lebensskripts. Er umfasst all die Alltäglichkeiten, die uns Menschen gemeinsam sind: essen, schlafen, lieben, streiten, lernen, sich um all die vielen Kleinigkeiten kümmern und so weiter. Der großartige Lyriker Charles Reznikoff schreibt:

Nicht um des Sieges
Sondern um des Tagwerks willen
Das ich vollbracht, so gut es ging
Nicht am Podium will ich sitzen
Sondern am gewöhnlichen Tisch

Reznikoffs »gewöhnlicher Tisch« umfasst all das Normale, Routinemäßige, Unspektakuläre – den Alltag. Aber gewöhnlich heißt auch gemeinschaftlich. Es bezeichnet das, was uns allen gemeinsam ist, den Ort, an dem wir alle sitzen. Ein Großteil unserer persönlichen Geschichte spielt sich an eben diesem »gewöhnlichen Tisch« ab. Jeder von uns schläft, isst, liebt, ärgert sich, arbeitet und redet. Doch keiner von uns tut dies auf exakt die gleiche Weise wie ein anderer. Unsere Lebensgeschichte zu verwirklichen heißt, die Originalität unserer Gewöhnlichkeit zum Ausdruck zu bringen, das Gewöhnliche außergewöhnlich zu machen. Wir können das Drehbuch unseres Alltags völlig neu gestalten.

Natürlich ist das noch nicht alles. Unsere Geschichte weist uns gleichzeitig den Weg zu unserem ganz persönlichen Schicksal. Anders als der Ruf, der zielgerichtet und spezifisch ist, ist unsere Geschichte das unverwechselbare Webmuster, in dem all die Momente und Begegnungen unseres Erdendaseins ineinander fließen. Sie sind es, die im Buch unseres Lebens zusammengetragen werden.

Im letzten Abschnitt unserer Seelenmuster-Reise werden wir uns mit *Sippur*, dem Geschichten-Aspekt des Seelenmuster-Lichts befassen.

Eintragung ins Buch des Lebens

Es gibt ein ganz besonderes biblisches Ritual, bei dem um Eintragung ins Buch des Lebens gebetet wird. In Wirklichkeit aber, so meint der kabbalistische Meister von Slonim, sind nicht wir es, die Gott um diesen Eintrag ersuchen, sondern es ist Gott, der uns auffordert: »Bitte schreibe dich in diesem Jahr selbst ins Buch des Lebens ein!« Gott erbittet etwas von uns. Was aber könnte Gott, die kosmische Kraft, mit einer solchen Bitte im Sinn haben? Eine herrliche Erklärung ist in den Mysterien der althebräischen Sprache verborgen. Führen wir uns noch einmal vor Augen, dass der Schlüsselbegriff für Seelenmuster *Sapir*, also Licht, ist. Der Wort für Buch wie in »Buch des Lebens« lautet *Sefer*, und dieses wiederum leitet sich von derselben Wurzel ab wie *Sapir* und dessen Ableitungen *Mispar* und *Sippur*. *Sefer*, unser Buch des Lebens, besteht aus den Kapiteln von *Sippur*, unserer Geschichte. »Schreibe dich in das Buch *deines* Lebens ein«, so sagt Gott einem jeden Menschen. »Lebe in diesem Jahr deine eigene Geschichte!«

*

*Die Grundfrage des Lebens lautet, ob wir der Held
unserer eigenen Geschichte werden oder tragischerweise
nur eine kleine Nebenrolle darin spielen wollen.*

*

Gott hat uns einen Stift in die Hand gegeben und lädt uns ein – manche würden sagen gebietet uns – *sowohl Autor als auch Held unserer eigenen Geschichte zu werden.* Jedes Ereignis, jede Beziehung, jeder Wohnort und jede Erfahrung wird zum Teil der Handlung. Die Grundfrage des Lebens lautet, ob wir der Held unserer eigenen Geschichte werden oder tragischerweise nur eine kleine Nebenrolle darin spielen wollen. Die Qualität eines literarischen Werks hängt nicht davon ab, ob der Protagonist er-

274

folgreich ist oder nicht. Es geht vielmehr darum, wie gut der Autor war. Ist es ihm gelungen, die ganze Leidenschaft zum Ausdruck zu bringen? Hat er seinem Titelhelden Tiefgang gegeben? Hat er alle Handlungs- und Nebenhandlungsstränge fest im Griff? Begreift und lenkt er das Geschehen aus tiefer Intuition heraus oder schreibt er plan- und ziellos ins Blaue, in der Hoffnung, das Ganze auf diese Weise irgendwie in Fluss zu bekommen?

Der Ausdruck unseres ureigenen, höchstpersönlichen Lebensdramas sichert uns einen Platz im Buch des Lebens. Erinnern Sie sich noch an die Lehre von Chaim Vital, nach der jeder von uns seinen eigenen Buchstaben in der Bibel hat? Erst vermittels unserer Geschichte können wir diesen unseren Buchstaben erkennen und Teil der kosmischen Schrift werden.

Der Gedanke, sich über die persönliche Geschichte hinauszuentwickeln, ist besonders im Buddhismus – einem der machtvollsten Glaubenssysteme überhaupt – stark vertreten. Im Rahmen eines der interessantesten Projekte in meiner bisherigen schriftstellerischen Laufbahn habe ich mich mit den Übereinstimmungen zwischen biblischer Überlieferung/Kabbalah und den buddhistischen Sutren befasst. Was die Praxis der Meditation anbelangt, sind die Meister des Zen mir nicht weniger Vorbild als die großen biblischen Gelehrten. Dennoch soll mein Respekt und meine Liebe für ein Schwestersystem keinesfalls bedeuten, dass ich mit ihm übereinstimmen würde. Ganz im Gegenteil! Einer der Gründe, warum ich Mystiker der biblischen Tradition und nicht Buddhist bin, liegt darin, dass sich alles in mir gegen die buddhistische Vorstellung wehrt, wir müssten unsere persönliche Geschichte hinter uns lassen, um ins Nirwana eingehen zu können.

Ich will versuchen, die buddhistische Auffassung zu verdeutlichen. Und für diejenigen unter den Lesern, die mit den östlichen spirituellen Lehren näher vertraut sind, sei hinzugefügt, dass die folgenden Betrachtungen sowohl auf den frühen Buddhismus

(Theravada, das »kleine Fahrzeug«) als auch auf den späten Buddhismus (Mahayana, das »große Fahrzeug«) zutreffen. Ziel des Buddhisten ist, *Samsara*, den von Unwissenheit beherrschten »Teufelskreis der Welt der Existenzen«, hinter sich zu lassen. Diese unsere Welt wird als ein Ort des Leidens und der Verirrungen angesehen. Hauptquelle allen Leids ist die Unwissenheit, deren Hauptausdrucksform der Glaube an ein Selbst ist. Nicht zu Unrecht sagte der französische Gelehrte Alfred Foucher, die biblische Überlieferung habe die Unsterblichkeit, der Buddhismus hingegen das Verschwinden zum Ziel. Zumindest eine der Richtungen des Buddhismus (die »Mittlere Schule«) beschreibt dieses »Verschwinden« als Eingehen in das unendliche Gute und die grenzenlose Weisheit, die die Kraft des Universums sind. Doch selbst mit einer derart vorsichtigen Umschreibung dieses Gedankens rufen die buddhistischen Brüder und Schwestern den Widerspruch von uns Mystikern der biblischen Tradition hervor. Ja, das Ziel ist, mit dem Guten und der Weisheit eins zu werden. Doch es muss erreicht werden, ohne dass wir unseren einzigartigen Platz im Universum, unser Selbst-Gefühl innerhalb der Einheit, verlieren.

*

»Gott liebt Geschichten.«

*

Für mich ist der Zyklus meines Lebens oder auch der Zyklus meiner aufeinander folgenden Leben – das, was die Buddhisten *Karma* nennen – etwas, das ich richten und nicht etwas, dem ich entkommen will. Der Handlungsverlauf meiner eigenen wie generell jeder Geschichte basiert auf der Maxime, dass wir ihr nicht entrinnen, sondern sie heiligen wollen. Darum ist das Hauptwerk der biblischen Überlieferung, die Torah, weder in Form von Zen-Koans oder Sutren noch in der für den Westen typischen Art einer philosophischen Abhandlung geschrieben.

Die Torah ist schlicht und einfach eine Geschichte, denn wie schon die alten Meister sagten: »Gott liebt Geschichten.«

*

Unsere Lebensgeschichte ist unsere Essenz.
Sie hinter uns zu lassen hieße, uns selbst zu verlieren.

*

Unsere Lebensgeschichte ist unsere Essenz. Sie hinter uns zu lassen hieße, uns selbst zu verlieren. Für den Buddhisten mag das ein Erfolg sein, für den biblischen Mystiker aber wäre es ein Versagen.

Lang lebe das Individuum

Das Selbst und die Heiligkeit der individuellen Seelenmuster-Geschichte wird nicht nur vom Buddhismus, sondern auch von einer ganz anderen Richtung her angegriffen: von der postmodernen Philosophie bzw. der Dekonstruktion oder dem Poststrukturalismus. Für diese Vorstellungen kann ich zugegebenermaßen wesentlich weniger Sympathie aufbringen als für die Sutren, die schließlich nach Sinn streben, während philosophische Quellen dieser Art jeglichen Sinn zu destruieren und zu untergraben suchen. Ich bin mir bewusst, dass mich manche, wenn ich dies hier so unverblümt schreibe, verächtlich als »»Kulturbanause« abstempeln. Doch Gott bewahre uns vor mangelnder Intellektualität! Wenn ich mich hier so äußere, dann tue ich dies nach sorgfältigem Studium der postmodernen philosophischen Literatur. Sollte ich mit meiner Auffassung danebenliegen, so lasse ich mich gern eines Besseren belehren.

Die Vertreter der Postmoderne, allen voran die beiden französischen Denker Jacques Derrida und Michel Foucault, scheinen den Relativismus neu erfunden zu haben, nach dem es weder objektive Werte gibt, nach denen wir uns zu richten hätten, noch irgendwelche Individuen, die zur Verantwortung gezogen werden könnten. Für Foucault sind wir alle soziale Konstrukte, das heißt Marionetten unserer sozio-kulturellen Konditionierung. Er hat natürlich recht mit seinem Hinweis darauf, dass ein Großteil dessen, was wir als individuelle Entscheidungsfreiheit erleben, in Wirklichkeit das Produkt unsichtbarer Machtstrukturen – ob sozialer, wirtschaftlicher oder religiöser Art – ist, in denen wir uns verfangen haben. Aber von hier aus den Sprung zur Verwerfung des Individuums anzutreten, ist reine Glaubenssache. Wie alle Dogmatiker bleiben auch Foucault und seine Kollegen den Beweis für ihre Thesen schuldig und beschränken sich darauf, jeden Gedanken, dass es auch anders sein könnte, ins Lächerliche zu ziehen.

*

*Foucaults Methoden basieren zumindest teilweise
darauf, das Individuum zuerst völlig zu überhöhen und
zu idealisieren, um es dann als unhaltbar abzutun.*

*

Foucaults Methoden basieren zumindest teilweise darauf, das Individuum zuerst völlig zu überhöhen und zu idealisieren, um es dann als unhaltbar abzutun. So weisen die Philosophen der Postmoderne beispielsweise darauf hin, dass wir alle von der Werbung beeinflusst sind, die uns einreden will, »wir selbst« zu sein, indem wir ein bestimmtes Erzeugnis, Auto, Kosmetikprodukt usw. kaufen. Wir glauben, wir selbst zu sein, obwohl wir doch in Wirklichkeit rein aufgrund externer Konditionierung agieren. Darum, so schlussfolgern Foucault und seine Kollegen, sind wir keine Individuen, denn ein Individuum wäre jemand, der sich nicht von solch offensichtlich konditionierten Reflexen leiten ließe.

Natürlich habe ich die Thesen Foucaults hier etwas überzeichnet. Dennoch bin ich ebenso wie viele akademische Foucault-Leser überzeugt, dass dies die Crux seiner Methode ist. Ausgehend von einem unerreichbaren Standard – das heißt durch die Formulierung einer Strohmann-Definition des Individualitätsbegriffs – verwirft er die Existenz eines Ich. Diese Vorstellung eines idealen, unabhängigen, von äußeren Kräften völlig unbeeinflussten Ich kommt jedoch in der biblischen Überlieferung überhaupt nicht vor. (In der Tat haben die Postmodernisten lediglich die uralte Kontroverse zwischen freiem Willen und Determinismus in neuem Gewand wieder aufleben lassen. Foucault aber versteigt sich zu der absurden Behauptung, den Streit zu Gunsten des Determinismus entschieden zu haben.) Ein Individuum ist vielmehr jemand, der zwar Teil einer Gemeinschaft ist und von der Gesellschaft getragen wird, trotzdem aber entgegen seiner Konditionierung handeln kann, und zwar insbesondere, um dem Ruf seiner Seelenmuster-Geschichte Folge zu leisten. Was das Individuum aus Sicht der biblischen Tradition zu etwas so Besonderem und Großartigem macht, ist gerade die Tatsache, dass es zwar dem unterschiedlichsten gesellschaftlichen Zwängen unterliegt, aber dennoch im Kern über eine gewisse Unabhängigkeit und Entscheidungsfreiheit verfügt. Diese erlauben es ihm letztlich, die Zwänge zu transzendieren und dem Rhythmus seiner eigenen Seele zu folgen.

Das Traktat Dovid von Lilov

Die buddhistischen Sutren und Foucault stehen in extremem Widerspruch zu den Lehren eines Mystikers der biblischen Tradition, dem wir bereits an anderer Stelle begegnet sind: Dovid von Lilov. Wir haben miterlebt, wie er an der Schwelle zu einem hohen Feiertag Hals über Kopf der spirituellen Erfüllung entgegeneilte – was sich in seinem unaufschiebbaren Wunsch äußerte, gemeinsam mit seinem Meister zu beten – und vor lauter Übereifer den Ruf seiner Seele überhörte. Bei unserer zweiten Begegnung ist er nicht nur älter, sondern auch um vieles reifer geworden.

*

*»Bis nicht die Geschichte von uns selbst
erzählt ist, kann uns nichts genügen, was wir sonst
zu hören bekommen: So lange werden wir uns
insgeheim nach ihr sehnen.«*

*

Dovid von Lilov wurde von seinen Schülern gefragt: »Welchen Abschnitt des Talmud werden Sie im Himmel studieren?« Der Talmud umfasst zwanzig Bücher, die ihrerseits in diverse Abschnitte untergliedert sind; jedes dieser so genannten Traktate befasst sich mit einem bestimmten juristischen oder philosophischen Aspekt.

Sehr zur Überraschung seiner Schüler nannte Dovid von Lilov keines der allseits bekannten Kapitel. Stattdessen antwortete er: »Im Himmel werde ich mich voll und ganz dem Studium des Traktats Dovid Lilov widmen.«

Nicht etwa, dass der Mystiker am Ende seines Lebens einem zwanghaften Narzissmus zum Opfer gefallen wäre. Laura Riding, eine der faszinierendsten, aber weitgehend unbeachteten amerikanischen Lyrikerinnen des zwanzigsten Jahrhunderts, brachte Dovid von Lilovs Gedanken in einem Satz elegant auf den Punkt: »Bis nicht die Geschichte von uns selbst erzählt ist, kann uns nichts genügen, was wir sonst zu hören bekommen: So lange werden wir uns insgeheim nach ihr sehen.«

Märchentherapie: Geschichten für das Seelenheil

Beim Erzählen unserer Geschichte erkennen wir das Seelenmuster, von dem unser Leben abhängt. Wortwörtlich trifft dies im

Falle von Scheherazade zu, jener Königin, der wir die »Geschichten aus 1001 Nacht« verdanken. Der Sultan von Persien hatte per Dekret verordnet, dass die Frauen, die er ehelichte, am Morgen nach der Hochzeit hinzurichten seien. Trotzdem erklärte sich diese Heldin bereit, in die Höhle des Löwen einzutreten und sich mit dem mörderischen Monarchen zu vermählen.

In ihrer Hochzeitsnacht begann Scheherazade, ihrem Gebieter eine bezaubernde – und ziemlich lange – Geschichte zu erzählen. Als der Zeitpunkt ihrer Hinrichtung nahte, gewährte ihr der Sultan, der von ihren Worten mehr als angetan war, einen Aufschub. Schließlich wollte er erfahren, wie das Ganze wohl ausgehen würde. Als Scheherazade aber mit der einen Geschichte zu Ende kam, fing sie sofort eine zweite an, noch bevor der Sultan Einspruch erheben konnte – und so erzählte sie in tausend und einer Nacht tausend und eine Geschichten. Da stand der Herrscher so sehr im Bann seiner Frau und ihrer Worte, dass er seinen grausamen Erlass widerrief. So rettete Scheherazade nicht nur sich selbst und all die Bräute, die der Sultan nach ihr heiraten sollte. Durch ihre Geschichten rettete sie auch den Sultan. Sie rettete ihn vor sich selbst.

Die weise orientalische Königin ist der Prototyp des Märchentherapeuten. In den vergangenen Jahren haben Kurse, Seminare und Workshops rings um das Thema der Volkslegenden einen regelrechten Boom erlebt. Was einst die Fantasie von Kindern beflügelte, im Übrigen aber Jahrhunderte lang unbeachtet blieb, erweckt auf einmal das Interesse intellektueller, spiritueller und sogar therapeutischer Kreise. Mittlerweile sehen viele Menschen in den alten Mythen einen Schlüssel zur persönlichen Vergangenheit und Gegenwart und eine Karte der eigenen Seelenlandschaft. Die schweizerische Psychologin Verena Kast wies einmal darauf hin, dass Eltern, Geschwister, Freunde, Geliebte und Kinder nicht die einzigen Figuren sind, die in unserer Biographie vorkommen; auch Geschichten … Märchen begleiten uns durch unser Leben.

Langsam fangen wir an zu begreifen, was Scheherazade längst wusste: dass Märchen heilen und verwandeln können. Einzig mit ihrer erzählerischen Kraft gewappnet, wagte sie sich in den Käfig des zerstörerischen Despoten, und es gelang ihr, die Bestie zu zähmen. Nicht nur der lehrreichen Moral ihrer Geschichten verdankt sie ihren Sieg, sondern auch und vor allem deren betörender und verwandelnder Kraft. Anders als ein Gesetz drängt eine Geschichte dem Zuhörer ihren Inhalt nicht von außen auf.

Sie streut ihn vielmehr wie Samen aus, die in der Seele des Lauschenden Wurzeln treiben, wenn er es zulässt.

In meiner Beratungsarbeit und Lehrtätigkeit ist Märchentherapie sehr bedeutend, und immer wieder ermutige ich die Menschen, die zu mir kommen, sich ihre Kindheitserinnerungen oder eigene Version von Geschichten, die das Seelenmuster nähren, ins Gedächtnis zu rufen. Auch Ihnen möchte ich nahe legen, die folgende Seelenmuster-Praxis durchzulesen und umzusetzen. Anschließend erzähle ich als Beispiel zwei Märchen, die zwei meiner Seelenmuster-Schüler zu Papier gebracht haben.

Die folgende Geschichte hat Todd, von Beruf Marketingleiter, zu dieser Übung niedergeschrieben:

Es war einmal ein kleiner Junge auf einem großen, leeren Blatt Papier. In seiner Hand hielt er einen dicken, fetten Stift. Er fing an, einfach nur Striche zu ziehen – herrliche, dicke Striche quer über das große, leere Blatt. Irgendwann fügten sie sich zu einer Tür zusammen, und durch die ging er hindurch. Dann zeichnete er ein Haus … und er schritt durch die Räume, die er malend erschuf. Das ist alles, woran ich mich erinnern kann … aber das Bild von diesen dicken, fetten Strichen habe ich so klar vor Augen, dass mir allein die Vorstellung Freude bereitet. Wann immer ich an diese Striche und den dicken Stift denke, wird es mir warm ums Herz, so kostbar ist mir diese Erinnerung.

Todd sprach über die Assoziationen, die von dieser Geschichte wachgerufen wurden. Seine größte Stärke war von jeher das kreative Denken. Bei den meisten Menschen in seinem Umfeld galt er als »talentiert«. Schöpferisch zu sein, fiel ihm nicht schwer; problematisch für ihn war eher, sich selbst zu organisieren und seinen Pflichten nachzukommen. Es fiel ihm so leicht, sich seine eigene Realität zu erschaffen, dass er dazu neigte, sich vor der Auseinandersetzung mit der realen Welt zu drücken. Wann immer er wollte, konnte er zu seinem Stift greifen und sich einen Notausgang in sein eigenes Universum malen. Er identifizierte sich stark mit dem Jungen aus seiner Geschichte. Aber all diese ziellose kreative Kraft und Spielerei trug dazu bei, seine Verantwortlichkeiten der äußeren Welt gegenüber zu untergraben. Die Geschichte, an die er sich da erinnerte, bestätigte zwar seine kreative Ader, aber konnte sie ihm auch bei der Lösung seiner Probleme helfen?

Todd beschloss, seine kreativen Fähigkeiten für ein besseres Zeitmanagement zu nutzen. Er nahm ein Blatt Papier und entwarf darauf einen Tagesplaner, der aussah wie ein Gebäude aus lauter Zeitblöcken. Dieses Schema sollte seine eigene Kreation werden, ein Teil seiner Welt, nichts, was man ihm von außen aufgedrückt hatte. Wie für den Jungen in der Geschichte war auch für Todd der Stift das größte Geschenk. Die Kreativität, so viel stand für ihn fest, war das letzte, was er aufgeben sollte. Es ging vielmehr darum, diese schöpferische Begabung zur Bewältigung seiner Pflichten zu nutzen.

Eine andere Schülerin, Sandra, wartete mit folgender Geschichte auf, die sich teils aus ihrer Erinnerung, teils aus ihrem persönlichen Erleben speiste:

In einem meiner Lieblingsbücher, das ich immer und immer wieder gelesen habe, ging es um einen ganz wunderbaren Hund. Einen tollpatschigen, überaus liebenswerten alten Hund. Er gehörte einem kleinen Jungen, und die beiden waren unzertrennliche Freunde. Bis der Junge eines Tages ein Ei bekam … und aus diesem Ei schlüpfte ärgerlicherweise ein wirklich niedliches Küken mit flauschigem, goldenen Gefieder aus, das die ganze Zeit fürchterlich süß piepste. Weil der Junge jetzt nicht mehr mit ihm spielen wollte, lief der alte Hund traurig ans Flussufer hinunter, um seinem Freund, dem Biber, sein Leid zu klagen. Gemeinsam dachten sie sich einen Plan aus, um die Aufmerksamkeit des Jungen zurückzugewinnen.

Sie beschlossen, um ihn [den Hund] herum ein Ei zu bauen … Mit hängendem Kopf saß der arme Hund da, während der Biber mit Feuereifer ans Werk ging. Ich erinnere mich vor allem an die leuchtend bunten Farben, mit denen er die Schale anmalte. Und noch in derselben Nacht rollte er das riesige, monströs wirkende Osterei vor das Haus, in dem der Junge wohnte. Als dieser am nächsten Morgen zum Spielen vor die Tür kam, fing die Schale an zu reißen. Staunend sah er zu, wie das Ei nach und nach zerbarst und sein alter Hund zum Vorschein kam. Mit unwiderstehlichem Augenaufschlag schaute er ihn schüchtern an. Der Junge küsste und umarmte ihn und erinnerte sich endlich, wie lieb er ihn doch hatte.

Diese Geschichte löste in Sandra die verschiedensten Assoziationen wach: Da war ihre Angst, von einem neumodischen Spielzeug »ersetzt« zu werden; ihre Befürchtung, dass sich ihr Mann für eine andere, womöglich jüngere Frau interessieren könnte; das Gefühl, dass sie sich hinter einer bunt bemalten Schale versteckte, die nicht ihrem authentischen Selbst entsprach, um die Aufmerksamkeit zu bekommen, die sie brauchte. Vielleicht war das Ei auch ein Symbol für ihre eigene Geburt. Dabei musste sie sich nicht unbedingt an der Rolle des alten Hundes festklammern, sondern konnte ebenso neu geboren, frisch und flauschig wie jedes x-beliebige Küken sein. Nachdem Sandra eine Weile über ihre Geschichte nachgedacht hatte, erkannte sie, dass sie eigentlich eine außerordentlich gute und stabile Beziehung zu ihrem Mann hatte, sie aber dennoch daran arbeiten mussten, sie frisch und lebendig zu erhalten. Und sie brauchte niemand anders zu sein als sie selbst.

Der verlorene Faden

Was, wenn wir die Geschichten unserer Vergangenheit vergessen haben oder die Geschichten unserer Gegenwart nicht zu deuten wissen?

Erinnern Sie sich an die griechische Sage von Theseus und dem Minotauros? Der junge Held begibt sich in ein Labyrinth, um dem Ungeheuer, das halb Stier und halb Mensch war, den

Garaus zu machen. Es ist jedoch nicht damit getan, den Minotauros zu töten, denn nachdem dies gelungen ist, muss er wieder aus dem Labyrinth herausfinden. Ariadne, die Tochter von König Minos und Symbol für die weibliche Kraft, gibt Theseus eine Rolle Garn, mit dessen Hilfe er seinen Weg zurück zum Ausgang finden kann. Auch in unserer persönlichen Lebensgeschichte gibt es einen solchen Faden, der uns auf unserem Weg durch das finstere Labyrinth mit dem Licht verbindet: Es ist der rote Faden unserer Geschichte. Verlieren wir ihn, können wir noch so viele Bestien erlegen, und wir sind doch verloren.

Dies ist es, was Franz Kafka bei seinem Meisterwerk »Der Prozess« im Sinn hatte. Die Handlung des Romans nimmt absichtlich einen unmöglichen Verlauf. Die Bedeutungsstränge zerfasern sich, und immer dann, wenn uns die Geschichte greifbar erscheint, entgleitet sie uns wieder, und wir werden tiefer und tiefer in das Geschehen hineingelockt. Frustration, Wut und eine ausweglose Hoffnungslosigkeit bauen sich auf, während uns Kafka in eben jene emotionalen Tiefen stürzt, in die der Protagonist K. nach seiner Verhaftung – warum und durch wen, das weiß er nicht – gerät. Jedes Mal, wenn er einen Hauch von Sinn in dem Verfahren zu erkennen meint, tritt augenblicklich die Unsinnigkeit zutage. K. ist völlig zerstört, kann weder verstehen, noch seine Geschichte erzählen, leidet unter der Folter der absurden Bürokratie und der menschlichen Geistlosigkeit. In einer nur allzu treffenden Passage beschreibt Kafka, wie wir uns alle gelegentlich in unserem Leben fühlen: »Er war zu müde, um alle Folgerungen der Geschichte übergehen zu können … Die einfache Geschichte war unförmlich geworden, er wollte sie von sich abschütteln.«

Kafka beschreibt hier die einzigartige Qual unserer modernen Zeit: das Gefühl der Dissoziation, Geschichtslosigkeit und Entwurzelung. K. ist nur ein Initial. In Wirklichkeit ist er namenlos, seines Kontextes, seiner Vergangenheit und seines Seelenmusters beraubt. Indem er ihn peinigt, will der Folterknecht sein

Opfer dazu bringen, seine Geschichte zu verraten und fallen zu lassen.

Es gibt eine direkte Verbindung zwischen Kafkas »Prozess« und George Orwells ultimativer Roman-Utopie des Schreckens »1984«. Eine teuflische, das Selbst auslöschende Gesellschaft macht das Individuum zum Sklaven eines Systems, in dem das wachsame Auge des Großen Bruders allgegenwärtig ist. Der Protagonist, Winston Smith, wagt es, sich dagegen aufzulehnen und eine Liebesgeschichte von epischer Dimension zu erleben. Die Entdeckung des Paares ist unausweichlich. Die beiden werden gefoltert und verraten einander; ihre Persönlichkeit wird vollkommen zerstört. In der Literatur und im Kino – und tragischerweise manchmal auch im wirklichen Leben – können wir mit ansehen, wie Folter den Menschen über die Grenzen seiner Geschichte hinaustreiben kann.

Wenn uns die Hoffnung abhanden kommt, verlieren wir den Faden der eigenen Geschichte. Finden wir zu ihr zurück, greifen wir ihn wieder auf. Ein einzelner Faden kann genügen, um die Geschichte unseres Lebens neu zu weben. Der Literaturnobelpreisträger S. J. Agnon, der in seinem Schaffen stark von der biblischen Überlieferung und der Kabbalah beeinflusst war, erzählte immer wieder gern folgende Anekdote:

Wann immer Baal Shem vor einer besonders schwierigen Herausforderung stand, begab er sich zu einer bestimmten Stelle im Wald, entzündete ein rituelles Feuer und betete. Und so konnte das Problem gemeistert werden.

Wenn sein Nachfolger, der Meister von Mezerich, in einer ähnlich schwierigen Situation war, begab er sich an dieselbe Stelle im Wald. Dort angekommen sprach er: »Wir wissen nicht mehr, wie ein rituelles Feuer zu entzünden ist, aber wir haben noch immer die Kraft des Gebets, und das wird reichen.« Und so konnte das Problem gemeistert werden.

Wenn sein Nachfolger, der Meister von Sassov, in einer ebensolchen Lage war, sagte er: »Wir wissen nicht mehr, wie ein rituelles Feuer zu entzünden ist und wir haben das Gebet vergessen, aber wir kennen die Stelle im Wald.« Sogleich begab er sich dorthin, und so konnte das Problem gemeistert werden.

Schließlich aber, in der vierten Generation, kam eine große Herausforderung auf die Gemeinschaft zu, und der Meister von Rishin, der die Nachfolge seiner Vorgänger angetreten hatte, sah sich zum Handeln genötigt. »Wir wissen nicht mehr, wie ein rituelles Feuer zu entzünden ist«, sagte er. »Wir haben das Gebet vergessen, und die Stelle im Wald kennen wir auch nicht mehr. Was sollen wir bloß tun?«

Gerade wollte er den Kopf senken und sich in das Schicksal fügen, als es ihm einfiel: »Wir werden einfach erzählen, was unsere Vorfahren taten!«

Er setzte sich hin und fing an, die Geschichte zu erzählen. Und so konnte das Problem gemeistert werden.

Eine Geschichte kann ebenso stark sein wie tausend Beschwörungen, wie das Räucherwerk der heiligsten Stätten, wie die Wärme und das Licht der hellsten Flammen. Verlieren Sie nie Ihre Geschichte aus den Augen, denn ihre Zeilen sind die Linien Ihres Seelenmusters. Leben Sie sie! Tragen Sie sie mit lauter Stimme vor!

13

Die eigene Geschichte erzählen

Auf heiligem Boden stehen

Die Stimme, die Mose aus dem brennenden Dornbusch vernimmt, hebt an mit den Worten: »Leg deine Schuhe ab, denn der Ort, wo du stehst, ist heiliger Boden.« Es handelt sich nicht etwa um eine Megafonstimme, die ihm »Schuhe verboten!« entgegenplärrt. Die Anweisung gibt vielmehr einen Hinweis auf den tieferen Sinn seiner Berufung: »Der Boden, auf dem du wandelst – der Pfad deines Lebens, deine Geschichte, ist heilig.«

»Schuh« heißt im biblischen Hebräisch *na'al*, was wörtlich übersetzt so viel wie »verschlossen« oder »versperrt« bedeutet. Wie oft ist uns der Weg zu uns selbst verschlossen oder versperrt! Schuhe sind zugleich Zeichen der Kultiviertheit und Symbol für die Entfremdung von unseren eigenen Fußspuren. Wie der Fingerabdruck und die Handlinien, so sind auch die Fußspuren ein physischer Ausdruck unseres Seelenmusters. Reflexzonentherapeuten und Orthopäden werden Ihnen bestätigen, dass kein Fuß wie der andere ist. Wie die Handfläche, so trägt auch die Fußsohle ihre eigenen, individuellen Linien mit typischen Kurven und Verwirbelungen.

In dem Versuch der Sechziger-Jahre-Bewegung, sich von den Zwängen des Establishments zu befreien, war das barfuß Gehen eines der wichtigsten Symbole für den Aufbruch. Das Bild ist überzeugend und offensichtlich. Zum einen ist es ein echter Genuss, mit nackten Füßen über Gras zu laufen, auf ebenem Untergrund und über freundliche Trottoirs ohne Schuhe zu gehen, vermittelt ein Gefühl von Freiheit. Und zum anderen: Haben Sie sich schon einmal überlegt, wie sehr sich unsere Fußspuren unterscheiden, ob wir mit oder ohne Schuhe laufen? Der Abdruck unserer Nikes sieht aus wie der Abdruck aller Nikes; der Abdruck unserer Fußsohle aber ist einzigartig. Vor einer Generation war der bloße Fuß ein wichtiges Symbol, und das sollte er auch in unserer Nach-Hippie-Welt bleiben. Behalten Sie beim Lesen dieses Kapitels, in dem es um Ausdrucksmöglichkeiten für Ihre ganz persönliche Geschichte geht, stets Ihre Fußspuren im Sinn, betrachten Sie Ihren Lebensweg als heiligen Boden. Befreien Sie sich von allem, was Sie einengt! Um den heiligen Boden Ihrer Lebensgeschichte zu betreten, müssen Sie sich aus Ihrer äußeren Schale lösen, aus dem Panzer der gesellschaftlichen Konditionierung und Konformität, und Ihr Seelenmuster zu Wort kommen lassen.

Im Bewusstsein unserer Einzigartigkeit werden wir nun einen Pfad beschreiten, dessen Ursprung in einem biblischen Ritual zu finden ist – einem Ritual, das uns zum Geschichtenerzähler in eigener Sache und zum Helden unseres Lebens werden lässt.

Fußspuren im Sand

Eine Geschichte aus dem alten Weisheitsschatz ist so oft erzählt worden, dass sie ihren ursprünglichen Bezug zum Seelenmuster verloren hat. Hier eine Version, in der das Heilige erhalten geblieben ist.

Ein Mann lief am Strand entlang. Wann immer er sich umschaute, sah er neben seinen eigenen Fußabdrücken noch eine zweite Spur im Sand. Das gab ihm ein gutes Gefühl, denn er wusste, dass Gott mit ihm war.

Irgendwann auf seinem Weg geriet er in Schwierigkeiten. Er sah sich um, und als er nur eine Fußspur hinter sich sah, bereitete ihm das große Sorgen.

»Oh Gott«, rief er. »Wie kannst du mich nur in Zeiten der Bedrängnis allein lassen?«

Da hörte er es flüstern: »Ich habe dich nicht allein gelassen – ich trage dich!«

Dies ist mehr als eine hübsche Geschichte über Gottes Beistand in Zeiten der Bedrängnis. Lassen Sie uns die Bilder näher betrachten. Als der Mann in Schwierigkeiten gerät und nur eine Fußspur sieht, hält er sie für seine eigene und fühlt sich verlassen. Aufgelöst wird die Krise durch eine Stimme – eine innere, höhere Stimme – die ihm sagt: »Ich trage dich.« Wenn unsere Fußabdrücke nicht nur die zufälligen Umrisse unserer Füße zeigen, sondern Abbild unseres Seelenmusters, unserer Göttlichkeit, sind, so wandeln wir in dem Augenblick wirklich und wahrhaftig auf dem Pfad unserer eigenen Lebensgeschichte, in dem unsere Spur mit der Gottes verschmilzt. Dann nämlich werden wir von unserer eigenen Göttlichkeit getragen.

Der Zen-Meister Basho sagte einmal: »Folge nicht den Fußspuren der Weisen. Suche, wonach sie gesucht haben.« Er meint damit, dass die Weisen ihre eigenen Fußspuren hinterlassen haben. In die Stapfen anderer steigen zu wollen, ist ein unmögliches und erfolgloses Unterfangen. Sie gehören ihnen und niemandem sonst; wir können nicht tun, was sie getan haben oder gehen, wie sie gegangen sind. Aber wir können suchen, was sie gesucht haben. Und während wir es tun, hinterlassen wir unsere eigenen Fußspuren.

»Leg deine Schuhe ab, denn der Ort, wo du stehst, ist heiliger Boden.« Erst nachdem Mose diese Offenbarung verinnerlicht, kann er den zweiten Teil des Rufes hören, der ihn auffordert, dem Schicksal zu folgen, das nur er allein erfüllen kann. Über die Verbundenheit mit dem Boden seiner eigenen Geschichte wächst er hinaus zur Akzeptanz seiner Berufung.

Der Sohar sagt, wir alle seien Mose. Wie der Meister von Rishin, der die Geschichte seiner Vorgänger erzählte und dadurch mit ihnen eins wurde, so können wir die Geschichte von Mose erzählen und sie uns zu Eigen machen. Im Sessel sitzend tragen wir sie vor und können so die Herausforderung meistern.

Weiter vorne im Buch haben wir uns ausführlich mit den *Levado*-Geschichten der biblischen Helden Mose und Jakob befasst und uns auf diese Weise mit dem Wesen des Seelenmusters vertraut gemacht.

Mose brachte uns zudem den Teilchenaspekt des Seelenmuster-Lichts – die Dimension der Berufung – näher. Lassen Sie uns nun noch einmal auf das Leben dieser beiden Propheten zurückkommen, denn anhand von anderen Handlungssträngen ihres Lebens lässt sich aufzeigen, dass zur Verwirklichung des eigenen Seelenmusters nicht nur die Berufung, sondern auch das Erzählen der eigenen Geschichte gehört. Wie bei der Wellen- und Teilchenqualität des Lichts, sprechen wir zwar beide Dinge getrennt an, in Wahrheit aber sind sie untrennbar miteinander verbunden. Wir machen uns unsere Geschichte zu Eigen, indem wir unsere Stimme finden; und unsere Stimme finden wir, indem wir unsere Geschichte erzählen.

Das Leben der *Levado*-Figuren Mose und Jakob steht im Mittelpunkt des biblischen Rituals, das ich im Folgenden näher vorstellen möchte. Im Wesentlichen geht es dabei um das Erzählen einer Geschichte, und zwar um keine geringere als die des Auszugs der Israeliten aus der ägyptischen Knechtschaft, die das zentrale Kapitel in Moses Leben bildet.

Die Möglichkeit der Möglichkeit

Mose ist ein Erlöser, die archetypische Inspiration für jeden, der im Laufe der Geschichte seinem Vorbild gefolgt ist. Aktivisten, Revolutionäre, Visionäre und Weltverbesserer aller Zeiten sind dem Beispiel des Mannes gefolgt, der die Fesseln der Ägypter sprengte und sein Volk in die Freiheit führte. Aus Sicht solcher Aktivisten ist Erlösung etwas, das sich durch Einflussnahme auf die Zustände in der äußeren Welt erreichen lässt.

＊

Die Geschichte dieser Reise zu erzählen –
das ist die Reise selbst.

＊

Gewiss nimmt das hoffnungsvolle Vertrauen auf unsere Fähigkeiten, die gesellschaftliche Realität zu verändern – die Möglichkeit der Möglichkeit – einen wichtigen Platz in der biblischen Überlieferung ein. Dennoch fordern uns die Kabbalisten auf, beim Lesen dieser Geschichte den Blick nach innen zu wenden. Erlösung, so sagen sie, sollte nicht von etwas abhängen, das uns von außen her widerfährt. Echte Erlösung ist ein Bewusstseinswandel. Erlöst zu sein heißt, frei zu sein. Echte Freiheit kann nicht von äußeren Umständen abhängen. Wenn die Kabbalisten die Geschichte von Mose erzählen, so betrachten sie den Exodus nicht nur aus historischer Sicht; sie verstehen ihn vielmehr als die innere Reise des Einzelnen aus der geistigen Sklaverei in die Freiheit. Die Geschichte dieser Reise zu erzählen – das ist die Reise selbst.

Eine moderne Umschreibung für die Freiheiten, die wir mit

dem Erzählritual anstreben, liefert die Familientherapeutin Virginia Satir. Nach ihrer Auffassung ist der Mensch als Einzelwesen dann optimal funktionsfähig, wenn seine inneren Freiheiten absolut intakt und aktiv sind. Dabei führt sie fünf Freiheiten auf:

1. Zu sehen und hören, was wir sehen und hören und nicht, was wir sehen und hören sollen

2. Zu denken, was wir denken und nicht, was wir denken sollen

3. Zu fühlen, was wir fühlen und nicht, was wir fühlen sollen

4. Zu wünschen, was wir uns wünschen und nicht, was wir uns wünschen sollen

5. Uns vorzustellen, was wir uns vorstellen und nicht, was wir uns vorstellen sollen

Frei, um den weiten Raum zu betreten

Frei zu sein ist nichts, was sich allein mit den Mitteln der Revolution erreichen ließe. Es ist kein politisches Ziel, das sich irgendwann in ferner Zukunft verwirklichen ließe, sondern eine psycho-spirituelle Realität, die sich jederzeit durch das Ausleben der eigenen, authentischen Seelenmuster-Geschichte erreichen lässt. »Ich rufe aus der Enge – antworte mir bitte mit den Weiten«, sagte König David. Ägypten heißt auf Hebräisch *Mitzrayim*, was – wie die Kabbalisten betonen – in der wörtlichen Übersetzung so viel wie »die engen Stellen« heißt. Als der Philosoph und frühe Psychologe William James davon sprach, dass wir uns in unser »erweitertes Selbst« hinein entwickeln sollten, bediente er sich der Seelenmuster-Sprache, ohne es zu wissen. Aus heutiger Sicht ist der Exodus eine ganz persönliche, spirituelle Reise, bei der wir die begrenzende Enge unseres Lebens hinter uns lassen, um unseren Horizont zu erweitern.

In der kabbalistischen Version des Auszugs aus Ägypten, mit der wir uns befasst haben, ist Mose nicht nur Revolutionär, sondern auch spiritueller Meister. Seine Reise aus Ägypten ins Gelobte Land ist gleichzeitig ein spiritueller Weg heim zu seinem erweiterten Selbst. Jeder Mensch ist eingeladen, sich ihm anzuschließen.

Irgendwann im zweiten Jahrhundert vor der Zeitenwende treten irgendwo in Israel die Schüler vor ihren Meister hin und fragen: »In Galilea gibt es einen Mann, der öffentlich verkündet und vorgibt, der Messias zu sein. Stimmt das, Meister?«

Der Lehrer öffnet das Fenster, hält die Hand hinaus und prüft den Wind. Nach einer Weile antwortet er: »Nein, es stimmt nicht.«

Die meisten Schüler sind tief beeindruckt von der Fähigkeit ihres Meisters, die spirituelle Realität am Wind abzulesen. Einer der Novizen aber, ein ziemlich forscher junger Mann, hat so seine Zweifel. »Wenn Ihr über solche intuitiven Fähigkeiten verfügt«, will er wissen, »warum müsst Ihr dann erst die Hand aus dem Fenster strecken? Warum genügt Euch dann nicht die Luft im Zimmer, um zu wissen, ob der Erlöser gekommen ist?«

Mit unendlicher Sanftmut gibt der Lehrer zurück: »Weil der Messias schon seit langem in meinem Zimmer ist.«

Der Meister aus dieser Geschichte war Mystiker, einer der Vorväter der Kabbalisten, die sich später im dreizehnten Jahrhundert in Spanien formierten. Nach seiner Lehre ist das Kernstück der kabbalistischen Tradition die Möglichkeit der sofortigen Erlösung durch das Hinüberwechseln vom begrenzten zum erweiterten Bewusstsein, wie es durch die Inanspruchnahme unseres Raumes – durch das In-Besitz-Nehmen unserer Geschichte in all ihren Dimensionen – ermöglicht wird.

Erinnerungsfetzen: Das Erzählritual

Wie kann uns dies gelingen? Wie können wir uns der Enge entwinden und ins Weite gelangen? Die biblische Tradition hält hierfür einen psycho-spirituellen Prozess bereit, der im Rahmen eines Vollmondrituals zum Frühlingsanfang vollzogen wird. Es ist kein Zufall, dass Jesus und seine Jünger eben diese Zeremonie beim letzten Abendmahl vollzogen. Im Hebräischen heißt dieser Feiertag *Pe-Sach* oder *Passah*, was nach kabbalistischer Auffassung so viel wie »der sprechende Mund« bedeutet – wie wir noch sehen werden, ein höchst passender Name. Die offizielle Bezeichnung ist da wesentlich umständlicher, sie lautet: »Erzählen der Geschichte vom Auszug aus Ägypten«. Das Schlüsselwort hier ist *Sippur,* also Geschichte, was sich von *Sapir* oder Seelenmuster-Licht ableitet. *Sippur* – das Erzählen vom Exodus aus Ägypten – ist der Pfad zu *Sapir.* Die Kabbalisten verstehen dies als Aufforderung an uns alle, die Geschichte unseres Lebens zu erzählen und dabei unser persönliches Ägypten, unsere Enge und Begrenztheit, hinter uns zu lassen.

Wenn im Folgenden vom Erzählritual die Rede ist, geht es dabei also immer um den Auszug aus der Knechtschaft in die Freiheit. Davon zu erzählen heißt, zur Geschichte des eigenen, erweiterten Selbst zurückzufinden. Jeder kann diesen Brauch in sein Leben integrieren.

✳

»Das ganze Jahr über geht Gott hinter uns her,
um die Bruchstücke des Lebens einzusammeln,
die wir auf unserem Weg zurückgelassen haben.«

✳

»In jeder Generation erhält der Exodus aus Ägypten eine neue Bedeutung«, betonte der Meister Isaac von Gur. »Ägypten ist in unserem Inneren. Ein jeder von uns hat seine Pharaonen. Ja, nicht nur in jeder Generation, sondern in jedem Menschen gibt es einen Punkt der Freiheit; ihn zu berühren bedeutet, Abschied vom inneren Ägypten zu nehmen. Wo aber dieser Punkt ist und wie er aussieht, kann nur der Betreffende selbst wissen.«

Das Gleichnis vom Exodus fordert uns auf, einmal im Jahr unsere ganz persönliche Geschichte zu erzählen. In der bildhaften Sprache eines Mystikers liest sich das so: »Das ganze Jahr über geht Gott hinter uns her, um die Bruchstücke des Lebens einzusammeln, die wir auf unserem Weg zurückgelassen haben.« Womöglich haben wir die schmerzliche Erinnerung an eine gescheiterte Beziehung aus dem Gedächtnis gestrichen oder den Job, mit dem es nicht so geklappt hat, wie wir es uns vorgestellt hatten. Manchmal verdrängen wir auch Erfolgsmomente und besondere Errungenschaften, entweder, weil sie zu gut sind um wahr zu sein, oder weil sie uns in solche Höhen führen könnten, dass uns vor lauter Angst ganz mulmig wird. Einmal im Jahr gibt uns Gott diese verlorenen Erinnerungsbruchstücke zurück, indem er uns aufträgt, unsere Geschichten zu erzählen und daraus unser Lebensskript zusammenzusetzen. Er gibt sie uns zurück und fordert uns auf: »Mach sie wieder zu deiner Geschichte,

Schließen Sie die Augen und versuchen Sie sich an etwas in Ihrer Vergangenheit zu erinnern, das Ihnen im Laufe der Jahre aus dem Sinn gekommen ist.

Haben Sie je ein Stück Ihrer Geschichte wiedergefunden – ein ungeklärtes Ereignis, eine unstimmige Begegnung?

Ist je ein anderer auf Sie zugekommen, um eine solche vergangene Angelegenheit zu klären – um seine eigene Geschichte wieder in Besitz zu nehmen und Ihnen die Ihre zurückzugeben?

Haben Sie noch irgendwelche »unerlösten« Fundstücke aus dem Leben anderer in Ihrer Obhut? Das könnte alles Mögliche sein – eine vergessene Jacke oder ein vor langer Zeit »ausgeliehenes« Buch ebenso wie die Erinnerung daran, wie Ihnen jemand anders einmal geholfen hat. Geben Sie Ihren Freunden solche Dinge oder Momente zurück!

dann bist du erlöst!« Denn Erlösung heißt auch, all das Vergangene aus dem Schatten der Nicht-Beachtung zu befreien, es uns wieder in Erinnerung zu rufen und neu zu würdigen.

Bei der Konfirmationsfeier für Jason, den Sohn eines meiner Freude, durfte ich unlängst ein amüsantes Beispiel dafür erleben, wie wertvoll die Erinnerung an längst Vergessenes sein kann. Jason hat einen köstlichen Sinn für Humor, ist gut in der Schule, gleichzeitig aber unendlich vergesslich. Die traditionelle Ansprache hielt ein befreundeter Priester, und mitten in seiner überschwänglichen Lobrede griff er hinter das Pult und zog eine Kiste hervor, die prallvoll mit all den Sachen war, die der Junge im Laufe der Zeit vergessen und die der Mann bei Ausflügen, in Ferienlagern und in der Schule eingesammelt hatte: Baseballkappen, Bücher, Bälle und T-Shirts mehrerer Jahre kamen da zum Vorschein. Diese Geste war nicht nur als Stichelei gedacht, sondern gleichzeitig Ausdruck der tiefen Verbundenheit zwischen den beiden. Dass sich der Priester die Mühe gemacht hatte, all diese Dinge zusammenzutragen und herauszufinden, was Jason gehörte und was nicht, zeigte, wie viel ihm der Junge bedeutete. Er befreite die Fundsachen aus dem Schatten der Nichtbeachtung und erlöste Jason mit jedem Stück, das er ihm übergab.

Und so können auch wir uns erlösen, indem wir uns unsere Vergangenheit wieder zu Eigen machen und sie in das Geschichtenbuch unseres Seelenmusters aufnehmen.

Das therapeutische Gespräch

Der Abend, an dem das Erzählritual abgehalten wird, heißt *Leil Shimurim* – »Nachtwache«. Für kurze Zeit erheben wir uns aus unserem Zuschauersitz im Theater der Geschichte und betreten selbst die Bühne. Jetzt wird Gott zum Publikum und staunend beklatscht er unsere Erinnerungen. Wir haben Sein Wort, dass Er schweigen und bis zum Ende der Vorstellung da bleiben wird.

Einer der Erben des biblischen Bewusstseins war der Wiener Arzt Josef Breuer, der gemeinsam mit Sigmund Freud das so genannte therapeutische Gespräch entwickelte. Im Mittelpunkt steht dabei der Klient, der dem schweigenden Zuhörer seine Geschichte erzählt. Durch diesen Prozess werden vergessene oder verdrängte Einzelheiten zurückgeholt und wieder in die Persönlichkeit integriert. Beim *Leil Shimurim*-Ritual sitzt Gott auf dem Stuhl des Therapeuten. Still und aufmerksam lauscht er uns, und in seiner kosmischen Gegenwart wird uns Heilung zuteil.

Eine mystischere Form dieser Interaktion pflegen die chassidischen Initianten, wenn sie zu den Gräbern der Aufrechten pilgern. Dort angekommen, beten sie nicht nur, sondern sie erzählen einer alten Tradition folgend die Geschichte ihres gesamten Lebens. Auf diese Weise, so lautet die Verheißung, können sie den Zustand der Ganzheit wiedererlangen.

Meine Frau Cary griff dieses alte Ritual wieder auf und reiste nach unserer Hochzeit in die Ukraine an das Grab des großen

Schriftgelehrten, der in diesem Buch so oft Erwähnung findet: Baal Shem Tov. Drei Tage lang blieb sie dort, um zu meditieren und ihre Geschichte zu erzählen, und dabei fielen ihr viele längst vergessene Details aus ihrer Vergangenheit wieder ein. Der Vergleich zu einem Frühjahrsputz drängte sich ihr auf: Es kam ihr so vor, als hätte sie die Gegenstände ihrer Erinnerung aus einem alten, staubigen Regal hervorgekramt und blitzblank poliert. Und bei ihrer Rückkehr hatte sie tatsächlich etwas ungemein Strahlendes an sich, reich beschenkt wie sie war mit neuen Erkenntnissen über ihren vergangenen und zukünftigen Weg.

Durch das Erzählritual lernen wir, sowohl zu unserer als beängstigend empfundenen Größe als auch zu peinlichen Misserfolgen zu stehen. Es gibt ein hebräisches Wort – *Shalem* – als Bezeichnung für das Ganzheitliche, Vollkommene, für das, was Ausgewogenheit und Integrität stiftet. Erst wenn unsere Geschichte komplett ist, haben wir die innere Ausgewogenheit und Integrität, die die Grundvoraussetzung für Heilung und Wachstum sind. Werden Fragmente unserer Vergangenheit vergessen, können wir unser Seelenmuster nie wirklich verwirklichen.

Hehre Geschichten

Jede Ära fügt dem Buch vom Streben des Geistes nach Freiheit ein weiteres Kapitel hinzu. Erst vor kurzem ist die Erkenntnis in unser Bewusstsein gedrungen, dass die großartigste Geschichte im Universum die unseres eigenen Lebens ist. Beim Voranschreiten verwerfen wir jedoch nicht die Wahrheiten früherer Epochen, sondern betrachten sie nur durch das Prisma unseres erweiterten Verständnisses. Um zu begreifen, an welchem Punkt des geistigen Entwicklungsprozesses wir angelangt sind, müssen wir in die Vergangenheit zurückschauen und uns mit hehren Geschichten, mit Heiligen-Geschichten und mit Seelenmuster-Geschichten, befassen.

Der frühe biblische Mystizismus kreist um das, was ich hier als hehre Geschichten bezeichne – die kunstvolle Beschreibung der himmlischen Welten. Kernstück dieser Überlieferung ist *Ma'aseh Merkabah*, das »Wagenwerk«, das sich aus Ezechiels Vision der Herrlichkeit ergibt: Das ganze erste Kapitel dieses biblischen Buchs berichtet von der Ehrfurcht gebietenden prophetischen Schau vom himmlischen Wagen, mitsamt seinen smaragdenen Rädern, seinen viergesichtigen Engeln und dem von einem schimmernden Regenbogen überspannten Saphir-Thron. Jedes der ausführlich beschriebenen Details wurde von den Mystikern als Symbol für eine bestimmte Dimension der höheren spirituellen Realität gedeutet. Die Vision lieferte ein Abbild des Göttlichen, die Seele aber griff in ihrer sehnsüchtigen Sinnsuche nach Höherem und wob daraus Geschichten von himmlischen Welten.

Heiligen-Geschichten

Später verschob sich das Augenmerk des Mystizismus vom Himmel zur Erde, und aus den hehren Geschichten wurden bodenständigere Heiligen-Geschichten. Der Wagen sei in den großen Meistern inkarniert, so meinten Isaac Luria, der »Löwe«, und seine Schüler, und nach ihnen die Mystiker späterer Generationen. »Die Meister sind der Wagen!«, so verkünden sie. Die Sinnsuche hat sich gewandelt. Der Wagen ist in der Seele der Heiligen gelandet.

Diesem Verständnis zufolge repräsentiert Ezechiels Wagen ein komplexes, tiefenpsychologisches Abbild der spirituell entfalteten Seele, die nicht nur den göttlichen Wagen, sondern auch die göttliche Straße birgt. In der Person des Erleuchteten – im Yogi, Meister, Bodhisattva oder Heiligen – wird Gottes Gegenwart in der Welt erfahrbar. Dies ist das Geheimnis der Inkarnation – dass unendliche Schönheit und reiner Geist in endlichen, unvollkommenen, schwachen Menschen wohnt. Aus *Ma'aseh Merkabah* wird die Geschichte der Meister. Im Prinzip handelt es sich bei dieser Darstellung um den Vorläufer unserer modernen Auffassung von der Biographie. Aus dem Leben des Einzelnen lassen sich wichtige Informationen und Einsichten gewinnen.

So entstand also ein neues mystisches Genre, *Sippuri Tzadikim*, die Heiligen-Geschichten – Berichte von den mystischen Meistern aller Zeiten. Jede Kleinigkeit aus dem Leben der Verwirklichten triefte vor göttlicher Bedeutung; jedes Ereignis wurde zu einem neuen Kapitel spiritueller Bedeutung hochstilisiert. Seine Kindheitsabenteuer, seine Anfänge als Lehrer, seine Freundschaften oder Misserfolge – aus Details wie diesen wurde Ezechiels Wagen rekonstruiert. Wie er sich kleidete, wie er sich verhielt – alles und jedes wurde zum Wegweiser der Erleuchtung. Sogar pathologische Züge der Heiligen gerieten zur Lektion; von manisch-depressiven Schüben und zynischem Humor wurde da ebenso berichtet wie von übermächtigem Geschlechtstrieb und Konflikten mit anderen Meistern. Es war Menschliches, allzu Menschliches, was da erzählt wurde. Während diese Ära durchaus wegweisende Geschichten zur Geistesbildung hervorbrachte, standen die Heiligen zu sehr außerhalb unserer normalen Realität. Wir empfanden zwar Ehrfurcht und gelegentlich auch Inspiration, doch ihre Taten waren so unerreichbar, dass der Versuch der Nachahmung wenig sinnvoll erschien. Dies waren nicht *unsere* Geschichten. Und doch: Ist es nicht herrlich, sich tief beeindrucken zu lassen?

Die heilige Autobiographie

Der nächste wichtige Schritt in der geistigen Evolution geschieht hier und jetzt, während wir unsere eigenen Geschichten – unsere Seelenmuster-Geschichten – erzählen.

Ein jeder von uns trägt einen Schatz an heiligen Mysteriengeschichten in sich. *Wir* sind die Meister; wir sind Mose; wir sind

Buddha. *Wir* sind der Wagen. Die Heiligen-Geschichte, die wir erzählen müssen, ist die Geschichte von uns selbst – unsere heilige Autobiographie. Die Mysterien liegen in uns selbst.

Eine heilige Autobiographie zu verfassen, ist der spirituelle Imperativ unserer Generation. Wir müssen uns bewusst machen, dass die Schlüssel zum Himmel in den Details unseres Lebens verborgen sind. Kein Winkel unserer Geschichte wurde umsonst erschaffen; wir sind nie in eine Sackgasse geraten, haben nie ohne Grund in ein Gesicht geschaut, nie ein sinnloses Lied gehört. Jede Nuance, jedes Ereignis, jedes Bild, jeder Zwischenfall ist eine Quelle bedeutsamer psychischer und spiritueller Information. Erstellen wir unsere Autobiographie, geben wir unserer Lebensgeschichte einen roten Faden und richten unsere Suchscheinwerfer auf den tieferen Sinn unseres Daseins aus.

Mit die traurigsten Zeilen, die mir je in der psychologischen Literatur untergekommen sind, finden sich in »Solitude«, einem ansonsten durchaus gelehrten Werk des britischen Psychoanalytikers Anthony Storr. Zur Untermauerung seiner Thesen zieht der Autor immer wieder Anekdoten über diverse Berühmtheiten heran. In einem Kapitel, das paradoxerweise die Überschrift »Die Bedeutung des Individuums« trägt, macht er folgende Bemerkung: »Das literarische Genre der Autobiographie erfreut sich mittlerweile solcher Beliebtheit, dass sich Männer und Frauen von geringem Interesse und ohne jeden besonderen Rang dazu bemüßigt fühlen, ihre Lebensgeschichte aufzuschreiben.« Was für ein tragischer, fehlgeleiteter Satz! Es gibt schlicht und ergreifend keine Männer und Frauen von geringem Interesse und ohne jeden besonderen Rang! Und es ist alles andere als sicher, dass wir wirklich so viel aus den Anekdoten von all den berühmten Menschen lernen können, auf die sich Storr in seiner Arbeit bezieht. Meines Erachtens trifft eher das glatte Gegenteil zu.

Am Freitagabend haben meine Frau und ich oft viele Leute zu Gast, es wird gesungen, gegessen und erzählt. Es liegt uns sehr daran, möglichst jeden am Tisch mit einzubeziehen und ihm Gelegenheit zu geben, auf seine Art aus sich herauszugehen – sich am Gespräch zu beteiligen oder etwas vorzutragen, ob eine Geschichte, ein Gedicht, eine Lehre oder eine geführte Meditation. Bei einem dieser »Abende der offenen Tür« war eine Frau mittleren Alters namens Miri zu Gast bei uns. Sie machte einen netten, hilfsbereiten, wenn auch ein wenig schüchternen Eindruck, war aber ansonsten ausgesprochen unscheinbar – bis zu dem Moment als sie anfing, um den Tisch herumzugehen und jeden der Anwesenden zu bitten, uns allen doch etwas zu nennen, das er oder sie sich für die nächsten fünf Jahre vorgenommen hatte. Sie selbst, so Miri, plane bis dahin auf hundert Leinwänden die Geschichte ihres Lebens zu malen. Ihre Worte lösten allgemeines Erstaunen aus, denn sie war den ganzen Abend so still gewesen. Kaum hatte einer daran gedacht, dass auch sie eine eigene Geschichte hatte. Meine Neugier war geweckt, und so begleitete ich sie nach dem Essen ein Stück auf ihrem Heimweg. Wir brauchten nur wenige Worte zu wechseln, und schon konnte sie mir die Galerie ihres Lebens in den lebhaftesten Farben vorstellen. Miri hatte einiges erlebt – eine aufrührerische Zeit als Studentin und eine Abenteuerreise nach Alaska; sie hatte geliebt und war geliebt worden. Während ihrer Lebenswegs war sie aufgeblüht, und wieder einmal wurde mir bewusst, dass jeder ein Recht auf seine eigenen Seelenmuster-Abenteuer hat, und diese oft in jenen Menschen am herrlichsten zum Ausdruck kommen, die nach außen hin am unscheinbarsten wirken.

Einem Künstler mag es leicht fallen, sich sein Leben als großes Œuvre vorzustellen, es zu Gemälden und Manuskripten voller Bedeutung, Metaphern der Selbsterkenntnis zu verarbeiten. Doch was ist mit all den künstlerisch weniger begabten Menschen? Was mit den Klempnern, Buchhaltern und uns anderen Normalbürgern? Auch wir können kreativ, innovativ und plakativ sein! Sind Sie Klempner, haben Sie vielleicht eine außerordentliche Durchsetzungskraft; das Talent, eine Sache voranzutreiben, bis sie nachgibt, bis die verstopften Rohre des Lebens wieder frei sind und wunderbare Klänge des Daseins erzeugen. Oder müssen Sie Ihre eigenen Kanäle wieder einmal säubern? Und wenn Sie Buchhalter sind, was ist dann Ihre Aufgabe in dieser Welt? Können Sie andere an Ihrem Sinn für Ausgeglichenheit und Stabilität teilhaben lassen? Wie stellen Sie sich den Buchhalter des himmlischen Wagens vor?

Die Wirklichkeit deuten

Wir alle führen ein Dasein wie aus dem Märchenbuch. Wir müssen nur lernen, die Seelenmuster-Geschichten herauszuhören und unser Leben zu deuten. Geben wir unsere eigene, illustrierte Luxusausgabe heraus – einen Klassiker, dessen Autor wir für seine Kunstfertigkeit, Zielgerichtetheit und Genialität schätzen und von dem wir wissen, dass er jedes seiner Bilder und Geschichten mit Bedacht wählt.

Wenn wir unsere Geschichte erzählen,
fügen wir damit die Punkte unseres Lebens zu einem
sinnvollen Ganzen zusammen. Muster tauchen auf,
Bilder kristallisieren sich heraus, und die Nebel des
unbewussten Lebens lösen sich auf.

*

Jede Einzelheit im Festspiel unseres Lebens bietet ideale Bedingungen zur Verwirklichung unseres Seelenmusters. »Suche Gott zu erkennen auf all deinen Wegen«, so schreibt König Salomon im Buch der Sprüche. Für die Kabbalisten heißt dies, *auf allen Wegen* und Nebenwegen unserer Lebensgeschichte. Es beinhaltet die Aufforderung, Gott in all den einzigartigen und besonderen Manifestationen unserer Persönlichkeit zu erkennen, in all unseren Marotten, Stärken, Widersprüchlichkeiten und Zwanghaftigkeiten. Sie pflastern unseren Weg zu Gott. Aus der Sicht des Mystizismus steht der vom »erkenne dich selbst« propagierte Individualismus nicht in Widerspruch zum spirituellen Imperativ, Gott zu erkennen. Letzterer lässt sich ohne ersteren nicht realisieren. Wie wir weiter vorne im Buch gesehen haben, heißt »erkennen« im biblischen Sinne, jemanden intim – also »im Fleische« – zu kennen. Jeder von uns ist eingeladen, sich mit den tieferen Zusammenhängen seiner Lebensgeschichte vertraut zu machen. Nur allzu oft kommt uns unser Dasein wie eine Aneinanderreihung unzusammenhängender, wahlloser Punkte und immer wieder unterbrochener, verschobener Linien vor. Wenn wir unsere Geschichte erzählen, fügen wir damit die Punkte unseres Lebens zu einem sinnvollen Ganzen zusammen. Muster tauchen auf, Bilder kristallisieren sich heraus, und die Nebel des unbewussten Lebens lösen sich auf.

Carl Gustav Jung schrieb einmal: »In letzter Konsequenz ist das Leben des Einzelnen das Wichtigste. Nur es allein schreibt Geschichte. Nur hier finden die großen Veränderungen statt …

die ganze Zukunft, die ganze Geschichte der Welt geht letztlich als gigantische Summe aus diesen verborgenen Quellen hervor. In unserem höchst privaten und persönlichen Leben sind wir nicht nur passive Zeugen unserer Zeit und ihrer Leidtragenden, sondern auch deren Gestalter. Wir schaffen uns unser eigenes Epos.« Jung sagt damit, dass wir nur durch das Ausleben unseres ureigenen Epos – also unserer Geschichte – am Schauspiel unserer Zivilisation mitwirken können. Der Bühnenautor Christopher Fry schlägt in dieselbe Kerbe, wenn er schreibt: »Jeder muss erst für sich nach dem Sinn in den Meinungen über unsere Zeit suchen, bevor sich ihm der Sinn des Lebens erschließen kann.« Erfüllen wir unsere persönlichen Geschichten mit Leben, so fügen sie sich nahtlos in die große Geschichte des Daseins ein.

Es ist nicht der Berg, sondern der Aufstieg

Eine Geschichte aus dem wahren Leben erschöpft sich nicht im großartigen Finale oder dem, was der Psychologe Abraham Maslow als Gipfelerfahrungen bezeichnete. Der überwiegende Teil unseres Lebens spielt sich in der Ebene und nicht auf den Höhen ab. Man hat uns beigebracht, unsere Aufmerksamkeit nicht auf die Niederungen zu verschwenden, sondern immer nach oben zu streben. So sehr konzentrieren wir uns auf den Gipfel, dass wir das Echo unserer Fußtritte auf dem Weg nicht mehr hören. Wir sind von dieser Lebensweise begeistert, nennen sie strategisch, effizient und zielorientiert. Und dabei entgeht uns das kostbare, tiefe Erlebnis des Aufstiegs.

*

Konkurrenz bindet unsere Aufmerksamkeit an eine Geschichte, die nicht unsere eigene ist; und selbst wenn sie die unsere wäre, sie bringt uns dazu, immer nur auf das Endergebnis zu starren.

*

Um die Sache noch zu verschlimmern, gilt unser Streben noch nicht einmal der Besteigung unseres ganz persönlichen Berges – denn jeder hat seinen eigenen Berg *Sinai*. Nein, wir wollen alle auf *denselben* Gipfel. Lassen wir uns aber bei unserem Aufstieg von Konkurrenzgedanken treiben, können wir unsere Geschichte nur in Bezug auf die Geschichte eines anderen fortschreiben. Das »nur« ist es, was die Sache so problematisch macht. Wer erinnert sich schon daran, wer sonst noch für den Oscar nominiert war, wer beim Vertrag unterboten wurde oder wer die Wahl verloren hat? Konkurrenz bindet unsere Aufmerksamkeit an eine Geschichte, die nicht unsere eigene ist; und selbst wenn sie die unsere wäre, sie bringt uns dazu, immer nur auf das Endergebnis zu starren. Der Prozess wird zum notwendigen Übel, einem an sich wertlosen Mittel zur Erreichung eines über alle Maßen wichtig genommenen Ziels.

Wie oft sagen wir unseren Kindern: »Dabei sein ist alles.« Aber vermitteln wir ihnen diese Botschaft auch wirklich? Wissen sie nicht tief in ihrem Inneren, dass wir es eigentlich doch lieber sähen, wenn sie mit dem Pokal nach Hause kämen, selbst wenn darunter die Fairness ein wenig leiden müsste? Ich habe unzählige Schüler gefragt, was ihre Eltern wohl dazu sagen würden, wenn sie sich mit einer kleinen Schummelei die Aufnahme in Harvard erschleichen könnten. Und auch die Eltern habe ich gefragt, ob sie ihrem Kind zu- oder abraten würden. Und so traurig es ist, die überwiegende Mehrzahl sowohl der Jugendlichen als auch ihrer Erziehungsberechtigten würde vor einem solchen Mittel nicht zurückschrecken. Interessanterweise meinten die meisten Schüler, ihre Eltern würden ihren Wunsch nie offen kundtun und nichts von der Schummelei wissen wollen. Dennoch würde ihre Freude über den Erfolg ihres Kindes in einem solchen Auswahlverfahren etwaige Einwände im Keime ersticken.

Wenn wir von unseren Kindern erzählen, dann berichten wir von ihren Erfolgen und Höchstleistungen. Aber nur selten reden wir darüber, wenn sie einmal aber knapp am Sieg vorbeigegangen sind. Und ihre Misserfolge und Schwächen kehren wir ohnehin am liebsten unter den Teppich. In vielen Synagogen und Kirchen wird der schreckliche Brauch gepflegt, die Errungenschaften und Leistungen der Kinder öffentlich zu verkünden. Das Schlimme daran ist, dass dabei eben nur schulische Leistungen und das gute Abschneiden in Wettbewerben aller Art gewürdigt wird. Wann hat Ihnen das letzte Mal jemand erzählt: »Mein Kind hatte einen Fahrradunfall und hat sich dabei ziemlich schwer verletzt. Die Behandlung dauerte ein halbes Jahr, und er hat das wirklich tapfer durchgestanden.« Und doch ist es gerade dies, worum es im Leben eigentlich geht: das Hinfallen und wieder Aufstehen.

Ratten und reiche Leute

Alle Eltern schulden ihrem Kind ein großes Zitat und eine große Geschichte, und so will auch ich meinen Beitrag für die nachfolgende Generation leisten.

Als Zitat wähle ich einen Satz von der Schauspielerin Lily Tomlin: »Selbst wer im Ratten-Rennen vorneweg läuft, ist und bleibt eine Ratte.«

Und hier die Geschichte. Sie handelt von einem mystischen Meister des neunzehnten Jahrhunderts, dem wir bereits an anderer Stelle in diesem Buch begegnet sind:

Zusia von Onipol gehörte jahrelang zu den Ärmsten der Armen. Bevor er sich als Meister zu erkennen gab, wanderte er nach Art der buddhistischen Mönche als Bettler von Ort zu Ort. In einer der Städte, die an seinem Weg lagen, lebte ein besonders wohlhabender Mann, und wann immer Zusia dorthin kam, wandte er sich mit der Bitte um Hilfe an ihn. Doch vergebens. Der Reiche hatte nur wenig für Leute wie ihn übrig.

Die Zeit verging, und nachdem sich Zusias Meisterschaft offenbart hatte, gelangte er nicht nur zu Berühmtheit, sondern auch zu einem ziemlichen Vermögen. Und wie das Leben so spielt, führte ihn sein Weg abermals in die Stadt, in der der Reiche lebte. Sogleich wurde er bei ihm zum Essen geladen, und Zusia nahm dankend an.

Am Tisch aber geschah etwas höchst Merkwürdiges: Zusia nahm von den erlesenen Speisen, die der wohlhabende Mann hatte anrichten lassen; doch anstatt sie in den Mund zu schieben, schmierte er sie sich sorgfältig aufs Gewand.

Dem Gastgeber blieb der Mund offen stehen. Nur mit Mühe hielt er sich zurück, doch als der Meister einfach nicht mit seinem sonderbaren Tun aufhören wollte und seine Kleidung von oben bis unten beschmutzte, konnte er nicht mehr länger schweigen. »Was machen Sie da?«, rief er entsetzt.

»Ganz einfach«, entgegnete Zusia ruhig. »Als ich noch arm war, haben Sie mich nie in Ihr Haus gebeten. Das Einzige, was sich seither verändert hat, ist meine Kleidung. Ich gehe also davon aus, dass nur ihr die Einladung zum Essen galt. Und so habe ich sie eben gefüttert.«

Bedenken Sie, welche Botschaft der reiche Mann seinen Kindern vermittelte, als er den in Lumpen gehüllten, bettelarmen Meister von seiner Türe verwies. Er mag noch so fromme Lehren gepredigt haben, an den Gästen, die er zu Tisch bat, konnten sie ablesen, worin seine eigentlichen Werte bestanden. Dass er die Bedürftigen fortschickte und nur mit den Berühmten und Mächtigen speiste, führte ihnen nur allzu deutlich vor Augen, dass es ihrem Vater in Wirklichkeit nur um Ruhm und Macht ging.

Ein Sturz, eine Reise und ein Ziel

Wenn ich den Kerngedanken der biblischen Überlieferung in einem Satz zusammenfassen müsste, so würde ich sagen, es ist die Geschichte vom Hinfallen und wieder Aufstehen – von einem Sturz und dem anschließenden Genesungsprozess. Die Bibel beginnt mit einem Fall – dem Sündenfall. Es folgt die Vertreibung aus dem Paradies, die zu Entfremdung, Einsamkeit und Exil führt. In den übrigen der fünf Bücher Mose geht es um Menschen, die sich zu erheben und ihren Sturz zu überwinden versuchen. Nach vielen Tragödien und Triumphen, nach Verrat und Edelmut endet die Geschichte, als die Menschen es endlich geschafft haben ... fast geschafft: Denn sie stehen vor den Grenzen des Gelobten Landes, am Ufer des Jordans, unmittelbar vor dem Ziel.

In unserer modernen Zeit hat die »heilige Reise«, wie sie in der biblischen Überlieferung beschrieben wird, ihr wohl großartigstes Echo in den Worten von Martin Luther King jr. gefunden, der am 3. April 1968, buchstäblich am Vorabend seiner Ermordung, eine denkwürdige Rede hielt. Er sprach von seiner Reise nach Memphis und den Morddrohungen, die er erhalten hatte. Aber er habe keine Angst vor solchen Drohungen, keine Angst, früh zu sterben. Denn er habe das Gelobte Land schon gesehen und wisse, dass auch sein Volk es eines Tages sehen werde. Er habe in den Himmel geschaut und sei glücklich.

*

Wir alle sterben vor der Überfahrt
ins Gelobte Land.

*

Die meisten von uns sind nicht Zielscheibe der Kugeln des Hasses, doch wir alle sterben vor der Überfahrt ins Gelobte Land. Wir können uns mit dem Wissen trösten und stärken, dass das, was für Mose und Martin Luther King galt, für jeden von uns Gültigkeit hat: Die Reise selbst ist unsere Geschichte. Die Geschichte ist unser Ziel. Unterwegs werden wir immer wieder stolpern, hinfallen und wieder aufstehen, genau wie Mose, genau wie Martin Luther King. Dr. Martin Luther King war ein Lehrer, wie es keinen besseren gibt. Er war ein großer, guter, wunderbarer Mann, und doch war er ein Mensch wie jeder andere auch – ein Mensch mit all seinen Fehlern, der hinfiel und wieder aufstand, genau wie jeder Einzelne von uns.

Was wir uns in Bezug auf unsere Reise fragen müssen, ist dies: Sind wir in der richtigen Richtung unterwegs? Schauen wir Richtung Kanaan? Sehen wir zumindest vom Gipfel des Pisga aus ins Gelobte Land?

In aller Eile zur Meditation

Erinnern Sie sich noch an Dovid von Lilov, dem wir in diesem Buch schon zweimal begegnet sind?

Wie schon in einer der beiden anderen Geschichten war Dovid wieder auf dem Weg zu seinem Meister, dem Seher von Lublin, um mit ihm den Feiertag zu verbringen. Diesmal war er mit einigen hochrangigen Schülern des Sehers unterwegs. Es hatte Probleme mit der Kutsche gegeben, und darum waren sie so verspätet, dass sie nur wenige Minuten vor Beginn der Meditation am Vorabend des hohen Festes in Lublin eintrafen.

Kaum waren sie an dem Mietstall angelangt, sprangen die Schüler aus der Kutsche und eilten zur Synagoge, um nur ja kein Wort aus dem Munde des Meisters zu verpassen. Der Seher von Lublin aber konnte einfach nicht mit der Meditation beginnen. Wenngleich der Saal bis auf den letzten Platz gefüllt war, spürte er, dass sein geliebter Schüler und Freund Dovid noch nicht da war. »Wo ist mein Dovid«, rief er.

Die Assistenten des Meisters suchten die ganze Stadt ab, doch Dovid war nirgends zu finden. »Wo habt ihr ihn zum letzten Mal gesehen?«, beschwor der Seher die Reisegefährten. »Im Stall bei den Pferden«, so gaben sie zurück.

Und dort fanden sie ihn. Er saß ganz ruhig im Heu und sah den Pferden beim Fressen zu.

Selbst wenn es um spirituelle Belange geht, werden wir bisweilen so zielorientiert, dass wir blindlings an unseren Bestimmungsort eilen, ob nun zum Studium, zur Meditation oder zum Gebet. Wir nehmen uns nicht die Zeit, die Pferde zu füttern, die uns dorthin gebracht haben. Vor ein paar Jahren kursierte die Geschichte eines Studenten, der den Konkurrenzdruck und die Oberflächlichkeit satt hatte und beschloss, nach Indien zu gehen. Dort angelangt, schrieb er seinen Eltern einen Brief, in dem er die heilige Atmosphäre und Ruhe im Ashram pries. In einem PS fügte er hinzu: »Ich mache gute Fortschritte bei der Meditation, und bis Juni dürfte ich die Nummer zwei im Ashram sein.«

Spirituell Suchende können bisweilen ebenso erfolgfixiert sein wie die Börsenmakler von der New Yorker Wall Street. Wir verschieben die Triebe und Zwänge unseres Ego nur von einem Ziel auf ein anderes. So werden wir zu Maklern der Seele, das Kaufen, Fusionieren, Vermitteln und Verhökern ist unser Lebenszweck. Nur wenn wir uns von unserem Konkurrenzstreben und unsere Fixierung auf das Ergebnis lösen, können wir die verlorenen Bruchstücke unserer Seelenmuster-Geschichten wiederfinden.

Die Liebkind-Strategie

Achtsam für die Details unserer Reise zu sein und den Prozess gebührend zu würdigen, schafft sicherlich die Grundlage dafür, dass wir unsere Geschichte überhaupt erzählen können. Was aber geschieht, wenn wir uns verlaufen haben? Uns auf das unterwegs Erlebte zu konzentrieren, hilft uns nicht weiter, wenn wir irgendwann einmal den falschen Weg eingeschlagen haben.

Oftmals verlaufen wir uns relativ früh. Während der Kindheit haben die meisten von uns nicht genug »Streicheleinheiten« bekommen, um sich wirklich geborgen und geliebt zu fühlen. Da Not erfinderisch macht, haben wir uns deshalb eine Methode zurechtgezimmert, die uns die benötigte Zuwendung und Aufmerksamkeit bringt. Die Entwicklung dieser Strategie verläuft nach dem Zufallsprinzip: Eines Tages tun wir irgendetwas, das uns zu unserer Überraschung sehr viel mehr Beachtung einbringt, als wir es gewohnt sind. Wir sagen etwas Lustiges, und alle fangen an zu lachen; wir beten in der Kirche inbrünstiger als sonst, und die Mutter streicht uns liebevoll übers Haar; wir tragen ein ausgefallenes Kleidungsstück und ernten dafür jede Menge Komplimente.

Der kleine Wissenschaftler in uns versucht, solche Erfolge zu reproduzieren. Bei verschiedenen Gelegenheiten wiederholen wir die Aktion, die uns das Plus an Zuwendung eingebracht hat, um zu sehen, ob sie zuverlässig wirkt. Aus unseren Beobachtungen leiten wir dann das ab, was ich hier einmal unsere »Liebkind-Strategie« nennen will. Jeder von uns gestaltet sie nach seinen eigenen Kriterien. Der eine gibt sich womöglich sexuell interessierter, als er eigentlich ist. Der andere schreibt mehr Bücher als seine Seele hergeben möchte oder ist unaufhörlich witzig und macht Späße. Wieder andere sind immer ruhig und gelassen, sie lächeln ununterbrochen, bis das Lächeln, ohne dass es ihnen bewusst wird, zur Maske gefriert.

Die Liebkind-Strategie führt uns weg von unserer Geschichte hin zum Theater, denn um Applaus zu bekommen, bieten wir allerhand schauspielerische Fähigkeiten auf. Hier geht es nicht um die echte Anerkennung unserer Persönlichkeit, sondern um oberflächliche Akzeptanz durch die Gesellschaft.

Durch Selbsterfahrung, Therapie, geführte Meditationen und Ähnliches können wir bisweilen genau erkennen, wann in unserem Leben die Liebkind-Strategie in Kraft trat und wir anfingen, Theater zu spielen, statt unserer Geschichte treu zu bleiben. Diesen Augenblick auszumachen, kann zum Wendepunkt in unserem Streben nach Verwirklichung des Seelenmusters werden. Wenn wir unsere Geschichte erzählen und uns dadurch von Vorführungen nach Art der Liebkind-Strategien distanzieren, kann es uns gelingen, mit dem Menschen hinter der Maske in Kontakt zu kommen.

Anders als uns die Populärpsychologie glauben macht, bedeutet dies jedoch nicht, dass Liebkind-Strategien generell etwas Negatives wären. Schließlich aktivieren sie nur etwas, das bereits in uns angelegt ist, sie unterstreichen einen bestimmten Zug unseres Seelenmusters. Es ist *unser* Theater, das wir da spielen, und die wichtigste Requisite dabei ist eine Maske. Die aber müssen wir alle tragen, und das hat seinen guten Grund. Wenn sie gut gemacht ist, unterstreicht eine Maske sogar unser Gesicht. Es ist eben *unsere* Maske. Sie passt zu unserem Gesicht.

*

Die Liebkind-Strategie führt uns weg
von unserer Geschichte hin zum Theater, denn
um Applaus zu bekommen, bieten wir allerhand
schauspielerische Fähigkeiten auf. Hier geht es nicht
um die echte Anerkennung unserer Persönlichkeit,
sondern um oberflächliche Akzeptanz
durch die Gesellschaft.

*

Interessanterweise ist »Maske« das in der biblischen Überlieferung gebräuchliche Wort für Götzenanbetung. »Ihr sollt euch keine Masken zu Göttern machen«, so steht es wörtlich übersetzt in der Bibel geschrieben. Nicht, dass eine Maske per se etwas Schlechtes wäre. Wir dürfen sie nur nicht zum Gott erheben. Obwohl sie eine Reflexion von uns ist, ist sie doch nicht unser ureigenes Selbst. Machen wir sie zu einem Götzen, ist unser Streben nach Zuwendung so übermächtig geworden, dass wir meinen, nicht ohne es leben zu können. Dies kann unsere Urteilsfähigkeit stark beeinträchtigen. Nimmt unser Bedürfnis, ein großer Tänzer, Sänger, Lehrer oder Feuerwehrmann zu sein, pathologische Formen an, dann tanzen wir bis zum Umfallen, singen bis zum Stimmverlust, lehren bis alle Schüler taub sind und stürmen noch ins Feuer, wenn das Haus schon einzustürzen droht. Oder wir legen das Feuer, um überhaupt etwas zu löschen zu haben, bis wir am Ende selbst verbrennen.

Um zu unserem ureigenen Selbst zu gelangen, müssen wir Zeit dafür reservieren, in der wir uns ganz bewusst ohne Maske zeigen und das tiefere Ich zum Vorschein kommen lassen.

Ein allseits bekannter Typus des Zuwendungsheischers ist der Komödiant, der sich hinter der Maske des ewig grinsenden Clowns verschanzt. Doch so wie ihm, ergeht es uns allen mit unseren Masken: Sie werden so wichtig für uns, dass wir mit der Zeit in ihre Abhängigkeit geraten. So ist es umso notwendiger, einen Kontext zu schaffen, in dem wir unsere Maske abnehmen können. Der Spaßvogel braucht Zeit, in der er zur Besinnung kommen und seine Rolle des Alleinunterhalters abstreifen kann. Er muss Freunde haben, die nicht von ihm erwarten, dass er sie ständig zum Lachen bringt.

Ein Mann ging zum Psychologen und klagte: »Ich bin so unendlich traurig. Ich kann tun, was ich will, aber ich komme einfach nicht aus dieser Depression heraus. Was soll ich bloß tun?«

Der Therapeut sah ihn mitfühlend an. »Kommen Sie mit mir ans Fenster«, forderte er seinen Patienten auf.

Der Mann folgte ihm. »Sehen Sie das Zelt da drüben?«, fragte der Psychologe und deutete auf eine Wiese, die in einiger Entfernung lag. »Der Zirkus ist in der Stadt. Und was für ein großartiger Zirkus! Da gibt es einen Clown namens Rosario. Er ist die Lösung für Ihr Problem. Gehen Sie hin und schauen Sie ihn sich an. Das wird Ihre Depression bestimmt zum Verschwinden bringen!«

Mit trauriger Miene bedankte sich der Patient für den guten Rat. Bevor er sich zum Gehen wandte, drückte er dem Therapeuten seine Karte in die Hand. Darauf stand: »Rosario, der Clown.«

⌁ Fälscher und Lektoren

Wenn wir unsere Lebensgeschichte bereinigen und nur von dem berichten, was nach äußerlichen Maßstäben gemessen als Triumph zu bezeichnen ist, laufen wir Gefahr, unser herrliches Leben zum Misserfolg werden zu lassen. Aber weil keiner ein Versager sein will, fangen wir an, in unserer Geschichte herumzukorrigieren, das eine oder andere auszulassen, von anderen zu kopieren oder auch ganze Passagen zu streichen. Wir werden zum Fälscher unserer eigenen Handschrift.

Wir schauen bewundernd auf berühmte Menschen und idealisieren die Helden, die auf der großen Weltenbühne ihre Triumphe feiern. Doch wer je an einem Wettbewerb teilgenommen hat, weiß, wie oft der völlig unkalkulierbare Faktor X Überraschungssieger und -verlierer hervorbringt. Unser persönlicher Einsatz mag zweifellos wichtig in jedem unserer Unterfangen sein, entscheidend aber ist er mit Sicherheit nicht. Dennoch weigern wir uns, jene Teile unseres Lebens, die durch das Raster der von uns selbst aufgestellten künstlichen Erfolgskriterien fallen, in unsere Geschichte mit aufzunehmen. Vor kurzem habe ich einen Klassenkameraden aus der Highschool wiedergetroffen, der sich seit etwa fünf Jahren intensiv mit spirituellen Praktiken befasst. Ich fragte ihn beiläufig, wie alt er eigentlich sei. Und ohne zu zögern, antwortete er: »Ich hatte gerade meinen fünften Geburtstag.« Ich brauchte eine Weile, um zu begreifen, dass er damit die Zeit seit seiner »Erleuchtung« meinte. Unterschwellig erklärte er damit sein Leben vor diesem Zeitpunkt als wertlos. Diese Seiten hatte er aus seinem Buch des Lebens herausgerissen. Traurig entgegnete ich, dass er meines Erachtens doch älter als fünf Jahre sei. Wir können nicht ganze Kapitel aus unserem Leben streichen, ohne einen äußerst hohen Preis dafür zu bezahlen.

Meister der Wiederkehr

In der biblischen Überlieferung finden wir verschiedene Wege zur inneren Entfaltung. Einer davon heißt *Teshuva*, ein schwierig zu übersetzender Begriff, der sich am ehesten mit »Wiederkehr« übertragen lässt. Heimzukehren ist eines der vorrangigsten Ziele der biblischen Geschichten, und besonders tief berührt uns dieses Anliegen, wenn es um die eigene Rückkehr aus dem Exil geht. *Teshuva* ist ein spirituelles »Ausgrabungsprojekt«, bei dem es darum geht, all die Staubschichten abzutragen, von denen unser authentisches, allzeit tief in unserem Inneren gegenwärtiges Ich im Laufe der Zeit verschüttet wurde. Alle spirituellen Rückkehrbewegungen, ob nun die amerikanische Erweckungsbewegung von 1800 oder die weltweite New-Age-Welle unserer Tage, bergen eine große Chance, von der gleichzeitig aber auch ein beachtliches Risiko ausgeht: Wenn etwas das Herz berührt, dann spüren viele Menschen diesen Impuls in sich. Womöglich gilt der Ruf nur einem Einzelnen. Wird er jedoch zum Schrei der

319

Masse, geht darin oftmals die leise Stimme in unserem Herzen unter.

Erleichtert uns eine spirituelle Gemeinschaft wirklich die Rückkehr zu *unserem* Seelenmuster? Falls nicht, können wir sicher sein, dass ihr das wahre geistige Element fehlt.

Zurückzukehren heißt, sich wieder zu dem Ort und der Zeit zu begeben, wo wir abgetaucht sind, um uns zu vergewissern, dass wir jetzt getrost wieder hervorkommen können. Mich selbst führte der Erkundungszug durch die Vergangenheit zu einem Versteckspiel. Ich muss damals etwa sechs Jahre alt gewesen sein und hatte mich in einem Schrank unter einen riesigen Berg von Winterkleidung verkrochen. Alle anderen hatten es längst zum Aus geschafft und waren wieder frei. Doch ich wollte nicht herauskommen. Die Welt da draußen hatte ich stets als willkürlich und gefährlich erlebt, und in meinem mollig warmen Versteck fühlte ich mich herrlich geborgen. Über eine Stunde blieb ich dort; am liebsten wäre ich für immer da drinnen geblieben. Am Ende lockte mich das Abendessen hervor. Doch wirklich herausgekommen bin ich erst fünfundzwanzig Jahre später nach einer leidvollen Scheidung. Erst dann bin ich zurückgekehrt, um meine Geschichte wieder in Besitz zu nehmen. Erst dann habe ich all die Seiten wieder in das Buch meines Lebens geklebt, die ich herausgerissen hatte, um es hübscher und erträglicher wirken zu lassen.

Unsere Geschichte zu erzählen heißt, aus dem Versteck hervorzukommen und zu unseren Quellen zurückzukehren. Dies ist der einzige Weg, um wirklich frei zu werden.

Seelenmuster-Praxis		
Wovor haben Sie sich versteckt?	**Wo haben Sie sich versteckt?**	**Wann sind Sie herausgekommen?**
Beispiele: Blitz und Donner	Unter der Bettdecke	In der Morgendämmerung
Verantwortung	Alkohol	Als ich die Treppe runtergefallen bin und mir das Schlüsselbein gebrochen habe
Meine eigenen Talente (bitte genauer beschreiben)	Wutausbrüche	Als ich meinen ersten Artikel schrieb

Die Suche nach dem Zerbrochenen

Der Versuch, zu unserer Geschichte zurückzukehren, sie wieder in Besitz zu nehmen und verloren gegangene Teile zusammenzutragen, führt uns wieder zurück zum Erzählritual. Das »Erzählen der Geschichte vom Auszug aus Ägypten«, das am Befreiungsfest, dem so genannten *Pe-Sach* oder *Pascha*, stattfindet, wurde bereits zu Beginn dieses Kapitels erwähnt. Unabhängig von unserem Glaubensbekenntnis versinnbildlicht dieses Ritual für jeden den Weg vom Exil zur Erlösung, von der Knechtschaft in die Freiheit. Damit können wir uns von unserem inneren Lektor befreien, der in dem wohlmeinenden Versuch, uns zu helfen, nur zur Verfälschung unserer Lebensgeschichte beigetragen hat.

Zu Beginn des Erzählrituals wird eine runde *Matzah*-Oblate in zwei Hälften gebrochen (das ist der Ursprung der Hostie, die den Christen bei der Kommunionszeremonie gereicht wird). Dies ist das Startsignal, und von nun an beschreiten alle Anwesenden einen ganzen Abend lang den Weg aus der Sklaverei in die Freiheit. Jeder durchlebt den Auszug aus Ägypten und stellt aus eigener Erfahrung oder der Fantasie dar, wie er persönlich aus der Dunkelheit und Enge herausgefunden hat und zu Offenheit und Licht gelangt ist. Die Erzählungen steigern sich, bis sie in der berühmten *Afikoman*-Jagd ihren Höhepunkt finden. Was bedeutet *Afikoman*? Erinnern Sie sich an die *Matzah*-Oblate, die zu Beginn des Mahls gebrochen wurde? Irgendjemand am Tisch hat heimlich eine Hälfte davon versteckt – sie ist das *Afikoman*.

Spät in der Nacht, wenn wir jede Menge Geschichten der Befreiung erzählt und gehört haben, schicken wir die Kinder aus, um das versteckte *Afikoman* zu suchen. Symbolisch betrachtet, sind die Kinder niemand anderes als wir selbst, die wir zu jenem Augenblick zurückkehren, an dem die Welt so zerbrochen wirkte, dass wir uns in unser Versteck zurückzogen.

Die Kinder durchsuchen das ganze Haus, und wenn sie das gebrochene Brot der Sklaverei gefunden haben, bringen sie es unter begeistertem Jubeln zu den Erwachsenen zurück. Dies ist das innere Kind, das uns all das zurückgibt, was es in uns an Zerbrochenem gibt. Der Heilungsprozess hat begonnen. Damit ist das Erzählritual beendet. Und was vielleicht am wichtigsten ist: Das Kind, das den zerbrochenen Schatz findet, bekommt einen Preis.

14

Zur eigenen Geschichte zurückfinden

Die Geschichte der Geschichte

Die Rituale der biblischen Überlieferung drehen sich allesamt um Geschichten. Beim Passah-Fest wird der historische und symbolische Auszug der Israeliten aus ihrer ägyptischen Knechtschaft ins Gelobte Land gefeiert. In dem Ritual steckt aber noch eine zweite Geschichte, in der wir einer uns bereits vertrauten Figur begegnen – einer der zentralen Gestalten aus dem Buch Genesis. Es ist kein anderer als Jakob, der Protagonist einer unserer *Levado*-Geschichten und vorletzte Reisende der biblischen Saga. Das rituelle Erzählen seiner Erlebnisse führt uns zu unserem eigenen Leben, ist es doch sowohl historische Figur als auch Projektion unserer eigenen Seele. Seine Geschichte ist auch unsere Geschichte.

Doch zunächst wollen wir die Bühne für das Erzählritual bereiten. Wie es der Brauch will, wird das Haus tagelang gründlich geputzt und auf Hochglanz poliert. Am Festtag selbst wird die Tafel gedeckt, und die Kristallgläser glitzern wie Juwelen im Kerzenlicht, wenn sich die in edelstem Weiß gekleideten Gäste darum versammeln. Dies ist ein fürstliches Befreiungsfest! Ein jeder hat ein dickes, weißes Kissen im Rücken, ein Freiheitslied auf den Lippen und ein Geschichtenbuch in der Hand, aus dem er an diesem Abend etwas vortragen wird.

Zum Auftakt des Rituals stimmen alle Anwesenden einen mantrischen Gesang an, der im ganzen Haus widerhallt. Sobald er verklingt, wird es ganz still im Raum, und der Zeremonienmeister macht sich bereit, eine Passage aus der Bibel vorzutragen. Gespannt warten alle auf die ersten Worte der Geschichte – und der Reise.

»Mein Vater ist ein verirrter Betrüger.«

Verunsicherte Blicke schweifen umher, juwelengeschmückte Ohren werden gespitzt. Haben wir auch wirklich richtig gehört? Wir hatten eine spektakulärere Einleitung erwartet, einen poetisch-pathetischen Prolog, dem besonderen Anlass entsprechend. Wir werden nun die Geschichte von unserem großen biblischen Vorfahren, die Saga von Jakob, dem Vater des Hauses Israels, hören. Seit Jahrtausenden führten die Geschichtenerzähler keinen Namen im Mund. Seine Nachfahren erstellten die wohl bedeutendste, grundlegendste Schrift, die die zivilisierte Welt je hervorgebracht hat – die Bibel. Doch anstatt dieses Epos mit einem Abenteuer, Drama und Herrlichkeit verheißenden Auftakt zu beginnen, steht am Anfang ein Held, der jemanden täuscht und sich dann auch noch verirrt!

Das Leben verlieren, um es wiederzufinden

> *Oh menschliche Rasse! Geboren um auf Schwingen aufzusteigen, warum stürzt du bei so schwachem Wind?*
> DANTE, »DIE GÖTTLICHE KOMÖDIE«

Wie wir bereits an anderer Stelle gesehen haben, handelt die Geschichte Jakobs vom Hinfallen und wieder Aufstehen. Er verirrte sich, nachdem er von zu Hause weggelaufen war. Erinnern wir uns: Nachdem Jakob seinen Vater getäuscht und ihm den Segen gestohlen hat, der für seinen Bruder Esau bestimmt ist, flieht er in das Haus seines Onkels Laban. Dies sind die Ereignisse, die der ersten Zeile unseres Erzählrituals unmittelbar vorausgegangen sind: »Mein Vater ist ein verirrter Betrüger.«

Am Anfang einer jeden spirituellen Reise steht ein Fall, denn wie wir wieder auf die Beine kommen, wie wir wieder aufstehen, wie wir wieder Anspruch auf unsere Seelenmuster-Geschichte erheben, das ist die eigentliche Lebenskunst. Sowohl Plato als auch der Talmud lehren, dass wir noch im Mutterleib alles Wissen der Welt empfangen – wohlbemerkt Wissen, nicht Weisheit –, es aber mit dem Eintreten in diese Welt wieder vergessen. Unser ganzes Leben ist ein Prozess des Zurückeroberns und Wiedererinnerns. Wir alle leiden an einem gewissen Maß von Zerrissenheit. Wie Humpty Dumpty* hat unsere Schale einen Riss bekommen; uns wurde übel mitgespielt, und vielleicht sind wir gar von der Mauer gestürzt. Wir müssen die Einzelteile wieder zusammenkitten. Wir müssen uns selbst wieder in Besitz nehmen.

In der kabbalistischen Terminologie wird der Sturz von der Mauer als »Zerbersten der Gefäße« bezeichnet. Der lurianische Schöpfungsmythos beginnt damit, dass das Licht in Gefäße strömt. Diese Gefäße sind jedoch fehlerhaft und können der intensiven Leuchtkraft nicht standhalten, sodass sie zerbersten. Aufgabe des Menschen ist es, sie wieder so zusammenzufügen, dass sie das Licht aushalten können. Die literarische Vorlage, von der die Kabbalisten diese Vorstellung ableiten, ist keine andere als eben jene Geschichte von Jakob, die wir in unserem Erzählritual aufgreifen.

Jakob hat zwar außerordentlich viel Licht, aber es fehlt ihm das solide Seelenmuster-Gefäß, um es zu bewahren. Und auch wir können der Intensität unseres Lichtes nicht standhalten, so dass unser Lebensgefäß zerbirst. Unsere wichtigste Aufgabe auf Erden ist, die Scherben wieder zusammenzufügen. Wir sind nicht Humpty Dumpty. Wir sind weder lächerlich, noch pathetisch noch inkompetent. Das Gefäß, das wir aus all den vielen Einzelteilen zusammensetzen, ist ungemein schöner, großartiger und herrlicher als das, was einst zerborsten ist.

* Figur aus Lewis Carrolls »Alice im Wunderland«

Collage: Zerstückeln und wieder zusammenfügen

In meinem Freundeskreis gibt es eine Künstlerin, Myrna, die sich mit herrlichen Collagen einen Namen gemacht hat. Sie nennt ihre Arbeiten »zerborstene Landschaften«, und als Material dienen ihr all die angestoßenen, zerrissenen und kaputten Dinge aus ihrem unmittelbaren Umfeld – Stoff von ausrangierter Kleidung, Fotos von längst verstorbenen Angehörigen, Briefe von verflossenen Liebhabern. Geschickt arrangiert ergeben diese Bruchstücke ihres Lebens faszinierende Landschaftsbilder, die sich auf der Leinwand zu ganzen Epen entfalten.

Auf meine Frage, wie sie diese Kunstform für sich entdeckt hat, antwortete sie mir mit folgender Geschichte:

Vor einigen Jahren sah ich mir ein altes Fotoalbum an und mir fiel auf, dass von bestimmten Bildern ein Teil abgeschnitten war und andere ganz fehlten. Ich wunderte mich zwar, dachte aber nicht groß darüber nach. Bis ich eines Tages auf dem Boden meines Schrankes einen alten, geblümten Rock entdeckte, der früher einmal eines meiner Lieblingsstücke gewesen war. Ich zog ihn heraus und schüttelte ihn aus. Doch da sah ich, dass mit der Schere ein langer Schlitz hineingeschnitten war und unten am Saum ein mehrere Zentimeter breiter Streifen fehlte. Ich hatte das Teil seit Jahren nicht getragen. Wer hatte es nur so ruiniert?

Die Sache ließ mir keine Ruhe, und auf der Suche nach einer möglichen Erklärung stellte ich das ganze Haus auf den Kopf. Dabei stieß ich auf weitere merkwürdig zerstückelte Gegenstände, Papiere, Bilder und Krimskrams.

Im Schrank meiner Tochter Andi stieß ich schließlich auf des Rätsels Lösung: Dort nämlich fand ich ganze Berge von Schnipseln – Stücke von Fotos und Stoffservietten, von Schulheften und Kassenbons. Meine erste Reaktion, das muss ich zugeben, war blankes Entsetzen. Ich war erschrocken über so viel Zerstörungs-

wut meiner Tochter (sie war damals erst neun) und war wütend …
und wer weiß welche Gefühle da noch in mir aufwallten. Dann aber
stach mir etwas Gelbes ins Auge, das aus einem der Stapel her-
vorragte. Das war genau der Streifen, der an meinem Rock fehlte!
Und er lag mitten auf Andis blauer Babydecke. Und darauf wiederum war sorgsam ein altes Foto von mir arrangiert, auf dem ich im
Schneidersitz auf einer Wiese saß. Ich trug meinen gelb geblümten Lieblingsrock und auf dem Schoß hielt ich, eingekuschelt in
eben jene Babydecke, die kleine Andi, die damals noch ein Säug-
ling war.

Ich war so tief bewegt, dass mir die Tränen kamen. Ich schaute
auf den Boden und weinte in die Decke. Die Farben, die Symbolik,
das liebevolle Arrangement – das alles berührte mich ungemein.
Und auf einmal spürte ich eine Welle der Liebe für meine Tochter
und dieses Leben mit all seinen Besonderheiten, seinen Freuden
und Leiden. Ja, ich empfand tatsächlich Leid! Schmerzlich berührte mich der Gedanke, dass ich dieses kleine Baby da auf meinem
Schoß eines Tages verlieren würde; dass Verbindungen gekappt
würden; dass alte Bilder, Leidenschaften und Kleidungsstücke zerschnitten vor mir lagen und nie mehr heil werden würden. Ich empfand das Leid der Zerstückelung und die Freude des wieder Zu-
sammenfügens.

Andi hatte ein Kunstwerk geschaffen – ein Kunstwerk, das mich
bis in die letzte Faser meines Seins berührte. Wenn Sie mich heute fragen, wie ich meine Kunstform entdeckt habe, so muss ich Ihnen gestehen: Ich habe sie von meiner neunjährigen Tochter gestohlen. Bei der Arbeit an meinen Bildern versuche ich, die emotionale Tiefe zu erreichen, in die mich Andi hineingeführt hat. Für
mein letztes Werk habe ich mein College-Diplom zerschnitten und
die Einzelteile neu arrangiert und aufgeklebt. Collagen führen mich
zur Freude und zum Leid des Auseinandernehmens und wieder Zu-
sammensetzens … immer wieder aufs Neue.

Myrnas Geschichte erinnert uns daran, dass wir unseren Sturz
zum Kunstwerk machen können, wenn wir die Bruchstücke wie-

der zusammensammeln und sie in unsere heilige Autobiographie verwandeln.

Verloren und rein gewaschen

Nachdem seine Vergangenheit in die Brüche gegangen ist, findet Jakob im Haus seines Onkels Laban Zuflucht vor dem Zorn seines Bruders. Er ist davongelaufen und außer Landes geflohen, hat also seine Familie und sein Schicksal zurückgelassen, denn der biblischen Überlieferung zufolge ist das Schicksal an Land und Familie gebunden.

Zu Beginn unseres Rituals fragen wir uns: Warum hat sich Jakob verirrt? In der Bibel erklärt sich jede Geschichte aus dem, was ihr vorangegangen ist. Um uns die ganze Bedeutung zu erschließen, müssen wir also den Kontext betrachten. Welcher tiefere Sinn steckt dahinter, als Jakob den Segen seines Vaters erschlich – die Handlung, die ihn zur Flucht zwang und auf einen langen Irrweg führte?

Um den Segen zu stehlen, zieht sich Jakob die Kleider seines Bruders an. Er tut dies auf Anraten seiner Mutter Rebekka, denn diese ist überzeugt, dass er nur dann erfolgreich sein könne, wenn er wie sein großer Bruder Esau wäre. So macht sie ihren Sohn zum Betrüger, und er spielt eine Rolle, die nicht die seine ist. Denn was bedeutet es schon, den Segen eines anderen zu stehlen? Es heißt nichts anderes, als eine Geschichte zu leben, die nicht die eigene ist.

»Der Atem in unserer Nase ist der Messias Gottes«, so verkündet der biblische Weisheitslehrer Salomo. Oberflächlich betrachtet, kündet dieser Satz von der vitalen Bedeutung des Messias, die bis hin zu unser aller Lebensgrundlage, dem Atem, reicht. Der mystische Philosoph Abraham Kuk geht in seiner Interpretation des Verses jedoch noch einen Schritt weiter, denn er behauptet: Der Atem in *unserer* Nase *ist* der Messias Gottes. Nur wenn wir an unsere eigene Göttlichkeit und damit unser unbegrenztes Potenzial, die Welt zu heilen, glauben, können wir in unserem Leben eine messianische Ära einläuten. Unser Atem selbst kann uns erlösen; aber nur, wenn es wirklich *unser* Atem ist. Vielleicht erinnern Sie sich noch daran, dass das hebräische Wort *Neshama* sowohl »Atem« als auch »Seele« heißt. Der Begriff ist also eine Metapher für das Seelenmuster. Keine zwei Menschen atmen auf absolut identische Weise.

Jakobs Mutter liebt ihren zweitgeborenen Sohn aus ganzem Herzen, aber sie glaubt nicht wirklich an seine Kraft. Sie hält seine körperliche Hülle für unzureichend und meint, dass er darin dem Ruf seines Schicksals nicht gerecht werden könne. Sein »innerer Messias«, so ihre Überzeugung, wird nur dann erscheinen, wenn er sich als Esau ausgibt. Als Isaak, der blinde Vater, den verkleideten Jakob nach seinem Namen fragt, antwortet dieser: »Esau«. Er steht nicht zu seinem eigenen Namen. Er versucht, sein Seelenmuster zu verleugnen und sich stattdessen dem seines Bruders zu bemächtigen.

*

Wer die Stimme eines anderen nachahmt,
der huldigt falschen Göttern.

*

Jakob weiß um die Gefahr dieser Maskerade, sagt er doch zu seiner Mutter: »Wenn ich vorgebe, etwas anderes zu sein als ich bin, werde ich *metatea*.«

Die Erklärung dieses merkwürdigen Begriffes ist schwierig: Wer die Stimme eines anderen nachahmt, der huldigt falschen Göttern. *Metatea* hat also einen Beiklang von »Götzenverehrung«. Dies ist jedoch eine falsche Übersetzung des hebräischen *avodah zarah*, was so viel wie »befremdliche Anbetung« heißt und von Meister Mendel von Nemirov als »ein Leben durch den Fremden in uns« definiert wird. In einem ähnlichen Kontext wird *metatea* mit »spöttisch« übersetzt – denn das Leben eines Fremden zu führen heißt, sich selbst auf die leichte Schulter zu nehmen; es bedeutet, die Würde und Erhabenheit des eigenen Seelenmusters ins Lächerliche zu ziehen. Ein Leichtgewicht zu sein, hat nicht wie weithin angenommen mit einem Mangel an Macht oder Einfluss zu tun. Es heißt vielmehr, die eigene Tiefe zu missachten. Bezeichnen wir jemanden als würdevoll und erhaben, so sagt das nichts über seine Reichtümer oder seinen Einfluss aus. Es zeugt vielmehr von der Tiefgründigkeit des Betreffenden; wir haben es mit einem Menschen zu tun, der eins mit seiner Geschichte ist. In diesem biblischen Text aber wird die Seelenmuster-Stimme von Jakob von der Mutter-Stimme übertönt. Jakob setzt seine Tiefe aufs Spiel und erschleicht sich den Segen seines Bruders. So wird er selbst zum Hohn, auch wenn er es zu diesem Zeitpunkt noch nicht sehen kann. Er betet falsche Götter an.

*

Götzenverehrung – die so genannte »befremdliche Anbetung« – definiert Meister Mendel von Nemirov als »ein Leben durch den Fremden in uns«.

*

Wenn einer sein Selbst verliert, wird dies in der biblischen Überlieferung immer auf die gleiche Weise beschrieben – als Exil, als Vertreibung aus dem eigenen Land. Seiner Authentizität beraubt, muss auch Jakob das Land verlassen. Er findet Zuflucht bei seinem Onkel, dessen Name – Laban, der Aramäer – voller Bedeutung steckt. *Laban* heißt »weiß«, und *Aramäer* leitet sich von der hebräischen Wurzel für »Betrug« ab. Laban war ein Beschöniger, ein Betrüger; er erzählt die Geschichte nicht so, wie sie ist. Wann immer wir davonlaufen, geraten wir an Orte und in Situationen, die die Krise unseres Seelenmusters widerspiegeln. Jakob ist zum Betrüger geworden – jemand, der die eigene Geschichte verdreht und beschönigt; der sie rein wäscht.

Gleichzeitig hat er sich zum Sklaven gemacht. Es gibt eine Vielzahl von textlichen und thematischen Parallelen zwischen Jakobs Aufenthalt im Haus von Laban und dem, was seine Nachfahren in Ägypten erlebten. Das Erzählritual, das im vorigen Kapitel vorgestellt wurde, zelebriert den Weg aus der Knechtschaft in die Freiheit. Nach Auffassung der Kabbalisten bildet das Gleichnis von Jakob dabei den Auftakt, weil es uns am deutlichsten vor Augen führt, dass Sklaverei eben nicht nur mit der politischen Unterwerfung eines Volkes zu tun hat. Letztlich handelt es sich um eine Frage des Bewusstseins: Als Jakob seine Geschichte verliert und zum Sklaven wird, verliert er damit gleichzeitig sein Bewusstsein.

Um sich zu befreien, muss er den roten Faden seines Lebensskripts wiederfinden.

Jenseits von Eden

Dem aufmerksamen Leser fällt hier ein Textmuster auf, das die große spirituelle Bedrohung verrät, unter der sich Jakob in Labans Haus befindet. Ob nun in der Bibel oder in unserer eigenen heiligen Autobiographie – Textmuster liefern stets Hinweise auf wichtige Seelenmuster-Zusammenhänge.

Als Jakob das Haus seines Vaters verlässt, reist er »*kedma*«, also nach Osten, zum Haus von Laban. Er ist nicht der Erste, der im Buch Genesis gen Osten reist. Bis dahin hat es schon sechs andere biblische Figuren in diese Richtung gezogen – eine Richtung, die den spirituellen Fall symbolisiert. Adam und Eva mussten Eden in östlicher Richtung verlassen. Kain wurde nach Osten geschickt, nachdem er seinen Bruder erschlagen hatte. Die Turmbauer von Babel stammen aus dem Osten. Lot begab sich nach seiner Trennung von Abraham nach Osten. Die Söhne von Abrahams Konkubinen, die nicht gemeinsam mit Isaak erben sollten, wurden in ein weiter östlich gelegenes Land gesandt. Und schließlich heißt einer der Söhne Ismaels Kedma, was so viel wie »östlich« bedeutet. Das Muster ist eindeutig.

Wenn Jakob also nach Osten zu seinem Onkel reist, zeigt das dem Leser zweierlei Dinge. Zum einen ist er gefallen, als er seinen Vater hinterging, um sich den Segen seines Bruders zu erschleichen. Zum anderen läuft er Gefahr, ganz aus der Geschichte herauszufallen. Denn im Osten zu sein heißt, jenseits von Eden zu sein und damit dem natürlichen Umfeld der eigenen heiligen Autobiographie entrissen. Wenn er das Kedma-Muster durchbrechen und in das Land seiner Väter – in der Genesis Symbol für seine spirituelle Geschichte – zurückkehren kann, avanciert er zum Helden und Stammvater eines Volkes. Scheitert er aber, wird er für immer aus der Geschichte verbannt. Die Kernfrage lautet also: Wird es Jakob gelingen, Protagonist seines eigenen Lebens zu werden?

Zwanzig Jahre lang arbeitet er für seinen hinterlistigen Onkel als Hirte und geht jeder weiterführenden Verantwortung aus dem Weg. Seinen Träumen von mit Engeln besetzten Leitern, die in den Himmel reichen, schenkt er keine Beachtung. Im Text wird das Verhältnis zwischen Jakob und Laban verschiedentlich als *eved* – dem hebräischen Wortstamm für »Sklave« – bezeichnet. Wir haben es hier mit einer subtilen Form der Unterjochung zu tun, die dennoch Sklaverei ist. Und zwar eine so niederträchtige und folgenschwere, dass die ganze biblische Geschichte an dieser Stelle ein jähes Ende hätte nehmen können.

Nachdem Jakob eine von Labans Töchtern zur Frau nimmt und mit ihr Kinder zeugt, bietet sich ihm die Chance, in sein Land und das Haus seines Vaters zurückzukehren. Erstmals seit langer Zeit regt sich sein erstarrtes Seelenmuster. Sein Onkel aber offeriert ihm eine Stellung, mit der er zum reichen Mann werden könnte. Labans Welt funktioniert nach rein wirtschaftlichen Prinzipien, die im Widerspruch zu allem stehen, was die biblische Geschichte ausmacht. Im Prinzip sagt er zu Jakob: »Was forderst du von mir, um deinen Traum von Kanaan aufzugeben? Ich zahle dir jeden Preis, denn ich brauche dich, damit du mir meine Geschäfte führst.« Labans Familienbegriff reicht nicht über geschäftliche Interessen und Beziehungen hinaus, und er betrachtet seine Töchter als Faustpfand in seinem Handel mit Jakob. Dieser ist zwar sein Schwiegersohn, doch in seinem Haus hat er nur dann einen Platz, wenn ihm das Profit einbringt. Von seiner eigenen Wahrheit abgeschnitten, von ihm widerstrebenden Wertmaßstäben unterdrückt und seiner Authentizität beraubt, ist Jakob in der falschen Geschichte gefangen.

Nach dem Fall

Nachdem er so tief gefallen und so weit von zu Hause fortgelaufen ist, wie kann Jakob da wieder zu seiner Geschichte zurückfinden?

Zu unserem Seelenmuster heimzukehren, ist nicht immer ganz einfach. Stets sind wir tief berührt, wenn wir von Menschen hören, die sich in einer fremden Geschichte verstrickt haben und nicht wissen, ob sie je wieder zu dem Ort in ihrem Inneren zurückfinden werden, von dem sie aufgebrochen sind.

In meiner Jugend war Harry Chapin mein Lieblingssänger. Seine Show am Hudson River Pier in New York war das einzige Konzert, das ich während meiner gesamten Zeit am Seminar besuchte. Ich weinte bittere Tränen, als ich erfuhr, dass er bei einem Unfall auf dem Long Island Expressway ums Leben gekommen war. An seinen Liedern gefiel mir besonders, dass sie in Balladenform geschrieben waren. Die begrenzten textlichen Möglichkeiten von Popsongs wurden seiner Lust am Geschichtenerzählen einfach nicht gerecht. Am meisten faszinierte mich sein Stück »Taxi«, eine Ballade über Lebensgeschichten mit wehmütigem Ausgang.

Vielleicht kennen Sie den Song? In einer regnerischen Nacht sitzt Taxifahrer Harry zu fortgeschrittener Stunde in seinem Wagen, als eine Frau einsteigt, deren Abendkleid völlig durchnässt ist. Er erkennt sie – sie ist seine alte Jugendliebe aus jener Zeit, als sie noch Schauspielerin und er Pilot werden wollte. Doch ihre Bühne ist die Schattenwelt, und er sitzt statt im Cockpit eines Flugzeugs im Taxi und raucht einen Joint nach dem anderen.

Als sie schließlich aussteigt, drückt sie ihm eine Zwanzig-Dollar-Note in die Hand und sagt: »Der Rest ist für dich, Harry.« Und in diesem Augenblick wird dem Hörer schmerzlich bewusst, dass diese beiden Verlorenen wohl nie zu ihrer wahren Geschichte – den authentischen Ambitionen ihres Seelenmusters – zurückfinden werden. Der Refrain rührt an unser Mitgefühl: »And her she's acting happy, inside her handsome home, and me I'm flying in my taxi, taking tips and getting stoned.« (»Und sie mimt die Glückliche in ihrem schicken Haus, und ich fliege in meinem Taxi, nehme Trinkgeld und kiffe mich zu.«)

Einen anderen Traum träumen: Die Verlockung fremder Geschichten

Stellen wir uns einmal vor, wie Jakobs Leben im Haus von Laban aussieht. Obwohl er nur einen kurzen Aufenthalt geplant hat, bleibt er am Ende über zwanzig Jahre dort. Fremde Geschichten haben eine merkwürdige Art, sich in unserem Leben breit zu machen. Die alltägliche Routine und die Anforderungen, die von außen an uns herangetragen werden, schleifen sich mit der Zeit so ein, dass wir sie für Ausdrucksformen unseres Seelenmusters halten. Vielleicht ist mein Leben eben so, beruhigen wir uns.

Auch Jakob ging Labans Version seiner eigenen Geschichte auf den Leim. Der Text beschreibt, wie Jakob auf komplizierte Weise die Paarungsgewohnheiten seiner Tiere manipuliert, um sich die Mehrung seines Viehbestands und damit seinen Wohlstand zu sichern. Mit Freuden widmet er sich seinem einträglichen Broterwerb. Es scheint gerade so, als hätte er nichts anderes mehr im Sinn. Trotz der vagen Gewissheit, dass er weggehen müsste, scheint er den Schritt nicht tun zu können.

Wir alle werden von Sirenen gelockt, die uns die Vision eines anderen Menschen vor Augen halten, den wir verkörpern könnten. Doch erst wenn wir die Tyrannei des »anderen Traums« loslassen, können wir zu uns selbst vordringen. Dies gilt für unsere Karrierewünsche, Berufungen und Beziehungen gleichermaßen. Immer wieder kommt es vor, dass sich ein Student an mich wendet, um sich mit einer Frau zu verloben, obwohl ihm eine andere einfach nicht aus dem Kopf gehen will. Ich halte diesen jungen Männern eine schlichte Wahrheit entgegen, die ich bereits an anderer Stelle erwähnt habe, die ich aber noch einmal wiederholen möchte: *Im Leben eines jeden Mannes gibt es zwei Frauen: die, die er heiratet, und die, die er nicht heiratet.* Das scheint ihnen weiterzuhelfen. Die Schwierigkeit liegt nur darin, die eine von der anderen zu unterscheiden. Welcher Traum ist unser eigener und welcher gehört Laban, unserem Alter Ego, dem Ich der falschen Geschichte? Der Traum vom anderen Selbst ist die ausgeklügeltste Form der falschen Gewissheit. Die alternative Vision ist deshalb so überzeugend, weil sie uns so vertraut ist, uns wie ein Teil von uns vorkommt, so sehr zu uns und unserer Geschichte zu gehören scheint – und doch trifft dies nicht zu!

Eine meiner Bekannten, Keri, hat mir erzählt, wie sie einen kurzen, befremdlichen Augenblick lang in jenes andere Leben blickte, das sie hätte führen können. Sie hatte sich soeben verlobt und war gerade beim Brautausstatter, um sich das Kleid für ihren großen Tag auszusuchen. Just in diesem Augenblick begegnete ihr ihr ehemaliger Freund, der Mann, den sie beinahe geheiratet hätte. Sichtlich verlegen stellte er ihr seine Verlobte vor. Sie tauschten Glückwünsche aus, und die beiden Bräute in spe bestanden darauf, sich gegenseitig zur Hochzeit einzuladen. Als Keri die Einladung in Händen hielt, war sie mehr als überrascht. Nicht nur, dass ihr ehemaliger Freund exakt einen Monat vor ihr getraut werden sollte; die Zeremonie fand auch noch auf demselben Standesamt statt. Als sie schließlich zur Hochzeit kam, glaubte sie ihren Augen nicht zu trauen: Die Braut trug genau das gleiche Kleid, das sich Keri selbst ausgesucht hatte. Sie hatte das unheimliche Gefühl, mit anzusehen, wie sie diesen Mann heiratete und zu erleben, wie es gewesen wäre, wenn sie sich damals für ihn entschieden hätte. Einen Moment lang war sie verunsichert, bis ihr Verlobter – der wie üblich zu spät kam – mitten in der Zeremonie den Saal betrat. Ihr Herz pochte vor Freude, als sie ihn sah, und sie wusste, dass sie sich richtig entschieden hatte.

Wir alle haben eine solche sonderbare Alternativ-Welt, die uns zwar vertraut, behaglich und bisweilen gar verlockend erscheint, die uns aber nicht wirklich entspricht. Diese andere Geschichte ruft und lockt uns und scheint irgendwie mit uns zu tun zu haben. Letztlich aber müssen wir sie aufgeben, um zu unserer eigenen Geschichte zurückfinden zu können. Wie aber können wir die beiden voneinander unterscheiden?

Das innere Gesicht

Was hat Jakob schließlich bewogen, Laban doch zu verlassen? Woher nahm er die Kraft, in mittleren Jahren aufzubrechen und seine Geschichte zurückzuerobern?

Der Wendepunkt trat durch einen subtilen, aber umso bedeutsameren Perspektivewechsel ein. Im Text heißt es: »Jakob sah Labans Gesicht: Laban war ihm nicht mehr so zugetan wie früher.«

Um die Kraft dieses scheinbar simplen Satzes zu verstehen, müssen wir uns noch einmal mit der Symbolik des Gesichts befassen, auf die wir bereits in Kapitel drei eingegangen sind.

Durch das menschliche Antlitz wird das Unsichtbare in uns sichtbar. Das Gesicht ist Mittler zwischen dem Mysterium des Seelenmusters und der Sprache des Körpers. Achten wir auf Tiefe und nicht nur auf Schönheit, erkennen wir, dass mit den Jahren zwar unser Körper an Glanz verliert, unser Gesicht aber zu strahlen beginnt. Es gibt kaum etwas Schöneres und Betrachtenswerteres als das Antlitz eines alten Menschen. Ebenso wie unser Name ist auch unser Gesicht ein Symbol des Seelenmusters. Mose, die Verkörperung des Seelenmusters schlechthin, hatte ein leuchtendes Gesicht. Und Jakob, der Held unserer Seelenmuster-Geschichte, erreichte das Abbild seines Gesichts im göttlichen Thron.

Gesichtslos zu sein heißt, den primären Ausdruck unserer Einzigartigkeit zu verlieren, denn schon die biblischen Schriftgelehrten sagten: »So verschieden wie ihr Antlitz ist auch ihr Wesen.« Das hebräische Wort für Gesicht, *Panim*, heißt gleichzeitig »innen« oder »im Inneren«. In der Genesis wird *Panim* denn auch als Symbol für das innere Wesen – die Essenz – verwendet. Wie oft sagen wir: »Lass uns später darüber reden. Das sollten wir nicht am Telefon besprechen, sondern lieber von Angesicht zu Angesicht.« Wir bringen damit unseren Wunsch nach einer Form der Kommunikation zum Ausdruck, die sich per Telefon, Fax oder E-Mail nicht erreichen lässt. Von Angesicht zu Angesicht – das beschreibt nicht nur eine Situation, sondern zeugt von dem Bedürfnis, den anderen auf einer inneren Ebene zu erreichen.

Zu Zeiten von Jesus und den Weisen, als der alte Tempel noch in Jerusalem stand, näherte sich der Hohepriester der göttlichen Gegenwart im Allerheiligsten: im Innersten des Tempels, im Sanktuarium. Hier, an jenem Ort, den die Meister *lifnei velifnim* – »das Innere des Inneren« – nannten, traten die Priester in direkte Verbindung mit Gott. Die Erfahrung, die sie dabei machten, beschrieben die babylonischen Weisen als *cmi bifnim* – »wie im Inneren«. Heilig zu sein heißt, im Inneren zu sein.

Sinn der Seelenmuster-Reise ist, das Allerheiligste in uns zu finden – das *lifnei velifnim*, das Innere des Inneren. Heiligkeit bedeutet letztlich, ein Leben aus dem eigenen Inneren heraus zu führen. Das Wort *lifnei* – »innen« – ist ein Tochterbegriff von *Panim* und leitet sich unmittelbar von derselben Wurzel, *pnim* – »drinnen sein« – ab.

Ziel unseres Wegs ist, *lefnei hashem*, das heißt vor dem Namen Gottes zu erscheinen und dem von Angesicht zu Angesicht gegenüberzutreten, was man als ultimatives Seelenmuster bezeichnen könnte. Sind wir aber in Gottes *lifnei*, so stehen wir nicht nur vor Ihm, sondern sind in Ihm. Wir sind in Seinem Antlitz. Doch wie können wir in Gottes Inneres gelangen? Indem wir in unser eigenes Inneres vorstoßen. Sind wir in uns selbst, so sind wir in Gott.

Labans Gesicht

»Jakob sah Labans Gesicht: Laban war ihm nicht mehr so zugetan wie früher.« Oberflächlich betrachtet, verweist dieser Text auf Jakobs Gefühl, dass Laban ihm seinen neu errungenen Reichtum nicht gönnte. Menschen, die plötzlich zu Geld gekommen sind, haben häufig den Eindruck, von ihren Mitmenschen anders wahrgenommen zu werden. Nur allzu oft fühlen sie sich im Blickfeld ungünstiger Neider. Das Bild des Gesichts aber eröffnet uns eine ganz andere, tiefere Ebene. Als Jakob ins Haus von Laban kommt, ist er ein junger Mann mit einem Traum. Er hat nicht nur eine Leiter als Verbindung zwischen Himmel und Erde gesehen, sondern auch gewisse materielle Ziele im Sinn – Ehe, wirtschaftliche Stabilität und nicht zuletzt Sicherheit vor dem Zorn seines Bruders Esau. Bei der ersten sich bietenden Gelegenheit will er nach Kanaan zurückkehren und sich den Traum seines persönlichen Schicksals erfüllen.

Als Jakob Labans Gesicht zum ersten Mal sieht, erschrickt er. Das *Panim* seines Onkels wirkt zunächst abstoßend auf ihn. Der Mann repräsentiert Korruption, Selbstgefälligkeit und Manipulation. Dann heiratet Jakob und zeugt Kinder, und zwei Jahrzehnte ziehen ins Land. Seine Träume warteten an der Pforte gen Westen.

Als Laban ihm ein Angebot macht, das er nicht ablehnen kann, gibt er nach anfänglichem Zögern nach. Er lässt sich verführen. Nachdem er sich von Labans geschäftlichen Plänen vereinnahmen lässt, merkt er, wie seine Träume zu verblassen beginnen. Langsam, schrittweise, auf kaum spürbare, aber tödliche Weise gewöhnt sich Jakob an sein neues Leben. Dass er sich selbst verliert, übersieht er fast. Er träumt nicht mehr von »Engeln, die in den Himmel steigen«, sondern – die textliche Parallelität ist bestechend – von »Böcken, die Schafe besteigen«! Weltliche Errungenschaften sind nicht nur der Inhalt seines Alltags, sondern auch der seiner Träume.

Schon eine ganze Weile hat Jakob ein inneres Unbehagen verspürt, als er eines Tages aufwacht und in Labans Gesicht blickt. Und siehe da, auf einmal erscheint es ihm völlig in Ordnung. Ja, er denkt sogar: Laban sieht mir erstaunlich ähnlich. Diese Erkenntnis trifft ihn wie ein Donnerschlag. Er erinnert sich daran, was er empfand, als er seinem Onkel zwanzig Jahre zuvor zum ersten Mal begegnete; er weiß noch, wie abstoßend er damals auf ihn wirkte und dass er das Gegenteil von dem zu verkörpern schien, was ihm, Jakob, heilig war. Jetzt aber kam er ihm völlig normal vor. »Was ist mit mir geschehen?«, fragt sich Jakob, mittlerweile selbst ein Mann in den mittleren Jahren. Die Antwort ist schmerzlich klar. Er hat seine Träume vergessen, sein Gesicht verloren.

*

Während wir groß und schließlich erwachsen werden,
uns etablieren oder vielleicht sogar nach Weisheit streben,
bleiben unsere Träume nur allzu oft auf der Strecke.

*

Die beste Möglichkeit, eine falsche von der richtigen Geschichte oder einen irreführenden vom authentischen Ruf zu unterscheiden, besteht darin zu schauen, was aus unseren Jugendträumen geworden ist. Welchen Platz nehmen sie in unserem gegenwärtigen Leben im Hinblick auf unsere Geschichte oder Berufung ein? Während wir groß und schließlich erwachsen werden, uns etablieren oder vielleicht sogar nach Weisheit streben, bleiben unsere Träume nur allzu oft auf der Strecke. Selbst wenn wir die Erfüllung unserer Visionen der Realität opfern müssen, brauchen wir das »Traum-Gefühl« nicht aufzugeben – jene Klarheit und enthusiastische Kraft, die wir spürten, als unsere Geschich-

Seelenmuster-Praxis

Nennen Sie drei Jugendträume.

Sind sie in Erfüllung gegangen?

Wenn nicht, dann holen Sie sie zurück!

Meditieren Sie über folgende Fragen:

Welche Vision hatten Sie von sich selbst und Ihrem Leben als Erwachsene/r?

Während Ihrer Kindheit _____

Zusatzfragen: Was waren ihre Lieblingsspielsachen, Spiele usw.? Wie lautete ihre spontane Antwort auf die Standardfrage: »Was willst du werden, wenn du einmal groß bist?«

Als Jugendliche/r _____

Zusatzfragen: Was waren Ihre Lieblingssendung im Fernsehen, Ihr liebstes Schulfach, Ihre liebste Freizeitaktivität? Ist Ihnen irgendetwas besonders leicht gefallen?

Als Student/in _____

Zusatzfragen: Haben Sie sich für irgendeine Sache besonders interessiert? Gab es einen Lehrer, der Ihre Leidenschaft zu wecken verstand? Hätten Sie gern ein Fach studiert, von dem man Ihnen aus praktischen Erwägungen abriet?

Entspricht das, was Sie heute sind, in etwa Ihrer Vision von damals? Wenn nicht, warum?

Sind Sie reif geworden ... oder eher gesetzt?

Ist Letzteres der Fall, dann holen Sie sich Ihre Träume zurück! Verzichten Sie aber auf eine radikale Umstellung Ihres Lebens.

Wie können Sie Ihre Visionen wiedererwecken? Sollten Sie das Gefühl haben, dass die Spinnweben Ihres Lebens Ihnen die Sicht auf Ihre Träume versperren, versuchen Sie es mit folgender Frage: Welche Träume haben Sie für Ihre Kinder?

Wenn wir unsere Träume aufgeben, dann übertragen wir sie oft auf unsere Kinder. Das ist gefährlich, denn unter dem Einfluss unserer unerfüllten Wünsche und Hoffnungen formen wir unsere Kinder nach unserem Seelenmuster – und das entspricht nicht dem ihren. Spiegelt sich in ihrem Gesicht aber unser Seelenmuster-Licht wider, sodass wir unsere Träume wiederentdecken und zurückerobern können, werden unsere Kinder zu unseren Lehrern.

te noch voller Verheißungen und Ambitionen war; damals wussten wir noch, was wir wollten und hatten ein gutes Gespür für das, was gut für uns ist. Das Traum-Gefühl ist der beste spirituelle und ethische Indikator. Ein falscher Traum mag zwar im Äußeren stimmen, aber im Inneren reibt er sich immer an einem tief empfundenen intuitiven Wissen oder Glauben.

Wenn wir nicht zwanzig Jahre oder gar ein ganzes Leben lang im Exil ausharren möchten, müssen wir das Verheißungsbewusstsein wiedergewinnen. Wir müssen uns die Fähigkeit zurückerobern, das Leben mit der ganzen Leidenschaft und Klarheit der Jugend zu erfahren, um uns die Verbindung zu dieser intuitiven Wahrheitsquelle zu bewahren. Dass das Gesicht mit der Zeit altert, können wir nicht verhindern, aber deshalb brauchen wir noch lange nicht unsere Kinderaugen zu verlieren.

Zur Besinnung kommen

Der Lyriker Langston Hughes fragte einmal: »Was geschieht mit einem aufgeschobenen Traum?« Das ist eine Frage, die sich viele von uns stellen müssen – so auch Jakob. Es ist der entscheidendste Wendepunkt auf seinem spirituellen Weg. Wird es ihm gelingen, sich wieder mit seinem authentischen Selbst zu verbinden? Kann er sich seine Geschichte zurückerobern? Können wir es?

Die Antwort lautet: Ja, wir können es, jedoch nur, wenn wir bereit sind, etwas dafür aufzugeben. Wir müssen uns von einem Teil der bequemen Gewissheiten trennen, die uns die Sicht verstellen. Nur wenn wir uns zumindest zeitweise darauf einlassen, auf dem Pfad der Ungewissheit zu wandeln, können wir zu uns selbst zurückfinden.

Laban ist der Gleiche geblieben. Was sich verändert hat, ist die Art, wie Jakob das Gesicht – das wahre Selbst – seines Schwiegervaters wahrnimmt. Er sieht ihn mit anderen Augen. Für einen spirituellen Durchbruch aber reichen die Augen allein nicht aus. Das Sehen vermittelt uns nur ein Bild von der äußeren Welt. Wir müssen also auch andere Sinne einschalten. Und in der Tat hört Jakob im nächsten Vers die Stimme des Herrn! Zum ersten Mal seit zwanzig Jahren mahnt ihn eine Stimme, ins Land seiner Väter zurückzukehren. Gott ist mit ihm und ermutigt ihn, wieder er selbst zu sein. Sein Seelenmuster zieht ihn gen Westen zu seiner wahren Geschichte zurück.

Endlich kann Jakob erkennen, dass er sich in Labans Welt selbst zum Sklaven gemacht hat. Er kehrt der oberflächlichen materiellen Sicherheit und dem negativen Familienbegriff seines Onkels den Rücken und beschließt, den Faden seiner Bestimmung wieder aufzugreifen. Auf diese Weise kann er sich aus seiner alten Wahrnehmung befreien. Seine Ohren werden empfänglich für die wahre innere Stimme: die Stimme des Herrn. Und in diesem Augenblick beginnt die Verwandlung von Jakob zu Israel. Der Name leitet sich ab von *shur-el* (»Gott sehen«) und bedeutet »einer, der das Göttliche sieht«; auch einer, der das Göttliche in sich selbst sieht. Jakob, der verloren und blind war, macht sich auf den Weg, Israel zu werden – einer, der sieht.

Vielleicht ist dies der Untertext zu dem berühmten Bibelspruch: »Höre, Israel! Der Herr ist unser Gott, der Herr ist einzig.« Den Meistern der biblischen Überlieferung zufolge bezieht sich »Israel« hier nicht, wie gemeinhin angenommen, auf ein bestimmtes Volk. Es ist vielmehr der Ruf an Jakob hin zu seinem höheren Namen, seinem Seelen-Selbst – Israel. Jakob ist zur Besinnung gekommen. Zum ersten Mal kann er hören. Höre, Israel! Jakob, der verirrte Betrüger, wird zu Israel, dem Seher, berufen. Und Israel der Seher ist auch dazu berufen, Israel der Hörer zu sein.

Endlich macht sich Jakob auf den Weg nach Hause, zu seinem Heimatort, seinem höchsten Namen, seiner Geschichte, seinem verwirklichten Seelenmuster. Bei der Rückkehr ins Land seiner Väter wird er von Engeln begrüßt; den Meistern der biblischen Überlieferung zufolge eben von jenen Engeln, die er beim Verlassen des Landes in seinem Traum gesehen hat. Dass er – als Mann in mittleren Jahren – seine Träume wiedererweckt, macht ihn zum Helden.

Irrwege und tropfende Eimer

Wir haben häufig das Gefühl, den eingeschlagenen Kurs nicht verlassen zu können, weil wir schon zu viel in den falschen Weg investiert haben. Würden wir jetzt einen Richtungswechsel vornehmen, so müssten wir uns eingestehen, fünf, zehn oder gar fünfundzwanzig Jahre unseres Lebens vergeudet zu haben – eine Vorstellung, die sich kaum aushalten lässt. Wie sollen wir mit solchen Irrwegen umgehen? Was ist zu tun, wenn wir unsere Geschichte jahrelang imitiert haben, anstatt sie zu leben? Auch Jakob musste sich diese Frage stellen, hatte er doch einen Großteil seines Daseins im Haus von Laban verbracht und in eine fremde Geschichte investiert.

Wir müssen begreifen, dass diese Jahre nicht verloren sind. *All unsere Umwege gehören mit zu unserer Geschichte.* Wenn wir nicht genau diesen Weg gegangen wären, hätten wir unser Seelenmuster nicht erkennen können. Haben wir uns diese Einstellung zu Eigen gemacht, können wir Rückschau halten auf all die Irrungen und Wirrungen unseres Lebens. Dann stellt sich wohlwollendes Verständnis dafür ein, wo wir überallhin geraten sind und wie dies geschehen konnte. *An keinem Ort, den wir passiert haben, sind wir umsonst gewesen,* selbst wenn wir manchmal Jahre brauchen, um den Grund zu begreifen.

Wenn der Wasserträger von Stanislav Morgen für Morgen seine beiden bis zum Rand gefüllten Eimer zu seinen Kunden trug, führte ihn sein Weg von der am Stadtrand gelegenen Quelle bis ins Schtetl stets durch dieselben Straßen. Die Arbeit, die er da tagein, tagaus verrichtete, bereitete ihm eine stille Freude.

Eines Tages war er besonders gut gelaunt, und so stimmte er

ein Lied an. Während er so sang, hörte er auf einmal einen seiner Eimer weinen. »Wie kannst du nur so fröhlich singen?«, fragte er ihn. »Bist du denn blind? Siehst du denn nicht, was für einen kaputten Eimer du da herumträgst? Hast du nicht bemerkt, dass ich schon seit Jahren tropfe? Schau dir doch einmal den anderen Eimer an. Der ist nicht kaputt. Ich kann gar nicht begreifen, warum du nicht schon längst Kleinholz aus mir gemacht hast. Wozu taugt schon ein Eimer, der undicht geworden ist?!«

Der Wasserträger entgegnete mit sanfter Stimme: »Nein, lieber Eimer, du bist der Blinde unter uns. Wozu ein tropfender Eimer taugt, willst du wissen? Nun, ich will es dir zeigen.«

Mit einer weit ausladenden Geste wies der Mann den Pfad entlang, den er seit Jahren genommen hatte: »Schau dir doch einmal deine Seite des Wegesrands an – all die gelben Margariten, die wilden roten Erdbeeren, das satte Grün. Und dann sieh dir zum Vergleich die andere Seite an, dort, wo ich den heilen Eimer getragen habe – dort ist nichts außer Sand und Erde. So viel Schönheit, nur weil du leckst! Jahrelang habe ich diesen Weg gegossen, sodass er zum schönsten in ganz Stanislav wurde. Nur weil du undicht bist, kann ich so fröhlich singen!«

Meine Fehler haben mich an Orte geführt, an die ich sonst nie gekommen wäre. Ich verdanke ihnen Ideen, die ich andernfalls nie gehabt hätte. Ich bedaure meine Irrtümer, und doch bin ich ihnen zutiefst dankbar, denn ich weiß, dass jedes Wegstück wichtig für mich war und durch meine Gegenwart lebendig wurde. Als ich zu meiner Reise aufbrach, meinte ich, zur Bewässerungsanlage des Königs berufen zu sein und wollte das herrliche Parkgelände rings um den Palast mit genau bemessenen Wassermengen versorgen. Heute komme ich mir manchmal wie der Eimer des Königs vor; oder der Eimer des Hofgärtners; oder der Eimer von dessen Lehrling – ich tue mein Bestes, um möglichst wenig Wasser zu verlieren. Und wenn doch der eine oder andere Tropfen daneben fällt, dann möge der Weg hinter mir mit Margariten gesäumt sein.

Denn sind wir nicht alle unvollkommene Gefäße für das Licht, aus denen unterwegs immer ein wenig Helligkeit entweicht?

Während meiner Arbeit an diesem Kapitel hatten meine Frau Cary und ich eine kleine und eigentlich recht alberne Auseinandersetzung über den vierten – ziemlich mitgenommenen – Bund Bananen, den sie vom Markt nach Hause gebracht hatte. Was sich daraus ergab, passt zum Thema des tropfenden Eimers, und so möchte ich Ihnen das Gedicht, das Cary dazu schrieb, nicht vorenthalten:

Ich mache Fehler
(Von Hand/aus dem Stand)
Hausgemachte Fehler
Aller Arten und Sorten
An jedem neuen Tag

Zugegebenermaßen
Magere Gaben
Doch einer muss es tun ...

Da wären die überreifen Bananen
Die ich (ohne nachzudenken)
Erst gestern erstand
Zwölf Stück, ein ramponierter Bund

Den ich nach dem Einkauf
Unter dem Protest meines Mannes
Aus der Tasche zog
Ganz braun und glitschig
– Eine Zumutung für die Sinne –

Mit einem Echo des Geruchs
Den ich als Kind so hasste
Wenn er mir aus meinem Brotbeutel entgegenströmte

»Warum, Liebling, für einen fauligen Haufen wie diesen
So viel Geld ausgeben
So viel Platz im Kühlschrank vergeuden
So viel Muskelkraft beim Schleppen der Tüten opfern?«

»O je, tut mir Leid.
Hab nicht nachgedacht
Achtlos – Fehler.«

Und dies der fünfte
Allein an diesem Morgen
All die kleinen Missetaten türmen sich
Zu Bänden auf

– Treiben mich zur Tür hinaus –

Zur Bushaltestelle
Wo ich aus meiner Trauer auftauche
Als ich eine Freundin treffe,
Die verzweifelt die Läden durchkämmt
Nach einem Mittel
Das einer Mutter Linderung verschaffen soll
Die in den Wehen liegt
Im Krankenhaus nebenan

Sabrina
Kurz vor der Geburt
Schreit
Schreit, schreit
Ja, schreit nach nichts Geringerem
Als überreifen Bananen

Triumphierend laufe ich nach Hause
Zu dem Geruch in der Küche
Stecke die Bananen in einen Beutel,
Dazu einen Zettel mit den Worten
»Aus unseren Fehlern können Wunder erwachsen«
Ja, ich mache Fehler
Aber – vielleicht –
Machen die Fehler am Ende mich.

Der gerade Weg

Immer wieder müssen wir Irrwege gehen, um andere Stimmen auszuprobieren, bevor wir unsere eigene finden. Womöglich müssen wir in der Kinoproduktion unseres Lebens erst eine ganze Reihe anderer Funktionen übernehmen – Kameramann im Film eines anderen, Stareinlagen, Nebenrollen –, bis wir zum Hauptdarsteller werden können.

Das hebräische Wort *Jakob* bedeutet »krumm«; in der biblischen Überlieferung wird dies im Sinne eines krummen Weges verstanden. Am Ende von Jakobs *Levado*-Geschichte, nachdem er am Vorabend seiner Rückkehr die ganze dunkle Nacht lang mit seiner Einsamkeit gekämpft hat, wird ihm der Name Israel zuteil. Und *Israel* heißt nicht nur »sehen«, sondern auch »gerade« wie in geradeaus oder besser noch *geradlinig – ein aufrechter, integrer Mensch.*

Das vielschichtige Gleichnis von Jakob ruft uns eine verblüffende Wahrheit entgegen: Es liegt in der Natur der Dinge, dass wir erst krumme Wege gehen müssen, um geradewegs zum Ziel zu gelangen. Mag sein, dass die Gerade die kürzeste Strecke zwischen zwei Punkten bildet. Aber dies gilt nur in der Geometrie. In der höheren Mathematik des Lebens schaffen wir komplexe Gleichungen mit unvorhersehbaren Ergebnissen.

Manchmal ist der krumme Weg der einzige, der uns direkt zum Ziel führt – einem Ort, der häufig weit entfernt ist vom Einflussbereich der Mutter und der Konkurrenz mit dem Bruder; und viel weiter noch von der verzweifelten Sehnsucht nach dem Segen des Vaters. Manchmal stellt uns unser Seelenmuster-Dämon ein Bein, sodass wir stürzen und zu weit weg von zu Hause wieder aufstehen, um seinen Ruf noch hören zu können.

Oft geraten wir in das Haus eines entfernten Verwandten, eines wenig vertrauten Onkels, um dort auf der Suche nach dem wahren Selbst unser kartografisches Niemandsland zu erforschen. Dieser Onkel muss kein unangenehmer Patron vom Schlage Labans sein. Womöglich tritt er gar als vorübergehender Befreier auf, der uns in seinem Haus keine Dauerwohnung, sondern Gastfreundschaft bietet und der uns den rechten Weg weist. Denken wir nur an den Schornsteinfeger an der Seite von »Mary Poppins«. Gemeinsam führen die beiden die Kinder des gestrengen Bankiers in Innenwelten voller Lachen und Tränen, die ihnen bis dahin verschlossen waren. C.S. Lewis beschreibt in seiner beliebten Kinderbuchserie das Zauberland Narnia, das hinter der Schranktür beginnt; in diesem Fall ist der sonderbare Onkel, der im Dachgeschoss wohnt, im Besitz der magischen Kugeln, die den Zutritt ermöglichen.

*

Manchmal ist der krumme Weg der einzige,
der uns direkt zum Ziel führt

*

Der Onkel ist einerseits ein Verwandter – bei unserer Suche wollen wir unsere Wurzeln nicht vollends kappen – und andererseits hat er seine eigenen Verstrickungen mit unseren Eltern. All dies macht ihn zur idealen Ersatzfigur, an der wir spielerisch allerhand Schachzüge und Masken ausprobieren können, an die wir uns in unserem Elternhaus nie heranwagen würden. In meiner Familie gelte ich als der »wilde Onkel«. Nur zu gerne würde ich Ihnen dazu ein paar Geschichten erzählen, wenn mich mein ungeschriebener »Arbeitsvertrag« nicht zur Geheimhaltung verpflichten würde.

Die Rückkehr

Doch kehren wir zur reich gedeckten Tafel zurück, an der sich die Teilnehmer des Rituals versammelt haben. In den gesamten beiden letzten Kapiteln kreisten unsere Betrachtungen um das Gleichnis vom Auszug aus Ägypten. Die Geschichte von Jakob, die im Mittelpunkt sowohl des Rituals als auch dieses Kapitels steht, bildet dabei die Rahmenhandlung für unsere Diskussion. In der »Bibeltherapie«, wie ich das hier einmal bezeichnen will, entspannen wir uns, indem wir von exzessiver Selbstanalyse ablassen und uns stattdessen auf den Weg des mythischen Helden konzentrieren. Dies lässt uns nicht nur freier, kreativer und mutiger, sondern natürlich auch ehrlicher werden, als wir es ansonsten sind. Die ganze Zeit aber wissen wir in unserem Inneren, dass *wir selbst Gegenstand* und potenzielle Helden der Geschichte sind. Unser Leben ist das heiligste aller Werke. Wir sind Moses und Jakob. Wir sind der Buddha. Das Erzählritual nach biblischem Vorbild ist nichts Geringeres als eine große Seelenmuster-Suche.

Und wenn zu fortgeschrittener Stunde der erste Lichtschimmer des nahenden Tages den Horizont erhellt, nimmt das Ritual der Rückkehr sein Ende. Die Erzähler verstummen, der Vorhang schließt sich, der Weg und das Ziel sind eins geworden. Das anfänglich weiße Tischtuch ist mit Wein befleckt, der im Eifer des Redens verschüttet wurde. Wir lassen die Geschichtenbücher sinken und sind dankbar um die Kissen in unserem Rücken. Der Kopf schwirrt uns von all den Geschichten, die wir gehört haben – die Seelen derer, die mit uns am Tisch sitzen, haben ihre Spuren hinterlassen. Wir haben uns mit Worten aus der Knechtschaft befreit.

15

Die eigene Geschichte
neu zum Leben erwecken

Karneval der Alter Egos

Die Dinge sind selten so, wie sie erscheinen
Magermilch kommt als Sahne verkleidet daher.
W.S. GILBERT, »H.M.S. PINAFORE«

Das im biblischen Hebräisch gebräuchliche Wort für »Jahr« ist
Shanah, das – welch wunderbare Fügung – zwei verschiedene
Bedeutungen hat: »Wiederholung« und »Wechsel« beziehungs-
weise »Transformation«. Und in der Tat bietet das Jahr beide
Möglichkeiten. So ist es beispielsweise aus dem Blickwinkel eines Kalenders, der lediglich der Zeiteinteilung dient, eine Aneinanderreihung von Tagen, die sich ständig wiederholen. Andererseits kann ein Kalender auch ein auf Wachstum und Transformation ausgerichtetes Instrument sein, wie dies bei der biblischen
Variante der Fall ist. Wir haben es hier mit einem ausgeklügelten
System von Wachstumsübungen zu tun, die samt und sonders
sorgfältig entwickelt, als Rituale verpackt und mit Bedacht an
ihre jeweilige Stelle im Jahresverlauf platziert wurden. Ziel des
Kalenders ist nichts Geringeres als jene Form der individuellen
Heilung und Transformation, die die Welt verändern kann.

Auf der persönlichen Ebene gibt es, wie wir gesehen haben, das
Erzählritual des Passah-Festes, das uns dabei helfen soll, unsere
eigene Geschichte zu erzählen, zu ihr zurückzufinden und sie
zu leben. Im biblischen Kalender gibt es jedoch noch eine zwei-

te wunderbare Chance zur Wandlung und Transformation; diesmal geht es darum, andere Stimmen und neue Möglichkeiten und Perspektiven auszuprobieren. Ritueller Ausdruck ist diesmal ein Karnevalsfest, das den aus dem Persischen stammenden Namen *Purim* trägt. Es findet immer exakt einen Monat vor dem Erzählritual statt, mit dem wir uns in den beiden vorigen Kapiteln befasst haben. Dieser Zeitpunkt wurde nicht zufällig gewählt. Das Purim-Fest stellt nämlich den Auftakt der alljährlichen Reise dar, auf der wir unsere Alter Egos und Handlungsalternativen erproben – und damit nicht nur zu unserer Geschichte zurückfinden, sondern ihr neues Leben einhauchen können.

Der biblische Zeitplan der Transformation sieht drei Termine vor: zuerst das Purim-Fest, dann das Erzählritual und schließlich das so genannte Zählritual – auf Hebräisch *Sefira* –, dem wir uns im kommenden Kapitel widmen werden.

Purim-Geschichten

Als der altpersische König Xerxes glaubt, endlich seine Macht hinlänglich gefestigt zu haben, gibt er ein wildes, sechs Monate währendes Fest, in dessen Verlauf er seine Gemahlin Vashti auffordert, nackt vor der versammelten Schar seiner Minister zu tanzen. Die aber ist eine Art früh-feministische Heldin und weigert sich, was sie mit Verbannung bezahlt, vielleicht sogar mit dem Tod. Auf der Suche nach einer neuen Frau ruft der König alsbald einen Schönheitswettbewerb aus. Seine Wahl fällt dabei auf die verführerische, charmante Ester, die sich als allein stehende Frau persischer Abstammung ausgibt. In Wirklichkeit aber ist sie die Nichte – manche sagen auch Ehefrau – von Mordechai, dem königlichen Berater. Auf dessen Geheiß hin hält sie ihre wahren Familienverhältnisse und hebräische Herkunft vor dem Herrscher geheim und wird zur Königin gekrönt.

Während dieser Zeit führt der Premierminister des Königs, Haman, einen obsessiven Machtkampf gegen Mordechai und trachtet danach, ihn auszuschalten. Sein Hass ist so groß, dass er nicht nur ihm, sondern seinem ganzen Volk nach dem Leben trachtet. Der König unterstützt diese Pläne stillschweigend.

Als Ester erfährt, was Haman mit ihrem Volk im Sinn hat, inszeniert sie im Palast geschickt mehrere Begebenheiten, die ihr die uneingeschränkte Gunst des Königs sichern. Nachdem ihr dies gelungen ist, gibt sie ihre hebräische Herkunft preis und bewirkt damit eine dramatische Wendung der Geschichte: Haman wird an eben dem Baum erhängt, den er für Mordechais Exekution ausersehen hat. Damit wird alles bisher Dagewesene auf den Kopf gestellt, und statt des geplanten Massakers findet ein großes Freudenfest statt.

Was die Menschen an diesem Tag so beseelt, ist das Gefühl, dass alles möglich ist. Im letzten Augenblick hat sich das Blatt des Schicksals gewendet. Die Zeichen der Zeit stehen auf radikaler Veränderung und Transformation. Auf Esters Betreiben wird ein Feiertag eingeführt – mit Ausgelassenheit, dem Trinken von Wein und allerhand Maskeraden soll an die Offenheit und unbegrenzten Möglichkeiten erinnert werden, die so charakteristisch für jenen ersten Purim gewesen sind.

Purim bezeichnet so etwas wie eine »Lotterie«; es steht für die scheinbar willkürlichen Wendungen des Schicksals, denen wir Menschen ausgeliefert sind. Gleichzeitig aber erinnert es uns daran, dass eben dieses Ausgeliefert- und damit Verletzlichsein – die große Chance zur Erneuerung birgt. Ester und Mordechai sind in höchstem Maße verletzlich. Sie, die einst Mächtigen, scheinen plötzlich ins Bodenlose zu stürzen – bis ihnen das Schicksal im letzten Augenblick zur Seite springt und das Blatt zum Guten wendet. In der biblischen Überlieferung werden Mordechai und Ester zu Helden, weil es ihnen gelingt, die mit der Erfahrung der eigenen Verletzlichkeit einhergehenden Energien zu kanalisieren und in ein machtvolles Mittel der Erneuerung zu verwandeln. Nach kabbalistischer Auffassung ist Purim darum eine explosive Zeit des Paradigmenwandels und der radikalen Veränderung.

Die Möglichkeit der Erneuerung

Im Leben eines jeden Menschen gibt es eine Purim-Dimension. Der Trick besteht darin, aufmerksam zu lauschen und unser vermeintliches Los in der Lotterie des Daseins so zu transformieren, dass es zum Schicksal unserer Seele wird. Gerade in Zeiten höchster Verwundbarkeit werden Hierarchien, falsche Identitäten, pompöses Gehabe und äußerliche Statussymbole hinweggefegt. Aus dem radikalen Ausgeliefertsein erwächst ein paradoxer Gnadenstreich, bei dem die verknöcherten Vorstellungen vom eigenen Ich aufgebrochen werden. Wenn wir nur die Bedrohung überstehen, so versprechen wir uns, dann werden wir uns auf grundlegende Weise ändern; dann werden wir unserem wahren Selbst gerecht werden. Wir schwören einen Eid auf unsere Authentizität. Doch wie wir nur zu gut wissen, kehren wir – kaum dass die Gefahr vorüber ist – in unsere alten, eingefahrenen Gleise zurück.

*

Wir schwören einen Eid
auf unsere Authentizität.

*

Ziel des Karnevalfestes ist, uns die transformativen Energien des allerersten Purims, bei dem alle Fixierungen aufgelöst wurden und alles möglich erschien, neu zu erschließen. Der biblisch überlieferte Feiertag soll Gelegenheit bieten, *die explosiven Energien einzufangen, die im Raume sind, wenn alte Identitäten zerfallen, wenn alles in Frage gestellt und im Wandel begriffen ist.*

Mit Wein und Maske

Die Meister der biblischen Überlieferung haben eine Regel für das Purim-Fest aufgestellt: Trinkt, bis ihr nicht mehr zwischen Haman (dem Übeltäter) und Mordechai (dem Helden) unterscheiden könnt. Bei dieser Vorgabe geht es nicht darum, uns am Morgen danach mit einem Kater aufwachen zu lassen, sondern darum, uns aus dem starren Schwarz-Weiß-Gefüge von Wertungen und Zuordnungen herauszulösen. Trinken wir also, bis die Grenze zwischen Helden und Bösewichtern verwischt, denn dieser Zustand jenseits der Beurteilungen ist von entscheidender Bedeutung für unser persönliches Wachstum und die Herausbildung einer neuen Identität. Wir tun dies natürlich wohl dosiert – in unserem Falle nur einmal im Jahr.

Der große russische Schriftsteller und Streiter wider den Stalinismus, Bachtin, erfasste das ureigene Wesen des Karnevals, als er schrieb:

»Der Karneval verlangte die Aufhebung aller bestehenden hierarchischen Strukturen. Es fehlte jeder Hinweis auf den gesellschaftlichen Status, wie er bei offiziellen Festen besonders deutlich zu Tage tritt ... wo von jedem erwartet wird, sich mit den kompletten Insignien seines Berufs, seines Rangs und seiner Errungenschaften zu schmücken und den seiner Position entsprechenden Platz einzunehmen. Das offizielle Fest ist also eine Ode an die Ungleichheit, die der Karneval unterminiert. Solange er währt, sind wir alle gleich. Auf dem Stadtplatz herrschte eine besondere Form des freien und vertrauten Umgangs unter Menschen, die üblicherweise von Barrieren der Kaste, des Besitzes, Berufs und Alters getrennt waren. Die extrem von Stand und Kaste geprägte mittelalterliche Gesellschaftsordnung hatte einen außerordentlich starken hierarchischen Hintergrund. Ein solcher freier, familiärer Umgang untereinander wurde darum umso tiefer empfunden und trug wesentlich zum Geist des Karnevals bei. Die Feiernden wurden gewissermaßen ›neu geboren‹ in eine rein menschliche Beziehung, die nicht nur in ihrer Vorstellung oder abstrakten Gedankenwelt existierte, sondern real erlebt wurde.«

Analog hierzu soll der Purim-Karneval einen sicheren Rahmen schaffen, in dem wir in eine neue Rolle schlüpfen und mit unserem Seelenmuster experimentieren können, ohne die volle Verantwortung dafür übernehmen zu müssen. Er soll uns aus der Tyrannei des gekünstelten Gehabes befreien und uns die Pforten zu unserer individuellen Genialität eröffnen. Dies ist eine Art Testlauf für ein Leben in ultimativer Freiheit. Im Karneval hauchen wir nicht nur unserer eigenen Geschichte neues Leben ein. Er ist auch ein Gemeinschaftserlebnis, in dem neuer Schwung in alte Kontexte gebracht, die Spinnweben der Routine hinweggefegt und schal gewordene Traditionen mit neuen, ungewohnten Interpretationen belebt werden.

*

»Der Wein löst die Zunge.«

*

Die zwei wichtigsten Elemente des Purim-Festes sind das Weintrinken und die Maskerade. Wir verkleiden uns, um aus der Sicherheit der Anonymität heraus neue Rollen auszuprobieren und auf diese Weise herauszufinden, wer wir wirklich sind. Wir trinken, damit das schwere Gewand von Gewohnheit und Sozialisierung von uns abfällt und sich die Verknöcherung unserer Persönlichkeit auflöst. Wie das Sprichwort sagt: »Der Wein löst die Zunge.« Unter dem Schutz der Maske und vom Alkohol enthemmt, können wir uns verborgenen, geheimen Persönlichkeitsanteilen stellen, denen wir sonst meist aus dem Wege gehen. So können wir das Echte in uns von dem Unechten unterscheiden, das uns mit falschen Schmeicheleien zu umgarnen versucht.

Wie fühlt es sich an, wenn wir eine solche Maske tragen? Ist sie zu eng, zu plakativ, zu zaghaft oder gerade recht? Um den betörenden Sirenengesang einer bestimmten Rolle zum Schweigen zu bringen, müssen wir oft erst in die entsprechende Verkleidung schlüpfen und am eigenen Leib erfahren, dass sie uns nicht passt. Wir sind nicht die Maske. Mag sein, dass wir am Ende gar zu dem alten Ich zurückkehren, das wir kennen und lieben – mit neuer Wertschätzung für das Gesicht hinter dem Visier. Es könnte aber auch sein, dass uns die Maske passt!

Dies ist der psychologische Hintergrund der Maskeraden am Purim-Fest. Die einzige Regel dabei lautet, dass die gewählte Kostümierung nichts mit unserem Alltag zu tun haben darf. Es geht darum, eine Persona zu wählen, die wir schon immer einmal ausprobieren wollten. Besonders beliebt ist es dabei, als Mann in Frauenkleider bzw. als Frau in Männerkleider zu schlüpfen, um den andersgeschlechtlichen Persönlichkeitsanteilen in uns nachzuspüren. Auch Verkleidungen rings um das Thema der Berufe werden gern gewählt: Da tritt ein Pilot als Maler auf, ein Elektriker kommt als Priester mit wehendem Gewand daher, während der Kirchenmann sich seinerseits als extravaganter Bohemien präsentiert.

Purim-Momente fürs ganze Jahr

Purim-Erfahrungen sind natürlich nicht auf einen Abend im Jahr beschränkt, an dem wir uns im halb betrunkenen Zustand in fremde Kleider stürzen. Auch im Alltag bieten sich immer wieder reichlich Gelegenheiten, die wir im Hinblick auf unser spirituelles Wachstum unbedingt nutzen sollten. Hin und wieder stößt das Leben ein Fenster auf und lädt uns zum Experimentieren mit einer neuen Rolle ein. Für einen kurzen Augenblick können wir eine Maske aufsetzen und gefahrlos ausprobieren, ob sie uns passt oder nicht. Dies sind Purim-Momente.

Hier eine Geschichte, die ich meinen Studenten alljährlich inmitten unseres ausgelassenen Purim-Gelages erzähle.

Der Meister Schmelke von Nikolsburg und sein Kutscher waren im Laufe der Jahre gute Freunde geworden. Eines Tages sagte der Kutscher zu dem Meister: »Ich habe Euch schon zu so vielen Reden hingefahren. Ihr sagt so wunderbare Dinge. Und es sind immer dieselben wunderbaren Dinge, die Ihr da von Euch gebt. Doch nicht nur das: Die Leute stellen Euch auch stets die gleichen Fragen, die ihr jedes Mal haargenau auf dieselbe Weise beantwortet. Ich kenne eure Rede in- und auswendig. Wenn wir das nächste Mal in eine fremde Stadt kommen, in der Euch keiner kennt, könnten wir doch einmal die Kleider tauschen. Dann wäre ich der Meister und Ihr der Kutscher. Ich würde zu gerne erfahren, wie die Welt aus der Warte des Meisters aussieht. Und wer weiß? Vielleicht sollte ich eigentlich gar kein Kutscher sein.«

Nun, der Meister hielt dies für eine gute Idee, und gleich in der nächsten Woche setzten sie ihren Plan um. Als Meister verkleidet hielt der Kutscher seine Rede – sie war einfach grandios. Als Kutscher verkleidet, sah der Meister nach den Pferden.

Nach der üblichen Fragerunde hob ein kleiner Junge die Hand und stellte eine so tiefgründige Frage, wie sie der Kutscher nie gehört hatte. Er wusste nicht, wie er sie beantworten sollte und dachte einen Moment lang nach. Dann blickte er auf und sagte: »Dem Ungeschulten mag deine Frage ausgesprochen schwierig erscheinen. In Wirklichkeit aber ist sie so einfach, dass sogar mein Kutscher sie beantworten könnte. Wir wollen ihn hereinrufen!«

In unserer Geschichte bleibt der Kutscher der Kutscher und der Meister der Meister. Sie erinnert uns auf humorvolle Weise daran, wie wichtig es ist, von Zeit zu Zeit in die Kleider eines anderen zu schlüpfen, ob es nun darum geht, neue Dimensionen des eigenen Seelenmusters zu erkunden oder einfach nur der immer gleichen Perspektive und Routine des Alltags zu entkommen.

Eine ausgezeichnete Chance für Purim-Momente ergibt sich

immer dann, wenn wir im Flugzeug neben einem fremden Menschen sitzen und mit ihm bei einem Glas Martini und einer Hand voll gerösteter Erdnüsse ins Gespräch kommen. In einer solchen Situation haben wir zwei Möglichkeiten – beide sind gut und können eine Menge Spaß bereiten.

In ersterem Fall erzählen wir unserem Sitznachbarn tatsächlich etwas über uns und unser Leben. Dabei sollten wir jedoch unbedingt darauf achten, wie wir das Ganze vorbringen. Was betonen wir, was lassen wir aus? An welcher Stelle übertreiben wir ein wenig, oder tischen wir ihm ab und zu gar eine glatte Lüge auf? Vielleicht sollten wir es einmal besonders genau mit der Wahrheit nehmen. Im Gesicht des Fremden, der uns seine ganze Aufmerksamkeit schenkt, erkennen wir vielleicht ein neues, aufschlussreiches Spiegelbild unseres Seelenmusters.

Und die andere Möglichkeit? Begeben wir uns ins Reich der Fantasie! Machen wir uns zu dem, was wir immer schon einmal sein wollten, was wir uns bisher aber nie getraut haben. Wie reagiert unser Gegenüber auf unser Inkognito? Wir können uns die wildesten Geschichten einfallen lassen. Würden wir im »realen Leben« zu einer solchen Maskerade greifen, wären wir wahrscheinlich ein Fall für die Psychiatrie. Aber an Bord eines Flugzeugs können wir schon einmal Höhenflüge unternehmen, vor denen wir unter anderen Umständen zurückschrecken würden.

Bei der Wahl unserer »Scheinidentität« sollten wir aber eine gewisse Vorsicht walten lassen. Ich selbst bin bei einem solchen Experiment schon einmal in ziemliche Turbulenzen geraten. Ich stand zu jener Zeit ganz im Bann der jüngsten Erkenntnisse der Physik und hatte mich schon länger damit befasst. In der Woche, in der ich nach Peoria/Illinois, flog, hatte ich mich gerade durch eines von Stephen Hawkins Büchern hindurchgearbeitet. Die Frau auf dem Sitz neben mir wirkte wie eine Mischung aus Rettungsschwimmerin und Karrierefrau. Ich war damals neunzehn – ein altkluger Student am Priesterseminar, von leidenschaftlicher Frömmigkeit und auf linkische, dafür aber umso enthusiastischere Weise romantisch veranlagt. Wo konnte ich mich sicherer fühlen als an Bord eines Flugzeugs? Als sie mich fragte, was ich von Beruf sei, antwortete ich mit der größtmöglichen Nonchalance: »Astrophysiker.«

»Ach wirklich?«, entgegnete sie völlig ungerührt. »Ich auch.«

Verborgene Funken

Der mystische Meister Luria hat uns viel darüber zu sagen, wie wir mit Hilfe des Purim-Karnevals einen neuen Zugang zu unserer Geschichte finden können. Erinnern wir uns daran, dass im kabbalistischen Schöpfungsmythos am Anfang Gefäße waren, die irgendwann unter der wachsenden Intensität des darin enthaltenen Lichts zerbarsten. Als dies geschah, verfingen sich einige Funken zwischen den Scherben. Sie landeten an den sonderbarsten, manchmal dunkelsten Stellen. Nach Lurias Auffassung steckt hinter dem Prozess des Zerberstens die versteckte Einladung, ja dringende Aufforderung, in Winkeln und Nischen unseres Charakters zu schauen, in die wir uns andernfalls nie vorgewagt hätten. In der Atmosphäre des Karnevals können wir nach verlorenen Funken greifen, die zu berühren uns unter normalen Umständen aus der Bahn werfen würde. Das mystische Ziel des Purim-Festes ist laut Luria, die in der Tiefe und Dunkelheit umherirrenden Funken unserer Persona – also das, was wir hier die Dimensionen unseres Seelenmusters nennen – einzufangen.

✳

Spielen wir ein Instrument, das für unsere
Symphonie von Bedeutung ist, nehmen die Saiten
unseres Seelenmusters die Resonanz auf.

✳

Die Saiten unserer Seele

Auf das Purim-Fest folgt eine dreißigtägige Pause bis zum Erzählritual; Zeit genug, um über das Geschehene nachzudenken und den Karneval ausklingen zu lassen. Denn wie ein Musikinstrument lebt auch unsere Seele vom Klang, von der Resonanz. Wird eine Saite angeschlagen, so bringen die von ihr ausgesandten Schwingungen eine auf den gleichen Ton gestimmte Saite eines anderen Instruments zum Klingen. Das Gleiche gilt für unsere Seele. Spielen wir ein Instrument, das für unsere Symphonie von Bedeutung ist, nehmen die Saiten unseres Seelenmusters die Resonanz auf.

Dreißig Tage lang lauschen wir. Vielleicht hat eine der Masken, die wir ausprobiert haben, etwas in uns zum Klingen gebracht. Nimmt unser Geist die Schwingung auf, wissen wir, dass wir einen weiteren Teil unseres Seelenmusters gefunden haben und der Symphonie unseres Lebens eine neue Note hinzufügen können – gerade rechtzeitig vor Beginn des Erzählrituals.

Das Risiko und der Preis der Angst

Für Jakob ist das Haus seines Onkels Laban mit all seinen Intrigen und Komplikationen im Prinzip ein unbeschriebenes Blatt, eine blanke Tafel, eine offene Bühne, auf der er neue Rollen und Kostüme ausprobieren kann. Ja, er hat sich dorthin verirrt. Aber wenn wir seine Geschichte noch einmal im Licht des Purim-Bewusstseins betrachten, erkennen wir, dass eben dieser Irrweg ein wichtiger Schritt hin zur Entdeckung seines Seelenmusters ist. Ohne das Risiko einzugehen, uns zu verlaufen, können wir nicht auf den rechten Weg zurückfinden.

Als Jakob gen Osten reist, lässt er die Beschränkungen seines Lebens hinter sich, um neue Rollen und neue Stimmen zu erproben, so wie er es schon damals tat, als er in Esaus Kleidung schlüpfte. Er muss selbst ausprobieren, ob sie ihm passen. Bevor er sich verwirklichen und den Namen Israel bekommen kann, muss er erst andere Identitäten erkunden. Dies ist seine Purim-Maskerade. Jakob, der als »untadeliger Mann« beschrieben wird, »der bei den Zelten bleibt«, zieht die Kleidung seines Bruders an, »der sich auf die Jagd versteht, ein Mann des freien Feldes«. Seine moralische Verfehlung besteht nicht im Akt der Verkleidung, sondern darin, den Vater zu hintergehen und den Segen zu stehlen, der seinem Bruder zusteht. Neue Rollen auszuprobieren heißt nicht, die uns nahe stehenden Menschen zu betrügen oder unsere Beziehung zu ihnen zu zerstören.

Der Jakob, der ins Land seiner Väter und zu seinem Zelt zurückkehrt, ist nicht derselbe, der einst ausgezogen ist. Im Text kommt diese Reife zum Ausdruck, als es heißt, dass Jakob erst nach seiner Rückkehr in der Lage ist, Esau zu umarmen. Vor seiner Abreise nahm jede Begegnung zwischen den beiden ein katastrophales Ende. Der Interpretation des Sohar zufolge kann er seinen Bruder nur darum in die Arme schließen, weil er seine eigenen inneren Esau-Anteile integriert hat.

Vor vielen Jahren machte ich eine denkwürdige Busreise von Jerusalem nach Tel Aviv. Wer ein wenig mit den topographischen Besonderheiten Israels vertraut ist, weiß, dass diese beiden Städte gewissermaßen auf zwei verschiedenen Sternen liegen. Grob verallgemeinernd könnte man Jerusalem als geistig-religiöse Hauptstadt bezeichnen, während Tel Aviv eher ein Zentrum des ethnisch gefärbten weltlichen Humanismus ist. Während ich mich heute emotional wie intellektuell beiden Städten verpflichtet fühle, war ich damals noch durch und durch Jerusalemer. Doch kommen wir zu meiner Busfahrt zurück. Das Ganze fing damit an, dass mir ein Windstoß meine *Kippah* – die Kopfbedeckung orthodoxer Juden – vom Kopf riss. Ganz offensichtlich war dies nicht mein Tag, denn kaum war ich losgegangen, um mir möglichst schnell eine neue zu besorgen, damit ich mich nicht mehr so nackt fühlte, da lief ich ausgerechnet meinem Lehrer aus dem Seminar über den Weg. Er sah mein bloßes Haupt, hörte sich schmunzelnd meine gestammelte Erklärung an und sagte mit geheimnisvollem Augenzwinkern: »Das ist die Chance, in die Haut eines anderen zu schlüpfen! Genieß es. Du solltest bloß nichts tun, was dir die Rückkehr allzu sehr erschweren würde. Die Kappe hast du schon verloren. Verlier nicht auch noch den Kopf!« Dumm wie ich war, hatte ich keine Ahnung, wovon er redete und zog sofort los, um eine neue *Kippah* zu erstehen. Erst heute begreife ich, was er meinte.

In der biblischen Überlieferung ist das Land der Väter Symbol für die innere Integrität des Menschen. Dies ist der Bereich unserer jeweiligen Geschichte. Wie wahr dies ist, haben wir an Jakobs Beispiel gesehen, der sich mit dem Verlassen seiner Heimat gleichzeitig auch von seinem authentischen Leben entfremdet. Wie die Erde von Tara in »Vom Winde verweht« ist die Verbindung zu unserem Land etwas, an dem wir unter allen Umständen festhalten. Jakob bleibt im Haus seines Onkels, weil er sich von dessen Plänen in die Falle locken lässt. Aber irgendetwas in ihm bleibt unverkäuflich. Wie viele andere Identitäten und Masken er auch ausprobiert, dem Grund seines Seins muss er treu bleiben.

Selbst wenn wir uns im Flugzeug oder auf Busreisen die eine oder andere Maskerade erlauben und manchen fremden Tonfall ausprobieren, müssen wir darauf achten, die Integrität unserer inneren Stimme nicht zu verlieren. Bei manchen Teilen unserer Geschichte wissen wir instinktiv, dass sie geradezu (über)lebenswichtig sind. Diese können wir niemals hinter uns zurücklassen.

Der Becher des Elija – nehmt einen großen Schluck

Nachdem wir das gewagte, aber belebende Spiel des Purim gespielt haben, sammeln wir mit dem Erzählen des Auszugs aus Ägypten die verlorenen Teile unserer Geschichte ein und fügen sie zu einem Ganzen zusammen. Damit bestätigen wir die Essenz unseres Wegs – den unantastbaren Teil unserer Identität, das unveräußerliche Element unseres Lebens. Im Rahmen des Passah-Fests wird dieser Gedanke von dem so genannten Becher des Elija symbolisiert. Während des Erzählens steht dieser besondere Becher bis zum Rand mit Wein gefüllt mitten auf dem Tisch. Wenngleich diesmal das Trinken keine Rolle spielt, wird im Verlauf des Abends viermal – zu Beginn eines jeden neuen Exodus-Kapitels – ein Becher Wein gereicht, an dem die Teilnehmer zumindest nippen. Der Becher des Elija aber bleibt unberührt. Er ist heilig und unantastbar.

In der Woche vor dem Passah-Ritual pflegte Meister Abraham Joshua Heschel, Rebbe von Opt, die folgende Geschichte zu erzählen. Sie handelt von einem einst wohlhabenden, mittlerweile aber verarmten Paar, Elkana und Penina. Das große Festmahl stand bevor, doch die beiden hatten kein Geld, um auch nur das Nötigste dafür zu besorgen.

All ihr Hab und Gut hatten sie verkauft. Das Einzige, was ihnen geblieben war, war ein wundervoller Becher des Elija. Es handelte sich um ein altes Erbstück, das sich seit vielen Generationen im Familienbesitz von Elkana befand. Wann immer er ihn in die Hand nahm, freute er sich an der exquisiten Verarbeitung, der eleganten Form und dem schweren Silber. Die Schönheit des Bechers und der Gedanke an all die Geschichten, die seit Generationen in seiner Gegenwart erzählt worden waren, bewegten ihn jedes Mal aufs Neue.

Doch die Lage erschien so aussichtslos, dass sich Elkana schweren Herzens dazu entschied, das gute Stück zu verkaufen. Seine Frau Penina aber war strikt dagegen und redete lange auf ihn ein, um ihn von seinem Vorhaben abzubringen. Gerade in dem Augenblick, als der Mann den Bitten und Argumenten seiner Frau nichts mehr entgegenzusetzen hatte und zum Einlenken bereit war, klopfte es an der Tür. Es war der Bote eines lang vergessenen Schuldners, der völlig unerwartet gekommen war, um einen noch ausstehenden Betrag zu bezahlen. Und so hielten die beiden auf einmal genügend Geld für ihr Festmahl in Händen.

Kurz nach den Festlichkeiten starb Elkana. Trotz all der vielen guten Taten, die er begangen hatte, wurde er nicht in den Himmel eingelassen. Warum? Er war bereit gewesen, den Becher zu verkaufen. Deshalb musste seine Seele an der himmlischen Pforte warten.

Als wenig später auch Penina verschied, stand das Tor für sie weit offen, und ein strahlendes Licht leuchtete ihr entgegen. Doch als sie daneben ihren Elkana sitzen sah und erkannte, dass er nicht eingelassen worden war, weigerte sie sich, die Pforte ohne ihn zu durchschreiten.

Obwohl dies sicherlich gegen die Regeln verstieß, ließen sich die Engel von Peninas Liebe für ihren Mann erweichen. Die beiden gingen gemeinsam in den Himmel ein, und sie trugen den Becher des Elija vor sich her. Die Liebe ist eben stärker als das Gesetz des Himmels.

Es mutet seltsam an, diese Geschichte kurz vor dem Passah-Ritual aus dem Mund eines Meisters zu hören; besonders wenn wir uns vor Augen führen, dass wir nach dem biblischen Gesetz eindeutig verpflichtet sind, notfalls den Becher des Elija zu verkaufen, um die Zutaten für das Festmahl besorgen zu können.

*

Verkaufen wir unseren Becher des Elija,
bleiben wir vor der Himmelspforte sitzen.

*

Mit seiner Geschichte fordert uns der Meister von Opt auf, hier noch einmal genauer hinzusehen. Der Becher des Elija steht für das verwirklichte Seelenmuster, er ist ein Symbol für die Kern-Identität des Menschen. In dieser Geschichte steht er damit für Elkanas innerstes Selbst. Er ist der Ausdruck seines Seelenmusters; von dem, was ganz tief in ihm von seinem wahren Selbst bleibt, wenn alle äußeren Schichten und Posen von ihm abgefallen sind. Ein jeder von uns hat einen Becher des Elija, bis zum Rand mit alten Erinnerungen gefüllt und mit den komplexen, gewundenen Mustern unserer Seele verziert. Im Laufe des Lebens wird uns mancher Trank auf weniger stilvolle Weise gereicht, aber der Becher des Elija ist immer schön, immer kostbar und einzigartig.

Verkaufen wir unseren Becher des Elija, bleiben wir vor der Himmelspforte sitzen. Wenn wir aber fest genug an uns glauben, um uns nie von ihm zu trennen, dann wird am Ende so mancher an unserer Tür klopfen und uns allerhand Gaben bescheren.

Das Erscheinen des Elija

Die Geschichte von Elija vertieft noch einmal unser Verständnis vom Seelenmuster, hat doch der Höhepunkt des Passah-Festes aus Sicht der meisten Kinder mit eben diesem Becher zu tun.

Auch mir hat sich ein solcher Moment tief in die Erinnerung eingegraben, ich habe ihn noch heute lebhaft vor Augen. Ich muss damals etwa sieben Jahre gewesen sein und spürte jene Form der Aufregung, die jedes Kind empfindet, wenn es bis spät in die Nacht aufbleiben und am rätselhaften Treiben und den geheimen Gesprächen der Erwachsenen teilhaben darf.

Schließlich verkündete mein Großvater, dass es nun an der Zeit sei, den Propheten Elija ins Haus zu bitten und ihm den Becher zu reichen, der für ihn bereitgestellt war. Und er bat ausgerechnet mich, ihm die Tür zu öffnen. Der Würde meines Amtes bewusst, schritt ich durch die Eingangshalle und griff nach dem silbernen Türknopf.

Sie müssen wissen, dass unter normalen Umständen niemand, aber auch gar niemand jemals den Vordereingang benutzte. Es war bei uns einfach nicht üblich. Soviel ich wusste, war diese Tür ausschließlich für Elijas alljährlichen Besuch eingebaut worden. Ehrfurchtsvoll und ein wenig ängstlich angesichts dessen, was mich wohl auf der anderen Seite erwarten würde, zog ich die schwere Eichentür auf. Eine frische Frühlingsbrise schlug mir entgegen und trieb mir die Tränen in die Augen, während ich meinen Blick über die Treppe, den Hof mit den im Winde schwankenden Bäumen und die dunkle, verlassene Straße gleiten ließ. Am ganzen Körper vor Aufregung und Angst bebend, lief ich zurück in die wohlige Wärme der Wohnstube, in der die anderen um den festlich gedeckten Tisch versammelt waren.

Als ich den Raum betrat, winkte mich mein Großvater zu sich und flüsterte mir ins Ohr: »Schau in den Becher.« Und wie ich über den silbernen Rand spähte, sah ich, dass er leer war. War er nicht eben noch voll mit Burgunder gewesen? Und jetzt war nichts mehr drin! Gänsehaut lief mir über die Arme. Elija war tatsächlich da gewesen!

Die Tradition weiß, dass nur das eigene Erleben in einem Kind den Grundstein für seinen Wunsch legen kann, den Becher des Elija für immer zu behalten. Er ist das Gefäß für unsere allerpersönlichsten Hoffnungen und Träume. Es geht hier um Wunder, um den Glauben daran, dass das Unmögliche wahr werden kann, dass wir über unsere Begrenzungen hinaus- und in unseren Himmel eingehen können.

Woher haben wir die Fähigkeit und das Recht zu träumen, wenn nicht aus unserem innersten Selbst; von dem, was manche klugen Köpfe unser inneres Kind genannt haben. Jenseits all unserer mehr oder weniger freudvollen wechselnden Verwandlungen und all der Irrwege, die wir in unserem Leben eingeschlagen haben, bleibt dieser kindliche Teil in uns bestehen, der noch Wunder wirken und staunen kann, stets rein und stark – unser Becher des Elija.

Sesam öffne dich

Warum müssen wir die Tür für Elija öffnen? Wenn er wie der Weihnachtsmann in ein und derselben Nacht in Hunderttausenden von Häusern gleichzeitig erscheinen kann, dann sollte eine Tür doch eigentlich kein Hindernis für ihn darstellen, oder? Der Zauber wird aber erst dann wirksam, wenn wir aufstehen und sie öffnen.

Der Zauber wird erst dann wirksam,
wenn wir aufstehen und die Tür öffnen.

Wir müssen uns die Gelegenheiten schaffen, die Tore zu den Möglichkeiten und Wandlungen selbst aufzustoßen. Tun wir es, und sei es nur einen Spalt breit, dann stehen uns im Universum alle Türen offen. Den ersten Schritt auf der Suche nach unserem

Seelenmuster müssen wir selbst tun. Um es mit den Worten der talmudischen Schriftgelehrten auszudrücken: »Eröffnest du mir einen Raum so groß wie ein Nadelstich, will ich einen von der Weite des Meeres für dich schaffen.«

16

Die Einladung des Seelenmusters

Die Einladung hören

Jeder einzelne Augenblick, jede einzelne Begegnung ist eine Einladung des Seelenmusters, die anzunehmen wir geboren sind. Tun wir es, berühren wir uns auf der Ebene unserer individuellen Signaturen, und es kommt zu jenen Momenten in unserem Alltag, die wir als heilig empfinden. In diesem letzten Kapitel werden wir versuchen, Grundregeln für solche Seelenmuster-Begegnungen aufzustellen.

*

*Jeder einzelne Augenblick, jede einzelne Begegnung
ist eine Einladung des Seelenmusters.*

*

Hierzu fällt mir eine Meditationsgeschichte ein, die ich Ihnen nicht vorenthalten will. Anders als beispielsweise Zazen, die meditative Praxis des Zen, die Stille braucht, geschieht Meditation nach biblischer Überlieferung beim Erzählen von Geschichten.

Meine Geschichte spielt etwa um die Zeit des Amerikanischen Bürgerkriegs in den Karpaten im Südosten Europas. Bevor ich zu erzählen beginne, muss ich ein paar Zusammenhänge erläutern, was Ihnen helfen soll, die Handlung besser zu verstehen.

Es gibt derzeit lebhafte Diskussionen zwischen Juden und Christen, die in der Fachwelt mit Begriffen wie »ökumenischer

Dialog« oder »glaubensübergreifende Gespräche« umschrieben werden. Manche keinesfalls abgehobene, sondern durchaus besonnene Menschen betrachten diese Form des Austauschs jedoch eher skeptisch. Einer der führenden Religionstheoretiker formulierte es einmal so: »Glaubensübergreifende Gespräche sind, wenn sich Juden, die nicht an den Judaismus glauben, mit Christen, die nicht an das Christentum glauben, an einen Tisch setzen und feststellen, dass sie viele Gemeinsamkeiten haben.« Damit wollte er deutlich machen, dass ein solcher Dialog nur dann einen Sinn haben kann, wenn sowohl Christen als auch Juden jeweils ihrer eigenen Geschichte verpflichtet sind. Überdeckt der Dialog eine fundamentale Losgelöstheit vom eigenen Glaubenshintergrund, so wirkt er einfach nicht echt.

Ähnlich verhält es sich, wenn sich hinter solchen Gesprächen der verkappte Wunsch zur Missionierung verbirgt: Wollen die Juden damit die Christen zum Judaismus und die Christen die Juden zum Christentum bekehren, findet kein aufrichtiger Dialog statt, wie der Papst selbst einmal betont hat. Der ist nur dann möglich, wenn der eine die Geschichte des anderen respektiert. Als Papst Johannes XXII. die revolutionäre Botschaft des zweiten Vatikanischen Konzils verkündete, die zum ersten Mal die Integrität der jüdischen Lehre bestätigte, unterstrich er gleichzeitig seinen unverbrüchlichen Glauben an Jesus. Auf jene unverwechselbare Weise, wie sie nur den ganz Großen unter den Menschen gegeben ist, brachte er zum Ausdruck, dass er so tief in seiner eigenen Überzeugungswelt verwurzelt sei, dass er die Kraft und das Vertrauen besäße, mit parallel existierenden Auffassungen leben zu können. Gott sei gedankt für so viel Mut!

Die nun folgende Geschichte handelt von einer düstereren Ära, die noch nicht von solchen Lichtblicken erhellt war. Während sie an verschiedenen Stellen schmerzliche Erinnerungen an christlich-jüdische Dissonanzen wachruft, unterstreicht sie gleichzeitig, wie wichtig es ist, darüber zu reden – und gehört zu werden.

Baal Shem Tov, Meister des guten Namens, lag auf seinem Totenbett. Seine Schüler versammelten sich um ihn, und er offenbarte jedem seine ganz besondere Berufung in der Welt – Handel zu treiben dem einen, zu heilen dem zweiten und das Priesteramt einem dritten. Als sein Schüler Gabriel an der Reihe war, sagte er zu ihm: »Du sollst mein Geschichtenerzähler sein. Du wirst durch die Lande reisen, von Stadt zu Stadt, von Dorf zu Dorf und von dem Leben und den Wundern berichten, die du während deiner Zeit bei mir erlebt hast.«

Gabriel hatte die ganze Zeit über gehofft, dass Baal Shem einen anderen für diese Aufgabe erwählen würde, denn ein Wanderleben war das Letzte, wonach er sich sehnte. Priester zu sein und von der Kanzel herunter zu predigen, das entsprach schon eher seinen Vorstellungen; aber dauernd unterwegs zu sein, war seine Sache nicht. Doch was sollte er tun? Er war schließlich berufen worden.

»Soll ich diese Arbeit bis ans Ende meiner Tage verrichten?«, fragte er nach. »Woher weiß ich, ob und wann meine Mission erfüllt ist?«

»Du wirst es wissen«, versicherte ihm Baal Shem. »Du wirst es wissen.«

Nachdem der Meister gestorben war, begab sich Gabriel pflichtgemäß auf Wanderschaft durch Stadt und Land und erzählte vom Leben und von den Wundertaten des Baal Shem. Die Jahre vergingen, und mit der Zeit wuchs sein Heimweh. Eines Tages kam ihm zu Ohren, dass es in Siena in Italien einen Mann geben solle, der für jede neue Baal-Shem-Geschichte fünfzig Rubel zahlte. Fünfzig Rubel waren eine Menge Geld, und Gabriel verfügte über ein großes Repertoire. Schließlich war er der Geschichtenerzähler des Meisters. »Dies«, so sagte er sich, »muss die Absicht von Baal Shem gewesen sein. Da werde ich auf einen Schlag reich und kann mich für den Rest meines Lebens meiner Familie und meinen Studien widmen.«

Und so reiste Gabriel nach Siena. Die Kunde, dass der Geschichtenerzähler von Baal Shem in der Stadt sei, verbreitete sich wie ein Lauffeuer, und schon am nächsten Abend – einem Freitag – fanden sich Scharen von Leuten im Haus des reichen Mannes ein. Alle waren gespannt, was er zu berichten hätte.

Gabriel erhob sich, um mit seiner Rede zu beginnen. Er öffnete den Mund. Stille. Kein einziges Wort wollte ihm über die Lippen kommen. Die Farbe wich ihm aus dem Gesicht. »Es tut mir Leid«, brachte er schließlich stammelnd hervor. »Aber mir fällt keine einzige Geschichte ein!«

Der Gastgeber zeigte sich entgegenkommend. »Bestimmt sind Sie müde von der langen Reise«, meinte er. »Ruhen Sie sich erst einmal aus. Bis morgen haben Sie sich erholt, dann können Sie uns beim Mittagessen Ihre Geschichten erzählen.«

Am nächsten Tag fanden sich die Menschen also an der Tafel ein. Gabriel öffnete abermals den Mund, holte Luft – und konnte sich an keine einzige Geschichte mehr erinnern. Es war wie am Tag zuvor – er blieb genauso stumm. Und daran änderte sich nichts, bis die Sonne unterging. Der Gastgeber wirkte über alle Maßen traurig, als er ihm ein paar Rubel in die Hand drückte und ihn seines Weges schickte.

Gabriel aber war am Boden zerstört und weinte bitterlich. »Was soll das für ein Geschichtenerzähler sein, der seine Geschichten vergessen hat?«, fragte er sich. Als er am Rand der großen Stadt angelangt war, fiel ihm ein Haus auf, dessen Fensterläden fest verrammelt waren. Da durchzuckte ihn blitzartig die Erinnerung an eine Geschichte. Es war eine Geschichte, die er gänzlich vergessen, die er noch nie zum Besten gegeben hatte. Es war die einzige, die ihm überhaupt einfiel. In aller Eile kehrte er um, stürzte ins Haus des reichen Mannes an den Dienstboten vorbei direkt in dessen Arbeitszimmer. Zu seiner Überraschung fand er ihn schluchzend über seinen Schreibtisch gebeugt vor. Aber Gabriel hatte keine Zeit für Fragen und Erklärungen. Er musste seine Geschichte einfach loswerden. »Schnell«, sagte er. »Mir ist eine Geschichte eingefallen, die ich noch nie erzählt habe. Lassen Sie sie mich erzählen, bevor die Erinnerung wieder verblasst.«

Der Hausherr wollte noch antworten, doch Gabriel hatte schon mit dem Erzählen begonnen. »Es war an einem Mittwochmorgen, als Baal Shem mich zu sich rief. Er sagte: ›Spann die Pferde an. Nur du allein sollst mich begleiten.‹ Wie wir so fuhren, legten wir in allerkürzester Zeit eine große Strecke zurück; und wir gelangten zu einem jüdischen Stadtviertel, das ich nicht kannte. An allen Häusern waren die Läden verrammelt. Wir kamen zu einem Platz, zu dem die Menschen hinströmten, um die Predigt eines Priesters zu hören, der hoch oben auf einer Kanzel stand.

Baal Shem hieß mich, an der Tür eines der Häuser am Platz zu klopfen. Ich tat, wie er mir befohlen hatte, und von innen drang eine Stimme an unser Ohr, die sagte: ›Macht, dass ihr wegkommt. Wisst ihr es denn nicht? Der Priester hat vor, die Massen zu einem Massaker aufzuwiegeln. Jeder Jude, der offen auf der Straße herumläuft, ist leichte Beute für den Mob‹. ›Von mir hast du nichts zu befürchten‹, erwiderte mein Meister. ›Mach die Tür auf‹. Er hatte eine Stimme, der sich keiner widersetzen konnte, und so wurde ihm geöffnet. Da wandte sich Baal Shem zu mir um und forderte mich auf: ›Geh zu dem Priester hinüber und sage ihm, dass ich, Israel, Sohn von Eliezar, mit ihm sprechen will.‹ ›Ist das Ihr Ernst‹, fragte ich entsetzt. ›Sie werden mich umbringen, noch bevor ich einen Fuß auf den Platz gesetzt habe!‹ ›Geh!‹, beharrte Baal Shem.

Ich überquerte den Platz, und als ich es tat, teilte sich die Menschenmenge wie das Rote Meer. Und ich sagte zu dem Priester: ›Baal Shem Tov wünscht Sie zu sprechen.‹ Sie können sich sicher vorstellen, wie überrascht ich war, als ich merkte, dass er auf einmal blass wurde und am ganzen Leib zu zittern begann. Er wollte meinem Ruf ganz offensichtlich nicht folgen, aber irgendwie, ich weiß selbst nicht warum, kam er doch mit mir. Wir gingen gemeinsam über den Platz zu dem Haus hinüber, in dem Baal Shem auf ihn wartete. Die beiden zogen sich in ein Hinterzimmer zurück und blieben dort dreizehn Stunden lang. Als der Priester herauskam, war er tränenüberströmt, und er verschwand, ohne dass wir je wieder etwas von ihm gehört hätten. Das ist alles, woran ich mich noch erinnere.«

Nachdem Gabriel geendet hatte, fühlte er sich völlig leer.

Der Hausherr war ganz still geworden. Mit einem verzweifelt wirkenden Ausdruck schaute er den Geschichtenerzähler an. Dann stand er auf, nahm Gabriel bei den Schultern, kam mit dem Gesicht ganz dicht an ihn heran und schüttelte ihn. »Ja, erkennst du mich denn nicht?«, fuhr es aus ihm heraus. »So erkenne mich doch!«

Da dämmerte es ihm langsam. »Aber ..., aber ... – Sie sind doch der Priester! Wie ist das nur möglich? Sie sind der Priester!«

»Ja, der bin ich«, bestätigte der Mann, so als würde er sich diese Tatsache selbst zum ersten Mal eingestehen. Er ließ Gabriels Schultern los, und während er zu sprechen begann, entspannten sich seine Gesichtszüge zusehends. »Lassen Sie mich meine Geschichte erzählen. Ich bin in einer jüdischen Familie aufgewachsen und galt schon früh als kluger Kopf, sodass die höchsten Erwartungen in mich gesetzt wurden. Doch wie Sie wissen, gibt es nicht viel, was ein Jude tun kann, um es im Leben zu etwas zu bringen. Ich wollte aus meinem Dorf herauskommen und etwas werden in der Welt. Warum, so dachte ich, soll ich nicht in das erfolgreichste Unternehmen weit und breit eintreten – die Kirche. Gesagt, getan. Und was könnte besser sein, um wirklich aufgenommen zu werden, als die Priesterlaufbahn einzuschlagen? So wechselte ich den Glauben und stürzte mich kopfüber in die Studien und später in das Amt. Ich war so erfolgreich und stieg so schnell auf, dass man mich schon für das Amt des Bischofs handelte. Die Kirchenoberen hegten aber in ihrem Herzen den leisen Verdacht, dass ich meinem früheren Leben als Jude doch noch nicht völlig abgeschworen hätte.

Ich aber wollte unbedingt Bischof werden, und so beschloss ich, die Menschen gegen die Juden in der Stadt aufzuwiegeln, um der Kirche meine Loyalität zu beweisen. Gerade als ich meine flammende Rede halten und die Leute zum Aufstand anstacheln wollte, da kamen Sie daher und sagten mir, Baal Shem wollte mich sprechen. Ich hatte noch nie von ihm gehört, aber da war etwas in Ihrer Stimme, das ich nicht ignorieren konnte. Ich fühlte mich hingezogen. Ich musste einfach mitkommen.

Dreizehn Stunden lang sprach Baal Shem mit mir. Er redete von meiner Seele, meiner Vergangenheit, meiner Berufung. ›Kehre um!‹, forderte er mich auf. ›Kehre zu dir selbst zurück.‹ Und das habe ich getan. Ich machte es mir zur Aufgabe, meine Wurzeln wiederzufinden und Buße für das unendliche Leid zu tun, das ich über die Menschen gebracht hatte. Bevor ich das Haus verließ, fragte ich Baal Shem: ›Wie kann ich erfahren, dass meine Rückkehr von ganz Oben anerkannt und mir vergeben wurde?‹ Und er antwortete mir: ›Du wirst es wissen, wenn dir einer deine Geschichte erzählt, und ihr beiden erkennt, dass du derjenige bist, von dem er da berichtet.‹«

Dies ist eine Geschichte, die von Namen handelt. Sie dreht sich um das Erbe von Baal Shem, dem Meister des guten Namens, oder – um in der Terminologie dieses Buches zu bleiben – dem Meister des Seelenmusters. Denn wie wir gesehen haben, ist der Name ein Symbol für eben diese unsere individuelle Signatur. Als Meister lebt er in absolutem Einklang mit seiner Geschichte und seiner Berufung. Er hat sein Seelenmuster vollkommen verwirklicht und kann andere dahin führen, wieder zu sich und ihrer ureigenen Aufgabe zurückzufinden, wie es in unserem Beispiel geschehen ist.

Dies ist eine Geschichte vom Geschichtenerzählen. Gabriel ist mit seiner Berufung alles andere als zufrieden. Viel lieber würde er etwas anderes machen. Er war nicht bereit, zu dem zu stehen, was das Leben mit ihm vorhatte. Und so musste er durch die Lande ziehen und die Geschichte so lange immer wieder erzählen, bis sie richtig aus ihm herauskam. Auch der ehemalige Priester war vor sich selbst davongelaufen. Er war sogar dazu bereit, den Boden für ein Massaker an den Juden seiner Stadt zu bereiten, weil einer, der sich selbst untreu geworden ist, nicht einmal vor den allerfinstersten Taten zurückschreckt, um sein Pseudonym zu wahren. Er muss schließlich beweisen, dass er der Mensch ist, dessen Kleidung, Sprache und Religion er sich bedient und der er zu sein vorgibt. Letztlich kann er nur durch völlige Auslöschung seiner eigentlichen Geschichte in die geborgte Existenz eintauchen. Der geplante Mord an seinen ehemaligen Glaubensgenossen ist im Prinzip eine Form des Suizids. Wenn wir uns auf fremdem Terrain bewegen, begehen wir alle kleine Morde, um unsere Maske zu wahren. Und in der Regel fügen wir dabei ausgerechnet den Menschen die schlimmsten Verletzungen zu, die uns am nächsten stehen, sind es doch sie, die uns an unsere Schwindelei erinnern.

Die Geschichte handelt davon, zum eigenen Lebensweg zurückzufinden. Beide Hauptcharaktere können nur erlöst werden, wenn sie zu sich selbst zurückfinden. Ich habe einmal gehört, dass es vier Zeichen des Alters gibt:

Wenn man in ein Stück Fleisch beißt und die Zähne stecken bleiben.

Wenn der Rücken öfter streikt als man selbst.

Wenn sich die alte Frau, die man über die Straße geleitet, als die eigene Gattin entpuppt.

Wenn man die oberste Sprosse auf der Leiter erreicht und feststellt, dass man sie an die falsche Wand gelehnt hat.

Die ersten drei Punkte sind noch lustig, aber beim vierten wird es tragisch. Wie alt wir auch sind, unsere einzige legitime Angst sollte sein, dass wir unter Umständen die falsche Geschichte leben; dass wir die Leiter an die falsche Wand gelehnt haben. In einem Leben zu reüssieren, das nicht das eigene ist, ist eine Niederlage.

Dies ist einer der vielen Gründe dafür, warum wir die Erfolge oder Misserfolge eines anderen nicht beurteilen können, sofern wir nicht aufs Innigste mit seinem Seelenmuster verbunden sind. Und selbst dann wissen wir eigentlich noch nicht genug, um wirklich werten zu können. Bischof zu werden, mag ausgesprochen lohnenswert sein, wenn es unserer Geschichte entspricht. Tut es das nicht und streben wir aus den falschen Gründen danach, so wäre die Kirche sicherlich die allererste, die uns sagen würde: »Kehre zu deiner Bestimmung zurück.« Lehrer in der Stadt unserer Väter zu sein, ein stabiles Familienleben und einen großen Freundeskreis zu haben, ist etwas Wunderschönes – vorausgesetzt, wir sind nicht zum wandernden Geschichtenerzähler berufen.

Einladung zur Seelenmuster-Begegnung

Das Zusammentreffen zwischen dem Priester und dem Geschichtenerzähler, die beide von ihrem Lebensplan abgekommen sind, inspiriert zu einem neuen und außerordentlich faszinierenden Gedanken: dass nämlich jeder Mensch, dem wir über den Weg laufen, einen Teil unserer Geschichte besitzt. Die einen mögen ein fehlendes Wort haben, andere vielleicht einen Satz, einen Absatz oder gar ein ganzes Kapitel.

*

*Bei wichtigen Begegnungen
kommt es stets zum
Seelenmuster-Austausch.*

*

Bei wichtigen Begegnungen kommt es stets zum Seelenmuster-Austausch. Am intensivsten vollzieht sich dieser natürlich mit unserer »besseren Hälfte« – unserem Lebenspartner. Der Mensch, den wir erwählen, sollte in der Lage sein, uns ein wesentliches Stück unserer Geschichte zurückzugeben. Ein Stück, das uns abhanden gekommen ist, von dem wir abgeschnitten sind oder das wir nie als uns eigen betrachtet haben. Wir wiederum besitzen andere Teile, die eine beachtliche Lücke in seinem Lebenspuzzle schließen können. Eine solche Beziehung verlangt, dass sich beide aufeinander einlassen und die Geduld aufbringen, herauszufinden, worin diese gegenseitigen Ergänzungen bestehen und wie sie sich in das große Ganze einfügen lassen.

Ein Seelenmuster-Austausch dieser Art ist keinesfalls auf Liebesbeziehungen beschränkt. Auch Kollegen, Mitarbeiter und Chefs, Nachbarn, Freunde und Verwandte können uns wie wir ihnen zur Ergänzung werden. Es muss sich nicht einmal um langfristige Beziehungen handeln. Manch einer, der unsere Sphäre wie ein Meteor oder Komet streift, kann einen enormen Seelenmuster-Eindruck hinterlassen. Vielleicht stehen wir mit jemandem, den wir nie zuvor gesehen haben und nie wieder sehen werden, im Aufzug, um in die fünfundsiebzigste Etage zu fahren; und dieser kurze Moment reicht für eine Berührung auf Seelenmuster-Ebene. Wir brauchen dem anderen dazu nicht von unserem Verhältnis zu unserer Mutter oder von unseren intimsten Geheimnissen erzählen. In der beiläufigen Unterhaltung aber kann eine wichtige Botschaft sowohl für ihn als auch für uns verborgen sein. Womöglich hat der Mensch, der uns die verlorene Brieftasche wiederbringt, uns mehr zurückzugeben als einen Satz Kreditkarten. Man kann nie wissen. Man kann nie wissen.

Nehmen wir die Gelegenheit zu einem solchen Austausch nicht wahr, so vergehen wir uns gegen das Seelenmuster. Die Begegnung wird in dieser Hinsicht unmoralisch, wobei dies natürlich nichts mit der herrschenden gesellschaftlichen Moral zu tun hat. Niemand kann uns eine Missachtung des Seelenmusters zum Vorwurf machen oder uns dafür zur Rechenschaft ziehen. Keiner weiß etwas davon, außer uns selbst und vielleicht dem Menschen, dem wir den Austausch verweigert haben.

Es gibt zweierlei Formen von Moral. Die erste Form bildet die Grundlage für Recht und Gesetz, dient dem Schutz des Einzelnen vor Schädigung durch aktive Einwirkung von außen. Es ist unmoralisch, jemanden zu bestehlen, ihn anzugreifen, ihn zu betrügen, zu verleumden und so weiter. In diesem Sinne ist Moral etwas Passives, vom öffentlichen Urteil Abhängiges: Vermeide Fehltritte, sonst ergeht es dir schlecht.

Die zweite Form von Moral dagegen ist aktiv und privat. Sie lässt sich weder durchsetzen noch gesetzlich verordnen, und doch erfordert sie ein wesentlich höheres Maß an Integrität als die passive, öffentliche Moral. Wir sprechen hier – wie könnte es anders sein – von der Seelenmuster-Moral, deren Vorgaben schlicht und unmissverständlich sind. Wann immer wir einem anderen Menschen begegnen, müssen wir uns fragen: Habe ich ihm Einblick in mein einzigartiges Selbst gewährt? Tue ich es nicht, haben wir beide etwas Wichtiges versäumt.

Wenn sich Seelenmuster begegnen, kann Weisheit fließen. Durch den Austausch auf der Ebene unserer individuellen Prägungen können beide zu einem vertieften Selbst-Verständnis finden. Ob das Zusammensein eine Minute, eine Stunde oder zwei Jahre dauert, spielt dabei kaum eine Rolle.

Manchmal beflügelt ein Seelenmuster-Austausch auch zu neuen Taten. Vielleicht sind wir eine Art Katalysator füreinander und veranlassen uns gegenseitig dazu, etwas zu tun, was wir sonst nie getan hätten. Dies kann im Verhältnis zwischen Lehrer und Schüler ebenso der Fall sein, wie zwischen Liebenden, mehr oder weniger engen Freunden oder Zufallsbekanntschaften.

Vor nicht allzu langer Zeit hielt ich in Jerusalem eine Vorlesung. Als die Veranstaltung zu Ende war, regnete es heftig, und einer der Studenten bot sich an, mich mit dem Schirm nach Hause zu begleiten. Aus welchem Grund auch immer und ohne dass es mir damals bewusst gewesen wäre, drückte er mit dieser Geste zwei meiner »Register-Knöpfe«: Der eine trug die Aufschrift »Ich vertraue nur auf Gott und mich selbst« und der andere hieß »Ich komme schon allein zurecht.« So lehnte ich sein freundliches Angebot überschwänglich dankend ab, machte mich allein auf den Weg durch Regen und Kälte und kam völlig durchnässt zu Hause an. Ich hatte die Begegnung mit diesem Studenten zu einem unmoralischen Akt gemacht. Ich hätte bereit sein müssen, mich auf sein ehrlich gemeintes Angebot einzulassen, wo er doch eigens auf mich zugekommen war, um seine Beziehung zu mir, seinem Lehrer, zu vertiefen.

Wenn die Erinnerung versagt

Der Priester veranlasst den Geschichtenerzähler, sich an eine Begebenheit zu erinnern, die ihm entfallen war. Gabriels Vergessen hat zweierlei Bedeutung: Zum einen führt es uns vor Augen, dass er einen Pfad eingeschlagen hat, der ihn von seiner Berufung wegführt. Er ist ein Geschichtenerzähler, dem seine Geschichte nicht mehr einfällt. Und zum anderen erkennt er durch das Erleben der geistigen Leere zum ersten Mal, wie sehr die Geschichte Teil von ihm ist. Die beste Möglichkeit, um herauszufinden, ob unser Beruf auch wirklich unserer Berufung entspricht, besteht darin, ihn eine Zeit lang aufzugeben und zu sehen, wie die Seele reagiert. Vielleicht beschert uns dieses Experiment quasi als Nebenprodukt die eine oder andere echte Seelenmuster-Begegnung.

Die eigene Geschichte erkennen

Immer wieder kommt es vor, dass uns unsere Geschichte zwar zu Ohren kommt, wir aber unseren Anteil daran nicht erkennen. Um erlöst zu werden, so die Botschaft Baal Shems an den Priester, reicht es aber nicht, sie zu hören. Wir müssen sie auch als die unsere begreifen.

*

Um erlöst zu werden, reicht es nicht,
unsere Geschichte zu hören. Wir müssen sie auch
als die unsere begreifen.

*

Einladung zur rechten Zeit

Jeder Moment birgt seine eigene Offenbarung. Der Geschichtenerzähler kann sich zunächst nicht an diese Begebenheit erinnern, weil die Zeit noch nicht reif dafür ist. Der Priester musste erst noch einen weiteren Transformationsschritt absolvieren, bevor er bereit war, seine Geschichte zu hören und anzuerkennen. Um ein Gespür für solche Seelenmuster-Einladungen zu bekommen und sie annehmen zu können, müssen wir uns für die Rhythmen der Zeit sensibilisieren. Dies zu erreichen, ist eines der höchsten Ziele im biblischen Bewusstwerdungsprozess.

Unser Seelenmuster entfaltet sich erst im Laufe der Zeit. Morgen können wir begreifen, was wir heute noch nicht zu verstehen bereit sind. Eine der wichtigsten Erkenntnisse, die wir Carl Jung zu verdanken haben, ist, dass gerade in mittleren Jahren ein enormer Schatz an aufregenden Erfahrungen auf uns wartet. Wenn wir wirklich lebendig sind, entfaltet sich die Zeit vor unseren Augen. Von der Jugend sind wir nicht weit entfernt – doch der Weisheit rücken wir näher. Jeden Tag gibt es etwas Neues zu lernen. Jeder Tag bringt uns näher zu uns selbst.

*

Jeder Moment birgt seine eigene Offenbarung.

*

Interessanterweise hat der biblische Begriff für Zeit – *zeman* – »Einladung« als zweite Bedeutung. Der Gedanke ist ebenso einfach wie bestechend. Die Zeit beinhaltet eine Einladung. Wir können einen Monat entweder als dreißig öde, sich wiederholende oder als dreißig auseinander hervorgehende, aufeinander aufbauende Tage erleben.

Nur allzu oft entgeht uns das Angebot, das die Zeit an uns macht, doch wir können lernen, darauf einzugehen. Wir können unsere Wachsamkeit für den Augenblick schulen, indem wir ihn uns einprägen. Mit bewusster Übung können wir dahin gelangen, die Einladung schließlich anzunehmen.

Cary und ich saßen einmal im Cafit, meinem Jerusalemer Stammcafé, und arbeiteten am Manuskript für dieses Buch. Da wurde ich ans Telefon gerufen, und als ich zurückkam, sah ich unseren Tisch auf einmal mit den Augen eines Fremden. Mit den hoch aufgetürmten Bücherstapeln hätte er eher in eine Bibliothek als in ein Café gepasst. Cary war eifrig dabei, irgendwelche Streichungen im Text vorzunehmen, und noch vor wenigen Momenten hatte ich ihr gegenüber gesessen. Meine Fantasie eilte vierzig Jahre voraus, und ich stellte mir vor, wie wir beide einander gegenübersäßen, sichtlich gealtert und einander viel näher als zu Beginn unserer Reise, und wie wir uns an jene lang vergangene Zeit erinnern würden, in der wir an diesem allerersten Buch arbeiteten. Wir hatten noch keine Ahnung, was die Zukunft für uns bereithielt. Wir glaubten an unsere Weisheit, unsere Passion, unseren Gott und aneinander. Das Leben hatte etwas Magisches. Mein Tagtraum währte kaum eine Minute, wenngleich mir die Zeit endlos lang erschienen war. Und wie ich Cary so da sitzen sah, überkam mich eine unbändige Freude darüber, in diese »Erinnerung« eintreten und sie jetzt, in diesem Augenblick, leben zu dürfen.

Glückliche Tage ernten

In der Bibel gibt es einen wundervollen Satz, in dem Abraham in hohem Alter beschrieben wird: »Abraham war alt – und er kam zu seinen Tagen.« Den Schriftgelehrten der biblischen Überlieferung ist dieser Satz ein großes Rätsel. Was könnte er nur bedeuten? Der mystische Sohar deutet ihn dahingehend, dass jeder einzelne Tag Gelegenheit für eine typische, ihm ganz allein vorbehaltene spirituelle Erfahrung bietet. Wenn wir Mal um Mal die Einladung zur Begegnung mit unserem Seelenmuster annehmen, offenbart es sich immer wieder neu. Bis zu einem denkwürdigen Zusammentreffen mit Pinchas Sadeh, einem Schriftsteller der israelischen Avantgarde, konnte ich diese Auslegung nie wirklich begreifen.

Als ich Sadeh in Jerusalem besuchte, war er ein alter, krebskranker Mann. An jenem Abend war er in einer besonders nostalgischen Stimmung und schwelgte regelrecht in Erinnerungen. Als ich mich von ihm verabschiedete, dankte ich ihm dafür, dass er mich am Reichtum seiner vergangenen Tage hatte teilhaben lassen. Da wurde er auf einmal ernst: »Als ich so jung war wie du, habe ich Goethe gelesen, ohne ihn zu verstehen«, gab er zurück. »Weißt du, er hat geschrieben, dass er vierzehn Tage des Glücks als Lebensernte einbringen konnte. Wie war es möglich, so fragte ich mich, dass ausgerechnet er, der ein Leben lang so erfolgreich gewesen war, der eine wunderbare Frau hatte, der solche Berühmtheit genoss, der im Kreise seiner Freunde lebte – wie konnte es möglich sein, dass er *nur* vierzehn glückliche Tage zählen konnte? War er so undankbar, so unsensibel und senil, dass er sich nicht an mehr erinnern konnte?

Jetzt, da mein Leben dem Ende entgegengeht, habe ich Goethe endlich verstanden, ja mehr als verstanden. Ich bin fasziniert von ihm – von der Tatsache, dass er auf so viele glückliche Tage zurückblicken konnte! Ich selbst kann bestenfalls mit einer mageren Hand voll aufwarten. Bruchstückhafte Erinnerungsfetzen fallen mir ein, Dinge, wie ich sie dir eben erzählt habe. Aber ich bin mir nicht einmal sicher, was davon Wirklichkeit und was Fantasie, Einbildung oder Traum gewesen ist. Nur sehr wenige Tage sind mir ganz im Gedächtnis haften geblieben. Und die, an die ich mich erinnern kann, hüte ich wie einen Schatz. Aber es sind so wenige. Stell dir nur einmal vor, welcher Reichtum sich hinter vierzehn ganzen glücklichen Tagen verbirgt!«

Die Tage, die wir hinüberretten können – ich will sie hier einmal Seelenmuster-Tage nennen –, sind jene, an denen wir ganz präsent waren, an denen wir unserem einzigartigen Ruf gefolgt sind oder ganz wir selbst waren. Dass es Abraham möglich war, »zu seinen Tagen« zu kommen, heißt zum einen, dass er eine reiche Ernte einfahren konnte: Sein Selenmuster entfaltete sich von Tag zu Tag und wurde ständig reicher, bunter und vielfältiger. Gleichzeitig bedeutet es, dass die Tage seines Lebens aufeinander aufbauten. Einer brachte den nächsten hervor, und dies ließ das Altern als reine Freude erscheinen. Wer es so wie er versteht, das Leben als Entfaltungsprozess des Seelenmusters zu begreifen, wird das Vergehen der Zeit als glückhaft erfahren.

Carl Gustav Jung beschreibt, dass viele seiner Patienten in mittleren Jahren nicht an einer Krankheit, sondern an der Sinn- und Ziellosigkeit ihres Lebens leiden. Dieses Phänomen ist seiner Ansicht nach als allgemeine Neurose unserer Zeit zu bezeichnen. Jung schreibt, dass die Probleme all seiner Patienten über fünfunddreißig im Grunde darauf zurückzuführen seien, dass sie keine religiöse Lebensanschauung finden konnten.« Diese Schwierigkeit, so führt er aus, hat nichts mit organisierten Religionen zu tun, wie wir sie kennen. Es geht, um in der Terminologie dieses Buches zu bleiben, vielmehr darum, dass wir alle nach einer Bestätigung für die Existenz des menschlichen Seelenmusters suchen – nach jener einzigartigen Berufung und ganz besonderen Geschichte, die unendlich wertvoll, bedeutungsvoll und würdevoll ist.

Zeit totschlagen

Schlagen wir die Zeit tot, oder machen wir heilige Tage daraus? Zwei Menschen, die auf ein und dieselbe Uhr schauen, können auf die Frage nach der Zeit zu ganz unterschiedlichen Antworten gelangen. Ist es spät oder früh? Zerrinnt sie uns zwischen den Fingern oder holt sie uns ein? Man kann auf unterschiedliche Art anhand der Uhr den Zustand des Seelenmusters beschreiben. In William Faulkners Roman »Schall und Wahn« steht der Protagonist Quentin Compson kurz davor, Selbstmord zu begehen. Das prägnanteste Bild bei der Beschreibung seines letzten Tages ist die Uhr, die er unablässig ticken hört. Ihr Ziffernblatt ist zerbrochen. Die Zeiger zeigen nichts mehr an. Doch sie tickt weiter, mit einer Regelmäßigkeit, die den Protagonisten in den Wahnsinn treibt, und so verrinnt die Zeit. Den Titel seines Buchs hat Faulkner bei Shakespeares »Macbeth« entliehen, wo der Held gegen Ende des Stückes ausruft: »Das Leben ist nichts als ein wandernder Schatten, ein schlechter Schauspieler/Der, solang seine Stunde währt, gereizt auf der Bühne hin- und herstolziert/Und dann hört man nichts mehr von ihm: Es ist eine Geschichte/Von einem Dummkopf erzählt, voller Schall und Wahn/Bedeutungslos.« Für Macbeth ist die Stunde unseres Lebens unbedeutend und nichts als ein Ausdruck für die Zeit, die während unserer Reise in die Vergessenheit vergeht.

In ganz anderem Licht als bei Quentin Compson und Macbeth erscheint die Uhr aus der Sicht von Meister Yaakov Yitzchak, dem Seher von Lublin, einem Weisheitslehrer des neunzehnten Jahrhunderts:

Im Gasthaus war Stille eingekehrt. Zu hören war nur das ungeduldige Ticken der Uhr, die Schritte schwerer Stiefel auf dem Boden und das Knarren des Bettes, in dem sich der Wirt schlaflos hin und her wälzte. Einer der Gäste war Yissachar Ber von Radschitz, dereinst Schüler des Sehers von Lubin, doch längst selbst Meister geworden. Er ging in seinem Zimmer auf und ab, denn er konnte keine Ruhe finden und wurde aus unerklärlichen Gründen mit jedem Moment immer wacher – sehr zum Leidwesen des Wirtes, dessen Zimmer sich unmittelbar darunter befand, und der von der Schlaflosigkeit seines Gastes gepeinigt die ganze Nacht kein Auge zutun konnte.

Als endlich der Morgen hereinbrach und Yissachar Ber nach unten in die Gaststube kam, konnte sich der Wirt kaum noch zurückhalten. »Warum seid Ihr die ganze Nacht in Eurem Zimmer herumstolziert?«, stellte er ihn zur Rede. »Habt Ihr den Verstand verloren?«

Yissachar antwortete mit einer Frage: »Wo habt Ihr nur die Uhr her, die in dem Zimmer steht?«

»Was hat denn das damit zu tun? Sie kann ja wohl kaum funktioniert haben, denn sonst hättet Ihr doch merken müssen, wie viele Stunden Ihr damit vergeudet, sinnlos hin und her zu laufen und mich um meinen Schlaf zu bringen!«

Yissachar unternahm einen zweiten Versuch. »Bitte verzeiht mir, wenn ich Euch gestört habe. Es tut mir wirklich Leid, aber ich muss es einfach wissen. Woher habt Ihr die Uhr? Sie ist bestimmt von meinem Meister. Ihr Ticken kommt mir so bekannt vor!«

Der Zorn des Wirtes wich der Neugier: »Und wer, bitteschön, ist Euer Meister?«

»Der Seher von Lublin.«

Der Wirt staunte nicht schlecht, denn tatsächlich hatte die Uhr

ursprünglich dem Seher gehört. Der hatte sie an seinen Sohn wei-
tervererbt, und dieser wiederum hatte sie dem Wirt gegeben, um
seine Schulden zu bezahlen. »Aber wie kann es sein, dass die Uhr
Eures Meisters ganz anders tickt als alle anderen?«, wollte er wissen.

Da entgegnete Yissachar Ber: »Die meisten Uhren ticken mit
der Botschaft: ›Wieder ein Tag vorbei, wieder ein Tag vorbei.‹ Die
meines Meisters aber sagt: ›Ein Tag näher, ein Tag näher ...‹«

Das Zählritual

Der biblischen Überlieferung zufolge lädt jeder einzelne Tag des
Kalenders zum tiefen, freudvollen Erleben ein. Besonders klar
kommt die uneingeschränkte Offenheit für das »Angebot der
Zeit« im Zähl- oder *Sefirah*-Ritual zum Ausdruck. Es lässt sich,
wie wir sehen werden, individuell anpassen und in das Leben des
Einzelnen integrieren. Allein der Klang des Wortes *sefirah* (zu
Deutsch »zählen«) verrät, dass es sich hier wiederum um eine
Ableitung des Kernbegriffs für das Seelenmuster – *Sapir* oder
Licht – handelt. Damit steht es in einer Reihe mit *Sippur* (Geschichte) und *Mispar* (Nummer oder Zahl). Das Ritual besteht
darin, über einen Zeitraum von fünfzig Tagen hinweg jeden einzelnen Tag zu zählen. Es beginnt am Abend unmittelbar nach
dem Erzählritual.

Um das Ritual zu vollziehen, bedarf es nicht einmal einer hal-
ben Minute pro Abend. Wir sagen: »Heute ist der erste Tag der
Zählung.« Das ist alles. Es geht allein ums Zählen. Am nächsten
Tag geht es weiter mit: »Heute ist der zweite Tag der Zählung.«
Und so weiter. Wenn die zweite Woche beginnt, sagen wir:
»Heute ist der achte Tag; eine Woche und ein Tag sind vergangen.« Die Sache hat nur einen Haken. Den überlieferten Regeln
zufolge scheiden wir aus, sobald wir das Ganze auch nur einmal
vergessen. Denn ist die Folge einmal unterbrochen, erlaubt das

Ritual keinen Wiedereinstieg. Erst im nächsten Jahr dürfen wir einen neuen Versuch starten.

Das Zählritual vermittelt den Eindruck eines aufsteigenden Schemas, bei dem ein Tag auf dem nächsten aufbaut. Im Prinzip geht es dabei um nichts anderes als darum, Tage zu »ernten«. Mit einem simplen, kurzen Akt der Bewusstmachung können wir verhindern, dass die Grenzen zwischen den Tagen verschwimmen. Wenn wir dann am Ende des Jahres versuchen, vierzehn Tage zusammenzubekommen, erscheint es nicht mehr ganz so schwierig.

Sorgen Sie dafür, dass jeder Tag in Ihrem Leben zählt. Wer auch immer den folgenden Spruch als Erster sagte, hatte absolut Recht: Heute *ist* der erste Tag vom Rest Ihres Lebens.

Die ultimative Einladung

An diesem Punkt unserer Reise haben wir erstmals einen kompletten Überblick über sämtliche Facetten der Seelenmuster-Praxis vor dem Hintergrund der biblischen Überlieferung. Jetzt erkennen wir, dass die Entfaltung unserer Einzigartigkeit eines der Hauptziele der biblischen Rituale ist. Sie fungieren damit quasi als Selbstentfaltungs-Seminare, die ihren festen Platz im Jahreszyklus haben sollten.

Zuerst kommt der Purim-Karneval, der uns – ebenso wie die Purim-Momente, die wir im Laufe des Jahres immer wieder erleben – Gelegenheit gibt, neue Personas auszuprobieren. Aus der Sicherheit des karnevalistischen Treibens heraus erkunden wir die verborgenen Winkel unserer Geschichte. Mit Hilfe von Verkleidung und Wein können wir uns auf unbekanntes Gelände vorwagen und uns in neuen Rollen und Versionen unseres Selbst erproben.

Einen Monat darauf folgt das Erzählritual. In dieser Nacht erzählen wir aus unserem Leben und finden dabei zu dem zurück, was wir verloren haben. So können wir unserer Zukunft eine neue Richtung geben, die unserem Wesen besser entspricht. Wir überlegen, welche von den Rollen, die wir während des Purim-Festes ausprobiert haben, wir in unseren Lebensplan integrieren und welche wir wieder verwerfen wollen.

Und schließlich unternehmen wir beim Sefirah-Ritual den Versuch, unsere Tage zu ernten und es dem biblischen Helden Abraham gleichzutun, der »zu seinen Tagen kam«. Es beginnt am Abend nach dem Erzählritual, denn beide sind Teil von ein und demselben Prozess: dem Schreiben unserer heiligen Autobiographie.

Ritueller Höhepunkt

Mit der Beendigung des Zählrituals kommen wir zum Höhepunkt des rituellen Kalenders. Während wir in den sieben Sefirah-Wochen jeden einzelnen Tag gezählt haben und der Einladung der Zeit gefolgt sind, wächst die Spannung, bis wir schließlich am fünfzigsten Abend nach dem Erzählritual angelangt sind. In dieser Nacht bleiben wir wach, um *Sefer* zu empfangen.

Sefer heißt Buch. Wie unschwer zu merken ist, stammt auch dieses Wort aus der Familie von *Sefer-Mispar-Sapir-Sefirah*. Nach Hayim Vital, einem Mystiker aus Tsfat, der als bedeutendster Schüler von Isaac Luria gilt, liegt das Ziel des Lebens darin, unseren eigenen Buchstaben in die Heilige Schrift – *Sefer Torah* – zu schreiben. In dieser Nacht sind wir bereit, dieser ultimativen kosmischen Einladung zu folgen.

Die Bibel ist ein heiliges Erbe. Doch es gibt noch ein weiteres Buch, eine zweite Bibel, die in jeder Generation neu geschrieben wird. Sie ist von den beiden bei weitem die Heiligere. Darin sind wir die Buchstaben, die Worte und der rote Faden. Auch dieses Buch heißt *Sefer: Sefer Hachaim*, das Buch unseres Lebens. Unser Leben ist zum heiligen Text, unsere Worte sind zum Wort Gottes geworden. Wir haben unser Seelenmuster verwirklicht.

Wenn ich nur …

Es war einmal ein unzufriedener Steinmetz. Ein Leben lang hatte er im Schweiße seines Angesichts im Steinbruch geschuftet.

Er hasste seine Arbeit, sein Leben und am meisten seinen Vorarbeiter. Den hasste er nicht nur, weil er ihn ständig zur Arbeit antrieb und ihm seinen Lohn nur selten pünktlich zahlte, sondern auch und vor allem, weil er ihn so beneidete. Den lieben langen Tag hatte er nichts Besseres zu tun, als herumzustolzieren und nach allen Seiten hin Aufträge auszuteilen, während er selbst sich einen sonnigen Lenz machte und einen großen Bogen um Hammer und Meißel schlug. Was für ein Leben! »Wenn ich nur …«, dachte der Steinmetz, »ja, wenn ich nur Vorarbeiter wäre!«

Wunder, oh Wunder – irgendeine Macht musste wohl seine Gedanken erraten haben, denn plötzlich fand er sich in der Rolle des Vorarbeiters wieder. Was für ein Glück! Keine Arbeit mehr am Felsen, den ganzen Tag gemächlich herumspazieren und die anderen die Arbeit machen lassen. Er war mehr als zufrieden – bis eines Tages der König in den Steinbruch kam. Sämtliche Gewinne musste der Vorarbeiter an ihn abführen; er musste ihm gehorchen und über seine dummen Witze lachen. »Wenn ich nur ...«, dachte er, »ja, wenn ich nur König wäre!«

Hokuspokus! Kaum hatte er den Gedanken zu Ende gedacht, da war er es schon geworden. Wie wunderbar! Er wurde in der Sänfte durchs ganze Königreich getragen, seine Diener lasen ihm jeden Wunsch von den Augen ab, und in jeder Stadt wurde er von einer jubelnden Menge empfangen. Als König ließ es sich gut leben. Zugegeben, es war ziemlich heiß, wenn man in der Mittagshitze draußen unterwegs war. Unter der Last von Krone und Gewändern geriet er mehr ins Schwitzen, als ihm lieb war. Es war kaum auszuhalten! »Wenn ich nur ...«, dachte er, »ja, wenn ich nur die Sonne wäre!«

Und schon stand er hoch oben am Himmel und strahlte, was das Zeug hielt. Sonne zu sein, machte wirklich Spaß. Siehst du das grüne Feld da drüben? Ein Strahl und gleich ist es gelb! Und die weiße Nase? Im Handumdrehen gerötet. Ein Strahl hier, ein Strahl dort, bis plötzlich eine Wolke auftauchte und sich direkt zwischen ihn und die Erde schob. »Wenn ich nur ...«, dachte er, »ja, wenn ich nur eine Wolke wäre!«

Als Wolke hatte er es wirklich gut. Er konnte sich in seinem weichen Wattekleid nach Belieben mal hier- und mal dorthin treiben lassen. Bis auf einmal ein heftiger Wind aufkam und ihn unsanft von der Sonne wegfegte. Erst blies er heiß, dann warm und schließlich so kalt, dass sich die Wolke zu Wassertropfen verdichtete und als Regen zu Boden fiel. »Wenn ich nur ...«, dachte er, »ja, wenn ich nur der Wind wäre!«

Huuuuh! Als Wind war sein Leben wild und frei. Er wehte mal hier und wehte mal dort, heulte im Gebälk, schüttelte die Bäume durch und stieß Hüte vom Kopf, dass es eine reine Freude war. Zügig pfiff er durch ein Tal – bis ihm auf einmal ein Berg im Weg stand. Er hätte über ihn hinweg oder um ihn herum gleiten können, aber das wollte er nicht. Er wollte geradeaus blasen, doch der sture

Berg wollte ihm einfach keinen Platz machen. »Wenn ich nur …«, dachte er, »ja, wenn ich nur ein Berg wäre!«

Berg. Fels. Seit Urzeiten hier. Bis in alle Ewigkeit hier. Harter, unverrückbarer Fels. Doch auf einmal drang von tief unten ein Klopfen zu ihm herauf, und er spürte, wie er langsam, ganz langsam immer weniger und weniger wurde. Als er hinunterschaute, sah er einen kleinen Mann in einem Steinbruch stehen und mit Hammer und Meißel Stück für Stück aus seiner Flanke hauen. »Wenn ich nur …«, dachte er da, »ja, wenn ich nur Steinmetz wäre!«

Und so kehrte er an seinen alten Platz zurück. Jetzt aber hatte er seinen Frieden gefunden.

Die Welt wurde für mich erschaffen

Im biblischen Gedankengut ist nicht vorgesehen, dass wir unser Selbst auslöschen und mit dem Göttlichen verschmelzen müssen. Ganz im Gegenteil! Wir sollen es vervollkommnen und sein Lied zum Klingen bringen. Erst wenn wir jeden Teil von uns entfalten, uns mit all unseren Fehlern lieben lernen, die verlorenen Noten wieder einfangen – erst dann kann eine Symphonie entstehen. Ob wir König oder Steinmetz sind, solange wir die Melodie eines anderen spielen, kommt nichts als Splitterwerk heraus, ein kakophonisches, weißes Rauschen.

Der Mystiker Abraham Kuk hat dies besonders anschaulich auf den Punkt gebracht:

Jeder Mensch muss wissen,
dass er zum Dienst berufen ist,
ganz nach seiner unverwechselbaren Art
zu sehen und zu fühlen;
ganz nach der tiefsten Wurzel seiner Seele.
In dieser Wurzel,
die unendliche Welten birgt,

findet er den Schatz seines Lebens.
Der Mensch muss sagen:
»Bi-shvili nivrah ha-olam,
die Welt wurde für mich erschaffen«
A. KUK, OROT HA-KODESH, ABSCHNITT 3:221

Wir dürfen uns nicht von Geschichten aus »fernen Welten«
blenden lassen, sondern müssen uns auf unsere eigene konzentrieren. Jeder Einzelne von uns muss sich derart wertschätzen
lernen, dass er von sich selbst sagen kann: »Die Welt wurde für
mich erschaffen.« Das hebräische Wort *shvil* heißt nicht nur
»für« und »für mich«, sondern auch »Pfad«. Für chassidische
Meister heißt der letzte Vers also sowohl »für mich« – als auch
auf meinem eigenen, ganz besonderen Pfad«. Mit dem Seelenmuster verbunden zu sein heißt, morgens aufzustehen in der
Gewissheit, dass unsere eigene Geschichte bedeutsam und großartig genug ist, als dass um ihretwillen die ganze Welt erschaffen
wurde. Das muss ein jeder von uns zu sich sagen können.

Auf die Schlange hören

Um den Kreis zu schließen, wollen wir noch einmal ganz an den
Anfang zurückkehren – zur allerersten Geschichte im bibli-
schen Reigen. Nach Abraham Kuk ist unser Kampf um die Ge-
wissheit unseres Daseins ein Echo der Ursünde im Garten Eden.
Entgegen dem klassischen Verständnis hat das Essen der verbo-
tenen Frucht laut Kuk nichts mit einem Verrat an Gott zu tun.
Der Akt, der schließlich zur Vertreibung des Menschen aus dem
Paradies führte, war vielmehr ein Verrat am Selbst. Dieser Lesart
zufolge machte sich Adam nicht dadurch schuldig, dass er eine
Frucht vom Baum der Erkenntnis aß, sondern dass er auf die
Schlange hörte, statt seiner inneren Überzeugung treu zu blei-
ben. Kuk schreibt dazu:

Der erste Mann sündigte.
Er entfremdete sich von seiner Persönlichkeit,
weil er auf die Schlange hörte
und sich selbst verlor.
Er wusste nicht, wie er antworten sollte,
als Gott ihn fragte »Wo bist du?«,
denn er kannte seine eigene Seele nicht,
weil sein »Ich« zugrunde gegangen war,
als er die Sünde beging,
sich vor einem fremden Gott zu verneigen.

»Sich selbst zu verlieren« heißt, die eigene Geschichte zu vergessen. Als Adam seinem authentischen Selbst die Anerkennung versagte, verweigerte er damit gleichzeitig seiner Berufung und Göttlichkeit den Respekt. Mit dem ersten Safttropfen, der beim Biss in die Frucht in seinen Mund gelangte, verlor er die Gewissheit seines Daseins. Im Sohar wird der Baum der Erkenntnis als der Baum der Ungewissheit bezeichnet, denn als der Mensch von seinen Früchten aß und Gut und Böse erkannte, wurde die Ungewissheit seines Schicksals zum unausweichlichen Bestandteil seines Seins. Er glaubte nicht mehr, dass sein Leben etwas Einzigartiges, Wertvolles sei.

Segen

Ein Buch ist nur dann von Bedeutung, wenn es uns anregt, über uns selbst hinauszuwachsen. Wenn »Seelenmuster« nur einen kleinen Platz in Ihrem Leben, Ihrer Gemeinde und letztlich der ganzen Welt einnehmen kann, dann haben sich unsere kühnsten Wünsche erfüllt. Sollte die Vorstellung einer einzigartigen, individuellen Prägung in Ihrer Seele etwas zum Schwingen bringen, dann bitte ich Sie, Ihren Freunden und Bekannten davon zu erzählen. Kleben Sie einen Aufkleber mit der Aufschrift »Lebe deine Geschichte!« auf die Stoßstange Ihres Wagens oder geben Sie das Buch weiter. Sie werden schon wissen, was zu machen ist – wie wir gesehen haben, liegt der Schlüssel darin, es auch wirklich zu tun. Das Seelenmuster steckt in den Details.

Zu guter Letzt möchte ich Ihnen aus ganzem Herzen dafür danken, dass Sie sich die Zeit genommen haben, mich auf dieser Reise zu begleiten. Während ich in Jerusalem an meinem Schreibtisch saß, um das Buch zu schreiben, habe ich stets Sie im Sinn gehabt. Ihr Leben, Ihr Streben nach Sinnhaftigkeit, Ihre Erinnerungen, Ihre Freude und Ihre Erfüllung liegen mir unendlich am Herzen. Es wäre mir eine Freude, wenn ich Ihnen in meinem kurzen Leben einen kleinen Dienst erweisen könnte. Dieses Buch soll dabei den Anfang machen. Ich würde mich geehrt fühlen, von Ihnen persönlich zu hören.

Ich möchte mich mit einem Segen und einem Gebet von Ihnen verabschieden.

Ich bete darum, dass jede Seite dieses Buches ein Lichtpunkt sei. Ein Buch ist nichts anderes als Licht in gebundener Form. Wie die biblischen Schriftrollen, die mit »schwarzen Feuerworten« auf »weißem Feuerpergament« geschrieben sind, sind auch diese Seiten vom Licht meines Seelenmusters durchwirkt. Es ist meine tiefste Absicht und Hoffnung, dass wir uns auf dieser Ebene begegnet sind.

Und hier mein Segen: Möge Ihr Seelenmuster erblühen. Möge jeder neue Tag Ihnen die einmalige Schönheit Ihrer eigenen und aller anderen Seelen ringsum offenbaren. Möge diese Erkenntnis Ihnen helfen, den schwierigen Balanceakt zwischen Frieden und Leidenschaft, Geduld und Erwartung, Eigenwohl und Allgemeinwohl zu bestehen. Mögen Sie der Held Ihres Lebens sein und dabei die heroische Geschichte der Welt voranbringen. Mögen Sie Ihren Ruf hören und ihm mutig folgen. Mögen Sie erleben, wie herrlich es ist, einem aufmerksamen Zuhörer die eigene Geschichte zu erzählen und selbst an den Geschichten von nahe stehenden Menschen Anteil zu nehmen.

Ich bete darum, dass jede Seite ein Lichtpunkt sei
Um den Geist zu erhellen
Oder wenn kein Lichtpunkt
Dann zumindest der Docht
Der das Feuer führt
Und wenn nicht der Docht
Dann das Öl zum Salben der Augen
Und wenn nicht das Öl
Dann der Zweig
Der die Olive hervorbringt
Und wenn nicht der Zweig
Dann ein einziges Samenkorn
Um den Lichtpunkt zu säen.
Ja, möge auf jeder Seite
Die ich hier schreibe
Ein einziges Samenkorn sein.

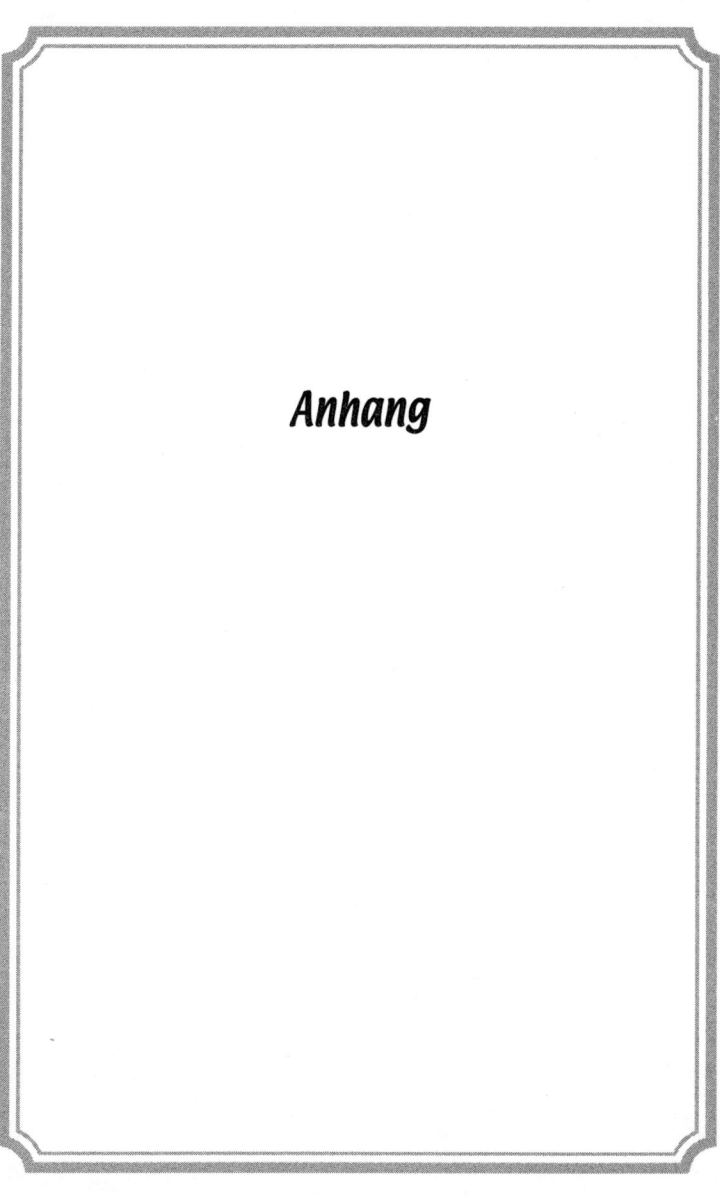

Anhang

Hinweise an den Leser

So Gott will, ist dies das erste in einer Reihe von Büchern zu dem, was ich als »persönlichen Mythos« bezeichne und bei dem es darum geht, die Strukturen des biblischen und kabbalistischen Gedankenguts auf unsere Emotionen und Vorstellungen zu übertragen.

Die »Schule des persönlichen Mythos« behandelt so unterschiedliche Themen wie Lachen und Weinen, Eros und Tanz, Stille, Ungewissheit, Wut, Freude, Angst, Lillith und Liebe, zu denen ich Monographien und Bücher entweder schon geschrieben habe oder, so Gott will, noch schreiben werde. Einige meiner Werke werden eher fachlich-wissenschaftlich sein, andere im leichter zugänglichen Stil des vorliegenden Bandes. Es gibt eine Reihe anderer Gelehrter, die auf den verschiedenen Feldern des persönlichen Mythos elementare Arbeit geleistet haben. Es vergeht kaum ein Tag, an dem ich nicht vom Gespräch und Austausch mit diesen Kollegen profitiere.

Ich bin fest davon überzeugt, dass die Pfade des persönlichen Mythos in Wirklichkeit eine Autobahn hin zu dem spirituellen Wachstum sind, das zu erreichen der Sinn unseres Daseins ist. Indem wir unseren persönlichen Mythos leben, verwirklichen wir unser Seelenmuster.

Vom geistesgeschichtlichen Standpunkt aus betrachtet, stellt der »persönliche Mythos« eine Neuformulierung und Erweiterung des klassischen chassidischen Ideals von *devekut* dar – der Verwirklichung und Verschmelzung mit dem göttlichen Geist, der dem Menschen innewohnt.

Speziell das vorliegende Buch und die darin beschriebene Philosophie vom Seelenmuster wurzelt in einer chassidischen Tradition, dem so genannten Pfad von Pschisca, Lublin, Kotz und Ishbitz. Dieser Hinweis möge dem Eingeweihten genügen.

Danksagung

Es ist mir ein Vergnügen, an dieser Stelle all die Kollegen, Schüler, Freunde und Verwandten zu erwähnen, die direkt oder indirekt bei der Entstehung dieses Buches mitgewirkt haben. Ich werde nur einige wenige nennen. Zuerst Fern Weissman, meinen verehrten Lehrer und Freund, der von Anfang an davon überzeugt war, dass »Seelenmuster« geschrieben werden sollte. Mein Dank gilt meinen Kollegen und Freunden Noam Zion vom Hartman-Institut; Daniel Landes, Direktor des Pardes-Instituts; Daniel Trooper, Direktor der Lehranstalt Gesher; Abraham Leader von Leader Minyan; Mimi Feigelson von Yakar; Ohad Ezrahi vom Projekt HaMakom; Chava Rimon von der Zeitschrift »Chaim Acherim«. Sie sind mir in meinen Lehrjahren in Israel stets wunderbare Freunde gewesen und haben mich sehr unterstützt. Verbunden bin ich auch R. David Hartman, der mir einen herrlichen Raum zur Kontemplation und Kreation zur Verfügung gestellt hat.

Besonders erwähnen möchte ich außerdem Avrohom Infeld, den Präsidenten des Melitz-Instituts, der mir ein großartiger Freund, Mentor und Vorgesetzter war. Ich bin froh, dass es ihn gibt.

Mein Dank geht an Wanda Keren, die Frau, die gemeinsam mit mir von der Verbesserung der israelischen Gesellschaft und noch viel mehr geträumt hat; an Zivit Davidovich, meine Produzentin, die eher wie eine Schwester für mich ist; an meine Freunde Efrat Dror und Ami Genegar von den Hertzliya-Studios; an Uri Shinar, Avi Nir, Merav Ofir und insbesondere auch Shai Avivi von Kanal 2, denen meine Freundschaft und Wertschätzung gilt. Anerkennung auch an Menachem Schrader für seine herausfordernde Freundschaft sowie an Emanuel Green für seine Integrität und Weisheit.

Zu meinen neuen Freunden, Lehrern und Kollegen in den USA gehören R. Zalman Shachter, Pfadfinder, der mir mit dem Klang seiner Schritte das Gefühl der Einsamkeit auf dieser Welt lindert, sowie Peter Pitzele, Arthur Waskow, Jeff Roth, Art Green, Michael Lerner, Phyllis Berman und Arthur Kurzweill. Jeder ist auf seine Weise Teil meiner spirituellen Familie in Amerika geworden. Leonid Feldman, Joseph Telushkin und David Woznica sind mir als Freunde und Kollegen ans Herz gewachsen. R. Mordechai Marcus, R. Yitzchack Adler waren mir unverzichtbare spirituelle Lehrer in meinen frühen Jahren.

Dos Lee Leader, Gedalia Gurfien, Michael Kagan, Yaakov Fogelman, Kate Breslaw, Shalom und Judy Brodt, Yehoshua und Emuna Witt, Don und Debra Seeman, Rachel Sabbath, Karen Abrams, Missy Feldman, Rachel Menkin, Shari Seeman, Steve Greenberg und mein neuer Freund Gavriel Meir – sie alle bereichern mein Leben und damit auch meine schriftstellerische Arbeit. Meine Anerkennung gilt auch Roni Gili nebst Familie, Eldad und Amit sowie den Holy-Chevre-Festivals von Bereishit und Shantipl. Jonathan und Jane Medved, Jacob und Chaviva Ner Davod, Rabbi Joe und Rolinda Schonwald, Marc und Chantal Belzberg, Jeffery Klien, Hillel Goldberg, Joseph Ehrenkranz, Shoshanna Cardin, Ely Evans, Lisa Goldberg, Suzy und Coby Rogovin, Boaz Jorabin, Yosefa Gelb, Valerie und Allan Adler, Suri Kasirer und Bruce Teitelbaum, Richard Joselit und Avraham Grugman haben sich an kritischen Weggabelungen als gute Freunde und Förderer meines Traums erwiesen. Ich danke ihnen ebenso wie Moti Bar Or für ein wichtiges Jahr der Gespräche und Studien.

Ebenfalls zutiefst verbunden bin ich all den Freunden, die Teile des Manuskripts gelesen haben: Jennifer Laszlo, Shoshana Cardin, Dinah Jacobs, Fran Immerman, Melanie Strum, Nigel

Savage, David Frank, Rolinda Schonwald, Julian Sinclair, Marc Kirschbaum, Noam Zion, Mishael Zion und Ilana Reitzes. Besonderer Dank geht auch an Victro Mizrachi für seine Erläuterungen zur Physik, an Brad Kaplan für das intensive Lesen und seine redaktionellen Ideen sowie an Bedara Carlebach für ihr intuitives Erfassen und die Bereicherung der Geschichten in diesem Buch. Nicht unerwähnt bleiben soll außerdem Robbie Gingrass, der mir bei dem Entwurf mehrerer Absätze der Einleitung und bei einer Geschichte im Kapitel »Die Schwierigkeit des Annehmens« geholfen hat, die ursprünglich aus dem Manuskript des Buchs »Certainty« stammt. Seine Art zu schreiben und seine Weisheit sind für uns alle ein Geschenk.

Dass »Seelenmuster« Wirklichkeit geworden ist, verdanke ich der Weitsicht einer ganz besonderen Gruppe von Menschen: Emily Bestler, meiner charmanten Lektorin bei Pocket Books, sowie ihrer kompetenten Assistentin Kip Hakala, die jeden Stein ins Rollen bringt. Ihr seid unübertrefflich! Danken will ich auch Arabella Meyer, die mir in der Exposé-Phase eine wertvolle Begleiterin war. Davod Groff, der mich bei der Feinarbeit an meinem Manuskript unterstützt hat, ist ein Geschenk des Himmels für jeden Schriftsteller. Mein Freund und Vertrauter Bob Marty von MPI ist ein Mit-Träumer, der fest daran glaubte, dass ein Buch wie »Seelenmuster« die Welt verbessern kann. Mit seiner von Herzen kommenden Güte, seiner ansteckenden Energie und seinem Seelenmuster hat er dieses Projekt wahr werden lassen. Es ist ein Privileg, sein Partner sein zu dürfen. Danke auch an Donna Benafatti, die kompetente Frau an seiner Seite, die weiß, dass Gott im Detail steckt. Mitchell Waters, mein guter Freund und Agent bei Curtis Brown, hat weit mehr Fantasie entwickelt, als es die Rolle eines Literatur-Agenten verlangt. Ohne sein großes Herz, seinen Humor, seine sanfte Geduld, seine gute Laune und seine fachlichen Anregungen hätte dieses Buch nicht entstehen können.

Zu sagen, dass ich ohne meine Eltern, Claire Subar und Kehath Winiarz, heute nicht der wäre, der ich bin, wäre gelinde gesagt eine Untertreibung – ich würdige und schätze sie und danke ihnen für meine frühen Jahre. Auch meine Brüder Yossi Winiarz und Dovid Winiarz, ihre Frauen Chaya und Miriam sowie meine vierzehn Neffen und Nichten sind stets eine Inspiration für mich gewesen. Meine Schwiegereltern Cary und Charyl Kaplan sowie Brad und Ellen Kaplan gehören zu den anständigsten, wunderbarsten Menschen, die auf Gottes Erdboden wandeln – ich danke euch für alles. Meine Söhne Eitan und Yair – ich liebe euch mehr, als ihr euch vorstellen könnt. Ich bete zu Gott, dass ihr euch immer lieben werdet. Dank an Rachel – in Hoffnung und Leid.

Und zuletzt das Wichtigste: Dank an all die vielen wunderbaren *Talmidim* (Schüler), die zu mir gekommen sind, um zu lernen, zu fragen, zu suchen und zu lehren – ihr seid Gottes Gesichter. Euch widme ich mein Leben in Liebe.

Über den Autor

Rabbi Marc Gafni hat sich einen Ruf als eine der wichtigen neuen Stimmen der israelischen Religion, Kultur und Spiritualität geschaffen. Er ist Dekan der *Public Culture Study Initiative*, einer Abteilung der Melitz-Bildungsinstitute. Von einer ständig wachsenden, begeisterten Anhängerschaft wird der in den USA gebürtige Philosoph als einer der besten, mitreißendsten Lehrer seiner Generation gefeiert. Im ganzen Land hält er vor ausverkauften Sälen Vorträge, in denen er intellektuelle Klarheit mit tiefer Spiritualität verknüpft. Gafni verkörpert eine einzigartige Mischung aus Wissenschaftlichkeit, Mystizismus und Philosophie. Er ist ein Denker von großer Tiefe und Sensibilität, ein Mann, der nicht nur mit dem Kopf, sondern auch mit dem Herzen lehrt.

Gemeinsam mit Kollegen und Schülern arbeitet Gafni an der Entwicklung dessen, was er als »Schule des persönlichen Mythos« bezeichnet. Im Mittelpunkt seines Interesses stehen dabei die Tiefen der Seele ebenso wie die Dimensionen der individuellen Lebensgeschichte, die er aus dem Blickwinkel der unterschiedlichsten Erfahrungen vom Lachen und Weinen, der Stille und Kreativität bis hin zum Eros, der Ungewissheit und der Wut beleuchtet. Während Gafni den Fundamentalismus ablehnt, geht es ihm jedoch ausdrücklich darum, die biblischen Traditionen wieder aufleben zu lassen, die das Kernstück der westlichen Demokratien bilden. Von vielen seinen Schülern wird Gafni als leidenschaftlicher und engagierter *Rebbe* – »spiritueller Meister« – geschätzt. Wenn er sich selbst beschreiben soll, nennt er sich jedoch einen »mit Fehlern behafteten Menschen, der allzeit strebend sich bemüht«, als einen, der den Menschen aus ganzem Herzen zugetan ist.

Seit neuestem gestaltet Gafni eine einstündige Fernsehsendung, die einmal in der Woche im besten israelischen Sender ausgestrahlt wird und in der er auf kreative und unterhaltsame Weise Einblicke in die Tiefen des biblischen Gedankenguts gibt. Seine Beiträge, die sich sowohl an gläubige als auch an weltlich orientierte Menschen wenden, sind in ganz Israel zu einer starken Triebkraft hin zu mehr religiösem Pluralismus und persönlichem Wachstum geworden.

Rabbi Gafni ist außerdem Gastdozent am *Advanced Institute* des Hartmann-Kollegs und Mitherausgeber der Zeitschrift »Tikkun«, in der er eine Kolumne über die Kabbalah und neue Formen der Theologie schreibt.

Vor zwölf Jahren gab er im Zuge seines Umzugs nach Israel seinen ursprünglichen Namen Marc Winiarz zugunsten des hebräischen Gafni auf, um seine Verbundenheit mit dem Geist der biblischen Überlieferung zum Ausdruck zu bringen. Er ist mit der Lyrikerin Cary verheiratet und Vater von drei Kindern.

Sie erreichen ihn per E-Mail unter info@soulprints.org

ARKANA
GOLDMANN

Spirituelle Wege

Varda Hasselmann,
Die Seele der Papaya   21522

M. Scott Peck,
Der wunderbare Weg   13220

Thich Nhat Hanh, Das Glück,
einen Baum zu umarmen   13233

Kathleen Norris,
Als mich die Stille rief   21535

Goldmann • Der Taschenbuch-Verlag

GOLDMANN